高等院校公共课系列教材

U0742858

大学体育与
健康教程

主编 兰自力 孙 辉

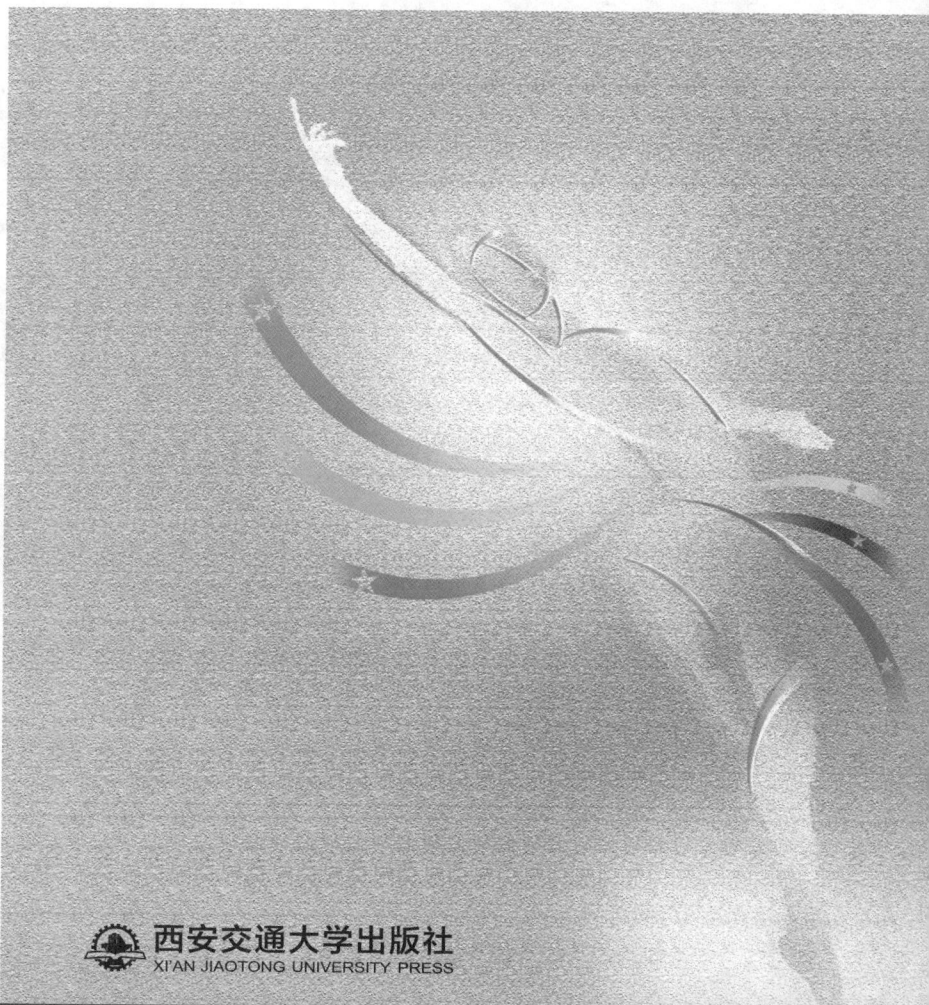

西安交通大学出版社
XI'AN JIAOTONG UNIVERSITY PRESS

图书在版编目(CIP)数据

大学体育与健康教程 / 兰自力,孙辉主编. — 西安：西安交通
大学出版社，2022.5(2023.8 重印)
ISBN 978－7－5693－2594－2

Ⅰ.①大… Ⅱ.①兰… ②孙… Ⅲ.①体育-高等学校-教材
②健康教育-高等学校-教材 Ⅳ.①G807.4 ②G647.9

中国版本图书馆 CIP 数据核字(2022)第 072495 号

大学体育与健康教程
DAXUE TIYU YU JIANKANG JIAOCHENG

责任编辑	王斌会
责任印制	刘 攀
装帧设计	伍 胜

出版发行	西安交通大学出版社
	(西安市兴庆南路 1 号 邮政编码 710048)
网 址	http://www.xjtupress.com
电 话	(029)82668357 82667874(市场营销中心)
	(029)82668315 (总编办)
传 真	(029)82668280
印 刷	西安明瑞印务有限公司

开 本	720mm×1000mm 1/16 **印张** 20.5 **字数** 387 千字
版次印次	2022 年 5 月第 1 版 2023 年 8 月第 2 次印刷
书 号	ISBN 978－7－5693－2594－2
定 价	49.80 元

《大学体育与健康教程》
编 委 会

一 前 言 一

体育强则中国强,体育承载着国家强盛、民族振兴的梦想。党的二十大报告明确指出:"广泛开展全民健身活动,加强青少年体育工作,促进群众体育和竞技体育全面发展,加快建设体育强国。"这为新时代体育工作指明了前进方向,提供了根本遵循。

随着社会的发展和教育改革的不断深化,我国高等学校体育教学改革向科学化、制度化、规范化的方向发展。《中共中央 国务院关于深化教育改革全面推进素质教育的决定》《中共中央办公厅 国务院办公厅关于全面加强和改进新时代学校体育工作的意见》《学校体育工作条例》等文件为高校体育教育改革与发展提供了理论支撑,也为大学生健康教育的实施提供了实践指导。

为了推进体育教育高质量发展,落实立德树人根本任务,坚持"健康第一"的教育理念,培养德智体美劳全面发展的社会主义建设者和接班人,积极落实《国务院办公厅关于强化学校体育促进学生身心健康全面发展的意见》精神,在体育教学过程中切实将增进学生的身心健康放在首位,我们编写了《大学体育与健康教程》一书,以适应时代发展和教育改革的需要。

本书以教育部印发的《全国普通高等学校体育课程教学指导纲要》为依据,将传统课程内容按照新时代教育理论和体育课程的最新发展进行了编写,增补了相关教学改革与评价内容。本书主要体现出以下几个特点。

1. 时代特征鲜明

本书紧跟时代发展,以增强综合素质和"健康第一"为宗旨,融入课程思政元素,以培养学生"健全人格,健康体魄",让学生养成良好的体育锻炼习惯、掌握1～2项体育项目的锻炼方法、学会欣赏体育竞赛和表演,以及养成良好的生活方式为目标,帮助学生真正树立终身体育的思想,并逐步养成体育锻炼的习惯。

2. 涵盖内容全面

本书既涉及有关体育与健康的基本理论,也涉及与促进健康有直接关系的体育锻炼、卫生保健、饮食营养等方面的基本常识和技能。具体内容包括:现代社会与体育,健康与健康教育,体育与健康,体育锻炼的科学基础、原则与方法,体育锻炼的卫生与保健,体育与心理健康,营养、运动与健康,体质健康测评,体育文化,体育运动欣赏,体育教学评价等理论知识,还包括球类,健美操、啦啦操与体育舞蹈,田径、游泳与运动休闲,户外教育等实用运动项目的相关理论知识、运动技术和主要赛事等内容。

3. 论述体现创新

本书吸收了许多先进的健康教育与体育教育的理念,使学生对体育运动的概念、体育与健康的关系、体育与人的发展有更深层次的认识,同时,增添了部分休闲体育、户外教育项目,并对一些实用运动项目的起源与发展、运动特点、健身价值、技战术,以及主要赛事进行了论述。

在本书编写过程中,我们参阅和引用了国内体育界同行的一些研究成果,在此致以衷心的感谢。由于作者水平所限,不足之处在所难免,衷心希望广大师生和专家、学者提出宝贵意见,以便我们再版时进行修正,使之更加完善。

《大学体育与健康教程》编委会

— 目 录 —

第一章 现代社会与体育

学习提示

在新近的 20 多年里,一方面,我国的社会结构、经济发展水平及其居民道德、价值取向发生了巨大的变化——它们直接或间接地影响着人们对体育的理解、认知及参与;另一方面,随着我国运动员在国内外大赛上屡创佳绩、2022年北京冬奥会成功举办,体育在社会中的地位、作用、影响日益彰显。现代社会和体育关系日益密切。

第一节 现代社会与现代人

现代社会是社会类型的所属概念。社会是各种社会关系的总和,而社会关系即人们的社会行为影响其他人的方式。近现代欧洲所呈现出来的社会形态,如市场经济、资本主义、民主化、福利主义、城市化、工商业、科学思维流行及多元化等,被认为是现代社会的标志。人类社会在过去 100 多年的历程中迅速发展。在莱特兄弟飞上天空后不到 70 年的时间,人类的足迹就踏上月球;汽车、飞机和计算机等科技发明不仅改变了人类的生活方式,也引发了社会、经济和文化的巨大变化。

新中国成立 70 余年来,在党的领导下,我国用短短几十年时间走完了西方发达国家几百年走过的工业化历程,跃升为世界第二大经济体。

一、人均国内生产总值上升,恩格尔系数下降

改革与创新为我国综合国力的提高、人民生活水平稳步上升提供了不竭动力。国家统计局公布数据显示,2021 年我国国内生产总值 1143670 亿元,比上年增长8.1%。2021 年全国居民人均可支配收入 35128 元,比上年名义增长 9.1%;全年社会消费品零售总额 440823 亿元,比上年增长 12.5%。根据英国经济与商业研究中心(CEBR)预测,中国将在 2030 年成为世界头号经济体。

不难看到,人们解决温饱实现全面小康后,更加注重教育,生活更加丰富多彩。近年来我国城乡居民在文化教育、娱乐休闲等方面的支出明显提高。与此同时,恩格尔系数呈逐年下降趋势(见图1-1)。

图 1-1　近 10 年中国恩格尔系数走势

二、全球化突飞猛进

全球化不仅是一种经济现象,也是一种文化现象、政治现象。全球化的产生,意味着一种超越国界、社会制度、意识形态的普遍价值已经作为一种现实存在于世。全球化要求人们具备兼容并蓄的胸怀和合作竞争的精神,善于在现实和传统之间、科学和人文之间、个人和社会之间,以及民族和民族之间不断地协调和化解矛盾,充分应对各种挑战。

现代奥林匹克运动的产生和发展是全球化在体育中的体现。全球化是整体性的历史发展过程,一方面,各国在体育上的日益同质化或一体化要求不同的国家遵守共同的游戏规则和制度安排;另一方面,全球化也势必影响世界范围内的政治生活和文化价值。

三、城市化进程加速发展

自 20 世纪末起,我国城市化进程明显加快,目前已经进入城镇化快速增长时期,过去 10 余年来,我国常住人口城镇化率年均提高 1.39 个百分点。2019 年,我国常住人口城镇化率首次突破 60%,并在 2020 年升至 63.89%,城市数量达 687 个。截至 2020 年,我国各类城市、城区常住人口超过 5.7 亿人,占全国人口的比重超过 40%,相比 2010 年上升超过 10 个百分点;镇区常住人口超过 3.2 亿,占全国人口比重超过 23%,比 2010 年上升超过 3 个百分点。

英美等西方国家的发展表明:现代体育的发展与城市化密切关联。现代竞技运动,如足球、田径、网球、划船、水球、游泳、拳击和登山等,基本上都是工业革命的产物。英国学者哈格里夫斯指出,现代工业和体育之间存在着相似之处:高度的专业化和标准化,官僚和等级管理,长时间的计划,对科学技术的依赖增加,追求最大生产力,成绩的量化。

生活在当下的现代人,如何在全球化突飞猛进、城镇化快速发展的现代社会紧跟时代的步伐呢?什么样的人才是现代人呢?著名学者闵捷认为,现代人的标准是:①乐于接受新的生活经验、思想观念和行为方式;②准备迎接社会的变革;③思路广阔,头脑开放,尊重并愿意考虑不同的意见和看法等;④强烈的风险意识,即使依靠科学和专家而做出的自主性很强的决策与行动,也不一定就能产生预期的效果;⑤诚信,诚信是现代社会人际交往最重要的心理纽带。

然而,现代社会智力需求快速更迭,现代人的心理和生理压力较大,主要体现在以下方面。

(1)脑力劳动多,体力劳动少。现代科技的发展给社会发展创造了雄厚的物质基础。随着计算机、自动化控制、信息技术在各个领域的广泛运用,大量简单的体力劳动被机器取代。从事脑力劳动的人数大量增加。体力劳动的减少使身体的许多"零部件"处于"闲置"状态,许多人没时间或懒于定期进行身体锻炼,身体机能过早衰竭。

(2)竞争压力大,心理承受力差。现代社会竞争日益激烈,这给人们带来一定的生理和心理压力。面对生活环境和节奏的不断变化,在校大学生的心理压力增大。现在大部分大学生都是独生子女,从小受到保护型教育,心理脆弱,在面临困难挫折无法解决时,容易产生严重的挫败感。因此,心理专家和学者呼吁要加强对大学生的心理监控和治疗。心理咨询和治疗是十分必要的,但更重要的是加强学生健全人格和心理素质的培养。

(3)体质健康水平向好,全面提升尚待努力。有关调查结果显示,与20世纪90年代初相比,学生身高、体重明显增长,胸围、肺活量、耐力、柔韧性则欠佳,有的地方学生高考体检不符合专业要求的比例高达85%。2019年第八次全国学生体质与健康调研,对全国31个省(区、市)和新疆生产建设兵团的93个地市1258所学校(全日制普通中小学、普通高等学校)的374257名学生的身体形态、生理机能、身体素质、健康状况等四个方面24项指标进行调查。调查显示:我国学生体质健康达标优良率逐渐上升,学生身高、体重、胸围等形态发育指标持续向好,学生肺活量水平全面上升,中小学生柔韧、力量、速度、耐力等素质出现好转,体育教学质量不断优化和提升。与此同时,视力不良和近视率偏高、超重肥胖率上升、握力水平有所下降、大学生身体素质下滑等一些学生体质与健康状况亟待解决。

(4)营养水平提高,文明病增多。世卫组织数据表明,全球超过14亿人超重,肥胖症患者已经超过 3 亿人,并且还在不断增加。美国亚特兰大疾病控制和防治中心估计:在美国 3 万亿美元医疗保健账单中,6.8% 花在与肥胖症相关的疾病上。尽管肥胖症现象在我国不如欧美那么严重,但其发展趋势令人关注。《中国居民营养与慢性病状况报告(2020 年)》显示,中国居民超重肥胖的形势严峻,成年居民超重率和肥胖率分别为 34.3% 和 16.4% ;6 至 17 岁儿童青少年超重率和肥胖率分别为 11.1% 和 7.9% ;6 岁以下儿童超重率和肥胖率分别为 6.8% 和 3.6% 。膳食高能量、高脂肪和体力活动少被认为是导致超重、肥胖、糖尿病和血脂异常的主要原因。

第二节　体育对现代人的塑造

社会功能学派认为,体育不仅仅是一种身体活动,而且是形成所希望的个性和社会生活特征的重要途径。企业家往往更愿意录用那些有体育经历的求职者。

进入后现代社会以来,高科技的快速发展、工业化和机械化的成熟,使社会产生"文明病"的同时,人们也有了大量的闲暇时间,为现代体育发展创造了条件。人们越来越重视体育,现代体育也发展到了空前水平。体育在现代社会中肩负着重要的使命,在其多极化的发展历程中,体育对人的现代化发挥了重要作用。

一、增强体质

经常运动可使人精力和体力充沛,提高应对现实生活中各种困难的能力,减少因困难而产生的忧虑。因此,体育运动已成为现代生活中不可缺少的重要内容,是对终身健康的投资。当然,要达到强身健体的目的,必须科学地健身,在安全的环境中,有针对性、循序渐进地进行锻炼。

二、获得技能

人们通过体育运动可获得生存技能、心理调适能力、团队协作能力等。

(一)生存技能

体育运动可以鼓励人们学习基本的生存技能。大学生通过体育运动获得生存技巧和经验为当前和未来的生活做好准备。目前,我国一些高校开设了不同类型的生存课,以提高学生的生存能力。例如,武汉理工大学开设了航海健身与生存课;北京大学等高校开设了素质拓展课、攀岩课和户外生存课;中国地质大学(武汉)开设了登山和定向越野等课程。

（二）心理调适能力

体育往往与比赛密切相关,而比赛具有过程瞬息万变、结果不可预知的特性。例如,在拳击运动中,拳击手面对强大的对手,必须具备临危不惧的心理调适能力。南非前总统、反种族隔离运动的斗士曼德拉就是一名长期从事拳击运动的政治家,他把拳击与革命紧密地联系在一起。由此不难看出,通过参加体育运动和比赛,人们可体会成功和挫败的感受,获得临危不惧、直面人生的心理调适能力和处理突发事件的能力。

（三）团队协作能力

体育项目种类繁多,不同的项目对人的要求和作用不尽相同。例如,排球是集体项目,场上不同的人占据不同的位置并担任不同的角色,要求队员密切合作,不能相互责怪和埋怨。在集体项目(尤其是足球项目)中,成功靠的是集体主义,但关键时刻又要靠个人的能力去实现突破——这一看似矛盾的对立面,在体育比赛、活动中可以实现和谐的统一。这一特点与现代的企业管理精神是一致的。目前,国内外许多企业把竞赛性的游戏和体育活动当作培养企业文化的重要手段,例如,北大方正集团的公司运动会有一系列要求集体合作的比赛项目,如拔河比赛、搬运货物接力赛等。正是这些活动使人们体验、强化了平时生活中难以培养但对企业又十分重要的素质。

三、塑造品格

体育运动对品格的塑造主要包括进取精神、公平竞争、荣誉感和健康的心理素质等。

（一）进取精神

体育的灵魂是竞争,正如《世界体育论坛宣言》中所指出的:"竞技运动是一种游戏、一种激烈的竞争,是对自身抵抗障碍物(如时间、空间、设备等)或与对手(个人或集体)抗争的检验。"体育对培养不断进取的精神具有独特的作用。

（二）公平竞争

在通信手段高度发达、媒体与体育密不可分的今天,运动员的一举一动都在摄像头的聚焦下,受到新闻媒体和社会舆论监督。同时,运动员是在一套被国际社会共同承认的规则下进行实力的对抗、技能的展示、速度和力量的较量。不分种族、国别和宗教信仰,参赛者在比赛场上是平等的,谁也无法享有特权,任何人都不能逾越和凌驾于规则之上。体育在向社会展示和传达公平竞争这一概念方面起到了很好的作用,为人类社会树立了一种公平竞争和规范竞争的模式。

（三）荣誉感

体育运动大多是集体性对抗活动，人们在活动中增强了对集体、团队的信赖感和归属感。运动员的一举一动都与学校、地方或国家荣誉联系在一起。赛场上升国旗、奏国歌的动人场面，能激发人们的情感，增强民族自信心和自豪感。因此，体育运动可以培养人们的荣誉感和责任心，提高团队成员的归属感。

（四）健康的心理素质

参加体育运动不仅可以提高身体健康水平、获得生存技能，还可以提高心理健康水平，培养坚韧性、自信心、自制力、竞争意识、拼搏意识和协作精神等现代社会所必需的素质。优秀的运动员，如奥运会冠军杜丽、王旭等都展示出了优秀的心理素质。有研究表明，竞赛有助于积极向上的心理素质的形成；一般的体育运动在正确的引导和管理下也能取得理想的效果。

四、丰富生活

体育运动可丰富人们的生活。

（一）娱乐休闲

为了适应社会发展，国内外许多大学开设了很多娱乐性较强的体育课程，例如我国有些学校开设了登山、网球、瑜伽、游泳、运动休闲等课程，为学生终身参与体育锻炼创造了良好的条件；哈佛大学体育系给学生提供交谊舞、健康评定、团队练习、踏板操、壁球、水中健美操、救生员训练、太极拳等众多课程。

除直接参与外，体育欣赏也是人们休闲生活的一部分。紧张激烈的体育比赛扣人心弦，人们无时无刻不在进行着喜怒哀乐的情感交流。运动技艺的惊险性、比赛的对抗性、战术配合的准确性、稍纵即逝的偶然性、时间速度的节奏性和音响画面的艺术性，使人们欣赏到一种精彩超群的流动艺术，精神得到极大满足。

（二）调节情绪

体育给人们带来的不仅是精神上的享受，还有创造辉煌人生的启示，使人们感受到生命总是在运动发展中。体育不仅能够使身体在运动中得到放松，还能够调节紧张情绪，转移注意力，让大脑得到暂时的休息。因此，体育是有效的心理调节手段和途径，可使参与者在实际情景中接受身体和心理的磨炼和洗礼，经受胜利和失败的考验。近年来心理疾病的患病人数有所增加，在解决这一问题方面，大力开展体育运动无疑是一剂良药。

五、创造价值

体育运动创造价值主要表现在以下方面。

(一)促进国民经济发展

体育不仅仅是健身娱乐的手段,它已成为一个包括竞赛表演市场、体育健身市场、体育技术培训市场、体育无形资产经营市场、体育用品市场、体育广告市场、体育彩票市场和体育旅游市场等多个领域的新型产业。体育产业是当今世界公认的具有高渗透性、交叉性和拉动性的朝阳产业。目前,全球体育产业总产值超过 5000 亿美元,并且保持着 20% 的增长速度。市场研究机构 2021 年报告显示,发达国家体育总产值占本国 GDP 的 1%~3% 左右。我国体育产业占 GDP 的 0.7%~1%。北京 2022 年冬奥会成功举办,"冰雪经济"已成为热门话题,体育产业也成为我国的朝阳产业。

(二)促进国际交流

体育可促进不同国家、不同文化之间的交流,尤其是在全球化的大潮之下,体育可增进国家间理解与合作。竞技运动的政治功能被各国政府和国际体育组织广为利用。我国 20 世纪 70 年代的"乒乓外交"就是利用体育运动实现国际关系破冰的一个经典案例。

(三)促进社会安定

国外一些学者的研究表明,参加体育运动有助于减少抽烟、吸毒、意外受孕、过失行为和辍学等现象。体育可转移青少年的注意力,减少不希望的破坏活动。参加体育运动的青少年能有效避免那些"变异"的社会行为。

(四)促进社区建设

创造一个安全、健康的社区对于赢得投资、留住人才,以及旅游业的发展都是十分重要的。体育娱乐活动和体育设备是社区重建和再发展的重要部分,能为大众提供重要的学习机会和获得社会技能的机会,增强社区的凝聚力和人们的归属感。作为一个特殊的社区,校园拥有独特的社区人群(师生员工)和文化。体育是校园文化的一个重要组成部分,在丰富学生生活、调节学生情绪、锻炼学生能力等多方面都能发挥重要的作用。

在体育运动围绕现代生活悄然演进时,我们发现生态体育浪潮中的户外运动,激励着越来越多的人投身到符合生态和个体生命节律的运动中,投身于大自然的怀抱,告别快节奏的城市生活,在大自然中塑造一个生机勃勃的新自我。集力量、速度、耐力、激情、不确定性、挑战于一身的竞技体育深深吸引全球数亿人的眼球。

毫无疑问,健康第一、终身体育、注重个体、休闲化、游戏化等理念,将会成为现代人体育理念的主体。现代人都不可回避体育在其心理和生理上产生的密切关联。

第二章　健康与健康教育

学习提示

　　健康是人生的第一财富。健康被人们重视的程度是与社会发达程度相关联的。健康教育是学校全面发展教育的一个组成部分，是素质教育的前提和基础。本章涉及的内容有现代健康概述、学校健康教育，以及影响大学生健康的因素等。

第一节　现代健康概述

一、现代健康的概念、含义

（一）现代健康的概念

　　古希腊哲学家赫拉克利特指出：如果没有健康，智慧就难以表现，文化无从施展，力量不能战斗，财富变成废物，知识也无法利用。可见，古代先哲对健康就十分重视。在现代社会中，健康给人们带来的好处远远不止于此。

　　健康被人们重视的程度是与社会发达程度相关联的。一般来说，社会发展程度越高，竞争就越激烈，人们所承受的社会压力就越大，其健康问题也就越突出。

　　健康是一个动态过程，是一个发展中的概念。人们对健康的认识是不断深化的。以往许多人都认为：从表面上看，一个人无病、不虚弱就是健康，这个人看上去可能是身材魁梧、力大无比，从不知生病的感觉。其实，这个表面看似乎健康的人，很可能是正处于疾病潜伏期的患者，正是因为他们较为强壮的身体、较强的代偿能力掩盖了疾病。从另一个角度看，身体状态不是十分好、年轻时体弱多病，但晚年健康又长寿的人比比皆是。那么，到底什么是健康？

　　现代人认为人是精神和肉体二者的结合，对人的社会属性给予了应有的重视。

从这个意义讲,一个生理功能正常,但精神处于崩溃边缘的人,不能被认为是一个健康者。

那么什么是现代意义上的健康? 人们又如何把握自身的健康呢? 1948年世界卫生组织(WHO)在其《组织法》中指出:"健康乃是一种在身体上、精神上和社会上的完好状态,以及良好的适应能力,而不仅是没有疾病和衰弱状态。"该概念把人的健康与人的生理、心理状态和对社会适应三者结合起来,充分反映了健康的生物学和社会学特征,目前在学术界已达成共识,也是现在世界各国积极推崇的、权威的、有影响的健康定义。

1979年,世界卫生组织在世界初级卫生保健大会发表的《阿拉木图宣言》中重申:"健康不仅是疾病或体虚的匿迹,而是身心健康、社会幸福的总体状态;健康是基本人权,达到尽可能提高的健康水平是世界范围的一项最重要的社会性目标。而其实现,则要求卫生部门及社会与经济各部门协调行动。"1989年,世界卫生组织根据现代社会现代人的状况,又将人的"道德健康"寓于健康概念之中,使现代健康涵盖了生理、心理、社会和道德四个方面。

对于世界卫生组织给出的健康定义,我国一些学者认为其存在某些不足之处。首先,"完好"一词的使用欠妥,完好就是完全美好。人不可能生活在真空中,处在完全美好的状态。俗话说,人吃五谷杂粮,哪有不生病的。单就这一点而言,人就永远不会拥有健康,更不用说从心理上和社会上去衡量一个人的健康了。其次,人处在一定的社会关系中,受社会环境影响、社会规范制约,总会不经意地产生一定的心理变化,甚至心理障碍。诸如工作紧张、人际关系复杂等,这些因素总是或多或少地影响着人们的生活。如果严格按照世界卫生组织对健康的定义,人永远不会拥有真正意义上的健康。

因此,我们认为世界卫生组织的健康定义过于理想化,不适合评价一个正常人的客观现实状态。但这并不是说这个健康概念没有积极的意义。它会给人一种向往,激励人们为了幸福生活不懈努力,使个人乃至整个社会不断优化,不断走向"完好"。

(二)现代健康的基本含义

现代健康涵盖了生理、心理、社会适应和道德四个方面。当前,四维健康的概念已逐步被世界各国大多数人所接受。所以,现在人们所追求的健康是生理、心理、社会和道德方面的和谐完美状态。

(1)生理意义上的健康是指躯体与器官系统的无病、健壮,即身体的各个器官、系统、组织及细胞在形态结构、生理功能上处于完好状态。人体作为一个有机的整体,其生理意义上的健康有具体的指标范围,人体的各方面生理机能应该在一个正常的生理范围之内,或者说,在有小范围的波动时,靠身体机能的代偿来重新维持正常的生理机能。以往,人们主要是借助医生的指导或建议来维护这一方面的健康,现代社会则需要人们自己掌握一定的健康知识,有意识地、主动地、自觉地从多方面维护生理健康。

（2）心理意义上的健康是指人在一定的社会环境、生活环境及不同文化背景下产生的对个人、集体、社会有利的一系列的心理反应。心理健康主要是指在一定社会环境中的个体,在神经功能正常的情况下,能充分发挥个体的心理潜能,其智力正常,情绪稳定,行为适度,人格完整、协调,能顺应社会,并主动与社会发展保持同步,是一种生活适应良好而积极的心理功能状态。心理健康虽然很难有准确限定的指标范围,但它是有规律可循的,受一定的道德约束,是人与人之间、人与社会之间、一定范畴内的东西。现代社会的快速发展,使人的心理变得错综复杂,严重影响人类健康。因此,心理健康是社会学家、教育心理学家和医务工作者所面临的一大研究课题,也是每个现代人所必须面对的一个问题。

（3）社会适应意义上的健康是指人们对于变化的大千世界的适应能力,包括生理状态的完好适应和心理状态的完好适应。生理状态的完好适应是以社会环境中的自然环境的适应为主,心理状态的完好适应是以社会环境中的人为环境的适应为主,二者不可完全分割,相互影响,相互制约。社会适应意义上的健康要求人们在社会上有良好的人际交往与社会适应能力;是对身体健康和心理健康的更高要求;表现在社会条件变化不大的情况下,人们可以很平静地生活（健康无恙）,但当动荡、灾害等事件突然发生时,个体生理和心理可能产生强烈的应激反应。

（4）道德意义上的健康是指从道德的观念出发,每个人不仅对自己的健康负有责任,同时对他人和社会健康承担义务,如注意环境卫生、不在公共场所吸烟等。

总之,现代社会人们的健康不是单一的身体健康,也不是片面的精神健康,而是生理、心理、社会适应和道德四个方面均衡发展的现代意义上的健康。现代健康概念的发展,应该说对健康内涵的表述更为精练、清楚和全面,这对促进人类文明和进步将起到更加积极的作用。

二、现代健康的标志及其反思

世界卫生组织提出了个体健康的基本标志,归纳起来主要有以下方面:①精力充沛,能从容不迫地从事日常工作和生活;②处事乐观,态度积极,乐于承担责任,事无巨细,不挑剔;③善于休息,睡眠良好;④应变能力强,能适应环境的各种变化;⑤对一般性感冒和传染病具有抵抗力;⑥体重适当,体形匀称而挺拔,站立时头、肩、臀位置协调;⑦眼睛明亮,反应敏锐,眼睑不发炎;⑧牙齿清洁,无空洞,无痛感,齿龈颜色正常,无出血现象;⑨头发有光泽,无头屑;⑩肌肉皮肤富有弹性,走路轻松。

以上标志对于每个人来说都是易于理解和可行的,且较全面地概括了健康人的基本表现,便于每个人经常观察和调整自身,保持健康。但是不足之处是对道德健康未能作出明确的规定和要求,而对生理健康方面的指标又过于严厉,使人难以达到,这些不足都有待于进一步的完善。

第二节 学校健康教育

一、学校健康教育的概念

学校健康教育是学校通过各种教育手段,使大中小学生获得必要的卫生知识、养成健康行为和良好的生活习惯,树立正确的人生观和保护环境、节约能源的意识,促进身心健康发展,提高生活质量,为终身健康奠定坚实的基础。

学校健康教育是学校全面发展教育的一个组成部分,是素质教育的前提和基础。学校健康教育主要是通过课内外教育教学,有目的、有计划、有组织地培养学生的各种有益于自身、社会和全民健康的行为和习惯,提高卫生保健知识水平,自觉改造及保护环境,主动与危害身心健康的各种主客观因素作斗争,从而达到预防和减少儿童青少年学生的某些常见病和多发病,尽可能避免意外伤亡事故,增强学生体质,促进身心正常发育,为一生的健康奠定基础的教育过程。

二、学校健康教育的目标

学校健康教育的目标主要包括以下方面:

(1)通过学校健康教育的开展,向学生传播卫生科学知识,学生可自觉抵制不良行为和习惯的影响,确立追求健康、珍惜生命、热爱生活的人生观。

(2)培养学生自我保健意识和自我维护的能力,使学生掌握自我保健的知识技能,坚持体育锻炼、懂得合理的膳食营养与饮食结构。

(3)降低学生中常见病的患病率和各种危害因素的发生率。

(4)促进儿童青少年的心理健康,预防心理障碍,提高学生心理素质与心理健康水平。

(5)保护视听器官,养成合理的作息习惯,预防疲劳的发生,提高学习效率。

(6)增强保护环境和节约能源的意识。

三、学校健康教育的意义

学校健康教育的意义体现在以下方面:

(1)学校健康教育是学校全面教育的组成部分。在学校开展健康教育与我国培养德智体美劳全面发展的社会主义建设者和接班人的教育方针密切相关。学校健康教育使儿童青少年学生形成健康的心理和健全的人格特征,懂得正确的思维方法,为他们聪明才智的发挥奠定良好的基础。

(2)学校健康教育是学校卫生保健工作的中心环节。原国家教委和卫生部联合发布施行的《学校卫生工作条例》规定,抓住学校健康教育这一中心环节,使学生掌握必要的卫生保健知识和技能,这对学校卫生保健工作有着积极的作用。

(3)学校健康教育是促进全民基础保健教育,提高群体素质的有效途径。学校阶段是人生的一个重要阶段,学校具有群体生活、系统教育的特点,在学校开展健康教育,对提高整个民族的健康水平,达到人人健康的目标有重要意义。

(4)学校健康教育是影响整个人群、家庭和社会的治本措施。儿童青少年是健康教育的最佳人群。从培养造就一代新人的角度看,要想真正形成人人讲卫生,户户爱清洁的良好风尚和健康的生活方式,从根本上改变落后的卫生面貌,推进社会进步和精神文明建设,在很大程度上取决于学校健康教育开展的力度与教学质量。

(5)学校健康教育是一项投入少、效益大的保健措施,也是实现全民健康战略的重要举措。健康教育引导人们自愿放弃不良行为和生活方式,预防慢性非传染性疾病的投入与治疗慢性非传染性疾病的高昂费用相比,有天壤之别。

总之,学校是儿童青少年学习和生活的场所,充分利用学生群体生活的特点,从小开始进行卫生知识教育和卫生习惯培养,形成各种良好的行为模式,这对于培养一代新人,树立良好的社会风气,振兴民族精神具有重要意义。因此,在儿童青少年学生中进行健康教育,使其进一步了解健康的价值和意义,增强维护自身健康的责任感和自觉性,提高自我保健和预防疾病的能力,自觉选择健康的行为和生活方式,消除或减少危险因素的影响,从而促进身心健康,改善生活质量。这些对于提高全民族的健康水平和生活质量将具有深远的现实意义与历史意义。

四、学校健康教育的内容与实施范围

学校健康教育的内容主要包括学校健康服务、健康环境、健康教学和体育教学四大方面。

(1)学校健康服务。健康服务直接关系到学生的健康状况,是整个学校卫生规划不可缺少的一部分。学校健康服务是指通过对学生的生长发育与健康状况的观察、检查而进行生长发育与健康评价,并做出相应的健康指导,包括对传染病的控制和简易的急救服务。

(2)学校健康环境。学校健康环境对学生来讲就是学校环境,它是激发和促进学生积极参加健康活动,主动培养健康意识,愉快幸福地生活和有效地学习与工作的外部环境。健康环境主要包括学校校址的选择,校舍的建筑,操场的大小,教室及其设备的卫生,洁净水的供应,厨房、厕所的修建与管理,垃圾的处理,保健室的设置,学校运动设施及安全设备等。健康环境还包括各种校园活动的开展,校风、学风和校园文化建设,以及全校师生员工的实际健康状况,同时,集体、个人间的互相尊重,尊师爱生、和谐融洽的人际关系也至关重要。

（3）学校健康教学。学校健康教学一般包括心理健康、生理健康、学习健康、运动卫生、饮食与营养、行为健康、安全教育和求生知识教学。健康教学的目标旨在促进学生获取科学的卫生知识,培养学生健康的态度,使其学习基本的保健知识和生存技能,建立科学的健康观念,懂得基本的饮食与营养,促进有利于健康的行为,把所学健康知识在一定的实践活动中加以运用,使知识和行为相结合,提升健康教学的实际效果。

（4）学校体育教学。学校体育教学属于学校健康教育的范围,学校通过体育教学,促进健康教育的开展;学生通过身体练习,更进一步提高健康教育效果。学校体育教学对全民健身起着重要的作用。

第三节　影响大学生健康的因素

一、人体生物学因素

人体是一个极其复杂的有机体。影响和制约人体健康的生物学因素较多,主要有遗传因素和心理因素两种。

（一）遗传因素

后代形成和亲代相似的多种特征被称为遗传特征。遗传不仅使后代在形态、体质以及性格、智力、功能等方面和亲代相似,而且还会把亲代的许多隐性的或显性的疾病传给后代。遗传病不仅种类多,而且发病率高（约占一般疾病的20%）,它不仅影响个体终身,而且是社会的重大问题。现在世界上许多国家正在大力发展康复医学,遗传残疾人是其重要的康复对象。对于遗传病,最重要的还是预防,如提倡科学的婚姻、用法律制止近亲结婚等。

（二）心理因素

心理因素可以通过神经内分泌系统、自主神经系统、免疫系统等影响个体的生理过程。我国古代经典医书《黄帝内经·素问》中就有"怒伤肝,悲胜怒;喜伤心,恐胜喜;思伤脾,怒胜思;忧伤肺,喜胜忧"的记载,可见身体与心理之间的平衡与和谐对人体健康至关重要。现代医学心理学的研究也证明许多疾病的发生、发展与心理因素有关,如心血管病、高血压、肿瘤等。大量的临床实践证明,消极的情绪(如悲伤、恐惧、紧张、愤怒、焦虑等)能引起各种器官系统的功能失调,导致失眠、心动过速、血压升高、尿急、月经失调等。

二、环境因素

影响大学生健康的环境因素包括自然环境因素和社会环境因素。

(一)自然环境因素

在优美的自然环境中,人会精神振奋、呼吸畅通、内分泌协调,这对人的身心健康无疑是十分有利的。大自然在为人类提供各种营养物质的同时,传播着对人体健康有害的物质,如广泛存在的有害微生物(细菌、病毒)、空气中的污染物、溶于水中的有害成分等。另外,气候的剧烈变化(如酷暑,严寒,气压、空气湿度异常等)也会影响人体健康。

(二)社会环境因素

人类生存与发展离不开社会环境。一方面人们享受着社会生产成果,例如,科技的进步、工业的发展使人们有了丰富的物质文明;另一方面社会生产的发展会对人体健康造成危害,如现代工业发展的同时带来的废水、废气、废渣、噪声等。随着社会生产的加速发展,影响人体健康的问题也层出不穷。

三、生活方式因素

人的行为是人在为个体生存和种族延续而适应不断变化的环境时所做出的反应或一切活动的总称。它既包括人的一些本能性活动,也包括人所从事的劳动和人际交往等高级社会活动。生活方式是社会及其组成人员在一定的社会条件制约和价值观念指导下所形成的满足自身生活需求的全部活动形式与行为特征的体系,是人们长期受一定民族、文化、经济、习俗、规范以及家庭影响而形成的一系列生活意识、生活习惯和生活制度。

在现代社会,人们越来越清楚地意识到,不良的行为和生活方式是影响人类健康的主要原因。2020 年 12 月,世界卫生组织发布《2019 年全球健康评估》报告,公布了全球十大致死原因。过去 20 年,心脏病一直是全球首要死因,中风、慢性阻塞性肺病位列前三,而这些疾病的起因都与过度饮食、缺乏体育锻炼、作息不规律、成瘾性行为等不良生活方式与行为有关。

四、卫生保健设施因素

保健是包括对疾病患者进行治疗在内的康复训练、普查疾病、促进健康、预防疾病、预防伤残,以及健康教育等一系列活动的总和。显然,健全的社会保健制度是维护和促进健康的重要保障。

社会保健制度涉及多个方面,其中最重要的是建立和健全初级卫生保健制度。初级卫生保健制度是最基本的卫生保健制度,它的特点是能针对本区域人群中存在的主要卫生问题,相应地提供增进健康、预防疾病、治疗疾病,以及促进身心健康等方面的卫生服务。如开展针对性的健康教育、提供安全饮用水和基础卫生设施、改善食品供应及合理营养、对地方病的预防和控制、对常见病和外伤的妥善处理、对主要传染病的免疫接种、提供基本药物等。所有个人和家庭在能接受和能提供的范围内,享受到基本的卫生保健。

五、体育锻炼因素

人体在适宜的运动过程中,机体将产生一系列适应性的良性变化而达到健身防病的目的。然而,运动量过大,身体可能因承受不了而受到伤害;运动量过小,达不到刺激体内各器官的目的,无法提高其生理功能。因此,体育锻炼要想获得理想的健身效果,就必须注意科学性,结合自身的特点,合理地安排好运动量和运动强度。

第三章 行为、生活方式与健康

学习提示

行为的发生以及发生的条件是十分复杂的。只有从纷繁复杂的现象中揭示出健康行为及健康的变化规律,才能有效地控制和引导健康行为。人们按照积极、健康生活方式的需要来行动,可以更好地促进自身健康。本章涉及的内容有行为与健康、不良行为对健康的危害、不良生活方式对健康的危害、不良行为和生活方式的诊断与矫正等。

第一节 行为与健康

一、行为的概念

人的行为是指具有认知、思维能力并有情感、意志等心理活动的人对内外环境因素刺激所做出的能动的反应。行为既具有极大的个体差异性,又具有一定的同质性。行为由行为主体、行为客体、行为环境、行为手段和行为结果五个基本因素构成。伴随人的成长,行为也在遗传因素和环境因素的共同作用下不断发展。行为具有以下几个主要特点:

(1)人的行为具有目的性。

(2)人的行为受思维、情感、意志、气质、性格、能力等心理活动的调节。

(3)人的行为表现出较大的差异性。

(4)人的行为具有极大的可塑性。

(5)人的相同的行为可来自不同的刺激。

(6)相同的刺激会引起人的不同的行为。

二、行为与健康的关系

人的行为既是健康状态的反映，又对人的健康产生巨大的影响。随着人类社会的进步和发展，可供人们保护和促进健康的资源越来越丰富。例如，抗生素的问世、各种疫苗的研制、医疗技术与设备的发展、卫生服务网络的建立等，都为人类健康水平的提高奠定了坚实的基础。但这并不能有效控制慢性非传染性疾病的传播和医疗费用的上升。大量流行病学研究证实，人类的行为、生活方式与绝大多数慢性非传染性疾病的关系极为密切，改善行为可以预防这些疾病的发生并有利于疾病的治疗；感染性疾病、意外伤害和职业害的预防、控制，也与人们的行为密切相关。

健康行为是人们从事的任何保持和促进当前健康的活动，包括经常参加体育锻炼，摄取平衡的膳食，保持充足的睡眠，对精神紧张和压力的放松与处理，安全的出行习惯，不吸烟、不吸毒，节制饮酒，不发生危险性行为等。如果人们能采取促进健康的行为（如健康饮食、不吸烟），可使目前大多数疾病的死亡率明显降低。世界卫生组织的一份报告中指出："发达国家70%～80%、发展中国家40%～50%、全球60%的死亡是由不良生活方式（危害健康的行为）造成的。"美国国家健康、教育和福利协会指出："我们正在用自己的不良习惯杀死自己。"由此可见，人类健康面临的最大挑战正是人类自身不健康的行为和生活方式。

世界卫生组织提出的四大健康行为是不吸烟，饮酒不过量，锻炼身体和平衡膳食。专家强调，只要做到这几点，目前的死亡人数可以减少一半以上，人们的平均寿命可以延长10年。

人类的健康行为多属后天的习惯性行为。健康行为的建立在很大程度上依赖于一些促动性的因素，这是因为健康行为实施时通常会令人不愉快，且需要坚持较长时间才能看到其效果。因此，当人们健康时，往往意识不到健康行为的必要性；只有在受到某种疾病的威胁时，人们才会意识到健康行为的重要性，然而此时那些愉快但不健康的行为往往已成为一种难以改变的习惯了。因此，开展全民健康教育，普及科学卫生知识，帮助人们树立正确的健康观念，倡导文明的、科学的、健康的生活方式及健康行为，乃是当务之急。

三、健康行为的知与行

现代健康教育着眼于人们行为的改变，强调知、行的统一，改变"知而不行，行而不知"的现象。

"知而不行"是指知晓健康信息，但并没有采取相应的健康行为。"知而不行"产生的原因是认知不协调，即知识、信念、态度、价值观、自我效能判断等认知因素

之间发生了矛盾,从而导致了认知与行为的脱节。"知而不行"的原因主要有:

(1)屈从欲望,明知故犯。例如,许多吸烟者明知吸烟有害,但并没有采取戒烟的行为。

(2)自欺欺人的"合理化"解释。当健康知识的要求与人们的某些安逸习惯发生冲突时,有些人就会在承认知识是正确的前提下,寻找理由为自己辩解,然后心安理得地拒绝采取健康行为。许多不能坚持体育锻炼的人就是如此。

(3)由于心理、生理等方面的特殊原因,虽然知晓了健康知识,也有观念和态度的转变,但仍然不能采取健康行为,如吸毒和嗜赌行为。许多人确实是发自内心想戒掉恶习,但还是屡改屡犯。

(4)有一些健康知识,理论上虽然是正确的,但严重脱离了实际,可操作性很差,不可能转变为人们的健康行为。

"行而不知"是指人们受传统习俗、个人习惯、社会规范、经济条件、自然环境等因素影响而采取了健康行为,但并不了解与其相关的健康知识。"行而不知"现象在运行行为方面比较普遍。例如,没有受过系统的体育锻炼科学知识教育的人,虽然常年坚持体育锻炼,但不知道运动频率、强度和时间对健康的影响,以及适合自己身体状况的运动方式是什么。"行而不知"的原因主要有:

(1)只知其然,不知其所以然,容易使原有的健康行为发生改变。

(2)认知肤浅,不能指导实践,不易收到良好的效果或适得其反。

(3)不能判断其行为是否正确,缺乏理论知识,盲目实践。

(4)误以为自己的健康行为是正确或不正确的。

要扭转"行而不知"的局面,应重视对体育理论的学习,强化对健康知识、锻炼方法、自我健康状况评价等的理解和运用,避免因健康行为不规范而产生的"行而无效"或"行而有害"的结果。

第二节　不良行为对健康的危害

一、吸烟

烟草可以说是一种慢性自杀剂,它的化学成分复杂,仅有毒物质就有 20 多种。有研究表明,香烟点燃后产生的烟雾中竟有数百种有毒物质,肺癌的发病率与开始吸烟的年龄有直接关系,例如,20 ~ 26 岁开始吸烟的,肺癌的发病率是不吸烟者的10 倍,小于 15 岁开始吸烟的是不吸烟者的 19 倍。《中国吸烟危害健康报告 2020》显示,我国吸烟人数超过 3 亿人,每年死于烟草相关疾病的人数超过 100 万。

(一)吸烟对社会的主要危害

(1)促发和形成某些严重疾病,造成有效学习和工作时间减少,甚至导致学习和劳动能力丧失。

(2)污染环境,使周围不吸烟者遭受被动吸烟的危害。

(3)引发意外事件。例如,2020年重庆某小区内未成年男子在出租房内吸烟,引发严重火灾,过火面积达970平方米,直接经济损失达370多万元。

(4)增加了国家、社会、单位和家庭的医疗负担,造成了巨大的经济损失和医疗资源浪费。

(二)帮助戒烟的方法

(1)消除紧张情绪。如果紧张的学习是吸烟的主要起因,那么更换学习环境,到约束力强的图书馆或阅览室去学习可以消除紧张情绪。

(2)在受到引诱的情况下找到不吸烟的办法。如看到别人吸烟,可做一些技巧游戏,使两只手不闲着;吃完饭立即去刷牙,使口腔里产生一种不想吸烟的味道;运动后用饮水代替吸烟等。

(3)公开宣布自己的戒烟决定,得到同学对自己戒烟承诺的支持和监督。

(4)戒烟的开始阶段,应尽量避免参加聚会活动,以免受到吸烟的诱惑。

(5)戒烟后又开始吸烟不等于戒烟的失败,需要仔细分析重新吸烟的诱因,避免以后再犯。

(6)延长从早晨醒来到吸第一支烟的时间,这是努力戒烟的第一步。循序渐进也是彻底戒烟的基本原则。

二、酗酒

酒的主要成分是酒精(乙醇),其分子质量很小,能穿透细胞膜对所有器官发生影响。长期酗酒将造成慢性酒精中毒,对人体的危害极大。酒精能损害口腔、胃、肠黏膜,诱发胰腺炎、食道炎、胃及十二指肠溃疡。酒精对肝脏的影响非常大,会使肝脏及结缔组织增生,导致肝硬化。长期饮酒还会使血管变窄,从而造成动脉硬化、高血压,诱发心肌梗死和脑出血。酒精对生殖系统也有毒害,易引起染色体畸变、性功能障碍、精子畸形,导致胎儿发育缺损、智能低下。喝酒后在短时间内会产生兴奋,但很快又转为抑制,神志迷糊,这种抑制过程可以持续很长时间。经常酗酒还会导致智力下降、记忆力减退、理解力降低,从而影响学习,严重的甚至会引起酒精性精神病。酗酒还会损伤神经系统的功能,如酒精性神经症、小脑萎缩等。

三、吸毒

（一）什么是毒品

《中华人民共和国刑法》第三百五十七条规定："本法所称的毒品，是指鸦片、海洛因、甲基苯丙胺（冰毒）、吗啡、大麻、可卡因以及国家规定管制的其他能够使人形成瘾癖的麻醉药品和精神药品。"据世界卫生组织统计，全球有 170 多个国家和地区都存在毒品问题，每年约有 10 万人死于吸毒，因此而丧失劳动能力的有 1000 万之众。吸毒、贩毒严重威胁人类的身体健康和社会进步。

（二）毒品对人体健康的危害

1. 对消化系统的危害

绝大多数毒品都有抑制食欲的作用。部分吸毒成瘾者就是误认为毒品可以用来减肥而开始吸毒的。毒品抑制食欲的特性不仅可以引起身体消瘦，还会引起某些人体必需的维生素和矿物质缺乏，从而引起一系列营养不良综合征。

2. 对神经系统的危害

吸食海洛因会引起一系列的神经系统病变，如惊厥、周围神经炎、弱视、远离注射部位的肌肉功能障碍等。长期吸毒可引起智力减退和个性改变，海洛因过量使用引起的呼吸抑制可造成脑缺氧。可卡因滥用会引起颅内出血、抽搐、持续性或机械性重复动作、共济失调和步态异常。

3. 对心血管系统的危害

很多毒品对心血管系统会产生直接的危害。静脉注射可引起感染，也可对循环系统产生不良影响。吸毒经常引起各种心律失常和血管痉挛（冠状动脉痉挛可引起心肌梗死）。吸毒还可引起冠状动脉粥样硬化，使血小板聚集，进而引起栓塞。

4. 对呼吸系统的危害

吸毒可通过三种主要途径对呼吸系统造成严重破坏：一是经呼吸道滥用毒品对呼吸道有直接刺激；二是通过不同途径进入体内的毒品对呼吸道有特异性的毒性作用；三是由吸毒引起的营养不良和感染也可能波及呼吸系统。有些毒品可造成特异性呼吸系统损害。例如，海洛因过量使用或中毒时可发生海洛因性肺水肿，如抢救不及时可导致死亡；可卡因会引起剧烈胸痛和呼吸困难。

四、不良的性行为

联合国艾滋病联合规划署公布的数据显示，截至 2017 年，全球约有 3690 万艾滋病病毒携带者,2016 年全球约有 100 万人死于艾滋病。国家卫健委统计,我国2019 年艾滋病死亡人数达到 20999 人。艾滋病被发现至今已有 30 余年,人类至今还没有摆脱这个现代历史上最严重的瘟疫的折磨,要预防和战胜它需要我们每一个人的关心、支持与合作。

(一)艾滋病及其危害

艾滋病(获得性免疫缺陷综合征)是一种主要由性接触和血液传播的传染病。发病原因是一种名叫"HIV"的逆转录病毒,当它进入人体后,很难被人体的免疫系统识别和清除,而它专门破坏人体用于抵御疾病侵袭的免疫细胞,最后造成人体对疾病的防御能力全面崩溃,引起各种恶性肿瘤、真菌与霉菌感染和神经系统疾病交替发生。患者最后死于感染和衰竭。艾滋病的临床表现千差万别,十分复杂,其显著特点是免疫功能缺陷、长期慢性腹泻、体重减轻和发烧、全身淋巴结肿大等;有的患者皮肤出现溃疡,胸部检查双肺有大片炎症,最终因意识丧失、呼吸衰竭而死亡。艾滋病早期患者全身症状常表现为病毒性疾病,低热、全身不适、肌肉疼痛、易疲劳、消瘦、夜间盗汗,有的患者出现头痛或焦虑。

(二)艾滋病的感染途径

艾滋病的感染途径主要有:性传播、血液传播和母婴传播三种。与艾滋病病毒感染者在日常生活和工作中接触不会被感染。艾滋病是一种很难对付又很可怕的疾病,但它的传播途径却非常明确,所以也比较容易和有效地预防。只要掌握了预防艾滋病的知识,把艾滋病病毒及时杀灭,不让带有艾滋病病毒的血液、精液、阴道分泌物、乳汁等污染健康人,就能有效地预防艾滋病。

(三)预防艾滋病的措施

(1)洁身自爱,遵守性道德是预防经性接触感染艾滋病的根本措施。自觉抵制"性自由""性解放"等思想的侵袭,正确使用质量合格的安全套。及早治疗并治愈性病可大大减少艾滋病感染和传播的危险。

(2)拒绝任何毒品,已吸毒者要坚持戒毒;避免与吸毒者发生性关系;尚未戒毒者要避免与他人共用针具静脉注射毒品。

(3)避免不必要的输血和注射,必须接受注射时,使用经过严格消毒的或一次性注射针头,做到"一人一针、一管一用一消毒"。不与别人共用牙刷、剃须刀。不用未消毒的器具穿耳孔、拔牙、文身和美容。

(4)感染艾滋病病毒的孕产妇应及时采取抗病毒药物干预、减少产时损伤性操作、避免母乳喂养等预防措施。

第三节　不良生活方式对健康的危害

随着人民生活水平的提高以及信息时代的到来,不良生活方式问题日渐凸显,并呈多元化、交叉增长的态势,体育锻炼不足、作息不规律、饮食不平衡愈发突出,肥胖或身体虚弱者人数激增,痔疮、脂肪肝、角膜炎、转氨酶偏高、血脂异常等与生活方式有关的病十分常见,高血压、胃病、结石病、糖尿病也呈现出年轻化的倾向。不良生活方式导致的疾病已经成为世界头号杀手。

一、不良生活方式的主要表现类型

(一)不良的饮食习惯

不良饮食习惯的形成与多种因素有关,归纳起来有以下几个方面。

1. 社会环境因素

人类在地球上生活的绝大多数时间是处于原始生活状态。因此,人体代谢需要的基本模式是适应天然食物的营养环境,需要吃多种类、多样化的动植物,食物的基本特点是低脂肪、低盐、低糖、高钾和高纤维。随着科学技术的发展和生活水平的提高,物质极大丰富,食物的结构随之发生了很大变化。人们大量享用高糖、高蛋白、高脂肪的食物,致使食物结构失衡。另外,精制食物的不断出现,也使人体代谢失去了天然食物的营养环境。

2. 自然环境因素

人们的饮食习惯在一定程度上受地域和气候的影响。例如,我国北方地区由于气候条件的限制,冬天多吃腌菜、咸菜,缺少维生素 C,这不利于减少致癌的亚硝酸盐的生成,因而是胃癌的高发地区;珠江三角洲、雷州半岛等地肝癌高发,与这些地区受海洋气候的影响天气潮湿多雨、食物易霉变有关。

3. 风俗习惯因素

风俗习惯对特定地区的生活方式有一定影响。例如,东南亚许多国家和民族有嚼槟榔的习惯,而该地区口腔癌发病率明显高于其他地区;与之类似,吃生肉的习惯是导致人群中旋毛虫感染率偏高的重要原因。

(二)不良的生活习惯

不良的生活习惯这里主要指懒惰。在文明社会中有人习惯于依赖自动化,懒得动脑、四肢懈怠。该类不良生活习惯主要表现在以下方面。

1.思维迟钝

写文章、做报告由别人代劳,计算、记忆靠电脑帮助,读书、看报一目十行,看电视、手机接收画面信息。长此下去,大脑功能渐渐退化,思维迟钝,甚至出现一些疾病。

2.四肢疲软

洗衣机、电饭煲、电冰箱、吸尘器等家用电器大大降低了家务劳动的强度。外出乘车,上下楼乘电梯,旅游登山乘缆车,使手和脚的活动范围大大缩小,四肢不勤,手脚软弱无力,动辄感到疲劳。

3.体质虚弱

安逸降低了人体适应外界环境的能力,体质虚弱表现为怕风、怕冷、怕热,动辄出汗气喘,遇寒则伤风,适应幅度变小,生理耐受力降低。

二、有害的职业性习惯

大学生学习和工作的特点在很大程度上决定其生活方式和行为习惯,如缺乏体力活动、长时间静坐、进食不规律、作息时间易变、"开夜车"等。这些长期职业性的行为习惯形成了脑力劳动者不良的生活方式,对健康构成了威胁,其中具有共性的行为习惯就是久坐不动。生命在于运动,因此医学专家特别警告,当心"坐"出病来。长时间的静坐有以下弊端:

(1)身体的消耗减少,心脏的工作量随之减少,由此可引发心肌衰弱、心功能减退、血液减慢,造成血液在动脉中沉积,为高血压、冠状动脉血栓等疾病的产生埋下隐患。

(2)血液循环不良,使静脉回流受阻,直肠肛管静脉出现扩张,血液淤积,导致静脉曲张,出现痔疮、肛门疼痛、滴血或便血等,长期下去将导致贫血。女士则因盆腔静脉回流受阻易患盆腔炎、附件炎等妇科疾病。

(3)人体亿万细胞要靠血液运输完成新陈代谢功能,一方面,久坐使体内携氧血液量减少,氧分压降低;另一方面,携二氧化碳血液量增多,导致二氧化碳分压升高,从而引起肌肉酸痛、硬、萎缩,甚至丧失力量。

(4)久坐不动往往会引起颈椎僵硬,形成一种酷似驼背样的颈倾肩隆状,失去体态的美感;还会影响颈椎动脉对头部的供血量,出现头晕、手足麻木等不适症状,长期易致慢性眩晕等。

(5)久坐使躯体重量全部压在腰骶部,压力承受面分布不均,会引起腰、腹、背部肌肉疼痛。

（6）人体骨骼中，各连接处只有通过运动才会产生一种黏液，阻止骨骼间相互磨损。久坐将导致骨连接处干燥，继而引发关节病和脊椎病。

（7）机体摄入的脂类、淀粉等过多地转化为脂肪储存起来，易导致肥胖。

四、大学生不良的饮食习惯

饮食是人类最重要、最经常的一种行为，但能按科学方式对待饮食的大学生却为数不多。有的大学生对饮食不甚关注，抱着无所谓的态度；有的大学生则过分讲究，片面理解一些谚语、听信广告，结果顾此失彼，事与愿违；还有一部分大学生经常节食和暴饮暴食，造成消化系统功能紊乱，影响了身体的正常生长和发育。大学生必须培养良好的饮食习惯，需要克服以下不良饮食习惯。

（一）饥一顿，饱一顿的进食方式

有时忍饥挨饿，有时暴饮暴食。饥饿多半是因为睡懒觉，或夜间看书时间过久，错过了时间；暴饮暴食则多发生在过生日、野餐等聚会场合。空腹后一顿饱餐，会使器官负担加重、不利于消化；暴饮暴食会使消化器官功能紊乱，从而使机体代谢功能失衡，产生疾病，影响身体健康。

（二）不卫生的共食现象

共食虽在一定程度上能加深感情、交流思想，但极易传播某些疾病，明显是弊大于利。我国传统的共食多局限在家庭范围内，大学生历来是分食的，但近些年来，大学生中共食现象增多。共食现象是预防传染性肝炎及肠道传染病的一大障碍。共用餐具的危害与共食相同，也应尽量避免。

（三）盲目节食

盲目节食在女大学生身上更多见，她们的减肥手段主要是节食。节食虽然可以使人消瘦，但营养物质也随之越来越匮乏，势必出现各种功能障碍或疾病，轻则头昏眼花、四肢乏力，重则出现贫血、低血糖、月经失调等情况。有的学生明知过分节食对身体有害，但仍乐此不倦，甘愿付出巨大代价。这不是单纯的知识缺乏问题，而是涉及大学生的心态。例如，"肥胖恐惧心理"导致饮食紊乱，其不良后果包括病理性肥胖及危险的体重过轻，机体摄入的热量仅能维持其生存，不能满足生长的需要，严重影响学业，造成终身遗憾。

（四）偏食

部分大学生片面认定某些食物是高营养食物而长期偏食，结果造成另一些营养素的缺乏。例如，有的大学生不肯吃肉，结果身体不能及时补充优质蛋白质，造成发育迟缓或发育不良；有的偏吃荤腥，不吃蔬菜，造成多种维生素和矿物质的缺乏,为以后患高血压、高血脂、动脉硬化等疾病埋下了"定时炸弹"。

(五)追求高蛋白、高脂肪饮食

盲目追求高能量、高蛋白饮食,认为西餐比中餐优越,大量食用牛奶、鸡蛋、面包、黄油,饮食向欧美模式靠拢。其实,东西方饮食习惯的差异由来已久,东方饮食所含的脂肪和蛋白质虽然比西方饮食明显低,但东方人体内的淀粉酶、蛋白酶和消化脂肪的酶及消化液的分泌量已与饮食结构相适应,盲目模仿容易造成消化不良和营养素的失衡。现在西方发达国家已认识到,营养过剩会引起心血管病、结肠癌、糖尿病、胆石症等许多所谓"富裕病",西方人已开始从饮食的误区中撤出。东西方饮食模式各有利弊,彼此可以取长补短,但需要根据自身体质状况逐渐适应,并以科学的分析、监测作指导,这样才能使饮食科学化、合理化。

(六)偏信"营养补品"

有的大学生容易听信广告,夸大营养补品的作用,以为补品可以补充一切营养,甚至以其代食。其实,营养补品仅能提供一小部分营养素,而且只能对缺乏某种营养素的人起作用。至于补药,主要是调整、提高某些生理功能,需不需要补,补什么,要因人而异。单吃所谓昂贵的补品,满足不了身体的营养需要。中医理论中的"虚则补之"有其特定的含义,不能简单理解为物质的补充。营养品不是人人皆宜的"强壮剂",更不能替代食物。

第四节　不良行为和生活方式的诊断与矫正

一、不良行为和生活方式的特点

不良行为和生活方式具有以下特点。

(一)潜伏期长

不良的生活方式形成以后,往往要经过相当长的时间才可能致病。例如,青少年不良的饮食习惯可能导致中年以后心血管疾病的发生率大幅升高;大多数肺癌患者的吸烟史达10年之久。

(二)无特异性

不良生活方式对健康的影响往往缺乏特异性,也就是说,一种不良生活方式可能与多种疾病和健康问题有关。例如,吸烟与肺癌、冠心病、支气管炎、口腔癌、喉癌、食道癌、胃癌和十二指肠溃疡等多种疾病有关。这是由于许多不良生活方式对健康的影响无特异定位、影响范围广,最终因不同个体的细胞、器官、系统脆弱性不同而表现出不同的疾病。

(三)联合作用强

不良生活方式中诸多因素的联合作用可使其致病作用增大。例如,冠心病的致病因素是高血脂、吸烟、紧张等。饮食中动物脂肪含量过高与饱和脂肪酸含量过高可发生高脂血症;高脂血症是冠心病发病和恶化的必要条件;生活紧张、精神刺激可使血压升高,进而引起血管内膜损伤,促使脂质在血管内膜的沉积;烟草中的有害物质亦可使血管内膜损伤,并使血管中的氧含量降低,增加心脏的负担。这些因素联合作用,使冠心病的发病率变得更高。

(四)易变性大

不良生活方式中的某些行为成分起初可能对健康并没有什么不良影响,甚至在一定范围内对健康还有利。然而一旦过度或过量,超过机体所能承受的限度,便会产生有害影响。例如,适量的运动有利于健康,但运动量过大则有害健康。

(五)广泛存在

不良生活方式广泛存在于人们的日常生活中,而且大多数人已经养成习惯,加上其危害性往往是潜在的、不明显的,只有经过一段时间才可能发生明显作用,使人们对其危害性的认识受到限制,同时给干预措施的实施增加了难度。因此,与不良生活方式作斗争需树立信心,持久努力才可奏效。

二、改变不良行为和生活方式

健康传播学的理论认为,人们的行为改变过程一般分为四个层次:①健康信息的知晓;②健康信息的认同;③态度的改变;④健康行为的采纳。

人们都有改变自己不良行为的经历,但最后结果不甚理想。下面就如何改变不良行为的问题做些介绍,供大家参考。

(一)自我健康状况满意程度测评

请根据表3-1做出自己的选择,逐一列出自己不满意或非常不满意的选择项。

表3-1 自我健康状况满意程度测评表

项　目	得　分			
心血管循环系统耐力	4	3	2	1
血　压	4	3	2	1
身体脂肪百分比含量	4	3	2	1
力　量	4	3	2	1

项　目	得　分			
精　力	4	3	2	1
体　形	4	3	2	1
腰、背部健康状况	4	3	2	1
睡眠状况	4	3	2	1
放松的能力	4	3	2	1
妥善处理紧张焦虑的能力	4	3	2	1
心　境	4	3	2	1
健康的总情况	4	3	2	1

注:4 = 非常满意;3 = 满意;2 = 不满意;1 = 非常不满意。

（二）分析原因

接下来分析这些不满意或非常不满意选项产生的原因,并回答下列问题:

（1）这些不良行为是什么时候开始的?

（2）这些不良行为为什么会发生?

（3）为什么这些不良行为会一直存在?

（4）在什么时候或条件下这些不良行为容易发生?

（三）设定行为矫正目标

找到原因,下一步就要设定未来行为矫正目标。一般设定的目标中应包括改变行为的时间,对需要从根本上改变的行为要设定下级目标。从现在就开始改变不良行为,并逐步延长改变行为的时间。

（四）制订实现目标的计划

行为矫正目标设定后,下一步就要制订实现目标的计划。首先,制订多种计划,执行者从中挑出一两个容易实现的计划;其次,选择计划后要养成新的行为,如按时锻炼、定时定量食用平衡膳食、执行正常规律的作息时间、拒绝烟酒等。

（五）健康行为的养成与保持

良好行为改变的目标达到后,改变行为,最困难、最关键的是怎样保持健康行为。始终保持积极的健康行为并不是一件容易的事,它受多方面因素的影响或干扰。因此,要保持改变行为的动机,就需要对一切影响行为改变动机的主观因素和客观因素进行适时调控,最终实现既定的目标。

下列因素的调控会对大学生保持健康行为起到积极的作用,它们能使大学生成功地改变有害健康的不良行为。

（1）首先应该意识到可能引发旧的不良行为的客观环境和条件,尽可能地采取措施避免介入这些客观环境,降低这些环境的影响。如减少聚餐次数、避开吸烟人群、假日不独处寝室、积极参加集体活动等。

(2)如果偶然重复了某一不良行为,也不必气馁,只要及时改正即可。只要决心不变,最终会获得成功。

(3)经常重温行为改变的目标,强化改变不良行为的动机和信心。

(4)在体育课程中,应给予认知和情感领域更多的关注,学习和掌握增进健康的知识、技能和方法。

(5)适时检查自己锻炼的动机、态度或兴趣是否依然保持在较好的状态。如果不是就需要问问自己,在什么情况下感到坚持体育锻炼有困难? 是作业太多,还是身体感到不舒服? 是锻炼的条件不完善,还是自己在动机、态度或兴趣方面发生了变化? 找到原因后,可以通过切实有效的方法来调控锻炼的动机、态度或兴趣。

(6)在改变不良行为的过程中,身体感觉并不都是良好的,偶尔的不适对不良行为的矫正也同样适用。

(7)在改变不良行为的动机"滑坡"时,应该回忆一下改变不良行为后曾经有过的身心愉快的情感体验。这样做不仅可以调控不良的情绪和心境,还可以重新激发改变不良行为的动机和信心,进而走出低谷,向设定的目标继续前进。

(8)在经常活动的地方,如寝室或教室布置一些健康方面的图片或名言警句,经常收看一些健康知识节目,尽量使改变不良行为的措施得到家长、朋友、同学的支持,设法与他们共同努力,相互激励,共同前进。

第四章　体育与健康

学习提示

　　体育具有强身健体的功效,对身体健康的影响主要表现在生理、心理与社会适应能力三个方面。本章主要介绍体育对生理健康、心理健康,以及社会适应能力的积极促进作用。

第一节　体育与生理健康

一、体育有助于运动系统的发展

　　运动系统是大学生正常生活、工作、劳动和运动不可缺少的系统。运动生理学研究表明,进行体育运动有助于人体骨骼的发育和生长;有助于关节的灵活,增加动作的幅度;有助于肌肉体积增大,力量增强。

　　人体的身高主要与骨骼的发育水平有关。大学生经历了青春发育的高峰期后,骨骼的发展进入缓慢的发展阶段,但骨化过程尚未结束,身高仍存在相当大的可塑性。经常参加体育运动可有效刺激和促进人体的新陈代谢,血液供应充分,骨细胞生长能力增强,从而使骨骼的长度增加,骨密质增多,骨变粗,骨组织的排列更加整齐有规律,机械稳定性加强。影响身高增长的因素除体育运动外,还有营养、作息、遗传、卫生等因素。

　　关节是构成人体形态、连接骨骼的组织结构。运动时,韧带和肌腱的柔韧性和力量都得到增强,关节的稳定性和活动范围得到加强,从而使动作舒展大方、优美协调。

　　肌肉是人体运动的动力组织,也是构成健美体形的外在组成部分。正如马雅可夫斯基赞美的那样:"世上没有比结实的肌肉和新鲜的皮肤更美丽的衣裳。"大学生肌肉发展的特点是肌纤维从纵向发展转向横向发展。通过体育锻炼,人体的肌肉不断伸缩可使肌球蛋白不断增加;肌肉储存水分的能力增加从而增强肌肉的氧化反应;人体的肌纤维的供能中心线粒体数量增加,不易产生疲劳感;人体的肌肉结缔组织增厚,肌纤维的数量增加、横断面增大,肌肉的力量增大、更加结实丰满。研究表明,经过长期的运动,人体肌肉的重量可由占体重的40%(女性约35%)提高至50%左右,从而明显地改善身体形态结构。

二、体育可促进心血管系统机能的提高

人的心血管系统是由心脏、血管和血液三部分组成的,担负着人体内新陈代谢过程的运输任务。心脏是血液循环的总动力中心。成年人的心脏重300~400克,心脏容积240~250毫升,心跳每分钟65~75次,血液总量占体重的7%~8%。大学生的心脏在形态结构和功能上,均已接近成年人的水平。

体育锻炼中,心脏毛细血管开放的数量增多,心肌的血液供应和新陈代谢加快,增加了心肌中蛋白质和糖原的储备,心肌纤维变粗,心肌增厚,心脏的形态发生良好的变化。随着心肌收缩力量增大,心脏容量也得以增加,心脏每搏输出量和每分钟输出量也会增加。有资料表明,每搏输出量一般人为70~90毫升,经常锻炼的人为100~120毫升。安静时一般人的心率为每分钟70~80次,经常锻炼者可以减少到每分钟50~60次。剧烈运动时,一般人的心率只能达到每分钟180次,而经常锻炼者的心率可达每分钟200次。这些变化都是心血管系统机能增强的表现。

此外,经常参加体育运动还会影响血管壁的结构,改变血管在器官中的分布状态,使冠状动脉口径变粗,心肌毛细血管的数目增加。因而体育运动也是预防心血管系统疾病、保护心脏健康的积极手段。

三、体育可提高呼吸系统的机能

人体呼吸系统是由呼吸道(包括鼻、喉、气管和支气管)和肺组成的。呼吸道是呼吸时气体的通道,肺是进行气体交换的场所。大学生肺的结构和机能发展迅速,呼吸肌力量逐步加强,肺活量已接近成人。呼吸频率逐步减慢,一般为每分钟16次,呼吸深度相应增加,呼吸系统已经达到健全程度。

经常参加体育运动可使人体呼吸系统的机能得到改善。因为运动可保持肺组织弹性,增大胸廓活动范围,使呼吸深度增加,肺活量提高。一般成年男子肺活量为3500毫升左右,女子为2500毫升左右,而经常锻炼的成年男子肺活量可以达到4000~7000毫升,女子可达到3500毫升左右。运动使呼吸系统的通气和换气功能得以增强。安静时一般人的呼吸频率为每分钟12次,肺通气量为4~7升,经常锻炼的人呼吸频率每分钟仅8~10次就可以达到同样的肺通气量。在定量工作时,

呼吸机能还表现出节省化现象,能较长地保持高效率工作,适应和满足较大运动负荷对呼吸系统的要求。

四、体育可改善神经系统的机能

神经系统包括中枢神经系统和周围神经系统。中枢神经系统负责整个机体的活动。周围神经系统分布于机体各处,上连中枢神经,下连各器官、系统,把各种刺激传给中枢神经系统,也把中枢神经系统的指令传到人体的各部分。人体任何一个器官、系统的活动,都是在神经系统的调节、控制下完成的。大学生的神经系统处于脑细胞建立联系的上升期,大脑神经细胞的分化机能迅速发展,大脑皮质的结构和功能发生着巨大变化。

经常参加体育运动可以使人的头脑清醒,思维敏捷。因为大脑虽然只占人体重的2%,但它所需要的氧气却要由心脏总血流量的20%来供应,比肌肉工作时所需的血流量还要多。进行体育运动,特别是到大自然中去活动,可以改善大脑供血、供氧状况,促使大脑皮层兴奋性增强。

另外,进行体育运动是调节大脑皮层兴奋和抑制过程的积极有效措施。因为,人体神经系统的活动就是兴奋和抑制过程的相互转换。人体在进行体育活动的过程中需要肌肉不停地做出收缩和放松的反应,这一过程本身就是对神经系统兴奋与抑制机能很好的锻炼,从而使人动作敏捷,反应灵敏迅速,思维灵活,决策果断,同时改善神经系统对心血管系统、呼吸系统、运动系统等器官系统的调节功能。

第二节　体育与心理健康

一、体育对学生智力发展的影响

智力也称智能,一般认为,智力是指个体聪明程度。发展学生的智力是学校智育工作的一项极其重要的任务,这是由智力的特点及其在现代社会生产、生活中的重要地位所决定的。智力不仅是完成学习活动的必要条件,也是完成其他领域实践活动的根本保证。

体育学科究竟能培养学生什么样的智力,对学生智力的发展有什么样的影响作用,人们一直存在争议。在以往的学校体育教材和一些学术论文中,大致反映了以下三个观点。

(1)调节观。持这种观点的学者认为,学生通过体育课或课外体育运动可以使脑力劳动和体力劳动相结合。在连续的脑力劳动后,体育课或课外体育运动可以促进学生脑部血液循环,不仅使大脑得到较多的血和氧的供应,而且可使思维的左脑得到积极的休息,消除疲劳,提高学生的学习效率,促进智力的发展。

(2)基础观。这种观点主要认为体育是发展学生智力的基础手段,学校体育为智力开发提供良好的物质基础,是一种增强智力的手段。人的智力发展是建立在大脑这个物质基础上。经常性的体育锻炼,能保证大脑能源物质与氧气得到充足供应,促进大脑神经细胞发育,有利于提高大脑皮层细胞活动的强度、均衡性和灵活性以及分析综合能力,为智力的发展创造良好的生理条件。体育运动还可以培养学生敏锐的感知能力、全面的观察能力、良好的记忆能力和灵活的思维能力、丰富的想象能力等,能使学生头脑清醒,精力充沛,学习效率得到提高。

(3)综合观。这种观点可以说在认识上较为深入,但总的来看,还未能离开上述两种观点的范围。该观点认为,学习体育基础理论知识与运动技术的过程也是一个培养学生智能的过程,主要表现在三个方面:①学习过程本身就是一个发现问题、独立思考、解决问题和发展智能的过程;②对体育理论知识和技术的创造性运用又是一个培养智能的过程;③学生通过运动技术学习产生直接效益——体质得到增强,大脑的营养功能得到改善,大脑皮层的活动效率得到提高,从而为智能的提高创造良好的生理条件。

以上观点都认为体育对学生智力发展起到一种辅助作用,具有间接功能。虽然目前对体育学科功能的认识比以前在范围上有所扩大、理论上有所深入,从一维体育观走向多维体育观,但在体育与智育的关系上,认识还比较肤浅,认为体育只是增强学生体质,增进健康的手段与方式。

当代智力理论的发展为解释体育学科对学生智力的促进作用提供了理论基础。虽然智力理论还没有形成统一的共识,但多元化的理论给人们揭示智力发展的本质提供了多维的视角和方法,也为探讨体育学科培养学生智力的问题提供了理论支点。在智力研究方面,不少心理学家得出了不同的结论。

自20世纪80年代以来,大多数心理学家认为智力的核心包含两种能力:语言能力与解决问题的能力。语言能力包括语言的流畅性、阅读理解能力、会话能力和词汇。解决问题的能力包括掌握问题的核心、抱乐观态度处理问题和从事决策的能力。心理学家认为智力概念包含三种能力:抽象的思维能力、解决问题的能力和学习的能力。

美国心理学家罗伯特·斯腾伯格于1985年提出了智力的三元结构理论,1996年在此基础上他又提出了成功智力理论,在心理学界乃至全社会引起了极大的轰动。斯腾伯格认为,成功智力由分析性智力、创造性智力和实践性智力三个方面组成,它们彼此相互联系。分析性智力用来解决问题和判断思维成果质量。创造性智力可以帮助人们从一开始就形成好的问题与想法。实践性智力则可以将思想及其分析结果以一种行之有效的方法来实施。分析性、创造性和实践性智力三方协调、平衡时效果最佳。

美国心理学家彼得·沙拉维和约翰·梅耶在1990年提出情感智力,用于描述对成功至关重要的情绪特征。1995年丹尼尔·戈尔曼出版了《情感智商》一书,该书涉及情感智力的内涵、生理机制、情感教育内容,以及情感对成功的影响等,初步形成了情感智力的理论体系和基本观点。

以上这些智力理论为人们揭示智力的本质奠定了基础,也给教学提供了基础理论。但是作为教育一部分的体育学科对智力的研究一直比较落后。其中主要原因是这些智力理论未能很好地解释体育学科能培养学生什么样的智力,体育对智力的发展到底起到什么样的作用。

20世纪80年代美国心理学家霍华德·加德纳提出的多元智力理论为解答体育学科培养学生什么样的智力这一问题,提供了一个较好的理论依据。该理论认为,智力并非像人们以往认为的那样是以语言能力和数理逻辑能力为核心、以整合的方式存在的一种智力,而是彼此相互独立、以多元方式存在的一组智力。加德纳在大量科学研究的基础上指出了彼此独立、以多元方式存在的一组智力,即言语——语言智力、逻辑——数理智力、视觉——空间智力、身体——动觉智力、自知——自省智力、交流——交往智力等。加德纳认为,人的每一种智力在人类认识世界和改造世界的过程中都发挥着巨大的作用,具有同等的重要性。每个人与生俱来在某种程度上拥有这些智力的潜能,环境和教育对于能否使这些智力得到开发和培育有重要作用。

多元智力理论认为,体育学科主要培养学生身体——动觉智力。许多学者已把多元智力理论作为体育学科的基础理论,并将此理论与体育教学实践结合进行实验研究,以揭示体育学科对学生智力发展的影响,以及体育学科在现代教育中的重要意义。

多元智力理论给学校体育理论研究提供了一个新视角、一个突破口。其实从体育学科的特点和性质来看,体育学科主要是培养学生多元智力中的身体——动觉智力,另外对视觉——空间智力、交流——交往智力的培养也很重要。构成身体——动觉智力有三个核心要素:一是有效控制身体运动的能力;二是熟练操作物体的能力;三是体脑协调一致的能力。视觉——空间智力的核心要素是准确感知物体的能力,并把个体的感知通过平面或立体的形式表现出来。交流——交往智力的核心要素也有三个方面:一是辨别他人情绪、情感和意图的能力;二是以恰当的方式对他人的语言或行为做出反应的能力;三是说服他人、影响他人或推动他人做事的能力。

从以上构成各智力的核心要素来反观体育学科的性质,我们发现学习体育学科所需要的和体育学科所培养的正是这些能力。例如,在运动技术、技能的学习与掌握过程中,需要学生有空间感知能力,方向判别能力,对器械的速度、重量的感知能力等。这些空间的感知又和良好的视觉相联系,如果没有精细的辨别能力和开阔的视野,体育学习就会受到一定影响,这种需要和培养的能力就是学生的视觉——空间智力。

多元智力理论给体育教育促进学生智力发展提供了理论依据。从多元智力理论给体育学科的启示来看,体育学科能有效培养学生的智力,尤其对学生身体——动觉智力的培养起到非常重要的作用。这是因为身体——动觉智力在多元智力中处于非常重要的地位,它是人类生存于这个世界并认识这个世界的所有智力活动的核心。人们正是通过观察和模仿环境中他人的动作与环境中的人或物相互作用,通过改变环境中物体的位置和形状等身体动作的方式来获得各种信息,并适应和改造周围世界的。而体育学科对学生智力的促进作用也正是从这些认识与实践活动中表现出来的。

二、体育对学生情感教育的影响

情绪和情感是由独特的主观体验、外部表现和生理唤醒等三部分组成的。其中,主观体验是个体对不同情绪和情感状态的自我感受。每种情绪都有不同的主观体验,它们代表了人们不同的感受,构成了情绪和情感的心理内容。

情绪与情感通称为感情,用来表示人的特定的主观愿望或需要相联系的心理状态。随着心理学的不断发展,为了准确地表达,研究者开始使用情绪和情感来表达感情的不同方面。情绪主要表达感情过程,即个体需要与情境相互作用的过程,如高兴时就大声笑。因此,它具有情境性、激动性、短暂性等特点,人和动物都有情绪。情感则常常用来描述那些具有稳定的、深刻的社会意义的感情,例如,教师对教育事业的热爱,它是一种感受、体验,具有稳定性、深刻性和持久性的特点。情绪和情感既有联系又有区别,情感是在情绪的基础上形成的,通过情绪表达;情绪离不开情感,情绪的变化反映情感的深度,情绪中蕴含着情感。

情感教育是一个与认知教育相对应的概念,它把情感作为个人发展的重要领域之一,对其施以教育的力量。情感教育是教育过程的一部分,是以培养学生积极、成熟的情绪和情感为主要目的的教育。情感教育关注教育过程中学生的态度、情绪、情感和信念,以促进学生的个体发展和整个社会的健康发展。从学校心理健康教育的观点来看,情感教育目标包括培养学生的社会性情感品质,增强其情感调控能力。情感教育对促进学生品德、认知的发展,维护学生良好的心境,以及促进学生身心健康成长具有积极的意义。学校体育对学生情绪情感的影响主要体现在以下几个方面。

(1)体育运动对情绪具有调节作用。情绪状态是衡量体育运动对心理健康影响的最主要的标志,也是人的自然需求是否得到满足而产生的一种体验。情绪几乎参与人的所有活动,对人的行为活动起到很大的调节作用。研究发现,参与体育运动与体育比赛,可以合理宣泄不良情绪,消除心理紧张,放松身心,调节心理状态,从而维持人的心理平衡,促进心理健康。

(2)体育运动能有效改善情绪状态,陶冶情操,培养个体的自信心。体育运动能直接给人带来愉快和喜悦,并能降低紧张与不安,从而调控人的情绪,改善心理健康状况。有研究人员发现,中等及中等以上运动负荷的体育运动可以减少情绪上的负担,甚至能减轻或消除人的情绪障碍。

(3)体育运动能使学生不良情绪得到合理的宣泄,使学生的精神状态达到平衡,保持良好的心境,从而消除心理上的疲劳,预防或缓解某些心理疾病的产生。现代心理学、生理学和医学的研究都证明,情绪对个人的身心健康具有直接的作用,对人们的生活和工作有十分重要的影响,是衡量个体心理健康的重要标准之一。而人的不良情绪能瓦解人的正常行为。一个人如果长期处在焦虑、抑郁、愤怒等不良情绪下,神经系统活动会失去平衡,持续的失调就会导致各种神经官能症;不良的情绪还可能导致身体方面的疾病。当代身心医学研究证明,除意外伤害之类的疾病外,慢性疾病几乎都是由不良的情绪长时间累计所致,至少多数病因如此。而体育运动的特点与功能具有预防、缓解与改善某些心理疾病的功效。

(4)体育运动能改善自我概念,有利于培育学生的自信心,并能陶冶学生的道德情操。实践证明,体育运动能带来流畅的情绪情感体验,培养学生的主体意识,使学生活泼开朗、积极向上;同时,体育运动有利于进行爱国教育,培养学生的高级社会情感。体育的这些功能来自体育运动的特点及持续参与体育锻炼所产生的心理影响。例如,自信心就是对自己成为胜任者能力的确信,而个体参加体育锻炼的内容和形式绝大多数是根据自身的兴趣、能力和条件来选择的,一般都能胜任体育锻炼的内容,所以有助于增强个体的自信心。

三、体育对学生意志品质培养的影响

陶行知先生曾指出,学生的学习光靠智力不行,光有学习的热情也不够,还得有坚持到底的意志,才能克服大的困难,使学习获得成功。

意志是指明确目的并选择手段以克服困难,达到预定目的的心理过程。意志往往通过语言和行动表现出来,是人的意识能动性的反映。这个心理过程的发生发展与认知过程和情感过程是相统一的,它们是互相促进,不断发展变化的。心理学研究表明,意志是人在实践活动中的重要心理因素,是对客观现实的反映。良好的意志品质的特征主要表现为原则性、自觉性、勇敢性、坚持性、自制性和果断性等。研究发现,学生的意志品质的好坏受社会因素、家庭因素和学校因素的影响。

学校教育,尤其是学校体育教育是培养学生形成良好意志品质的关键,中小学阶段更是一个人的意志品质形成的最好时机。但是,长期以来,由于受应试教育的影响,学校教育重智育、轻德育与体育的现象较为严重,一些学校盲目地追求升学率,片面地抓智育而忽视了学生德育与体育的发展,严重影响了学生身体素质的提高和良好意志品质的形成。

体育是现代教育的重要组成部分,是培养德智体美劳全面发展人才的重要因素之一。大学体育课程应围绕立德树人根本任务,优化课程,进而有效发挥体育课程的德育价值与德育功能,实现"寓德于体、融道于术"。

研究发现,体育运动与形成良好的意志品质之间存在着密切的关系。体育运动可培养学生勇猛顽强、坚韧不拔、积极进取的精神,使其形成良好的意志品质和健康的心理素质。经常参加体育运动的学生,其意志品质较不经常参加体育运动的学生要强,尤其在顽强性、自控能力、果断性、坚韧性和自信心等方面明显优于不经常参加体育运动的学生。

体育运动是以克服一定的困难和障碍为特征的身体活动,能培养学生坚毅的意志品质。体育运动常常意味着竞争,意味着达到某一级水平,在竞争与达成目标过程中则要求学生付出努力与汗水,承受一定的生理负荷和心理压力,因此,体育运动是培养学生意志品质的重要途径。大学生长期坚持进行体育锻炼,可培养积极进取,勇于探索和克服困难的精神,并能有效培养吃苦耐劳、坚韧不拔、果断勇敢、持之以恒等优良意志品质。

第三节　体育与社会适应能力

一、什么是社会适应能力

社会适应能力是指个体为了在社会更好生存而进行的心理上、生理上以及行为上的各种适应性的改变,与社会达到和谐状态的一种执行适应能力。具有良好人际关系、实现社会角色能力水平高的人在交往中有自信心和安全感,与人友好相处,心情舒畅,少生烦恼,知道如何结交朋友,维持友谊,知道如何帮助别人、求助别人,能聆听他人意见,表达自己的思想,能以负责任的态度行事并在社会中找到自己合适的位置。社会适应能力水平低的人与他人交往时,总是牢骚满腹,不能耐心听取他人的劝告或建议,拒绝从他人立场考虑问题,也有些人对人际关系表现出恐惧,害怕与他人接触,逐渐形成孤僻的性格,不被社会接受。

二、社会适应能力的评价标准

社会适应能力有主观的评价标准,综合国内外的一些研究成果,可以从以下几个主要方面对个人的社会适应能力状况做出评价:

(1)接受与他人的差异。

(2)能与同性或异性交朋友。

(3)主动与人交往,有稳定和广泛的人际关系。

(4)与家庭成员和睦相处。

(5)当自己的意见与多数人的意见不同时能保留意见,继续工作。

(6)有 1~2 个亲密朋友。

(7)共同学习工作时,能容纳他人,能接受他人的思想和建议。

(8)交往中客观评价别人,能自我批评,取人之长,补己之短。

三、体育运动对社会适应能力的促进作用

体育运动对于提高人的社会适应能力水平具有重要的促进作用,这是由体育运动的社会特性所决定的。人在进行体育运动时,既需要交往与合作,又存在相互竞争。这种在体育运动过程中形成的交往、合作、竞争的意识和行为会迁移到日常的生活、学习和工作中。

(一)体育运动有助于建立和维护社会人际关系

人际交往是指在社会活动中人与人之间进行信息交流和情感沟通的联系过程。体育运动能增强人与人接触和交往的机会。通过参与体育运动,人可以忘却烦恼和痛苦,消除孤独感,并逐步形成与人交往的意识与习惯。有研究表明,外向性格者比内向性格者的社会交往需要更强烈,这种社会需要可以通过集体性的体育运动得到满足。性格内向者更应该参与集体的体育运动,使个性逐步得到改变。

研究表明,个体坚持体育运动的一个重要原因是为了与他人交往或参与群体活动。个体参与群众体育运动可增强群体认同感、社会化强度及参与群体活动的机会。参与体育运动者要比中途退出者更能与他人形成亲密关系。青少年参与运动的程度与家庭成员、好朋友的运动程度紧密相关。好朋友比家庭成员更能影响青少年的运动参与程度;同性别家庭成员比异性成员更能影响青少年的运动参与程度;家庭成员、好朋友喜欢体育锻炼的青少年更容易建立朋友支持网络,拥有良好的人际关系。

由此可见,体育运动能促进人的社会交往活动,而体育运动的社会交往特征又会吸引人们参与和坚持体育锻炼。

(二)体育运动有助于培养社会合作精神

合作能力既是参加体育运动的人的必备素质,也是其通过体育运动发展的一种能力。小到百米比赛,需要参与者和教练员的合作,大到一场足球比赛,需要场上 11 人的合作。从事体育运动,特别是集体性的体育运动,需要与他人通力合作,

使集体的目标得以实现,而个人的作用也能得到充分发挥。

合作是建立在团队成员对团体目标的认识相同的基础上的。在合作的社会情境中,个人所得有助于团体所得。合作的优越性体现在个人与他人一起工作时所获得的社会效益,如增加交流、相互信任等。在一些相互依赖的任务(如足球运动、篮球运动)中合作会使运动变得更有效,因为团体要获得成功,团体成员就必须相互协作、共同努力。

经常参加体育运动,特别是从事集体性的体育运动有助于加强人们的合作意识,培养团队精神。

(三)体育运动有助于形成社会竞争意识

竞争是指为了自己的利益和需要而同他人争胜的行为。在竞争的社会情境中,一方的得益会引起另一方的利益损失,而个人对个体目标的追求程度高于对集体项目的追求程度。一般而言,在独立性的任务中,竞争有优越性,因为这样的任务对成员间相互协作的要求不是很高,个体的活动目标不是击败别人,而是指向任务的成功。现代社会竞争日益激烈,培养竞争意识和能力有助于大学生走出校门、走向社会后能更好地适应社会。

竞争是体育运动的主要特征之一。奥林匹克精神是更快、更高、更强、更团结。它所体现的就是竞争,竞争能给人带来美的享受。体育运动过程中时时刻刻都充斥着竞争,既有对自己运动能力的挑战,也有与他人的争胜;既有个人之间的竞争,也有团体之间的竞争。

需要注意的是,在运动中与他人竞争时,要有良好的体育道德,要遵守一定的规则,争胜主要靠自己的能力,而不是通过不择手段地伤害他人或不公平的竞争达到目的;在运动过程中,要通过竞争来培养自己积极进取、顽强拼搏的体育精神和团队合作精神。

第五章　体育锻炼的科学基础、基本原则与主要方法

学习提示

　　体育锻炼的科学基础包含生理学和心理学两个方面：体育锻炼的生理学基础主要反映在体育过程中人体的生命现象和生命活动规律中；体育锻炼的心理学基础则主要反映在体育过程中参与者的个体心理方面。同时，体育锻炼要遵循锻炼的客观规律，讲究科学的锻炼方法。本章主要介绍体育锻炼的科学基础、基本原则和主要方法。

第一节　体育锻炼的科学基础

一、体育锻炼的生理学基础

体育锻炼的生理学基础主要包括体育锻炼与能量供应、与供氧两个方面。

（一）体育锻炼与能量供应

1. 人体运动时能量的供应

（1）运动时的供能系统。人体运动时的唯一直接能源是来自体内的一种特殊高能磷酸化合物——三磷酸腺苷（ATP）。肌肉活动时，肌肉中的 ATP 在酶的催化下，迅速分解为二磷酸腺苷（ADP）和磷酸，同时释放出能量供肌肉收缩。但是人体肌肉内 ATP 含量很少，因此机体只有不停地合成 ATP 才能满足肌肉收缩的需要。人体内有三个系统可以合成 ATP，分别是磷酸原系统（ATP-CP 系统）、乳酸能系统和有氧氧化系统。

（2）运动时三个供能系统的特点。虽然人体从事的运动不同，但其能量供应

都分别属于以上三个供能系统,运动时这三个供能系统各具特点。

肌肉活动的直接能源是 ATP,ATP 水解为 ADP,释放出能量供肌肉做功。磷酸肌酸(CP)是储存在肌细胞内的另一种高能磷化物。安静状态下肌肉中 CP 的含量约为 ATP 的 3 倍。剧烈运动时,当肌肉中 ATP 含量减少而 ADP 含量增加时,ATP/ADP 的比值将变小,即可促使 CP 分解释放能量,供 ADP 再合成为 ATP;在运动后的恢复期,肌肉中 ATP 大量合成,在肌酸激酶的催化下,生成磷酸肌酸。研究证明,全身肌肉中磷酸原系统供能能力仅能持续 8 秒左右。磷酸原系统供能是短时间、大强度运动的主要供能方式。发展这一系统供能能力最好的训练方法是采用持续 10 秒左右的全速跑,且重复进行练习,中间休息 30 秒以上。

当机体进行稍长时间(多于 10 秒)的大强度运动时,这时仅靠 CP 已不能满足机体对能量的需求,而此时供给机体的氧量也不能满足运动的实际需要。这种情况下,ATP 的再合成主要依靠肌糖原的无氧酵解。由于糖酵解的产物是乳酸,所以将这一系统称为乳酸能系统,又称无氧糖酵解系统。依靠糖酵解再合成的 ATP,剧烈运动可持续 30~40 秒以上,由于乳酸的生成和积累,酵解作用部分或完全被抑制,因此依靠糖酵解供能的运动不能持续太长时间。400 米和 800 米跑是典型的乳酸能系统供能的运动项目。

在氧供应充足的条件下,机体利用糖和脂肪氧化分解成二氧化碳和水,同时释放出大量能量来合成 ATP,这一过程称为有氧供能系统。除糖和脂肪氧化供能外,蛋白质也可参与供能,但所占比例较小。运动初期糖是主要的供能物质,随着运动时间的延长,脂肪供能比例增加,蛋白质也将参与供能。所以,有氧氧化系统是进行长时间耐力运动的主要供能系统。人体的有氧供能能力和心肺功能有关,要提高这一供能能力,可采用较长时间的中等或较低强度的匀速跑,或较长距离的中速间歇训练等。

无氧供能和有氧供能是机体在不同的运动强度和运动时间下,依据需氧量的不同而采用的两种供能方式,二者紧密相连,不可分割。10 秒以内的短时间最大强度的运动,几乎完全依赖无氧供能;800 米跑的无氧和有氧供能比例相差不大;长时间低强度的运动,有氧供能占主导地位。

肌肉收缩时,肌细胞中 ATP 水解后的再合成并不是孤立地依靠某一种能量代谢途径提供磷酸基团,各种供能系统之间有着密切的联系,这能保证整个肌细胞能量代谢的有机协调和高效率。因此可以认为,在肌细胞中 ATP 再合成过程中,各种代谢途径所提供的磷酸基团之间的转换,是一种极其有效的细胞自身调节机制。

2. 运动时能源物质的消耗

糖、脂肪和蛋白质是机体主要的能源物质,人体生命活动所需能量的60%~70%来自糖。安静时糖供能占 25%,脂肪供能占 75%,糖供能比例与运动强度的增大成正比。长时间低强度运动时脂肪是最主要的能源;在运动强度为 25% 最大摄氧量水平时,糖和脂肪供能各占 50% 左右;运动强度达到 50% 最大摄氧量水平时,糖供能占身体总耗能的 65.9%,成为运动时主要的供能物质;在 70%～90% 最大摄氧量水平范围内运动时,肌糖原是决定性的供能物质。

3. 运动时血糖浓度的变化

安静状态下,血糖浓度的正常值为每分升 80～120 毫克,处于进入血液和组织摄取的动态平衡之中。运动时血糖浓度的变化主要由肝脏输出葡萄糖的速率和骨骼肌摄取利用血糖量决定,中枢神经系统摄取血糖的速率基本与休息状态时相同。

短时间大强度运动时(如 100～800 米跑),骨骼肌主要依靠肌糖原酵解供能,此时不但不摄取血糖,还能释放少量葡萄糖到血液中,但血糖浓度基本上没有太大变化。如果运动时间相对较长(如 1000～3000 米跑),骨骼肌仍以利用肌糖原进行有氧氧化和无氧酵解为主要的能量代谢方式,摄取利用血糖很少,此时肝脏输出葡萄糖的速率增加,葡萄糖进入血液的速率明显超过组织器官摄取葡萄糖的速率,血糖浓度明显升高,可达到每分升 180～200 毫克以上,出现尿糖现象。如果运动时间持续更长(如 5000～10000 米跑),因肌糖原已有一定的消耗,骨骼肌摄取利用血糖速率相对增大,血糖浓度开始有所下降,但仍显著高于休息状态,大约为每分升 130～140 毫克。长时间运动时,由于肌糖原大量排空,骨骼肌摄取利用血糖速率显著增大,肝糖原储存量也大量排空,利用糖异生作用来生成和输出葡萄糖已很难完全满足机体的需要,如果没有外源性葡萄糖的补充,血糖浓度会出现进行性降低,甚至可能出现低血糖现象,严重时还会引起低血糖休克。血糖下降首先影响神经系统的正常活动,是引起中枢疲劳的重要因素。因此,在从事长时间运动(如马拉松)时应适当补充糖,以预防低血糖的发生。

4. 运动后能源物质的恢复

运动时人体内的代谢加强,以满足身体对能量的需要。运动中及运动后,需要不断补充和恢复能源物质。能源物质的恢复过程大致可分为三个阶段。第一阶段是运动中,这时机体一边消耗能量,一边补充能源物质,由于消耗大于补充,能源物质逐渐减少。第二阶段是运动结束后,此时能源物质消耗已逐渐减少,恢复过程不断增强,锻炼中消耗掉的能源物质不断得到补充,直至补充到锻炼前的水平。第三阶段是超量恢复阶段,能源物质恢复到原水平后并未停止,而是继续恢复补充,在一段时间中,能源物质的恢复可超过原有储备水平,这在生理学上称为超量恢复。随后能源物质又回到原来水平。如果坚持体育锻炼,不断增强能源物质的恢复过程,超量恢复便能达到更高程度,体质也就不断得到增强。

5. 超量恢复

运动时消耗过程占优势,能源物质的消耗大于恢复,所以运动时能源物质逐渐减少,肌肉和身体各系统的工作能力逐渐下降。运动停止后消耗过程减弱,恢复过程占优势,这时能源物质和各器官系统功能逐渐恢复到原来水平。体内能源物质的再生与合成进一步加强,运动时被消耗的能源物质不仅恢复到原来水平,而且在一段时间内超过原来的水平,这就是超量恢复(见图5-1),此时机体的工作能力最强,随后又逐渐回到原来的水平。

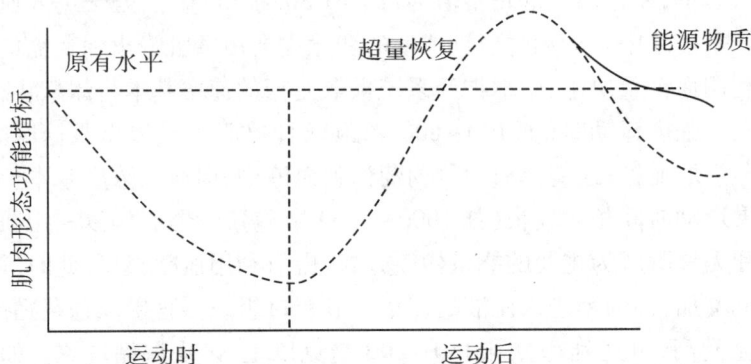

图 5-1　超量恢复示意图

能源物质超量恢复是体育运动的重要理论依据。在进行高强度、超负荷的运动训练后,运动水平是否提高取决于超量恢复的水平。因为超量恢复使机体中能源物质的储存高于以往,负荷能力增强,此时是投入训练的最好时机。可以说,充分恢复的标准就是机体能否最大限度地超量恢复。超量恢复是 ATP、CP、肌糖原、蛋白质等能源物质的超量补偿和存储的过程。

超量恢复建立在两个基础上:充足的营养和充分的睡眠。机体在承担一定的负荷后要经历疲劳—恢复—超量恢复的过程。要使疲劳症状得到恢复,使机体产生超量恢复,就得让机体在承受一定的负荷后得以休息,使负荷与休息交替进行。在保证机体充分恢复的前提下,负荷越大,对机体刺激越深刻,产生的超量恢复水平也就越高,所以需要合理安排每天的运动负荷。

(二)体育锻炼与供氧系统

人体供氧能力不但影响人的健康,而且影响人体运动能力。

1.氧运输系统的作用

氧运输系统由呼吸系统、血液循环与心血管系统组成。呼吸系统把氧气从体外吸入体内,氧气进入血液与血液中的血红蛋白结合。血液从右心室流向肺部,在此进行气体交换,吸收氧气,然后流回左心房,再从左心房流入左心室,由此流向全身。血液循环为人体细胞提供营养物质和氧气,运走代谢废物,血液在全身循环一次所需时间不到 1 分钟。

呼吸系统由气管、支气管和肺等组成。呼吸系统有两个主要功能:吸入氧气和排出二氧化碳。氧运输系统工作的第一环节是肺的呼吸运动。肺与外界环境的气体交换被称为肺通气。肺泡与肺毛细血管血液间的气体交换被称为肺换气。人体不能储存氧气,必须根据需要吸入,所以人体呼吸系统的工作是不间断的。

在整个氧运输系统中,心血管系统功能处在重要地位。心脏对人体健康至关重要,联合国世界卫生日曾经用"您的心脏就是您的健康"来提醒人们保护好自己的心脏。

2. 最大吸氧量与运动能力

怎样衡量人体氧运输能力的强弱?除了用心血管和呼吸系统一些指标外,常用的衡量指标还有最大吸氧量。

最大吸氧量就是指人体在运动时,呼吸系统和循环系统功能达到最大能力时每分钟能够吸入并被身体利用的氧的最大量。最大吸氧量是反映心肺适应的最有效指标,它直接反映个人的最大有氧代谢能力,常作为衡量氧运输系统整体功能的综合性指标。普通健康人最大吸氧量是每分钟 2~3 升,而经常锻炼的人可达 4~5 升,甚至可达 6~7 升。

运动时,肌肉激烈活动使机体对氧的需求较平常大大增加,因此,人体最大摄氧量的高低直接影响运动能力,耐久性、以有氧代谢为主的运动与最大吸氧量的关系更紧密。

测定人体最大吸氧量,可采用直接测定法,但这种方法往往受环境、设备条件等因素限制,一般在学校不易普及。现介绍一种用台阶测定、推算最大吸氧量的方法,推算公式如下:

最大吸氧量 = 1.488 + 0.038 × 体重(公斤) − 0.0049 × 台阶负荷时第 5 分钟后心率(次/分钟)。

具体做法:先准备台阶(男生用高 40 厘米的台阶,女生用高 33 厘米的台阶),受试人以每分钟 22.5 次的频率上下台阶 5 分钟,即刻测心率 10 秒,将 10 秒心率乘以 6 得 1 分钟心率,然后将心率及体重代入上式,即可推算出最大吸氧量。

二、体育锻炼的心理学基础

心理品质包括两个方面:心理过程(认知、情感、意志)和个性心理特征(兴趣、能力、气质、性格)。良好的心理品质为体育发展奠定了坚实的心理基础。

(一)体育锻炼中的运动知觉

运动是一切事物存在的基本形式,它必须在一定的空间和时间中进行,离开空间和时间,运动就无法表现。运动知觉是人脑对当前运动物体或动作在空间、时间上位置的反映。它是一种复杂的知觉,根据所反映的对象的不同,可分为本体运动知觉和客体运动知觉。

1. 本体运动知觉

本体运动知觉是运动者对自身各部分运动和位置变化的反映,包括①动作感知觉,如躯干的弯曲、伸直、四肢的动作、头部的位置等;②运动形态感知觉,如直线、曲线、圆周运动等;③运动方向感知觉,如运动方向的向左、向右、向上、向下、向前、向后等;④运动时间和速度感知觉,如时间的长短、运动的节奏、运动速度、加速或减速等;⑤运动用力知觉,如用力的大小、阻力、重力等。

本体运动知觉在体育运动中具有十分重要的意义,是完成身体运动的前提和基础。例如,做前滚翻,需要低头团身,初学时若抬头、展体就不能完成动作。

2. 客体运动知觉

客体运动知觉即对外界物体的运动知觉,是由物体的运动方向、距离、形状大小、速度等因素组成的。它包括对他人的感觉和对外界物体的感觉,前者如对手、伙伴,后者如球、铁饼、标枪等。对外界物体的运动知觉能力是发展相关技术不可缺少的心理素质。

3. 专门化的运动知觉

专门化的运动知觉也称为专项运动知觉,是通过运动训练形成的高度分化的运动知觉。根据所从事运动项目的不同,专项运动知觉有不同的表现形式,如篮球运动中的"球感",游泳中的"水感",器械体操中的"器械感"等。个体在形成和发展专门化的运动知觉中所花费的时间有长有短,最终的发展水平也有较大差异,这主要是由个体分析器系统的机能水平的不同造成的。

4. 运动知觉形成的特点

运动知觉的形成比较复杂,了解其形成的特点有利于教学和训练,有利于学生对动作技术的掌握。运动知觉的形成和发展是分阶段的。

(1)可以直接感知的技术动作是直观的具体动作,始发信息是视觉信息,不同于语言文字信息。这一阶段学生的学习任务主要是观察教师的示范,尽可能看得准确、完整。

(2)运动知觉形成的第二阶段主要是通过学生的深度模仿和练习实现的。直接的模仿和练习,输入的信息主要是本体感觉中的运动知觉。因为运动知觉不像视觉那样明确,不能一次性感知,必须重复多次,才可使运动知觉逐渐明确,这是技术动作学习的关键阶段。

(3)随着时间的推移,运动知觉逐渐明确化,技术动作在时间、空间的关系中变得准确。运动知觉从模糊状态逐渐变得明确化的过程,也是逐步掌握运动技术的过程,在这过程中,教师的讲解、示范和辅导帮助是使运动知觉清晰的重要条件,自身的反复练习是必要条件。

（二）体育运动动机

体育运动动机是推动一个人参与体育活动的心理动因或内部动力。它能引起并维持人的体育活动，并将其导向一定的目标。体育运动动机的产生和培养是个体的内在过程，它的作用有三个方面：一是引起和发动个体活动；二是指引个体选择活动的方向；三是调节功能，即维持、加强或制止、减弱某一活动。

1.体育运动动机的产生

引起动机的条件有两个：一是内在需要，二是外部诱因。

（1）内在需要。对人们参与体育运动的内在需要的调查分析显示，这类需要主要包括生理需要、心理需要和社会需要三个方面。①生理需要。参加体育运动是为了保持身体健康，增强体质，提高力量、速度、耐力，解除脑疲劳，促进和保持良好的睡眠。②心理需要。参加体育运动是为了调节和控制情绪，保持良好的精神状态，提高注意力，锻炼意志力，培养开朗的性格，养成健康文明的生活习惯等。③社会需要。参加体育运动是为了扩大社交范围，结交更多的朋友，增强集体凝聚力，提高自身竞争能力和社会适应能力。

（2）外部诱因。外部诱因是指激起主体参与体育运动的外部原因，这些刺激包括物质因素、精神因素，二者统称为环境因素。环境因素包括多个方面，如优良的体育设施和器材、在学校中教师的表扬或批评、同伴之间的情绪感染、考试分数、竞赛的奖励（包括精神的、物质的）等。

2.体育运动动机的培养

体育运动动机的培养可通过以下方面进行。

（1）树立正确的体育价值观。体育运动可以增强体质，良好的身体是精力充沛地为祖国作贡献的物质基础；体育运动对个人的全面发展具有重大意义。

（2）目标设置。教师应为练习者设立一定的目标，如跑步、游泳的距离，体操动作的次数和质量等。当这种目标转化为练习者的内心需要时，练习者就会经常处于自己的意识控制之下，提高努力程度和动机水平，调动积极性。

（3）积极反馈。在技能练习过程中，无论是反馈正确的动作信息，还是反馈错误的动作信息，都有利于练习者坚持目标或修正目标，使已有动机得到强化。在进行反馈时，应注意做到：①及时反馈，即在动作练习当中或完成之后立即给予反馈；②积极反馈，反馈具有双重作用，即加强或削弱的作用，所以反馈的内容应以积极性内容为主；③反馈得法，即不同的练习者视自己的能力做出适量的反馈，过量或不合适的反馈信息会使练习者的信念受挫，动机下降。

（4）情境创设。情境具有诱发动机的功能。在有限的时间内，学生在教师设计的情境中进行学习或锻炼，因情境不同，效果会有很大差异。例如，体育运动使人际交往频繁,在练习的过程中练习者能体验到长者的认同、悦纳以及同伴的友好和关心,进而产生继续练习的意向,提高动机水平。

(三)体育兴趣

1. 体育兴趣的概念

兴趣可以使人全身心地投入感兴趣的事物和活动,精神高度集中,思维敏捷。体育兴趣是人们力求认识和从事体育运动的心理倾向,具有积极的情绪色彩,因此它是人们参与体育运动的基本动力。

2. 体育兴趣的培养

体育兴趣是在人们对体育运动需要的基础上,在各种各样的体育运动中形成的,它对体育运动的实践起着主导作用。

(1)体验成功。苏联心理学家霍林斯基说:"只有在学习获得成功而产生鼓舞的地方,才会出现学习兴趣。"在进行体育运动的过程中,每一次成功和胜利都会使练习者深受鼓舞,产生积极的情绪体验,使其更关心体育运动,对更大成功和胜利产生信心和希望。所以,产生体育兴趣的前提条件是使练习者有获得成功、品尝胜利成果的可能。

(2)寓教于乐。人都有趋乐避苦的倾向,教师在教学中优美的示范动作、生动的语言和和蔼的态度会使学生感到亲切、可敬,会驱除学生练习时的惧怕心理,教师的"乐教"就会转化为学生的"乐学"。

(3)激发兴趣。学生体育兴趣的培养离不开教师的教导,教师在教学训练中用各种方法持续"引趣"是学生形成体育兴趣的重要条件。例如,新颖教法"引趣",生动形象语言的"引趣",准确优美示范动作的"引趣",以及体育信息的"引趣"等,都能激发学生对体育的兴趣。

(4)持之以恒。研究表明,在体育锻炼过程中,心率最好控制在最大心率的60%~80%,每次活动不少于20~30分钟,每周3次或3次以上,这样才有利于心理健康。

体育锻炼对心理健康的积极效应只有在有规律的锻炼基础上才能显示出来。经过研究人们发现,随着体育锻炼总时间的增加,体育锻炼产生的良好心理效应会随之增强。

第二节　体育锻炼的基本原则

体育锻炼原则是体育锻炼过程中必须遵守的基本行动准则和要求,主要包括以下原则。

一、体育锻炼的 FITT 原则

FITT 是频率（Frequency）、强度（Intensity）、时间（Time）和运动形式（Type）四个英文单词首字母的组合。要想取得良好的锻炼效果，必须在体育锻炼中科学地安排锻炼的频率、锻炼的强度、锻炼持续的时间和运动形式。

（1）频率。锻炼频率是指每周进行体育锻炼的次数，要想获得良好的体育锻炼效果，每周应进行 3～5 次体育锻炼，作为大学生应该保证每周进行 5 次体育锻炼。

（2）强度。锻炼强度是指运动的强度，常用心率间接地表示，目前推荐的锻炼强度范围为个体最大心率的 60%～80%。最大心率可采用公式来估算，即最大心率 ＝ 220 － 年龄。体育锻炼必须达到一定的强度，只有超过一定强度的锻炼才能有效引起机体的适应，同时在适应一定运动强度后，还应逐渐加大锻炼的强度，使身体健康水平逐步得到提高。

（3）时间。锻炼时间是指每次运动持续的时间。一次有效的锻炼时间应达到 20～60 分钟，对于一个适应水平较低的大学生而言，至少应持续 20～30 分钟，而适应水平较高的大学生可持续 40～60 分钟。另外，时间和强度是决定运动负荷的主要因素，运动时间短，运动强度要大；运动时间延长，运动强度可适当降低。

（4）运动形式。运动形式是指不同的运动类型，可分为有氧运动和无氧运动。有氧运动项目包括快走、慢跑、跳绳、游泳、跳操、各类球类运动、骑自行车、登山、远足等。进行有氧运动需持续 3 分钟或以上，可使大组肌肉及有氧能量系统进行韵律性运动。无氧运动的项目包括举重运动、短跑、投掷，主要功能是训练肌力与肌耐力。进行无氧运动是使无氧能量系统进行短暂的（3 分钟以下）爆发性运动。

FITT 原则旨在引导大众科学地进行体育锻炼，并通过原则中的四个要素相互影响、相互制约，达到体育锻炼的最佳效果。

二、体育锻炼的超负荷原则

超负荷原则是指在进行体育锻炼时，身体或特定的肌肉所受到的刺激程度强于不锻炼时或已适应的刺激程度。在进行体育锻炼时只有遵循超负荷原则，身体健康素质才能逐渐得到提高。

要提高有氧耐力水平，可以通过增加每周的练习次数、延长每次练习的持续时间、加大每次练习的强度来达到超负荷锻炼的目的。发展肌肉力量练习的超负荷，可通过增加器械的重量、增加练习的次数或组数，以及缩短每组练习的间歇时间来实现。超负荷原则同样适用于发展关节和肌肉的柔韧性，可通过增加肌肉的拉伸长度、延长拉伸持续的时间、加大关节活动的幅度来实现。

虽然超负荷锻炼可以使身体健康素质逐渐得到提高,但这并不意味着每次必须练到筋疲力尽。事实上,即使不进行超负荷的练习,一般性的锻炼也能保持和提高身体健康水平,只不过要花更多的时间进行锻炼才能取得良好的锻炼效果。

三、体育锻炼的循序渐进原则

循序渐进原则是超负荷原则的延伸。该原则是指在进行体育锻炼或发展某种身体健康素质时应逐渐增加运动负荷。要想获得理想的锻炼效果,增加运动负荷不宜太慢或太快。运动负荷增加太慢会限制身体健康素质的进一步提高,而增加太快则可能造成过度疲劳或引发运动损伤,影响正常的学习和生活。体育锻炼的循序渐进原则是优质体育锻炼的动机,以及预防运动损伤的重要条件。需要牢记的是,提高身体健康素质是一个需要终身追求的漫长历程。如果放松或忽视了平时循序渐进的体育锻炼,在进行体质健康测试时又想取得好的成绩,那么痛苦、沮丧、自卑等不良的心理体验就会与测试结伴而来,最终导致对体育锻炼的恐惧、厌倦和冷漠,使健康的发展链就此中断。

四、体育锻炼的安全性原则

安全性原则要求在体育锻炼的过程中要始终注意保护自己,做到安全第一。安全性原则的主要内容包括:

(1)在制订或实施锻炼计划前,一定要进行体检,得到医生的许可。如果患有某种疾病或有家族遗传病史,就需要找医生咨询,在有医务监督的情况下按照医生的建议进行锻炼。

(2)在有条件的情况下,请运动医学专家根据锻炼者的体质健康状况制定一份合适的运动处方,指导锻炼者有目的、有计划地进行安全、科学的锻炼。

(3)每次锻炼前必须做好充分的准备活动,克服内脏器官的生理惰性,防止出现运动损伤。

(4)饭后、饥饿或疲劳时应暂缓锻炼;疾病初愈不宜进行较大强度的锻炼。

(5)每次锻炼后,要注意做好整理、放松活动。这有利于促进身体的恢复,以便再投入学习。

(6)在锻炼过程中不要大量饮水,以免加重心脏的负担或引起身体及肠胃的不适。运动后不宜立刻洗冷水澡。

五、运动强度的适时监控原则

测量心率有助于了解和控制体育锻炼过程中的运动强度,它可以准确地告诉人们运动强度是需要增大还是减小。触压桡动脉和颈动脉就可以测量心率。

为了准确地测量运动时的心率,必须在停止运动的5秒钟内进行测量,测量10秒钟的心率再乘以6,算出运动时1分钟的心率。

(1)最大心率指人体做极限运动时的心搏频率。一般运动强度都采用最大心率的百分数来表示,但要直接测出每一个人的最大心率不仅有困难,而且还具有一定的危险性。现在已有测量最大心率的简单、方便的办法,不同年龄、不同性别的人都可以用公式(最大心率=220-年龄)估算自己的最大心率。

(2)靶心率是指通过有氧运动提高人体心血管系统耐力的有效而且安全的运动心率范围。为了提高心血管系统的有氧耐力水平,运动时心率必须保持在靶心率的范围内。靶心率的计算可参照下列公式:

靶心率=(最大心率-安静时心率)×(0.6~0.8)+安静时心率

成年人靶心率的上限为最大心率×80%,青少年靶心率的上限为最大心率×85%。

靶心率为人们确定了以健康为目的的运动必须保持的每分钟心率的上限和下限。一旦靶心率被确定,就可以监控自己运动时的练习强度。如果运动时心率超过了自己靶心率的上限就应该降低运动强度;相反,如果运动时心率低于自己靶心率的下限就应该增加运动强度。

六、体育锻炼的环境监控原则

(一)太阳射线对人体的影响

在体育锻炼时,强烈的阳光会对暴露在外的皮肤造成很大的伤害。紫外线可使局部皮肤毛细血管扩张充血,使表皮细胞遭到破坏,导致皮肤发红、水肿,出现红斑。过量紫外线照射还可引起光照性皮炎、眼炎、白内障、头痛、头晕、体温升高及精神异常等症状。

红外线的穿透力较强,常用于消炎、镇痛,改善局部营养,治疗运动创伤、神经痛和某些皮肤病。但是,过强的红外线照射对机体有害,它会使局部组织温度过高,甚至造成灼伤。当头部受强烈阳光照射时,红外线可使脑组织的温度上升而引起全身机能失调。因此,要尽量避免在强烈的阳光下进行体育锻炼,同时应选择在反射率低的场地进行锻炼。

(二)热环境中的体育锻炼

人体运动时,不管外界的温度如何,体内产生的热量都会大幅度增加,剧烈运动时的产热量比平时增加100倍以上。体内产生的这些热量,在高温环境下很难在短时间内向外散发,于是便会蓄积在体内,使体温升高,引起一系列的机能失调,甚至死亡。因此,在热环境中进行体育锻炼,必须采取防暑措施,否则会有患热辐射疾病的危险。首先,应尽量避免在酷暑下锻炼,如在热环境下锻炼时一定要及时补充水分,通过增加排汗量来促进体内热量的散发;其次,要控制练习的强度和时间;再次,要穿合适的服装,既要保护皮肤不被红外线灼伤,又要通风透气,保证体热的散发,防止热疾病的发生。

(三)冷环境中的体育锻炼

在寒冷的环境条件下进行锻炼,可以提高人体对外界环境变化的适应能力和对疾病的抵抗能力。但是,冷环境可使肌肉的黏滞性增大,伸展性和弹性降低,工作能力下降,容易出现运动损伤。

为了避免冷环境给运动带来的不利影响,应采取必要的措施。首先,在运动前一定要做好准备活动,保证体温进一步升高;其次,不要张大嘴巴呼吸,避免冷空气直接刺激喉咙而引起呼吸道感染和咳嗽等;再次,注意耳、手、足的保温,防止这些部位被冻伤。另外,运动时不要穿太厚的衣服,以免在运动中出汗较多,导致运动后感冒。运动后要及时穿好衣服保持体温。

(四)温度对体育锻炼的影响

气温适中时,空气湿度对人体的影响不大,而在高温或低温时,较大的湿度会对人体产生十分不利的影响。湿度越大,人体通过蒸发散热的途径就越容易受到阻碍,人体产热和散热的平衡就会被打破,机体的正常功能将受到不良影响。

一般情况下,适宜的空气湿度为40%~60%。在气温过高或过低的情况下,空气湿度越低越好;当气温高于25摄氏度时,空气湿度以30%为宜。

(五)避免在空气污染的环境中进行锻炼

大气污染物的种类很多,其中对人类有较大威胁的是烟雾尘、硫化物、氧化物、卤化物等。大气中的污染物一般通过呼吸系统进入人体,也可以通过接触(皮肤、黏膜、结膜等)危害人体。

大气中的臭氧和一氧化碳是影响体育锻炼效果的两种重要的污染物,它们可导致胸腔发闷、咳嗽、头痛、眩晕及视力下降等,严重的还会导致支气管哮喘。当空气中的臭氧浓度过高时,不应再进行户外锻炼。汽车排放的尾气中含有大量一氧化碳,因此,应避免到车流量大的马路边散步或跑步。出现沙尘暴、可吸入颗粒物较多或大雾天气时,也应停止户外锻炼。

第三节　体育锻炼的主要方法

体育锻炼时我们不仅要遵循体育锻炼的基本原则,还应掌握正确、科学的锻炼方法,以达到体育锻炼的目的。

一、重复锻炼法

在运动锻炼的过程中,多次重复同一练习,两次(组)练习间安排相对充分的休息,进而增加负荷的锻炼方法,叫作重复锻炼法。此方法关键是一次练习完毕后,间歇时间应充足,这样可有效提高练习者的无氧、有氧混合代谢能力,提高各种技术应用的熟练性与机体的耐久性。

重复锻炼追求必要的负荷而反复做动作,进而增强体质。重复锻炼过程中主要是负荷强度,而不在于改正动作错误。因此,运用重复锻炼方法的关键是掌握好负荷的有效价值范围(最有锻炼价值负荷量下的心率),并据此调节重复次数。在重复锻炼中,如何控制负荷量和怎样重复才能达到理想效果的负荷强度,应视实际情况而定。一般认为,普通大学生的负荷心率在130~170次/分钟的范围是较适宜的,心率低于130次/分钟则健身效果不大,应增加重复次数,超过170次/分钟则需减少重复次数,或安排足够的间歇时间。

运用重复锻炼法还要注意根据锻炼项目的特点和体质状况进行调整,以免锻炼过程太机械、呆板而使参与者产生厌倦情绪。

二、间歇锻炼法

在运动锻炼的过程中,对多次锻炼时的间歇时间做出严格规定,使机体在不完全恢复状态下反复进行锻炼的方法,叫作间歇锻炼法。该方法的关键是严格控制间歇时间,使机体处于不完全恢复状态,每次练习的负荷时间较长、负荷强度适中。此方法可使练习者的心泵功能增强,通过调节负荷强度,可使机体各机能产生与锻炼项目相匹配的适应性变化,提高有氧代谢供能能力,进而增强体质。

同重复锻炼法一样,间歇锻炼法间歇的时间也要依据负荷的有效价值标准来调节。一般来说,当负荷反应(心率)指标低于有效价值标准时应缩短间歇时间,高于价值标准时则可延长间歇时间。实践中,一般心率在130次/分钟左右时就应再次开始锻炼。间歇时,不要做静止休息,而应边活动边休息,如慢走、放松手脚、伸伸腰或做深而慢的呼吸等。因为轻微活动可使肌肉对血管起到按摩作用,帮助血液回流和排除代谢产物。

总之,练习者通过适当的间歇把负荷量调节到负荷有效价值范围,可达到良好的锻炼效果。

三、连续锻炼法

在运动锻炼的过程中,为了保持有效价值的负荷量而连续进行运动的方法,叫作连续锻炼法。此方法要求负荷较低、负荷时间较长、无间断地连续进行运动。连续、间歇、重复都是在整个锻炼过程中实现的。

连续锻炼时间的长短,同样要根据负荷的有效价值范围而确定,通常认为在140次/分钟左右心率下连续锻炼20～30分钟,可使机体的各个部位长时间地获得充分的血液和氧的供应,因而能有效发展有氧代谢能力,提高耐力素质。实践中,用于连续锻炼法的主要是那些比较容易并已为练习者所熟悉的运动,如跑步、游泳,也可以是跳舞等。

四、循环锻炼法

循环锻炼法由几个不同的练习点(或称作业站)组成,练习者按照既定顺序和路线,依次完成每点练习任务;一个点上的练习一经完成,练习者就迅速转到下一个点,下一个练习依次跟上。练习者完成了各个点上的练习,就算完成了一次循环,这种练习方法就叫作循环锻炼法。其结构因素有每点的练习内容、每点的运动负荷、每点的安排顺序、每点之间的间歇、每遍循环之间的间歇、练习的点数与循环练习的组数。

循环锻炼法对技术的要求不高,且各项目都采用比较轻度的负荷练习,因此,练习起来简单有趣,可有效提高不同层次、不同水平练习者的运动情绪和积极性;可合理增大锻炼过程的练习密度;可随时根据具体情况加以调整,做到区别对待;可以防止局部负担过重,延缓疲劳的产生,交替刺激不同体位,有利于综合锻炼,从而达到全面发展的效果。

运用循环锻炼法时,关键是要按照全面性原则去搭配项目。练习者一般可选择6～12个自己掌握的简单易行的项目。搭配时注意上肢动作与下肢动作、剧烈的跑跳练习与静力憋气动作之间的合理交替。在健身锻炼中,可根据锻炼项目安排循环练习各练习点,还可分队比赛,增加竞争性,提高练习兴趣。

五、变换锻炼法

变换锻炼法是指通过不断变换运动负荷、练习内容、练习形式及条件,提高练习者的积极性、适应性及应变能力的方法。此方法可以有效调节生理负荷,提高兴奋性,强化锻炼意识,克服疲劳和厌倦情绪,达到提高锻炼效果的目的。

如刚参加锻炼时,可多做些诱导性练习和辅助性练习。随着锻炼水平的提高,应加大练习的难度,如用越野跑代替在田径场的长跑等。锻炼条件的变化可使练习者的大脑皮层不断产生新的刺激,提高兴奋性,激发锻炼的兴趣,从而提高机体对负荷的承受能力,提高锻炼效果;另外,对锻炼的内容、时间、动作速率等不断提出新的要求,可有效调节生理负荷,使机体产生适应性变化,更好地达到锻炼身体的目的。

六、负重锻炼法

负重锻炼法是指使用杠铃、哑铃、沙袋等重物进行锻炼,以增强体质的方法。负重锻炼法既适用于普通人为增强体质而锻炼身体,也适用于各项目运动员进行身体训练,还适用于身体疾病患者的康复。

一般为增强体质进行负重锻炼时,应该采用最大摄氧量和最大心排血量以下的负荷,因为过大的负荷可能给心血管系统和呼吸系统带来不良的影响。为了保证这种锻炼方法对身体的良好作用,在运动负荷价值范围内可以多次重复或连续。

第六章　体育锻炼的卫生与保健

学习提示

　　要进行科学的体育锻炼,就要了解体育锻炼的卫生常识及保健方法。本章主要介绍体育锻炼的卫生常识、运动损伤和运动性疾病的处置。

第一节　体育锻炼的卫生常识

　　为达到增强体质、增进健康的目的,改善和创造合乎生理要求的体育锻炼条件和环境,应采取一定的卫生措施,这就要求锻炼者具备一定的卫生常识。

一、做好准备活动与整理活动

　　体育运动过程是人体由静态到动态再到静态的变化过程,准备活动和整理活动就是实现这种变化的过渡手段。

(一)准备活动

　　体育锻炼前进行充分的准备活动对于体育锻炼者来说非常重要。有些大学生就是因为不重视锻炼前的准备活动而出现各种运动损伤,这不仅影响锻炼效果,也影响锻炼兴趣,甚至会使锻炼者对体育运动产生畏惧感。

　　做好准备活动可起到以下作用:克服机体的生理惰性;加速肌肉组织的新陈代谢,提高氧的利用率;调节心理状态,提高神经系统兴奋性;预防运动损伤。

(二)整理活动

　　整理活动是人体由运动状态(无序状态)过渡到相对安静状态(有序状态)的活动过程,它是促进体力恢复的一种手段。整理活动的作用:一是有助于人体机能尽快恢复常态;二是有助于偿还氧债。

整理活动应侧重于全身性放松。特别是在紧张剧烈的运动之后,一定要进行全身放松活动,以免身体受到损伤。整理活动之后,还要注意保暖,防止着凉、感冒。

二、讲究运动饮食卫生

经常进行体育锻炼,可促进胃肠道的蠕动和消化液的分泌,对消化吸收机能产生良好的影响。但是,如果在体育锻炼中不注意饮食卫生,就会影响锻炼者的身体健康,长此以往,会造成消化不良或其他消化道疾病。因此,在体育锻炼中应注意饮食卫生。

(一)运动后不宜立即进餐

体育锻炼后不要急于进食,应等心肺功能稳定下来,胃肠道机能逐渐恢复后再用餐。这是因为运动时大量血液流入运动器官,消化器官内的血液量相对减少,胃液分泌减少,消化系统的功能处于相对的抑制状态。运动后立即进餐会影响食物的消化和吸收,一般间隔半小时,如果在下午进行较剧烈的体育锻炼,那么间隔的时间应更长。应注意的是,运动后易产生饥饿感,用餐时不要狼吞虎咽,更不能暴饮暴食。

(二)饭后不宜立即进行剧烈运动

饭后立即进行剧烈运动,不仅易产生消化不良,还会引起腹痛、恶心等症状,甚至造成胃下垂等疾病。吃饭与运动之间要有一定的时间间隔,一般在饭后半个小时方可进行运动;剧烈运动或比赛最好安排在饭后 1.5 小时,缺乏体育锻炼或体质较弱的人,吃饭与运动的间隔时间应更长些。

(三)空腹不宜进行长时间剧烈运动

长时间剧烈运动要消耗大量能量,而能量主要来自体内血糖的氧化。早晨空腹进行长时间剧烈运动,无充足的血糖补充,易发生低血糖症状。另外,空腹进行长时间剧烈运动会使胃发生痉挛性收缩,出现胃痛,久而久之会导致胃炎等疾病。因此,早晨空腹锻炼的时间,一般不宜超过 30 分钟,且运动强度不宜过大。

(四)体育锻炼中或锻炼后正确补充水分

体育锻炼中或锻炼后要正确补充水分。首先确认体内是否真的缺水。在短时间的体育运动或剧烈运动中感到口渴,主要是由口腔和咽部黏膜水分蒸发、唾液分泌减少引起的,或者心理紧张造成的,这时候不必补充水分,只需用水漱口,增加口腔湿润感即可。对体育锻炼中失去水分的补充,要采取少量多次的办法。预防运动失水的最好办法是每 15~20 分钟饮水 150 毫升左右,这样既随时补充了水分,又可避免损害身体。在锻炼前 10~15 分钟,可饮水300~500 毫升,以保证体内水分充足,预防失水过多。一次补水最大量不能超过 800 毫升。

三、防止和消除运动性疲劳

体育锻炼中应注意防止和消除运动性疲劳。

(一)运动性疲劳

运动性疲劳是一种暂时性的生理现象,对人体是一种保护性抑制。运动性疲劳出现后,只要不使疲劳积累而产生过度疲劳,就不会损害人的身体健康;相反,经过疲劳的产生—消除过程,借助不断强化的体育锻炼,人体机能和运动能力可以达到超量恢复,从而提高运动者的健康水平。

(二)运动性疲劳的判断

判断运动性疲劳的出现及其程度,对科学地锻炼身体,增强体质,合理地安排运动强度及提高运动成绩都有着重要意义。在学校体育运动和自我锻炼中,判断运动性疲劳及其程度可参照表(见表6-1)。

表6-1 运动性疲劳的判断

内　容	轻度疲劳	中度疲劳	重度疲劳
自我感觉	无任何不适	疲乏、腿痛、心悸	除疲乏、腿痛、心悸外,还有头痛、恶心,甚至呕吐等症状
面　色	稍红	相当红	十分红或苍白,有时呈紫色
排汗量	不多	稍多,特别是肩带部位	非常多,尤其是整个躯干部分
呼　吸	中度加快	显著加快	显著加快且表浅(其中有少数深呼吸出现),有时呼吸节奏紊乱
动　作	步伐轻稳	步伐摇摆不稳	摇摆现象显著,在行进时掉队,出现不协调动作
注意力	比较好,能正确执行指令	执行口令不准确	执行口令缓慢,只对大声口令才能接受

(三)消除运动性疲劳的常用方法

为了使运动中消耗的物质和各器官、系统的机能得到尽快恢复,避免疲劳累积而造成过度疲劳,一般可采用以下方法消除运动性疲劳。

1. 放松

放松活动包括慢跑、呼吸体操及各肌群的伸展练习。运动后做伸展练习可消除肌肉痉挛,改善肌肉血液循环,减轻肌肉酸胀和僵硬程度。

2. 按摩和物理疗法

按摩可改善局部或全身血液循环,促进代谢产物的消除,减轻肌肉的酸痛感和僵硬感,提高肌肉的收缩力,改善关节的灵活性。消除运动性疲劳的物理疗法种类较多,训练和比赛后简单易行的方法有局部热敷和温水浴。

3. 补充营养物质

运动时消耗的物质要靠饮食中的营养物质来补充,体育锻炼或比赛后,合理地补充营养有助于恢复体力和消除运动性疲劳。因此,运动后应根据运动项目的特点补充足够的糖、蛋白质、维生素(维生素 B1、维生素 B6、维生素 C、维生素 E)、无机盐(钠、磷、铁)和水等。

4. 充足的睡眠

充足的睡眠是消除疲劳、恢复体力的最好方法之一。睡眠时大脑皮层的兴奋度降低,体内分解代谢处于最低水平,而合成代谢则相对较高,有利于体内能量的蓄积。因此,运动者每天要保证充足的睡眠时间,一般每天不少于 8 小时,在大运动量训练和比赛期间,睡眠时间应适当延长。

第二节 运动损伤的成因与处置

运动损伤分为开放性损伤和闭合性损伤。运动损伤的处理按照前、中、后处理原则。对于急性损伤前期(24 小时以内)的处理原则是制动、止血、防肿、镇痛,即减轻炎症,可根据具体情况选用一种处理方法或几种处理方法并用。

一、运动损伤的一般处理方法

(1)一般先冷敷,加压包扎并抬高伤肢。这种方法应在伤后立即使用,有制动、止血、止痛及防止或减轻肿胀的作用。冷敷一般使用冰袋、自来水或氯乙烷。冷敷之后,立即用适当厚度的棉花或海绵置于伤部,用绷带稍加压力进行包扎。

(2)伤后 24 小时打开包扎,可进行理疗、按摩,如热疗,外敷活血化瘀和生新的中草药,如贴活血膏等,也可用几种方法进行综合治疗。

(3)损伤组织已基本恢复正常,肿胀和压痛已消失,但锻炼时仍会感到酸胀、无力,因此要进行功能性的恢复治疗,这时仍以按摩、理疗以及增加肌肉、关节功能的锻炼为主。

二、开放性软组织损伤的处理办法

常见的开放性软组织损伤有擦伤、切伤、刺伤和撕裂伤,局部皮肤或黏膜破裂,伤口与外界接触,常见组织液渗出或血液自伤口流出。紧急处理的原则是及时止血和处理伤口,预防感染。

1. 擦伤

擦伤多发生在摔倒时,对于伤口较脏的擦伤可先用生理盐水洗净伤口,然后再用酒精或碘酒消毒,伤口较浅、面积较小的擦伤无须包扎。

2. 切伤刺伤

切伤与刺伤的伤口往往较深、较小。如果伤口较脏,除了进行伤口的止血消炎、包扎外,还要注射破伤风抗毒素。

3. 撕裂伤

撕裂伤中头面部皮肤伤较多见,例如,拳击运动中,眉弓被对方肘部碰撞而引起眉际皮肤撕裂。若撕裂的伤口较小,经消毒处理后,贴上创可贴即可;若撕裂伤口较大,则须止血,缝合伤口;若伤情和污染较重,应注射破伤风抗毒素。

三、急性闭合性软组织损伤的处理方法

急性闭合性软组织损伤是运动损伤中较常见的一类,肌肉拉伤、挫伤、韧带拉伤等都属于这类损伤。

急性闭合性软组织损伤的特点是皮肤黏膜完整。该类损伤由暴力引起,损伤部位因撕裂、血管损伤等出血,组织液渗出,肿胀。在急性闭合性软组织损伤发生后,首先要检查有无合并伤,如腹部挫伤后是否有内脏破裂,肌肉挫伤后有无断裂,有无明显血肿,头部挫伤后有无脑震荡等。如果有,应先处理合并伤,然后处理软组织损伤。在确定没有严重的合并伤后,进行制动、加压包扎、冷敷和抬高伤肢,24 小时以后解除包扎并进行局部热敷、理疗、按摩等,以改善血液循环,促进局部代谢,加速损伤部位的修复。当损伤部位基本恢复后,开始进行肌肉、韧带的伸展性练习,以及加强局部力量练习,以恢复受伤部位的肌肉力量及肌肉、韧带的柔韧性。

四、几种常见运动损伤的征象、原因和处置

常见的运动损伤有挫伤、肌肉损伤、关节韧带损伤、骨折、关节脱位、脑震荡等。

(一)挫伤

1. 征象

挫伤多发生在头部、胸部、四肢,因为这些地方经常暴露在外,常会遇到碰、跌、撞、打、摔等,受伤后局部红肿、疼痛,皮肤破裂的当时就出血,没有破裂的会出现青紫淤血。

2. 原因

首先是运动前准备活动做得不够,肌肉关节没有得到充分活动;其次是活动时用力过猛,超过了肌肉、关节和韧带的负荷限度。

3. 处置

对挫伤应根据情况及时处理。如果皮肤出血应立即停止运动,先用酒精或碘酒将伤口消毒,用净布包扎。如果受伤部位红肿、疼痛,可先用冷水或冰水进行局部冷敷,抬高受伤部位,必要时加压包扎,防止继续出血。24 小时以后改用热敷,用按摩来活血、消肿、止痛。伤势减轻后再做针对性的活动,使关节、肌肉恢复功能,如做下蹲、弯腰、举腿等,避免伤后关节不灵或肌肉萎缩。

(二)肌肉损伤

1. 征象

如果是细微的肌肉损伤,则症状较轻;如果是肌纤维完全断裂,则症状较重,一般表现为伤处疼痛,局部肿胀、压痛,肌肉紧张或抽筋,伤后肌肉功能减弱或丧失。

2. 原因

准备活动不充分,肌肉的生理机能尚未达到剧烈活动所需的状态就参加剧烈活动。体质较弱,运动水平不高,肌肉的弹性、伸展性和力量较差。疲劳过度也可能导致肌肉损伤。

3. 处置

肌肉损伤治疗要根据具体情况而定,少量肌纤维断裂者,应立即采取局部冷敷、加压包扎等措施,并抬高伤肢。对于肌肉大部分或完全断裂者,应在加压包扎后立即送医院进行手术缝合。

（三）关节韧带损伤

1. 征象

关节韧带损伤后,一般表现为压痛、自感疼痛,轻者发生韧带部分纤维的断裂,重者韧带纤维完全断裂,引起关节半脱位或完全脱位,从而出现关节功能障碍。

2. 原因

上肢关节以肩关节、肘关节、腕关节损伤最为常见,如掷标枪中翻肩动作错误造成肩、肘关节扭伤。下肢关节以髋关节、膝关节、踝关节损伤较多,如从高处跳下,平衡缓冲不够,使膝、踝关节受伤。做"下桥"练习时,过分提腰造成腰椎损伤等。

3. 处置

关节韧带损伤应当在 24 小时内采用冷敷,必要时加压包扎,24 小时后采用理疗、热敷、按摩、针灸治疗。待疼痛减轻后可增加功能性练习。如果急性腰部损伤疼痛剧烈,切不可轻易处理,可让伤者平卧,并用担架送至医院就诊。

（四）骨折

1. 征象

骨折分为完全性骨折(骨完全断裂)和不完全骨折(骨未完全断裂,如裂缝骨折),是运动中一种比较严重的损伤。主要症状表现为肿胀和皮下淤血、功能障碍,出现畸形和假关节,并有压痛和震痛感。

2. 原因

身体某部位受到直接或间接暴力冲击,或肌肉强烈收缩所致。常见的骨折部位有肱骨、尺(桡)骨、手指、胫(腓)骨和肋骨等。

3. 处置

一旦出现骨折,暂勿随意移动伤肢,应先用夹板或其他代用品固定伤肢,动作要轻巧、缓慢,不要乱拉乱拽,以免造成错位,影响整复。如果是上肢骨折,可用木板托住伤肢,用绷带扎紧骨折处的上、下两端。如果是下肢骨折,先将腿轻轻放好,然后用宽布条或褥单将两条腿缠在一起,慢慢抬到担架上,送往医院救治。如果是头部、颈部或脊椎骨发生骨折,那么运送时要更小心,以免脑神经和脊神经损伤导致肢体瘫痪。搬运时用枕头或衣服垫住头部,防止头部移动,固定好以后,告知伤者不要扭动伤肢。送往医院时要注意做到迅速、平稳。

（五）关节脱位

1.征象

因受外力作用,关节面失去正常的连接关系。关节脱位可分为完全脱位和半脱位(或称错位)两种。关节脱位后常出现畸形,与健肢相比不对称,表现为局部疼痛、压痛和关节肿胀,并失去正常活动功能,甚至发生肌肉痉挛等现象。

2.原因

运动中发生的关节脱位大都是间接外力撞击所致。如摔倒时用手撑地,引起肘关节或肩关节脱位。

3.处置

用长度和宽度相称的夹板固定伤肢。如果没有夹板,可将伤肢固定在伤者的躯干或健肢上,防止震动,随后及时送医院治疗。必须指出的是,如果没有把握,切不可随意做整复处置,以免增加伤害。

（六）脑震荡

1.征象

受伤时表现为神志不清、脉搏徐缓、肌肉松弛、瞳孔稍大但能对称、神经反射减弱或消失;清醒后常有头痛、头晕、恶心呕吐感,平时情绪烦躁,注意力不易集中,出现耳鸣、心悸、多汗、失眠、记忆力减退等状况。

2.原因

脑震荡是指头部受到外力打击后,大脑管理平衡的膜半规管、椭圆囊、球囊等感应器官机能失调,引起意识和机能的暂时性障碍。体育锻炼时,两人头部相撞、撞击硬物或从高处跌下时头部撞地,都可能造成脑震荡。

3.处置

立即让伤者平卧,头部冷敷;若有昏迷,即指压人中、内关、合谷穴;若呼吸发生障碍立即进行人工呼吸。完成上述处理后,若出现反复昏迷或耳鼻口出血,两瞳孔放大且不对称,则表明病情严重,应立即送至医院救治。在运送途中,要让伤者平卧,头部固定,避免颠簸。

轻微的脑震荡一般都可自愈,无须住院治疗,但要注意休息,保持情绪稳定,减少脑力劳动。

第三节   运动性疾病的处置

运动性疾病一般指由于训练安排不当造成体内某些机能紊乱所出现的疾病或症状。常见的运动性疾病有肌肉酸痛、腹痛、运动性贫血、运动性昏厥、中暑等。

一、延迟性肌肉酸痛

(一)产生原因和临床表现

延迟性肌肉酸痛是运动时肌肉活动量过大引起局部肌纤维及结缔组织的细微损伤,以及部分肌纤维的痉挛所致。这种酸痛不是发生在运动结束后的即刻,而是发生在运动结束后的 1~2 天,因此称为延迟性肌肉酸痛。由于这种酸痛现象只是局部肌纤维的细微损伤和痉挛,不影响整块肌肉的运动功能,所以,经过肌肉内部对细微损伤的修复,肌肉组织会变得更强壮,以后持同样负荷将不易发生酸痛。

一般在运动后 24 小时之内出现的肌肉僵硬、酸痛和自觉酸痛部位肿胀、压痛,多发生在双下肢主要伸、屈肌群,而肌肉远端和肌肉—肌腱移行处症状一般较重,严重者肌肉会发生疼痛,且以腹肌为主。24~48 小时之内,酸痛达到高峰,之后可自行缓解,5~7 天酸痛消失。

(二)处置和预防

1. 处置

对酸痛部位进行热敷或按摩,可配合做一些伸展练习,也可口服维生素 C 以缓解症状,另外针灸、电疗等对缓解症状也有一定作用。

2. 预防

锻炼前要充分做好准备活动,把握运动强度及运动负荷的递进性原则,根据自身的身体状况安排锻炼负荷,尽量避免局部肌肉负担过重。锻炼后要对主要的工作肌肉进行推拿、按摩。

二、运动中腹痛

(一)产生原因和临床表现

运动中腹痛多发生在中长跑时。主要原因是准备活动不充分,刚开始就剧烈运动,内脏器官功能尚未达到运动状态,致使脏腑功能失调,引起腹痛。运动前吃得过饱,饮水过多,或腹部受凉,引起胃肠痉挛,也会出现腹痛。少数因运动时间过长或过于剧烈,使下腔静脉压力上升,引起血液回流受阻,或者因肝脾淤血,膈肌运动异常,致使两肋部胀痛出现腹痛。

（二）处置和预防

1. 处置

如果没有器质性病变迹象,一般可采用减慢跑速、加深呼吸、按摩疼痛部位或弯腰跑等方法处理,疼痛就可减轻或消失。如疼痛仍不减轻,甚至加重,就应停止运动,并口服十滴水或溴丙胺太林(每次 1 片),或揉按内关、足三里、大肠俞等穴位。如仍不见效,应到医院做进一步检查。

2. 预防

饭后 1 小时可进行运动,但要做好准备活动,运动负荷要循序渐进,并注意呼吸节奏。夏季运动要适当补充盐分。对于各种慢性疾病引起的腹痛应就医检查,病愈之前,应在医生和体育教师指导下进行锻炼。

三、运动性贫血

（一）产生原因和临床表现

产生贫血的主要原因有:①运动时肌肉对蛋白质和铁的需求量增加,一旦需要得不到满足,即可引起运动性贫血。②剧烈运动时血流加速,易引起红细胞破裂,致使红细胞从新生到衰亡之间的平衡遭到破坏,从而导致运动性贫血。

运动性贫血发病缓慢,临床表现有头晕、恶心、呕吐、气喘、体力下降,运动后心悸、气促、脸色苍白等。

（二）处置和预防

1. 处置

在运动中(后)出现头晕、无力、恶心等现象时,应适当减小运动负荷,必要时暂停运动,并补充富含蛋白质和铁的食物,口服硫酸亚铁对缺铁性贫血的治疗有明显效果。

2. 预防

遵循循序渐进和个别对待原则,合理调整膳食。如运动时经常有头晕现象出现,应及时诊断医治,以便于正常参加体育锻炼。

四、运动性昏厥

(一)产生原因和临床表现

在运动中,脑部因突然供血不足而发生暂时性知觉丧失,这一现象被称作运动性昏厥。运动性昏厥产生的原因是剧烈运动或长时间运动使大量血液积聚在下肢,回心血量减少或者是剧烈运动后引起低血糖。

运动性昏厥表现为全身无力、头昏耳鸣、眼前发黑、面色苍白、失去知觉、突然昏倒、手足发凉、脉搏慢而弱、血压降低、呼吸缓慢等。

(二)处置和预防

1. 处置

应立即使伤者平卧,脚略高于头部,并进行由小腿向大腿、心脏方向按摩或拍击,同时用手指点压人中、合谷等穴位,必要时给氨水闻嗅。如有呕吐,应将伤者头偏向一侧,防止呕吐物反流或阻塞气道;如停止呼吸,应立即进行人工呼吸;若轻度休克,应由同伴搀扶慢走一段时间,帮助进行深呼吸,即可消除症状。

2. 预防

平时要经常坚持体育锻炼,以增强体质;久蹲后不要突然起立;不要带病参加剧烈运动;疾跑后不要立即停下来;不要在饥饿的情况下参加剧烈运动。

五、肌肉痉挛

(一)产生原因和临床表现

体育锻炼时,肌肉因受到寒冷的强烈刺激,可能发生肌肉痉挛。游泳或冬季户外锻炼时容易发生肌肉痉挛。准备活动不够,或肌肉猛力收缩,或收缩与放松不协调,都可引起肌肉痉挛。情绪过分紧张也可能导致肌肉痉挛。

肌肉痉挛时,肌肉突然变得坚硬、疼痛难忍,而且一时不易缓解。

(二)处置和预防

1. 处置

对痉挛部位的肌肉做牵引。例如,小腿三头肌痉挛时,应立即伸直膝关节,并配合按摩、揉捏、叩打,以及点压委中、承山、涌泉等穴位,以促使痉挛缓解或消失。

2. 预防

运动前做好准备活动,对容易发生痉挛的部位,应做适当按摩。夏季进行长时间运动时要注意补充盐分；冬季锻炼时要注意保暖；游泳下水前应先用冷水淋浴；游泳时不要在水中停留过长时间；疲劳和饥饿时，不要进行剧烈运动。

六、运动中暑

（一）产生原因和临床表现

在高温环境中长时间进行体育锻炼易中暑，尤其在气温高、通风不良、头部缺乏保护、被烈日直接照射的情况下，最容易中暑。

中暑早期表现为头晕、头痛、呕吐，随后逐步发展为体温升高，皮肤灼热干燥，严重者可出现精神恍惚、虚脱、抽搐、心律失常、血压下降，甚至出现昏迷而危及生命。

（二）处置和预防

1. 处置

先将伤者扶送到阴凉通风处休息，同时采取降温消暑手段，如解开衣领、额部冷敷、头部降温、喝些清凉饮料、十滴水，并补充生理盐水或葡萄糖等。

对中暑严重者，经临时处理后，应迅速送医院进行治疗。

2. 预防

在炎热的季节锻炼时，应适当减小运动负荷，缩短锻炼时间。避免在烈日下长时间锻炼，夏天在室外锻炼时，应戴白色帽子，穿宽松薄衣；在室内锻炼时，应保持通风，并备有低糖含盐的饮料。

七、低血糖症

（一）产生原因和临床表现

运动中发生低血糖症，主要是由于长时间剧烈运动时体内血糖大量消耗，大脑皮层调节糖代谢的机制紊乱所引起的。赛前饥饿、情绪过分紧张或身体有病等原因都会诱发此症。

患者会感到非常饥饿，极度疲乏，并伴有头晕、心跳、面色苍白、出冷汗等症状。较重者可出现神志模糊、语言不清、四肢发抖、心律不齐或精神错乱（如赛跑者返身向相反的方向跑），甚至出现惊厥、昏迷等症状。检查时，脉搏快而弱，血压或无明显变化，或昏倒前升高而昏倒后降低，呼吸短促，瞳孔扩大，血糖明显降低（0.5 克/升以下）。

（二）处置和预防

1. 处置

使患者平卧，注意保暖。神志清醒者可给其饮用浓糖水或姜糖水，并吃少量食物，一般短时间后即可恢复。若昏迷，可针刺或用指掐点人中、百会、涌泉、合谷等穴位，并迅速请医生处理。这时若能静脉注射 50% 葡萄糖溶液50～100 毫升，就可提高血糖浓度，使病情迅速好转。

2. 预防

平时没有锻炼基础，或患病未愈，或空腹饥饿时，不要参加长时间的剧烈运动（如万米跑、马拉松赛跑、长距离滑冰等）。参加马拉松赛跑时，应准备一些含糖的饮料，供途中饮用。

第七章 营养、运动与健康

第一节 营 养

营养是保证人体正常生长和发育的重要因素。影响人体生长发育的因素是多方面的,其中遗传因素决定生长发育的可能性,外界环境的诸多因素则影响生长发育的速度。在外界环境的诸多因素中,营养因素对人体生长发育至关重要。合理的营养是增进健康、提高工作效率、防治疾病、延年益寿的重要保证。营养不良不仅使人体的各项生理机能下降,降低人体对外界环境变化的适应能力和防御能力,还会成为某些疾病的致病因素。

运动与营养都是维持和促进人体健康的重要因素。营养素是构成机体组织的物质基础,运动则可以增强机体活动的功能。营养与运动的科学配合,可以更有效地促进身体的生长发育和提高健康水平。如果只注重营养而缺乏体育运动,就会使人肌肉松弛、发胖、活动能力减弱;如果只重视单纯的体育运动而缺乏必要的营养保证,体内消耗的营养物质得不到补偿,就会影响身体的发育和健康。

一、基本营养素

人体所需的营养成分包括蛋白质、糖(或称碳水化合物)、脂类、维生素、矿物质、食物纤维和水等。

(一)蛋白质

1. 组成与分类

蛋白质是一种化学结构非常复杂的化合物,主要由碳、氢、氧、氮四种元素构成

（有的还含硫、磷等元素）。当蛋白质在酸碱或酶的作用下进行水解时，其最终产物是一种含有氨基和羧基的化合物，称作氨基酸，是构成蛋白质的基本单位。

2. 营养功用

（1）构成机体组织。蛋白质是一切细胞和组织结构的重要成分，是生命的物质基础。蛋白质占细胞内固体成分的80%以上，占体重的18%。

（2）调节生理机能。蛋白质在体内构成许多机能物质，具有多种生理功能，如酶的催化作用，激素的生理调节作用。

（3）供给热能。蛋白质的主要功用不是供给热能，但当碳水化合物和脂肪供给的热能不足，或摄入氨基酸过多时，蛋白质便开始供给热能。

3. 供给量与来源

蛋白质需求量受两方面因素影响：一是人体的生理状况，如儿童、孕妇、伤病康复者和重体力劳动者等对蛋白质的需要量较多；二是蛋白质的质量，摄入生物价高的蛋白质时，需要量较少，反之需要较多。

目前，我国膳食中的蛋白质以植物性蛋白质为主，生物价较低，成年人的供给量为每日每千克体重1～1.5克。蛋白质供给的热能平均应占一日膳食总热能的10%～14%，其中儿童为12%～14%，成人为10%～12%。

蛋白质广泛存在于动物性食物和植物性食物（如豆类、谷类和坚果类食物）中。鸡蛋是最好的食物蛋白质来源，生物价高达94%。植物性食物蛋白质的营养价值虽然低于动物性食物，但是由于食用量大，目前仍然是我国居民膳食蛋白质的主要来源。

4. 蛋白质营养失调对人体的影响

蛋白质营养失调包括蛋白质不足与蛋白质过剩，它们都对人体健康有不良影响。蛋白质缺乏，可使机体生理功能下降、抵抗力降低、消化功能出现障碍、伤口愈合缓慢、精神不振，并出现贫血、脂肪肝、组织中酶活力下降等，而摄入蛋白质过多，也对人体有害。

5. 蛋白质与运动

运动使体内蛋白质代谢发生变化，而不同性质运动的作用又有所差异。耐力性运动使蛋白质分解加强，合成速度减慢，机体尿氮和汗氮排出量增加。力量性运动在使蛋白质分解加强的同时，活动肌群蛋白质的合成也增加，并大于分解的速度，因而使肌肉增加。以上均反映出运动使机体对蛋白质的需要量增加。但是，如果蛋白质摄入过多，不仅对壮大肌肉和提高肌肉功能没有好处，而且会对正常代谢产生不良影响。若蛋白质摄入不足，不仅影响体育锻炼的效果，而且会发生运动性贫血。

（二）糖（碳水化合物）

1.组成与分类

糖由碳、氢、氧三种元素组成,因其每两个氢原子有一个氧原子,这个比例与水相同,故又称碳水化合物。依其分子结构的简繁,糖分为单糖(包括葡萄糖、半乳糖、果糖)、双糖(包括蔗糖、麦芽糖、乳糖)和多糖(包括淀粉、糖原、纤维素与果胶)。

2.营养功用

（1）供给能量。糖是人体主要的能源物质,1克葡萄糖在体内完全氧化成二氧化碳和水时,可以产生4千卡的能量。糖在供给热能上有许多优点:比脂肪和蛋白质易消化吸收、产热快、耗氧少、对运动有利;在无氧情况下也能分解产热,这对进行大强度运动有特殊意义。

（2）维持中枢神经机能。糖是大脑的主要能量来源。血糖水平正常才能保证大脑的功能,血糖降低,脑的功能即受影响,会发生头晕、昏厥等低血糖症。

（3）维持脂肪正常代谢。

（4）降低蛋白质的分解。

（5）保护肝脏。糖可增加肝糖原的储存,保护肝脏免受某些有毒物质(如酒精、细菌毒素等)的损害。

（6）构成体质。糖是构成机体的重要物质。

3.供给量与来源

糖的供给量依饮食习惯、生活水平和劳动性质等因素而定,目前我国成年人糖的供给量以占总热能的50%～70%为宜。

糖在自然界中分布很广,主要存在于植物性食物中,粮食和根茎类植物含糖量很丰富。动物性食物中只有肝脏含有糖原、奶中含有乳糖,但数量不多。

4.糖与运动

糖在能量代谢中十分重要,是运动中的主要能量来源,对人体运动能力有很大影响。

人体内糖的主要储备形式是糖原。肌糖原约350克可供给1400千卡热能;肝糖原70～90克可提供280～360千卡热能;血糖总量约20克可提供80千卡热能。

糖是运动中的重要能源。运动时肌肉的摄糖量可为安静时的20倍以上。体内糖原储量与运动能力成正比。运动前和运动中合理地补充糖,可以减少糖原消耗,提高血糖水平,有利于提高运动能力;运动后补充糖可促进糖原储备的恢复。据研究,运动后即刻摄入果糖对肝糖原的储备效果较好,葡萄糖与蔗糖可使肌糖原储备在 24 小时后保持较高水平。

（三）脂类

1. 组成与分类

脂类包括脂肪和类脂,由碳、氢、氧三种元素组成,有的类脂还含有磷和氮。脂肪酸的种类很多,按分子结构可分为饱和脂酸与不饱和脂酸两类,不饱和脂酸又可分为单不饱和脂酸与多不饱和脂酸。通常把维持人体正常生长所需而体内又不能合成的脂肪酸称为必需脂肪酸。亚油酸和亚麻酸是人体所需的两个重要的必需脂肪酸。

2. 营养功用

（1）供给热能。脂肪是高热能物质,每克脂肪可供热 9 千卡。沉积在体内的脂肪是机体的"燃料库"。

（2）构成机体组织。脂类是构成细胞的基本原料。体内脂肪组织有保护和固定器官的作用,皮下脂肪有保温作用。一般成年男性的脂肪占体重的 10%～25%,女性脂肪含量更高。

（3）供给必需脂肪酸。

（4）促进吸收。脂肪是脂溶性维生素的携带者,并促进其吸收利用。

（5）增加食物香味与饱腹感。

3. 供给量与来源

一般来说,脂肪供给的能量占总能量的百分比,青少年以 25%～30% 为宜,成年人以 20%～25% 为宜。各种脂肪酸的比例以 1：1：1 为宜。必需脂肪酸供能应达到总能量的 1%～2%。

膳食中脂肪的主要来源是烹调油以及各种食物中所含的脂肪。目前我们食用的一些烹调油是按 1：1：1 的比例对脂肪酸进行过调配的调和油。

4. 脂肪营养失调对人体的影响

由于人体对脂肪的实际需要量不高,因而在脂肪营养失调中的主要问题是摄入脂肪过多。膳食中脂肪总摄入量与动脉粥样硬化症发病率、死亡率成正相关,与乳腺癌的发病率也成正相关。摄入脂肪过多还会引起大量脂肪在肝脏存积而形成脂肪肝。脂肪肝可引起肝细胞纤维性病变,最后造成肝硬化,损害肝脏的正常功能。此外,由于脂肪是高热能物质,摄入过多会导致体内热量过剩,过剩的热能转化为脂肪存于体内,使机体肥胖,并容易发生心血管疾病。

5. 脂肪与运动

脂肪是长时间运动的主要能源,但必须在氧充足的情况下,一般在运动强度小于最大耗氧量 55% 时,脂肪酸才能氧化供能。

训练水平与氧化脂肪的能力有关。训练可以增强体内脂肪代谢酶的活性,从而提高氧化脂肪的能力。

(四)维生素

1.组成与分类

维生素是维护身体健康、促进生长发育和调节生理机能所必需的一类(低分子)有机化合物。维生素种类较多,化学性质不同,生理功能各异,虽不参与构成组织,也不供给热能,但对体内生物氧化等代谢过程有重要作用,能促进机体吸收大量能源物质和构成基本物质的原料,调节物质代谢和能量转化等。通常按溶解性质,维生素可分为两大类:一类是脂溶性维生素,另一类是水溶性维生素。脂溶性维生素包括维生素 A、维生素 D、维生素 E 和维生素 K;水溶性维生素包括维生素 B族和维生素 C。

2.营养功用

人体所需的维生素有 10 多种。维生素大多不能在体内合成或合成量甚微,在体内的储存量一般很少,必须从食物中摄取。因此,合理地选择、正确地加工和烹调食物,对保证人体必需的维生素非常重要。维生素摄入不足会影响正常代谢和生理机能,严重的会发生维生素缺乏症。

维生素不仅是保证身体健康所必需的,而且对于运动十分重要,有些维生素直接影响人体的运动能力。

摄入维生素必须适量,少了可引起缺乏病,多了对机体不仅无益反而有害。如维生素 A、维生素 D 摄入过多会蓄积于体内而致中毒;过量的维生素 B 族和维生素 C 会引起代谢紊乱、对其他维生素产生抵抗作用,导致不良反应。人体主要通过食物摄取维生素,所以在食物供给充分的情况下,一般不必另外补充维生素制剂。

(五)矿物质

1.人体中矿物质的组成及含量

人体内所含矿物质元素的种类很多,总量占体重的 5%～6%,其中含量较多的是钙、磷、钠、钾、氯、硫、镁七种,被称为常量元素,含量较少的是铁、碘、氟、硒、锌、铜等,被称为微量元素。

2.营养功用

矿物质对人体十分重要,各种元素都有独特的功能。矿物质对人体的功用可概括为:构成机体组织、调节生理机能、维持正常代谢。

人体每天都有一定量的矿物质通过代谢排出体外,因此必须及时补充矿物质,以保持体内的动态平衡,若不能补充,体内的代谢和生理机能就会受影响,甚至导致疾病发生。但摄入矿物质过多也对人体有害,因此必须适量。人体所需的矿物质,多数在正常膳食中都能获得,但有的容易缺乏,受地质化学状况的影响会出现地区性的微量元素缺乏。

(六)食物纤维

1. 营养功用

食物纤维是可食植物的细胞间质的组成成分,它不被人体内消化酶分解消化,在保护健康、预防某些疾病方面有一定作用,是维持人体正常生理机能不可缺少的物质,因而也是膳食中的重要营养素之一。食物纤维的生理作用主要有①降低血浆中的胆固醇;②降低餐后血糖升高的幅度;③改善大肠的功能,预防便秘,加快有毒物质的排出;④改善大肠中的代谢,从而减少毒素和致癌物质的产生。

2. 供给量与来源

成人的供给量为每天 4~12 克。一般适量食用粗杂粮和蔬菜水果,不吃过分精制的食物,就能满足人体正常的食物纤维需求。含食物纤维较多的食物有麦麸、鲜豆荚、嫩玉米、草莓、菠萝、花生、核桃等。蔬菜生吃可增加摄入食物纤维的量。食物纤维摄入过多,会影响钙、镁、锌、铁等无机盐和某些维生素的吸收,还可引起刺激性腹泻。

(七)水

水是人体除氧以外赖以生存的最重要的物质。人体在缺食但不缺水的情况下,可维持生命数十天;若是缺水,则仅能生存几天,由此可见水的重要性。

1. 营养功用

(1)机体的重要组成成分。水是机体中含量最多的组成成分,约占成人体重的 60%。

(2)保证和参与物质代谢过程。机体内的代谢过程是在体液环境中进行的,而体液由水、电解质、低分子有机化合物和蛋白质等物质组成。水是良好的溶剂,营养物质的消化、吸收、生物氧化,以及代谢物的排泄都离不开水。

(3)调节体温。水的比热大,体温易保持稳定。水的蒸发散热(排汗)是调节体温的一种重要方式。

(4)体内物质的运输。水的流动性大,在体内形成体液,循环运输物质。

(5)保持腺体正常分泌。各种腺体分泌物均是液体。

2. 供给量与来源

人体的需水量取决于排出水量,每日摄入的水量应与机体经过各种途径排出的水量保持动态平衡。1500 毫升是成年人一般情况下每天对水的最低生理需要量,为安全起见每日每千克体重供水 40 毫升为宜;高温、运动等出汗多时,供水量应相应增加。

水的来源包括直接饮入的水、食物中含有的水,以及蛋白质、脂肪和碳水化合物在体内代谢产生的水分。在摄取水时,除考虑水量需满足机体需要外,还应注意水的卫生状况,必须饮用清洁卫生的水,以保证身体健康。

二、日常膳食指导

"民以食为天",食物是维持人体生命与生活活动的基本条件。摄取食物是人及一切动物的本能,而正确合理地摄取和利用食物则是一门科学。

(一)平衡膳食的概念

平衡膳食是指膳食中所含的营养素数量充足、种类齐全、比例适当。平衡膳食由多种食物构成,提供足够数量的热能和各种营养素,满足人体正常生理的需要。保持各种营养素之间数量的平衡有利于消化、吸收和利用。

(二)平衡膳食的基本要求

1. 充足

为了营养充足,成年人在使用金字塔食谱时必须从谷类一组中取 6 份,蔬菜类取 3 份,水果类取 2 份,肉、禽、鱼、干豆、蛋和坚果类取 2 份,奶、酸奶和奶酪类取 2 份。简单记为 6、3、2、2、2。

这些是最少的份数,为了满足更多能量的需要,人们应该相应地增加每类食物的份数。

2. 适量

谷物处于金字塔食谱的底部,这说明吃得最多的应该是谷类。谷类是健康饮食的基础,其次是水果和蔬菜。肉类和奶制品的蛋白质含量很高,也是维生素和矿物质的重要来源,但吃的量却有限,因为它们也是高脂肪和高热量的食物。

脂肪、油和甜食只占据了金字塔食谱顶部的一小角,说明应该少食用。它们不应当构成一个食物类别,因为它们不是促进健康所必需的,当然它们在提供大量能量的同时提供了一些必要的脂类和维生素 E。酒精饮料几乎没有什么营养,因而被排除在金字塔食谱之外,其热量很高,每天的摄入量必须控制。香料、咖啡、茶和餐间软饮料也没有什么营养,没有被列入金字塔食谱,但它们可以使饭菜可口宜人,茶和一些香料里也有一些可能对身体有益的植物化学物质。

3. 多样

金字塔食谱很简洁,尽管它可能显得有些呆板,但一旦了解了它的内涵,就可灵活使用。例如,可以把奶换成奶酪,因为它们都提供牛奶、酸奶和奶酪这组食物中的关键营养素。同样,可以选择豆类和坚果类来替代肉类。

金字塔食谱试图弱化肉类和奶、奶酪、蛋等动物性食品,而强调谷物、水果和蔬菜的作用,这有助于素食主义者安排饮食,也鼓励其他人尽量多吃植物性的食物。肉类所在的一组也包括"肉的替代物",如豆类、坚果类和豆腐。奶制品组包括牛奶和奶制品,那些不愿将奶制品作为日常食物的人可以用豆浆来代替牛奶,豆浆在添加钙和维生素 B12 方面同样可以满足营养素需求。简而言之,不吃肉或动物性食物的人仍然可以使用金字塔食谱来保证充足的营养。

(三)平衡膳食宝塔

中国居民平衡膳食宝塔是根据中国居民的膳食结构特点设计的,它把平衡膳食的原则转化成各类食物的组成,并以直观的宝塔形式表现出来,便于人们理解和在日常生活中实行(见图 7 - 1)。

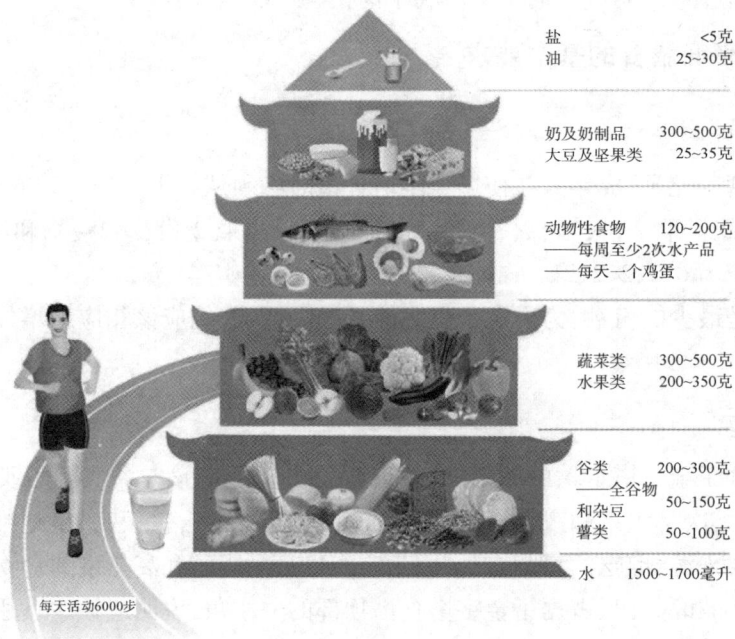

盐 <5克
油 25~30克

奶及奶制品 300~500克
大豆及坚果类 25~35克

动物性食物 120~200克
——每周至少2次水产品
——每天一个鸡蛋

蔬菜类 300~500克
水果类 200~350克

谷类 200~300克
——全谷物
和杂豆 50~150克
薯类 50~100克

水 1500~1700毫升

每天活动6000步

图 7 - 1 中国居民平衡膳食宝塔(2022)

平衡膳食宝塔提出了一个营养上比较理想的膳食模式。在应用平衡膳食宝塔时要注意以下几点：①确定自己的食物需要；②同类互换，调配丰富多彩的膳食；③要合理分配三餐食量；④要因地制宜，充分利用当地资源；⑤要养成习惯，长期坚持。

第二节　运动与营养

一、运动中的能量消耗与补充

人体运动时，能量消耗明显增加，增加的情况取决于运动的强度和运动持续的时间。人体活动的直接能量来源于 ATP 的分解。例如，神经传导兴奋时离子转运，需要 ATP 供能；腺体的分泌活动，分泌物透过细胞，需要 ATP 供能；消化管道的消化吸收，需要 ATP 供能；肾小管的重吸收活动，需要 ATP 供能；肌肉收缩也需要 ATP 供能。可见，ATP 是人体活动的直接能源，而最终的能量来源于糖、脂肪和蛋白质的氧化分解，氧化分解所释放的能量供 ATP 的重新合成。

近年来，随着体育科学的迅速发展，运动营养学引起人们的注意，受到人们重视，尤其是运动中能量的消耗与补充。一些体育科学发达的国家，已开始将运动营养学与训练有机结合，使运动训练效果提升，运动成绩迅速提高。

二、不同专项运动能量消耗与补充的特点

体育运动项目很多，由于各个项目的技术结构、运动强度和神经紧张程度不同，运动时的能量消耗和三大能源物质的分配也不一样。各运动项目对营养素的需求量存在差异，因而在能源物质的供应和能量的消耗上有各自的特点。

1. 速度性运动的营养特点

速度性运动的代谢特点是能量代谢率高，运动中高度缺氧，能量供给主要依靠磷酸原系统和糖的无氧酵解。因此，膳食中应含较多易吸收的碳水化合物、维生素 B 族和维生素 C，同时还应有足够的蛋白质。

2. 耐力性运动的营养特点

耐力性运动的代谢特点是运动时间长，热能与各营养素的消耗大，能量代谢以有氧氧化为主。肌糖原消耗大，蛋白质分解加强，脂肪供能比例随运动时间延长而增大。因此，应供给充足的糖，以增加体内糖原储备，还应增加蛋白质和铁（瘦肉、鸡蛋、绿叶蔬菜等）的摄入，膳食中可适当增加脂肪含量、维生素 C 及维生素 B 族。

3.力量性运动的营养特点

力量性运动要求肌肉有较大的力量和较强的爆发力,所以肌肉对蛋白质的需要量大大增加,特别是在训练初期,要供给充足的蛋白质和维生素 B 族,同时要保障碳水化合物、铁、钙和维生素 C 的供给。

4.灵巧性运动的营养特点

灵巧性运动要求机体的协调性高,神经系统紧张。为完成高难动作,对体重的控制有较高的要求,所以膳食中要保障充分的蛋白质、维生素 B 族、维生素 C 和磷。

5.球类运动的营养特点

球类运动对速度、耐力、灵敏和力量等素质都有较高要求,所以球类运动的营养供给应做到全面。球类比赛间歇中,一般不必进食,可饮用少量含水果酸及维生素 C 的饮料;若感到饥饿时,可在饮料中加些葡萄糖。

6.游泳运动的营养特点

游泳运动使机体散热量增加,能量消耗量加大。所以,膳食的热能要高,同时要注意补充较多的脂肪和维生素 A,以利于保持体温和保护皮肤。

三、比赛时期的能量消耗与补充特点

(一)比赛前期的营养特点

赛前十天左右,一般属于调整期,这时训练的强度突出而量较小,膳食中热量应减少,以防止不适宜的体重增加。参加短跑和跳跃项目者,膳食应保证有较多的蛋白质和足够的糖,减少脂肪的摄入;参加投掷项目者,此阶段主要进行类似比赛强度的完整技术练习,对肌肉的最大力量及爆发力要求较高,所以应注意高蛋白质食物摄取,每公斤体重不少于 3 克;参加耐力项目者,为了提高比赛时的运动能力,应特别注意增加体内糖原的储备,可选择高糖膳食,膳食中的糖含量应达到 60%或以上,不要过多进食蛋白质和脂肪等酸性物质,以防止体液偏酸。

此外,比赛前十天内还应多吃蔬菜、水果,以供给充足的维生素和微量元素,尽量使它们在体内达到饱和状态。每日维生素 A、维生素 B1、维生素 B2、维生素 C、维生素 E 等的摄入量可增加到平时的 1~2 倍。维生素 C、维生素 E 摄入后 40~60分钟即可发挥作用,短、中跑赛前 60 分钟可服维生素 C、维生素 E 各 100 毫克,长跑、马拉松赛前 30 分钟可服维生素 C、维生素 E 各 200 毫克,这对维持心脏、肌肉、红细胞的功能都有好处。

（二）比赛当日的营养特点

1. 赛前饮食

不要空腹参加比赛，应在赛前2~3小时进食最后一餐。食物应体积小、热量高、易消化、合胃口，以糖为主。尽量不吃豆类、肥肉、韭菜、芹菜、粗杂粮等难消化、纤维多、产气多，造成腹胀的食物。短时间结束的项目，不用考虑能量足不足的问题；长时间耐力项目，饮食热量应充足，除供应高糖外，还应吃些蛋白质和脂肪性食物，以维持饱感，运动时还可以节省糖，以免糖过早耗尽而出现疲劳现象。另外，还要补充维生素和无机盐。赛前30~90分钟内不要服糖，避免比赛时出现低血糖反应而影响比赛。运动前20~30分钟内服糖，有防止低血糖发生的作用，但是不能超过60克。

2. 赛中饮料

在超长距离项目的比赛中，由于水分、盐分丢失多，能量消耗大，途中通过饮料补充能量、盐分和水分，对维持运动能力有良好作用；摄入量视气温而定，原则是少量多次。补充的饮料多由鲜果汁、糖、柠檬酸、食盐等加水配制而成。

运动时，饮用适量的运动饮料可增强体力，推迟运动疲劳的出现。从事耐力项目，可饮用含糖较高的饮料，如高能运动饮料、沙棘精等；短时间剧烈运动中会出现缺氧，酸性物质生成较多，可选用碱性电解质饮料；当体力下降，身体机能不佳，血色素低时，可选择滋补强身的饮料，如沙棘精、枣汁等。

（三）比赛后恢复期的营养特点

参加长时间竞赛，如马拉松、足球等项目，恢复期补充营养的主要目的是尽快恢复体液平衡和体能平衡，消除疲劳。比赛结束后即饮用一杯含100~150克葡萄糖的果汁，对促进肝糖原的恢复、防止肝脂肪浸润、消除中枢神经疲劳有良好的作用。其后按照补水原则逐步恢复机体的水盐平衡。休息2~3小时后，可吃一些精细、可口、高热量的食物，以促进热量及其他营养素恢复平衡。

比赛后两三天内的膳食，仍应维持较高的热量和丰富的营养素，因为比赛时所消耗的热量和营养素不可能在一天内就得到恢复。此外，恢复期由于身心负担小，运动负荷和训练强度都较低，食欲会不断增加，所以要注意控制体重的增长。

第三节　运动与减肥

随着社会发展和人们生活水平的不断提高，肥胖人数日益增多。肥胖产生的原因有很多，运动量过少也是其中之一。运动既可减肥，又可促进健康，因而在减肥中应用较广。

一、肥胖的危害

肥胖不仅影响工作、生活、学习和美观,而且对健康也有一定的危害。世界卫生组织已将肥胖定为疾病,认定肥胖是目前继心脑血管病和癌症之后威胁人类健康的第三大敌人。肥胖者易发生高血压、冠心病、脂肪肝、糖尿病、高血脂、痛风及胆石症等疾病。临床化验显示,绝大多数单纯性肥胖患者出现内分泌紊乱,尤其是高胰岛素血症、糖耐量实验异常、性激素水平紊乱、肾上腺皮质激素偏高、瘦素水平增高等。世界卫生组织 1998 年对肥胖者发生某些健康问题的相对危险性做了报道(见表 7-1)。肥胖病的早期治疗,对防止上述疾病的发生具有重要意义。当然,要对减肥有正确的认识,科学减肥。

表 7-1   肥胖者发生疾病的危险性对照表(WHO,1998)

高度危险 (RR≥3)	中度危险 (2≤RR<3)	轻度危险 (1≤RR<2)
Ⅱ型糖尿病 胆囊疾病 血脂异常 代谢综合征 呼吸困难 睡眠呼吸暂停 综合征	冠心病 高血压 骨关节炎(膝和髋关节) 高尿酸血症和痛风	癌症(子宫内膜癌、大肠癌及停经后妇女乳腺癌) 多发性卵巢囊肿综合征 性激素分泌异常、不育症 腰背痛 增加麻醉危险性 母亲肥胖引起胎儿缺陷

注:RR 为相对危险度。

二、减肥的手段

减肥的手段主要包括合理的饮食和适当的运动两个方面。

(一)合理的饮食

1. 合理选择食物

每天可以放心选择的食物包括新鲜蔬菜、水果及米饭、馒头、鸡蛋、低脂奶、瘦肉和适量的植物油。这些食物中含有人体必需的营养素,可促进身体健康,是每天必须选择的食物。

限量食用,不可吃太多的食物包括煎蛋、炒饭、炸鸡、糖醋排骨、汉堡、比萨饼、水果罐头等。这些食物中含有人体必需的营养素,但糖、油脂、盐分的含量过高,是必须限量食用的食品。

平时最好少摄入的饮料和食物有汽水、炸薯条、巧克力、奶油蛋糕等。这些食物只提供热量、糖、油脂和盐分，其他必需的营养素含量则很少，可偶尔食用。不过，上述分法重在对食物的"定性"，因此同一食物属于何种食物，也是因人而异的。以花生为例，对于想减肥的人来说，因其油脂含量高，属于不可多吃的食物，但是当食用对象换成素食者时，花生因其蛋白质含量丰富，而属于每天可以放心食用的食物。

2.吃饭先喝汤

吃饭先喝汤，这个办法对于想减肥的人来说效果不错。喝过汤后，大脑中负责管理吃饭的"饱食中枢"就会兴奋，食欲也就随之下降，吃饭就不会狼吞虎咽了。虽然只是一个饮食习惯问题，但如果天天如此，无形之中食量就减少了。

3.晚饭要尽量少吃

如果一天饮食的总量不变，早饭和午饭吃得少，晚饭吃得多，人就会发胖。相反，早饭和午饭多吃一些，晚饭少吃一些，就不容易发胖。晚饭如果以蔬菜为主，喝一些汤，把原来晚饭吃的主食移到早饭或午饭，这样分配一日三餐，总量没有变化，效果却大不一样。

（二）适当的运动

肥胖的一大原因是运动少，经常进行适量的运动，能够消耗体内积存的脂肪。实践证明，运动是消除肥胖最有效的手段。在体育锻炼过程中，肌肉要消耗热量，这些热量主要来源于脂肪。经常进行体育锻炼，原来聚积的脂肪就逐渐减少，皮下脂肪少了，自然就能减肥。更有意义的是，体育锻炼能促进新陈代谢，改善和提高各器官系统的机能，使肌肉变得粗壮结实，使人既健康又健美。

有助于减肥的运动项目主要有两类：一类是消耗体内过多脂肪的运动项目，如跑步、跳绳、游泳等；一类是着重锻炼脂肪过多部位的项目，如腹部肥胖者多做腹背运动、仰卧举腿，大腿脂肪多者多做下蹲起立、踢腿运动。可参照一些简单的运动方法，如每天原地跑步 15 分钟、腹背运动 30 次、踢腿运动 30 次，半年见成效。体重基数大的人进行减肥运动，务必注意锻炼的科学性，切勿操之过急。体重有上升倾向的人，从现在起就要坚持锻炼，莫要"急来抱佛脚"。

第八章　大学生心理健康

学习提示

　　大学阶段是青年学生人生观、世界观、价值观形成与塑造的关键时期,在认知、思维与情感等方面逐渐走向成熟。心理健康作为大学生健康的重要组成部分,是大学生成长成才的基础。大学体育对大学生心理健康具有积极的不可替代的作用。本章主要介绍心理健康及判断标准、人格健康、大学生常见心理问题及应对策略。

第一节　心理健康及其标准

一、心理健康的概念

　　1946 年,第三届国际心理卫生大会将心理健康描述为:心理健康是指在身体智能以及情感上与他人的心理健康不相矛盾的范围内,将个人心境发展成最佳的状态。1948 年,世界卫生组织将心理健康定义为:人们在学习、生活和工作中的一种安宁平静的稳定状态。2001 年,世界卫生组织又将心理健康定义为:心理健康是一种健康或幸福状态,在这种情况下,个体得以实现自我,能够应对正常的生活压力,工作富有成效,以及有能力对所在社会作出贡献。

　　可见,心理健康有广义和狭义之分。从广义上讲,心理健康主要是指一种高效而满意的、持续的心理状态;从狭义上讲,心理健康指的是人的基本心理活动过程和内容完整、协调一致,即知、情、意、行和谐统一。判断一个人的心理健康状况应兼顾内外两个方面。从内部来说,心理健康的人的各种心理机能健全,人格结构完整,能用正当手段满足自己的基本需要,因而主观上痛苦较少,能体验到幸福感。从外部来说,心理健康的人的行为符合规范,人际关系和谐,社会适应良好。

二、心理健康的标准

心理健康的标准是心理健康概念的具体化和操作化,国内外学者提出的心理健康的标准不尽相同。

中国学者黄坚厚提出的心理健康的四项标准是:①乐于工作;②能与他人建立和谐关系;③对自身具有适当的了解;④和现实环境有良好的接触。

心理学家玛丽·亚霍达从六个方面设定心理健康的标准:①对自己的态度;②成长、发展或自我实现的方式及程度;③主要心理机能的整合程度;④自主性或对于各种社会影响的独立程度;⑤对现实知觉的适当性;⑥对环境的控制能力。

美国人本主义心理学家亚伯拉罕·马斯洛认为,具有自我实现的人格特征的人就是心理健康的人,具体标准为:①是否有充分的安全感;②是否对自己有较充分的了解并能恰当地评价自己的行为;③自己的生活理想和目标是否切合实际;④能否与周围环境、事物保持良好的接触;⑤能否保持自我人格的完整与和谐;⑥能否具备从经验中学习的能力;⑦能否保持适当和良好的人际关系;⑧能否适度地表达和控制自己的情绪;⑨能否在集体允许的前提下有限地发挥自己的个性;⑩能否在社会允许的范围内适当地满足个人的基本要求。

三、大学生心理发展的特点

大学生处于青年后期,这一时期,大学生的人格形成,自我意识蓬勃发展、社会生活领域迅速扩大。

(一)认知思维发展的特点

韦克斯勒智力量表研究得分显示个体智力发展的顶点在 20~25 岁。大学生的智力发展进入高峰期。他们从更广、更深的角度去观察事物,并更为敏锐、主动、多维、系统、谨慎;记忆力处于鼎盛时期,记得多,记忆方法也更加灵活多样,有意记忆逐渐占据主要地位,且抽象记忆水平不断提升;富于幻想,想象中的合理成分及创造性成分明显增加;已从经验型思维转向理论型逻辑思维,抽象思维和推理能力获得了发展,并具有独立性和批判性。

但是,大学生的抽象思维水平并没有达到完全成熟的程度,主要表现为思维品质发展不平衡,思维的广阔性、深刻性和敏感性发展比较慢。由于个人阅历浅、社会经验不足,大学生看问题时容易钻"牛角尖",并且掺杂了较多个人感情色彩,做事情时缺乏深思熟虑,往往有偏激、过分自信和固执己见的倾向,尤其是理论型抽象思维居于主导地位,所以他们常常把社会问题看得过于简单而陷入主观、片面和想当然的境地。

（二）情绪情感发展的特点

大学生充满青春活力。随着校园生活的深入展开,大学生的社会性需要增多,社会性情感(道德感、理智感和美感)也得到了充分发展。道德感的发展主要表现为产生了社会的使命感、责任感和义务感。理智感的发展主要表现为对真理的强烈追求,对所学知识充满兴趣和好奇心,并能充分体验获得知识的乐趣和充实感。美感的发展主要表现为美的感受更加丰富,审美能力大大提高,审美体验日益深刻,不仅能体验到事物的外在美,也能体验到事物的内在美,创造美的能力不断增强,审美观念日趋完善,懂得了美与丑、善与恶的区别,学会了形式美和内在美的统一。

虽然大学生控制情绪的能力不断由弱变强,大多数学生的内心体验逐渐趋于平稳,但是受到内心需要和外界环境的强烈刺激时,他们的情绪仍然会产生较大波动而表现出两极性,从一个极端走向另一个极端,深陷理智与情感的冲突之中。加之大学生的情绪还存在外显性与内隐性的矛盾,生活经验匮乏,大学生的情绪适应和调节的困难加大,容易出现挫败感,产生焦虑。

（三）意志行为发展的特点

随着独立性和社会性的发展以及自我意识的增强,大部分大学生都具有了较好的意志品质,多数已能逐步确定明确、富有社会意义的理想或者个人奋斗目标,并根据理想目标制订并实施计划,克服困难,朝着目标迈进,其意志的自觉性、独立性、坚韧性、自制性和果断性都有了较大发展,但仍表现出一定的惰性、依赖性、冲动性和持久力不足。情绪波动和任务性质也会影响他们的意志行为。

四、大学生心理健康的标准

心理健康的标准是一种理想尺度,它不仅为我们提供了测量指标,更为我们指明了努力的方向。根据心理健康的核心要素,并综合国内外学者的观点,我们认为大学生心理健康的标准有以下几个方面。

（一）热爱生活,乐于学习和工作

心理健康的大学生珍惜和热爱生活,能够享受人生的乐趣,能保持良好的学习兴趣和学习能力,学习目标明确,能够为自己的未来发展做准备;能尽力发展潜能,使自己的学习和行为更有效率,也更有成效。

（二）人格和谐、完整

心理健康的大学生有健康的人格结构,其能力、气质、性格能得到良好发展,兴趣、需要能得到满足,行为的动机也是积极、健康的,能以积极、建设性的态度与社会相处,处理问题的方式合情合理,对外界不会有偏颇的认知、情绪和行为反应。

(三)正确的自我意识,接纳自我

心理健康的大学生能体验到自己的存在价值,既能积极探索自己、了解自己,又能接受自己,有自知之明,能对自己的能力、性格和优缺点做出恰当的、客观的评价,不苛求、不苛责、不过分期待,对自己总是满意的,努力发展自身的潜能,即使面对自己无法补救的缺陷,也能泰然处之,心态平和、淡定。

(四)和谐的人际关系,乐于交往

人际关系是大学生心理健康的重要指标,心理健康的人乐于与人交往,能悦纳他人,能认可别人存在的意义,能与他人进行良好的沟通。在与人相处时,友爱、平等、信任等积极的态度要多于猜疑、嫉妒、敌视等消极态度,有较强的适应能力和较充足的安全感。他们既能享受与人相聚时的热闹和欢乐,也能体验独处时的宁静。

(五).接受现实,有良好的环境适应能力

心理健康的大学生能很快适应大学的新环境,妥善处理生活、学习上的困难,并且能够积极发展自己。他们总是能够对环境做出客观的认识,与环境保持良好的关系。他们不会逃避现实,也不会沉湎于不切实际的幻想之中。

(六)良好的情绪调节能力,心境良好

心理健康的大学生常常处于愉快、乐观、满意等情绪状态中,虽然也会有悲伤、忧愁、愤怒等感受,但一般持续时间不会很长。他们能体验到情绪,并以合适的方式表达情绪,在与人交往时不卑不亢、自尊自爱,在社会允许的范围内,尽力满足自己的各种需要,对自己能得到的一切感到满意,常常是开朗和乐观的。

(七)心理行为符合年龄特征

生命发展的不同年龄段,都有对应的、不同的心理行为表现,从而形成不同年龄独特的心理行为特征,心理健康的大学生具有与该年龄段相符的心理行为表现。如果一个人的心理行为经常偏离自己的年龄,一般都是心理不健康的表现。

第二节　人格健康

一、人格的概念

人格又称个性,来源于拉丁文 persona,意为"面具",表示戏剧中人物的身份,

特殊的面具既有表现于外给人相对固定印象的特点,也有藏于面具下而不为人知的内容。但面具所代表的人物总的心理活动特征和行为特征是相对不变的。人格是指个体在对人、对事、对己等方面的社会适应中行为上的内部倾向性和心理特征。人格表现为能力、气质、性格、需要、动机、兴趣、理想、价值观和体质等方面的整合,是具有动力一致性和连续性的自我,是个体在社会化过程中形成的独特的身心组织。人格具有整体性、稳定性、独特性、社会性等特征。

二、人格的分类

不同理论对人格的分类不尽相同,下面主要介绍几种常见分类。

(一)气质体液理论

希波克拉底认为人体内有四种体液,即血液、黏液、黄胆汁和黑胆汁。血液占优势的属多血质,黏液占优势的属黏液质,黄胆汁占优势的属胆汁质,黑胆汁占优势的属抑郁质。多血质者活泼好动,容易适应新的环境,情绪情感易于产生也易于改变,且表露于外,接受新事物快,但印象不是很深刻。黏液质者安静平和,善于克制自己,情绪不易外露,反应缓慢,注意稳定难于转移。抑郁质者谨慎细致,行为孤僻,体验深刻,情绪不外露,善于观察。胆汁质者直率热情,精力旺盛,性情急躁,情绪明显外露,但持续时间不长。

(二)内倾、外倾人格理论

荣格将人格按某些特征分成两种不同的类型,即内倾型和外倾型。他认为在人格特征中人的兴趣和关注可以指向自身内部,也可以指向外部,一般两者兼有,区分其是内倾型还是外倾型主要看哪种指向性占主导,以指向自身内部为主的,称为内倾型,反之则称为外倾型。内倾型人格的人喜独处,不善交际,言少,善思,胆小,拘泥,行为谨慎等;外倾型人格的人则开朗喜动,情感外露,善于交往,不拘小节等。具有极端的内倾人格、外倾人格的人极少,多数人介于两者之间。

(三)人格结构理论

艾森克提出用直角坐标系来对人格进行分类。坐标系的两个坐标轴分别是内、外倾向维度和情绪的稳定性维度,每个维度上不同程度表现的结合,构成了4个象限,每个象限代表一种人格,这样4个象限就代表了4种人格。这4种类型的人格特点与希波克拉底的4种气质类型所表达的内容刚好相符。

弗洛伊德把人格结构分为本我、自我、超我3个层次。本我反映的是人的本能,是与生俱来的,遵循的是享乐原则,属于"原始的人";自我是人格的体现,决定在什么情况下使本能得以满足,是本我和超我的调解者,按现实原则行事,是"现实的人";超我反映的是人的社会性,代表良心和道德,遵循道德原则,是"道德的人"。这3个层次相互影响,形成了有机统一的整体。

三、健全人格的标准

健全人格是一个相对的概念,可以理解为人格正常和谐的发展。健全人格和正常人格是不同的,仅仅没有心理疾病的正常人格是健全人格的基础,但远非全部,健全人格显然高于正常人格。具有健全人格的人能有意识地控制自己的生活,掌握自己的命运,意识到自己的优缺点、善与恶,并且能悦纳自己。不同的心理学家,提出了不同的健全人格标准。

心理学家奥尔波特提出的六条标准:①自我广延的能力;②具有与人交往的能力;③有安全感和自我承认;④有现实性;⑤对自己有正确的评价;⑥有一致的人生哲学。

美国心理学家罗杰斯提出的六条标准:①经验开放;②自我与经验和谐;③人格因素发挥作用;④有自由感;⑤创造性高;⑥与人和睦相处。

四、大学生健全人格的培养

人格素质是大学生综合素质的重要组成部分。大学生培养自身的高尚情操,提高自身修养,完善健全人格是实现人生价值的前提。健全人格的培养过程就是要促进人的个性心理特征的全面发展,以达到人格发展的正常状态的过程。

(一)树立正确的人生观

人生在世为何而生,为何而活,人生的意义是什么,目标是什么,这些问题未必人人清楚,没有正确的人生观,难免稀里糊涂过一生,如果只想索取,不愿奉献,其人格必定是不健全的。大学生树立了正确的人生观,就可以结合自身实际制定奋斗目标,积极进取,乐观地看待未来,培养积极的生活态度,通过自己的努力实现理想。大学生在此过程中可以体验成功的快乐,享受生活的快乐,做一个幸福的人。

(二)培养良好的自立意识

从心理学的角度来说,自立是个体从自己过去依赖的事物那里独立出来,自己行动、自己判断、自己做主、对自己的承诺和行为负起责任的过程。自立包括身体自立、行动自立、心理自立、经济自立和社会自立等。对当代大学生来说,自立是一个重要的任务。高自立意识的学生对自己有着比较积极的认知,能积极地投入生活和学习中,人际关系更为和谐。心理行为训练,如团体辅导、心理拓展等,可以提高大学生的自我概念,改善他们的社会自立意识。

(三)主动适应环境

客观现实是不以人的意志为转移的,适者生存,不适者淘汰,这一自然法则同样适用于每一个大学生。要适应环境就要具备适应环境的条件,这些条件包括心理的、生理的、物质的等,条件越好,适应性就越强,其中健康的人格是必备的条件。因此,大学生要在主动适应环境的过程中培养健全的人格。

(四)悦纳自己,接受他人

正确认识自己,正确评价自己,接受自己,对培养健全人格非常重要。不能正确认识自己,就不能正确评价自己。大学生应承认现实的自我,接受现实的自我,喜欢现实的自我,不对自己提出过分的要求,在客观现实允许的条件下,发挥自己最大的潜能,避免过分理想化,承认人无完人,这样才能保持愉快的心情。同时,大学生在现实社会中要学会接受他人,尊重他人,人的个性有异,特点不同,不要对他人提出苛刻要求。

(五)保持健康的自尊

自尊是人格自我调节结构的心理成分。自尊有强弱之分,过强则成虚荣心,过弱则成自卑。自尊的心理品质,不是天生的,而是在生活、学习和工作中逐步培养起来的。自尊可以是积极的,也可能是消极的,并且具有跨时间和跨情境的一致性。自尊感强的人渴望表现自己,进取心强,关心自我形象。正因为如此,健康的自尊心能使大学生采取积极的生活态度,成为推动个人不断进取的巨大动力。健康自尊建立或提升的方法包括合理的社会比较、选择性遗忘、自我防御性归因等。

(六)增强个人自制力

自制力是一个人自觉地调节和控制自己思想感情和举止行为的能力。与之相反的是任性,对自己持放纵态度,对自己的言行不加约束,不考虑行为及其后果带来的影响。自制力强的人能够理智地对待周围发生的事情,有意识地控制自己的思想感情,约束自己的行为,成为驾驭现实的主人,并能自觉地调节行动,包括发动行动和制止行动两方面。自制力强的大学生,能够选择正确的活动动机,调整行动目标和行动计划,也能理智地控制自己的欲望,对不正当的欲望坚决予以抛弃。提高自制力的方法有加强思想修养、稳定情绪、强化自我意识和调整需要结构等。

第三节　大学生常见心理问题

《心理健康蓝皮书:中国国民心理健康发展报告(2019—2020)》显示,调查的几所高校的大学新生的心理健康水平呈波动下降趋势,有严重心理问题和一般心理问题的大学新生比例有所增长。关注大学生心理健康问题,培养大学生良好的心理素质,使其掌握应对应激刺激的策略,具有重要的意义。

一、大学生常见心理问题

（一）适应问题

在大学一年级新生中，学习和生活上的不适应较为普遍。多数学生首次远离家乡，或多或少会体验到分离焦虑。当这种应激超过限度时，大学生就会出现失眠、食欲不振、注意力不集中、环境适应更加困难以及烦躁、严重焦虑不安、头疼、神经衰弱等问题。

（二）学业问题

大学的学习特点和高中时有明显不同，如学习环境、学习内容、学分制等，大学生还面临着英语和计算机等级考试以及各类职业资格考试的压力等。许多学生进入大学后不适应大学的学习，学习目标不明确，学习方法不适应，或所学专业与自己的兴趣不符；部分学生的成绩下滑严重，不能很好地面对学习上的挫折，容易产生心理行为问题。

（三）人际关系问题

人际环境的转变是最明显的。中学时代的人际关系相对单纯，大家更多关注学业，甚至无暇关注人际。但是进入大学，同学来自五湖四海，人际交往更为复杂、广泛，更具独立性和社会性。良好人际关系的获得需要一定的技巧，不是每个大学生都能处理好的。在处理各种人际关系的过程中，有相当数量的人会产生各种问题。一旦在这一过程中受挫，个体就可能表现为自我否定，进而陷入苦闷与焦虑之中，或因企图对抗而陷入困境，并由此产生心理问题。

（四）情绪与压力问题

进入大学后，大学生远离家乡和亲人，进入一个全新的环境，要学习承受各方面的压力。但是有的学生却不懂得如何求助和减压，反而用一些增加压力的方式来解决问题，使压力越来越大，自己陷入消极情绪的怪圈。还有一些经济困难、遭遇家庭变故、身患疾病的学生，也容易出现心理问题。

（五）情感问题

大学生正处于青春期，生理趋于成熟，心智有了一定的发展，对爱情有所追求和向往。大学生谈恋爱是一种普遍现象。但是有的大学生在恋爱中存在情感与性的困惑，会出现单相思、感情纠葛、失恋等情况。特别是失恋，如果处理不好，大学生就会在心理上受到伤害，出现心理失调甚至精神崩溃，或在短时期内出现极端行为。

(六)就业问题

进入大学之前,很多人的目标就是考上大学,可是考上大学之后迷茫了,甚至不知道自己辛苦、努力考大学的初心何在,失去了继续奋斗的动力,这是缺少必要的生涯规划的表现。临近毕业时,有些大学生因缺乏足够且必要的就业心理准备,表现出无法紧张有序地进行大学后期的学习,整日忧心忡忡、情绪低落,出现严重的心理焦虑和躯体不适与障碍,心理承受能力越发脆弱,如不及时排解、调适,就可能出现心理崩溃,导致消极、负面的后果。

二、大学生心理发展的影响因素

(一)个人因素

1. 生理原因

大学生的生理发展处于迅速成熟而又没有完全成熟的过渡期,而人的生理特点是心理活动的物质基础,如果神经系统有某些缺陷,人的某些心理活动就不能正常进行。另外,神经系统的生理解剖特点直接决定了人的气质类型,这些气质类型在情绪的表现方面尤其值得注意,如果不能恰当地予以教育、引导,个体就有可能出现心理异常。

2. 人格特征

大学生的心理健康与其人格特征有非常密切的关系。许多心理异常表现(如偏执、冷漠、自私、缺乏同情心、缺乏自控力、缺少责任感、反社会行为等)本身,就是人格异常的表现。心理学的研究表明,人格结构存在严重缺陷的人的社会适应力低,心理健康水平低,遭遇外部刺激时常常会发生强烈应激反应,从而产生心理问题。

(二)社会因素

1. 社会变革与文化思潮

新一代大学生生长在改革开放和市场经济飞速发展的时期,此时的社会以思想观念开放为基调,以强劲的经济增长为主导。他们的生活和文化经验虽然没有物质匮乏年代的影子,但面对各种文化思潮的剧烈冲击,他们需具备比以往任何时代都更强的社会适应能力,从升学到就业,从交往到消费,新的社会秩序给他们带来了更多的选择机会,也给他们带来了更多的迷茫。

2. 经济形势与就业压力

首先,高等教育蓬勃发展,大学毕业生数量逐年增多,大学生就业压力增大。

其次,企业对于人才的渴望和高要求也给大学生设置了诸多门槛,如专业对口、有工作或实习经验。另外,个别社会问题也会不断加剧大学生的就业压力,使得他们对自己能否适应社会产生怀疑,对步入社会产生恐惧感。

3. 网络影响

在经济全球化、信息现代化的时代,网络已经成为人们生活、学习和工作中不可或缺的一部分。个别大学生沉迷于网络,这不但影响了正常的生活、学习和工作,还损害了身心健康,主要表现为情感反应障碍、人际交往萎缩、自我分裂、社会理想淡化等。

(三)家庭因素

1. 家庭教育

从弗洛伊德强调的"0~6岁决定人的一生",到现在的依恋理论,原生家庭和早年成长经历及关系的重要性一直被强调,这其中的首要元素就是父母或代替父母功能的养育者。父母的人格、语言、情绪、教养态度等对孩子的个性塑造、生活习惯和行为的养成都有直接或间接的影响。如果个体多年来被父母错误地对待,他们长大后将变得焦虑和变化无常,会形成神经症的性格结构。

2. 家庭结构

家庭经济条件也会影响学生的心理健康。家庭经济条件相对宽裕有利于学生的心理健康;反之则会给学生带来较大的心理压力。有些学生还会因此而自卑并表现得比较消极,甚至会在人际关系方面非常敏感、多疑、自卑,有困难时不愿意寻求别人的帮助。同时,父母离异、家庭破裂容易使大学生因为家庭关系不稳定、亲密关系丧失而产生焦虑、紧张、自卑、抑郁等不良情绪。

(四)学校因素

1. 学校教育现状

虽然应试教育确保了教育的结构化成效,但部分学校片面追求升学率,增加了学生的负担,加剧了竞争气氛,造成了学生的紧张、压抑乃至厌学厌世情绪,影响了他们的心理健康。随着国家相关政策的出台,各级学校对心理健康教育更加重视,从人、财、物等方面给予了相应的支持,但不容否认,大学生的心理健康教育仍存在医学化倾向、片面化倾向、形式化倾向、孤立化倾向等问题。

2. 同学与师生关系

良好的同学关系有益于学生的心理健康。与同学友好相处、团结互助有利于健康人格的发展,个体更容易形成健康的人格;相反,如果与同学关系紧张,个体就容易产生较高的心理紧张度,出现孤独、压抑、空虚等不良情绪。良好的师生关系是促进大学生学习和减少问题行为的重要因素。在亲密、和谐的师生关系下,师生彼此尊重、相互信任、感情融洽,这有利于大学生的心理健康;在不良的师生关系下,大学生易产生冷漠、逆反、畏惧、失望等心理,不利于大学生的心理健康。

三、大学生心理健康问题的应对策略

(一)学业问题应对策略

学校应加强理想信念、学习动机和专业思想教育,引导大学生正确认识当今时代的特点、我国社会经济发展趋势对人才素质的要求,树立学习目标,增强学习兴趣,克服学习倦怠心理。学校积极开展大学生职业生涯规划指导,激发学生的学习动力,完善学习策略,为就业打下扎实基础。重视学习策略辅导,解决学生"不会学"的问题。培养大学生的实践能力和创新创业能力。把课堂教学与生产实践相结合,是提高大学生综合运用知识能力的重要途径,可以增加大学生的就业信心,增强就业实力,从而缓解学习心理问题。

(二)人际关系问题应对策略

重视大学生的人格自我发展,着重培养"三个自我",即自我教育、自我服务、自我管理,使大学生不断提高自我认识,形成良好的人际关系。注重培养人际交往的技能技巧,要获得良好的人际关系需要具备良好的语言表达能力、洞察他人心理特点与状态的能力、了解基本的社会规则与交往原则、能够准确把握交往的尺度和处理问题的技巧,还能在人际交往中体验各种情绪状态和美感,这些都需要在不断的学习与实践训练中形成。加强校园文化建设、校园环境建设,创设良好的人际环境,把人文关怀和心理疏导贯穿、渗透、体现在学校教学、管理、服务的各个方面,帮助大学生解决人际关系方面的问题。

(三)情绪压力问题应对策略

大学生要不断拓宽视野,扩大知识面,提高自己的认知和适应能力,从而提高自己的心理承受能力,增强调节情绪的能力,保证情绪的健康发展。建立科学、合理、健康的认知评价系统,帮助大学生拥有一个现实、理性、宽容的心态,通过心理调节、情绪管理,使大学生摆脱抑郁、焦虑情绪的困扰。大学生要善用情绪调节法缓解不良情绪,建立积极的应对方式。自我放松、目标转移、积极心理暗示、情绪宣泄等都是有效调节抑郁、焦虑情绪的自我心理保健的方法。培养健全的人格,在与家庭成员、老师、同学和周围人等交往中形成广泛而积极的社会支持系统是情绪健康的保证。

（四）情感问题应对策略

加强社会主义核心价值观教育,帮助大学生树立正确的恋爱观,引导他们努力学习,正确认识爱情。大学生应掌握性健康标准,确立健康的性心理,正确处理恋爱心理问题。加强婚恋伦理道德教育,只有以高尚的道德为基础建立起来的爱情,才是真正、珍贵的爱情。培养大学生爱的能力和道德责任感。爱的道德责任感要求恋爱双方互相信任、理解、宽容,彼此对自己的行为负责。发展文明健康的恋爱行为。文明恋爱是恋爱双方既相互倾慕、亲近,又举止得体,相互尊重,而绝不是在态度、举止、语言等方面的粗俗和放纵。恋人相处应遵守社会公德,注重个人形象。加强大学生性教育,帮助大学生健康成长。

（五）就业问题应对策略

倡导大学生树立"主体价值与社会价值相统一"的择业观,鼓励和支持大学生到祖国最需要的地方去实现个人价值。注重政策引导,帮助大学生正确看待就业形势,转变就业观念,选择到基层、中西部和中小企业等急需人才的地区、部门和行业实现就业,以缓解就业压力和就业心理问题。同时,高校应适应社会需要,以培养学生的就业能力、创新能力、创业能力为重点,突出实践教学,培养适应性强,知识、能力和素质协调发展的复合型应用人才。鼓励大学生积极参加社会实践锻炼,使其在实践过程中思考人生,明确人生目标,锻炼成才,提高就业能力。

第九章 体质健康测量与评价

学习提示

实施《国家学生体质健康标准》是为了增强学生体质,提高学生的健康水平和运动能力。本章主要介绍《国家学生体质健康标准(2014 年修订)》的测试内容、要领和成绩评定。

第一节 体质健康测评概述

为了正确认识自身的体质健康状况,以便大学生通过体育运动等手段进一步提高自身的体质健康水平,采用科学的体质健康测评体系,定期进行体质健康测评是十分必要的。

2014 年 4 月,教育部印发《学生体质健康监测评价办法》(教体艺〔2014〕3 号)等三个文件。其中,《学生体质健康监测评价办法》要求将学生体质健康监测评价纳入教育现代化指标体系,作为考试制度建设和改革的重要内容。2014 年 7 月,教育部印发《国家学生体质健康测试标准(2014 年修订)》的通知(教体艺〔2014〕5号),该标准结合新时期青少年体质健康状况和学校体育工作实际,对 2007 年制定的《国家学生体质健康标准》进行了修订。《国家学生体质健康标准(2014 年修订)》适用于全日制小学、初中、普通高中、中等职业学校、普通高等学校的学生。

《国家学生体质健康标准(2014 年修订)》设置了符合我国学校实际情况、简便易行的测试项目,它们的可靠性、有效性、客观性、可操作性等在多年来的学校体育实践中得到了证明。这些测试项目涵盖身体形态、身体机能、身体素质等多个方面,是国家学生发展核心素养体系和学业质量标准的重要组成部分,是学生体质健康的个体评价标准。该标准将大学一、二年级分为一组,三、四年级分为一组。各组别的测试指标均为必测指标。其中,身体形态类中的身高、体重,身体机能类中的肺活量,以及身体素质类中的 50 米跑、坐位体前屈、立定跳远为普通高等学校各年级学生共性指标。高校学生的加分项目指标为:男生引体向上和 1000 米跑,女生 1 分钟仰卧起坐和 800 米跑,各项目指标加分幅度均为 10 分。

2019 年,教育部印发《关于 2019 年落实〈学生体质健康监测评价办法〉等三个办法有关工作的函》的相关文件要求,体质健康标准测试增加视力测试项目。

第二节　测试操作的基本要领

《国家学生体质健康标准(2014 年修订)》规定了各年龄段应该达到各测试项目的标准。

一、身体质量指数(BMI)

身体质量指数,简称体质指数,又称体重指数(Body Mass Index,简称 BMI),是用体重公斤数除以身高米数平方得出的数字,是目前国际上常用的衡量人体胖瘦程度以及是否健康的一个标准。身体质量指数是评价人体形态发育水平、营养状况以及身体匀称度的重要指标,它可以间接地反映出人体的身体成分及身体质量。

身体质量指数(BMI) = 体重(千克)/身高^2(米^2)

(一)身高

1. 测试目的

测试学生身高,与体重测试相配合,评定学生的身体匀称度,评价学生生长发育的水平及营养状况。

2. 场地器材

身高测量计。使用前应校对 0 点,以钢尺测量基准板平面至立柱前面红色刻线的高度是否为 10 厘米,误差不得大于 0.1 厘米。同时应检查立柱是否垂直,连接处是否紧密,有无晃动,零件有无松脱等情况并及时加以纠正。

3. 测试方法

受试者赤足,立正姿势站在身高测量计的底板上(上肢自然下垂,足跟并拢,足尖分开成 60 度角)。足跟、骶骨部及两肩胛区与立柱相接触,躯干自然挺直,头部正直,耳屏上缘与眼眶下缘呈水平位。测试人员站在受试者右侧,将水平压板轻轻沿立柱下滑,轻压于受试者头顶。测试人员读数时双眼应与压板水平面等高,记录员复述后进行记录,以厘米为单位,精确到小数点后一位。测试误差不得超过 0.5 厘米。

4.注意事项

(1)身高测量计应选择平坦靠墙的地方放置,立柱的刻度尺应面向光源。

(2)严格掌握"三点靠立柱、两点呈水平"的测量姿势要求,测试人员读数时两眼一定与压板等高,两眼高于压板时要下蹲,低于压板时应垫高。

(3)水平压板与头部接触时,松紧要适度,头发蓬松者要压实,头顶的发辫、发结要放开,饰物要取下。

(4)读数完毕,立即将水平压板轻轻推向安全高度,以防碰坏。

(5)测量身高前,受试者应避免进行剧烈体育运动和体力劳动。

(二)体重

1.测试目的

测试学生的体重,与身高测试相配合,评定学生的身体匀称度,评价学生生长发育的水平及营养状况。

2.场地器材

杠杆秤或电子体重计。使用前需检验其准确度和灵敏度。准确度要求误差不超过0.1%,即每百千克误差小于0.1千克。检验方法是以备用的10千克、20千克、30千克标准砝码(或用等重标定重物代替)分别进行称量,检查指标读数与标准砝码误差是否在允许范围。灵敏度的检验方法是置100克重砝码,观察刻度尺变化,如果刻度抬高了3毫米或游标向远移动0.1千克而刻度尺维持水平位时,则达到要求。

3.测试方法

测试时,杠杆秤应放在平坦地面上,调整0点至刻度尺水平位。受试者赤足,男性受试者身着短裤;女性受试者身着短裤、短袖衫,站在秤台中央。测试人员放置适当砝码并移动游标至刻度尺平衡。读数以千克为单位,精确到小数点后一位,记录员复诵后将读数记录。测试误差不超过0.1千克。

4.注意事项

(1)测量体重前受试者不得进行剧烈体育运动或体力劳动。

(2)受试者站在秤台中央,上下杠杆秤动作要轻。

(3)每次使用杠杆秤时均需校正。测试人员每次读数前都应校对砝码标重以避免差错。

二、肺活量

1. 测试目的

测试学生的肺通气功能。肺活量可以反映肺的容积和肺的扩张能力,是评价人体呼吸系统机能的一个重要指标,常用于评价人体生长发育水平和体质状况。

2. 场地器材

电子肺活量计(仪)。

3. 测试方法

要求房间通风良好,使用干燥的一次性吹嘴(非一次性吹嘴,则每换测试对象需将吹嘴取下进行消毒)。肺活量计(仪)主机放置于平稳桌面上,检查电源线及接口是否牢固,按工作键液晶屏显示"0"即表示机器进入工作状态,预热5分钟后测试为佳。

首先,告知受试者不必紧张,以中等速度和力度尽全力吹气效果最好。受试者手持吹嘴,面对肺活量计(仪)站立试吹1至2次,查看仪表有无反应,检查吹嘴或鼻处是否漏气,调整吹嘴;学会深吸气(避免耸肩提气,应该像闻花式的慢吸气)。测试时,受试者进行一两次较平日深一些的呼吸动作后,更深地吸一口气,屏住气向吹嘴处慢慢呼出至不能再呼为止,防止此时从吹嘴处吸气,测试中不得中途两次吸气。吹气完毕后,液晶屏上最终显示的数字即为肺活量毫升值。每位受试者测3次,每次间隔15秒,记录3次数值,选取最大值作为测试结果。以毫升为单位,不保留小数。

4. 注意事项

(1)电子肺活量计(仪)的计量部位的通畅和干燥是仪器准确的关键,吹气筒的导管必须在上方,以免口水或杂物堵住气道。

(2)每测试10人及测试完毕后用干棉球及时清理和擦干气筒内部。严禁用水、酒精等液体冲洗气筒内部。

(3)导气管存放时不能弯折。

(4)定期校对仪器。

三、50米跑

1. 测试目的

测试学生速度、灵敏素质及神经系统灵活性的发展水平。

2. 场地器材

50 米直线跑道若干条,地面平坦,地质不限,跑道线要清楚。发令旗一面,口哨一个,秒表若干块(一道一表)。秒表使用前,应用标准秒表校正,每分钟误差不得超过 0.2 秒。标准秒表选定,以北京时间为准,每小时误差不超过0.3 秒。

3. 测试方法

受试者至少两人一组测试。站立起跑,受试者听到"跑"的口令后开始起跑。发令员在发出口令同时要摆动发令旗。计时员视旗动开表计时,受试者躯干部到达终点线的垂直面停表。以秒为单位记录测试成绩,精确到小数点后一位,小数点后第二位数按非零进 1 原则进位,如 10.11 秒记为 10.2 秒。

4. 注意事项

(1)受试者测试最好穿运动鞋或平底布鞋,赤足亦可,不得穿钉鞋、皮鞋、塑料凉鞋。

(2)发现有抢跑者,要当即召回重跑。

(3)如遇风时一律顺风跑。

四、立定跳远

1. 测试目的

测试学生下肢爆发力及身体协调能力的发展水平。

2. 场地器材

沙坑、丈量尺。沙面应与地面平齐,如无沙坑,可在土质松软的平地上进行。起跳线至沙坑近端不得少于 30 厘米。起跳地面要平坦,不得有坑洼。

3. 测试方法

受试者两脚自然分开站立,站在起跳线后,脚尖不得踩线(最好用线绳做起跳线)。两脚原地同时起跳,不得有垫步或连跳动作。丈量起跳线后缘至最近着地点后垂直距离。每人试跳 3 次,记录其中成绩最好的 1 次。以米为单位,保留两位小数。

4. 注意事项

(1)发现犯规时,此次成绩无效。3 次试跳均无成绩者,应允许再跳,直至取得成绩为止。

(2)可以赤足,但不得穿钉鞋、皮鞋、塑料凉鞋参加测试。

五、坐位体前屈

1.测试目的

测量学生在静止状态下的躯干、腰、髋等关节可能达到的活动幅度,主要反映这些部位的关节、韧带和肌肉的伸展性、弹性及学生身体柔韧素质的发展水平。

2.场地器材

坐位体前屈测试计。

3.测试方法

受试者两腿伸直,两脚平蹬测试纵板坐在平地上,两脚分开约10~15厘米,上体前屈,两臂向前伸直,用两手中指尖逐渐向前推动游标,直到不能前推为止。测试计的脚蹬纵板内沿平面为0点,向内为负值,向前为正值。记录以厘米为单位,保留一位小数。测试两次,取最好成绩。

4.注意事项

(1)身体前屈,两臂向前推游标时两腿不能弯曲。
(2)受试者应匀速向前推动游标,不得突然发力。

六、800 米或 1000 米跑

1.测试目的

测试学生耐力素质的发展水平,特别是心血管、呼吸系统的机能及肌肉耐力。

2.场地器材

400 米、300 米、200 米田径场跑道,也可使用其他不规则场地,但必须丈量准确,地面平坦。秒表若干块,使用前需要校正,要求同 50 米跑测试。

3.测试方法

受试者至少两人一组进行测试,站立式起跑。当听到"跑"的口令后开始起跑。计时员看到旗动开表计时,当受试者的躯干部到达终点线垂直面时停表。以分、秒为单位记录测试成绩。

4.注意事项

(1)如果在非 800 米或 1000 米标准场地上进行测试,测试人员应向受试者报告剩余圈数,以免跑错距离。

（2）测试人员应告知受试者在跑完后应保持站立并缓慢走动，不要立刻坐下，以免发生意外。

（3）受试者不得穿皮鞋、塑料凉鞋、钉鞋参加测试。

（4）对分、秒进行换算时要细心，防止出现差错。

七、引体向上

1. 测试目的

测试学生（男生）的上肢肌肉力量和耐力的发展水平。

2. 场地器材

高单杠或高横杠，杠粗以手能握住为准。

3. 测试方法

受试者跳起双手正握杠，两手与肩同宽成直臂悬垂。静止后，两臂同时用力引体（身体不能有附加动作），上拉到下颌超过横杠上缘为完成 1 次，记录引体次数。

4. 注意事项

（1）受试者应双手正握单杠，待身体静止后开始测试。

（2）引体向上时，身体不得做大的摆动，也不得借助其他附加动作撑起。

（3）两次引体向上的间隔时间超过 10 秒终止测试。

八、仰卧起坐

1. 测试目的

测试学生（女生）的腹肌耐力。

2. 场地器材

垫子若干块（或代用品），铺放平坦。

3. 测试方法

受试者仰卧于垫上，两腿稍分开，屈膝成 90 度角左右，两手指交叉贴于脑后。同伴压住其踝关节，以固定下肢。受试者坐起时两肘触及或超过双膝为完成 1 次。仰卧时两肩胛必须触垫。测试人员发出"开始"口令的同时开表计时，记录 1 分钟内完成次数。1 分钟到时，受试者虽已坐起但肘关节未达到双膝者不计该次数，次数精确到个位。

4.注意事项

（1）如发现受试者借用肘部撑垫或臀部起落的力量起坐时，该次不计数。

（2）测试过程中，观测人员应向受试者报数。

（3）受试者双脚必须放于垫子上。

第三节　测试的成绩评定

评定测试成绩，使用《国家学生体质健康标准（2014 年修订）》设置的评分表。本标准的学年总分由标准分与附加分之和构成，满分为 120 分。标准分由各单项指标得分与权重乘积之和组成，满分为 100 分。附加分根据实测成绩确定，即对成绩超过 100 分的加分指标进行加分，满分为 20 分。下面就有关事项分别予以说明。

先按年级、性别找到对应的评分表，使用该表查出相应指标所处的档次及其得分。如果想要进行总体评价，就需要对查出的分数进行下一步计算。

根据学生学年总分评定等级：90.0 分及以上为优秀，80.0～89.9 分为良好，60.0～79.9 分为及格，59.9 分及以下为不及格。

每个学生每学年评定一次，记入《〈国家学生体质健康标准〉登记卡》。特殊学制的学校，在填写登记卡时可以按规定和需求相应地增减栏目。学生毕业时的成绩和等级，按毕业当年学年总分的 50% 与其他学年总分平均得分的 50% 之和进行评定。

学生测试成绩评定达到良好及以上者，方可参加评优与评奖；成绩达到优秀者，方可获体育奖学分。测试成绩评定不及格者，在本学年度准予补测一次，补测仍不及格，则学年成绩评定为不及格。普通高等学校学生毕业时，《国家学生体质健康标准（2014 年修订）》测试的成绩达不到 50 分者按结业或肄业处理。

学生因病或残疾可向学校提交暂缓或免予执行《国家学生体质健康标准（2014 年修订）》的申请，经医疗单位证明，体育教学部门核准，可暂缓或免予执行《国家学生体质健康标准（2014 年修订）》，并填写《免予执行〈国家学生体质健康标准〉申请表》，存入学生档案。确实丧失运动能力、被免予执行《国家学生体质健康标准（2014 年修订）》的残疾学生，仍可参加评优与评奖，毕业时《国家学生体质健康标准（2014 年修订）》成绩需注明免测。测试涉及的相关标准和用表可扫本书封底二维码获取。

第十章　体育文化

学习提示

　　体育文化属于文化范畴,是人类发展过程中形成的有关体育物质文化、制度文化和精神文化的总和。本章主要介绍体育文化概述、中国传统体育文化和奥林匹克运动文化。

第一节　体育文化概述

一、体育文化的含义

　　文化是指人类所创造的物质财富与精神财富的总和及其创造过程。体育文化则是关于人类体育运动的物质、制度、精神文化的总和,大体包括体育认识、体育情感、体育价值、体育理想、体育道德、体育制度和体育的物质条件等。体育的技术方法属于体育认识的范畴,它是人类认识过程的一种特殊形式。各种运动形式(如奥林匹克运动项目)、各种竞赛规则、运动服装、运动场地、运动器材以及运动仪式、运动精神等,都属于体育文化。

　　一般来说,文化包括心理、行为、物质三个要素,它们处于不同层面。体育文化也不外乎三要素:体育文化的心理要素,也就是文化的精神和观念层面,有时称为精神文化;体育文化的行为要素,也就是文化的行为方式和制度规范层面,有时称为行为制度文化;体育文化的物质要素,也就是文化的物质实体层面,有时称为物质文化,包括凝结体育文化特质的各种物质产品。一般而言,物质文化是最外表的层面,行为制度文化次之,精神文化是核心。

二、体育文化的表现形式

从体育的活动主体、活动方式和活动目标来分析,体育文化依次可分为学校体育文化、竞技体育文化和社会体育文化。学校体育文化是以培养学生的体育意识、体育精神和体育技能为主要形式,以增进学生身心健康和提高学生的体育能力为主要目标的文化过程,它是文化教育的一部分。竞技体育文化是人类追求生命价值过程中不断挑战自身极限的一种文化过程。社会体育文化是以大众参与为主要特征,以健身、健美为主要目的的社会文化生活过程,它是社区文化最重要的内容之一。

从体育发展演进的历史过程来看,体育文化表现为古代体育文化、近代体育文化和现代体育文化三大类。古代体育文化的宗教性、民族性、地域性、自发性和工具性较强,而其商业性和自觉性较弱。近代体育文化以学校体育文化的崛起为主要特征,其宗教性基本消失,民族性、地域性弱化,商业性、工具性和自觉性都明显增强。现代体育文化具有鲜明的国际化、产业化和人性化特点,内容更加全面,形式日益丰富,影响不断扩大,它已是现代人生活的重要组成部分。

从体育的空间分布来看,体育文化可以从宏观上分为东方体育文化和西方体育文化两大类,还可以从微观上分为企业体育文化、社区体育文化、军营体育文化、校园体育文化和村镇体育文化等。区域性文化的交融与发展已成为现代人体育文化和生活的主旋律。

体育文化从内在品质上表现为体育观念、体育思想、体育理论、体育科学、体育精神、体育艺术、体育道德、体育法规和体育风尚等若干方面。体育观念是在体育实践活动中形成的一般的体育意识,它对人们的体育活动有一定的影响和制约。体育思想是体育观念的进一步升华,是指导人们从事体育活动的高级的体育意识,比体育观念更加全面、系统。体育理论是体育实践经验的科学总结,是理论化、系统化的体育观念和揭示体育本质和规律的体育思想,在这个意义上也有人把体育理论称为体育哲学。体育科学侧重于技术上研究体育现象之间内在的、本质的、必然的联系的科学。体育科学与体育理论的区别在于:前者是技术科学,后者是理论科学。体育精神是人们在长期的体育实践活动过程中形成的一种内涵厚重、指向明确、易于体验、认同率高的人类精神,是一种顽强拼搏、公平竞争、团队协作、超越自我的精神。

现代奥林匹克之父顾拜旦曾明确提出:"奥林匹克精神首先是一个文化概念。"这是关于体育精神的文化性质的重要论断。体育艺术是体育和艺术高度完美的结合,是人们在体育活动过程中有意无意创造并展现出来的独特的美。体育道德是体育活动过程中规范人与人之间关系的行为准则,通常表现为一种自觉的主体意识。体育法规则是保证体育活动有序进行的强制手段,正是由于这种内在自觉和外在约束的统一才使体育活动能够按照一定的程序和习惯顺利开展。体育风尚是由于学校体育的有意识教育和竞技体育的有效引导,而在大众体育中表现出来的人们从事体育活动的阶段性、区域性倾向和嗜好。

从体育活动所依附的文化载体上看,体育文化表现为体育场馆文化、体育用品文化和体育影视文化等。体育场馆文化是由体育建筑艺术、体育竞赛的氛围和现场媒体宣传(包括广告艺术)等内容构成的综合文化。体育场馆文化建设是体育文化硬件建设与软件开发的最佳结合点。体育用品文化主要包括体育器材文化、体育服饰文化、体育证照文化和体育纪念品文化,这是现代体育文化繁荣的一个十分重要的方面,也是体育文化产业化的最具前景的增长点。体育影视文化是现代影视文化非常重要的内容之一,它不仅是指那些以反映体育活动为主要内容的影视作品,还包括体育现场直播、现场采访和现场评论。体育影视文化的崛起为体育文化的发展开辟了新的空间。

第二节　中国传统体育文化

一、中国传统体育文化概述

中国传统体育文化是以天人合一为哲学基础,以保健性、表演性为基本模式,以礼让、宽厚、平和为价值取向的体育文化。中国传统体育文化根植于天人合一、阴阳、八卦、五行等理论之中。中国传统体育文化的整体观注重人体自身的统一性及与自然界的和谐,带有某种经验、直觉、模糊的性质,重节奏、韵律、神韵、内涵的和谐美,重朦胧、抽象的含蓄美。

中国传统体育文化讲求娱乐性、表演性和礼仪性,注重个人修养,以"健"与"寿"为目的,融进了以身心合一、动静结合的导引养生,而削弱了体育运动中的竞争性。中国传统体育文化通过身体锻炼来以外达内,由表及里,由身体有形的活动来促成无形精神的升华,实现理想人格的塑造。

随着市场经济的发展和对外开放政策的实施,中国的政治、经济和文化出现了勃兴。在新环境下,中国传统体育文化注入了新的血液。因此,西方竞技体育的竞争观念,自我价值的彰显也成为体育文化的追求。同时,西方一些专家、学者也开始致力于东方体育文化的研究,试图从其处世之道和养生方法中寻求精神的解脱。一些运动项目,如篮球、排球、足球、田径、体操、乒乓球等项目已在中国深入民心,得到了大众的喜爱;而中国传统体育项目,如武术、太极拳、秋千、龙舟竞渡等项目,也开始向西方传播,打破了西方体育一统天下的格局。中国传统养生思想为西方所接受,西方竞争观念为我们所认可。中国传统体育文化的生命观、健康观和与此相适应的保健体育,蕴含着有关人体科学的丰富内容,如注重身心统一、内外协调、动静结合等许多辩证思想,对指导当今的人类保健活动,仍具有重要的现实意义。

二、中国传统体育文化的内涵

从我国传统文化中孕育、培植和发展起来的传统体育文化,其指导思想、理论基础和练习实践都形成了自己独特的思想体系、理论体系和实践体系,无处不体现出中国传统文化的博大精深。中国传统体育文化之所以能绵延数千年,其根本原因在于其蕴含着深刻的东方哲学,揭示出人与自然相互依存的关系。中国传统体育文化主要表现在以下方面。

1. 天人合一,顺应自然

天人合一思想是传统哲学中一个极为重要的观点,这种思想深深地渗透到中国传统体育文化之中。传统的天人合一思想,强调了人和自然之间的统一性与合理性。老子说:"人法地,地法天,天法道,道法自然。"孟子提出"万物皆备于我""上下与天地同流"。董仲舒甚至把人的伦常和情感灌注于"天道",并将其拟人化:"天亦有喜怒之气,哀乐之心,与人相副。以类合之,天人一也。"这种天人感应、阴阳互补的理论不胜枚举。

我国传统体育科学理论直接来源于天人合一的哲学思想,同时阴阳理论在传统体育思想中根深蒂固。如汉代蹴鞠中的圆鞠与方墙,传统武术中的动静、虚实、刚柔、进退等的演化,无一不是在阴阳理论的指导下衍生而来的。传统的养生术更是以阴阳理论作为其核心的理论基础。至于主张阴阳相生相克的《太极图说》也是整个传统体育科学的理论依据。"无极而太极。太极动而生阳,动极而静,静而生阴,静极复动。一动一静,互为其根。"这一理论很好地解释了天体的演变和人体在自然力影响下的功能变化。最能代表中国传统文化的体育项目是太极拳。太极拳的全部运行机制,都是按一物两体、和谐稳定的模式来进行的。太极拳所呈现的动静、开合、形神、虚实、刚柔构成了一个互补系统。所以说,传统体育追求的不是人与自然的对立、挑战与对抗,而是强调二者的融合与顺遂,追求身体与精神在同一过程中得到颐养。

2. 礼仪为先,道德先行

礼是中国传统文化价值体系的核心范畴和文明进化的主旋律。孔子提出了一整套以礼为核心的学说,如"不学礼,无以立""非礼勿视,非礼勿听,非礼勿言,非礼勿动"等。

中国传统体育作为传统文化的重要组成部分,必然受礼文化的影响。如唐代盛行的"十五柱子戏",柱子上就分别标有"仁""义""礼""智""信""温""良"

"恭""俭""让"等红字和"慢""傲""佞""贪""滥"等黑字,木球击中红字者为胜,击中黑字者为败。这一小小的游戏就充分体现了体育活动中的道德规范和价值观念。"礼"和"让"一直伴随着中国传统体育文化的交往活动。如果上下级交手,下级的让即是"礼",上级若是技高一筹,也礼让三先。即便是在较为激烈的武术竞技中,也只能是点到为止。因此,在传统体育文化中难以看到激烈的对抗场面,通常只是在一定范围内技艺的切磋。

3.修身养性,愉悦身心

传统体育着重于修身养性,愉悦身心,而轻于定时定量的运动规程和模式以及对人体极限的冲击。内外兼修,形神兼备,注重武德是武术文化的第一宗旨。在武术运动的练习中无处不显示出自强进取、自我修养、人格完善的传统文化精神。岳飞、戚继光等一大批文武兼备的英雄,都得益于武术文化的熏陶。

愉悦身心、抒发情感是传统体育文化的追求之一,民间体育和女子体育尤甚。"将军自起舞长剑,壮士呼声动九垓。功成献凯见明主,丹青画像麒麟台。"以剑寄情,报效国家的雄心壮志和建功立业的决心彰显无遗。"香销宝鸭月如霜,欲罢樗蒲故拙行。倦倚局边伴数子,暗抬星眼掷儿郎。"一幅其乐融融的家庭体育娱乐的画面展现在眼前。"是处丽质盈盈,巧笑嬉嬉,争簇秋千架。"更是把宋代女子荡秋千勾画得活灵活现。

4.心静神凝,延年益寿

传统文化把心理平衡、延年益寿、生活情趣构成了一个互感的有机体。也就是说,如果一个人无欲无求,少思少虑,退避自守,在心理上也就能清净空灵,在生理上也就能长寿。"静"是传统体育文化中修身养性的第一要诀,"知止而后有定,定而后能静,静而后能安",静是体力上、精神上的放松,静则气和、志正体直。例如,武术中内功的修炼和气功中的行气,都要求排除杂念,全神贯注,意守丹田。此外还要做到视而不见,听而不闻;泰山崩于前而不动,猛虎啸于后而不惊。只有心静神凝,内气才能磅礴腾挪、上下鼓荡、奔流不息,以达到强身益智、祛病增寿的养生效果。

总之,中国传统体育文化,尤其是武术文化和养生文化,以其深层次的哲学思想、成熟的训练方法、完美的艺术形象和回归大自然的情趣为世人所瞩目。这两种文化虚实相宜,实用性与观赏性并举,浅表行为与深层哲理紧密衔接,为全人类的发展提供了极好的运动方式和思维轨迹,至今仍不失为人类体育文化中的精品,值得弘扬与发展。

第三节　奥林匹克运动文化

奥林匹克运动文化,包括奥林匹克运动的全部思想体系和活动内容,是奥林匹克运动在实践过程中所创造的物质财富与精神财富的总和。物质财富即物质文化,主要指奥林匹克运动对人体技能的改造、发展以及所采用的各类场馆、器材等设施和由此产生的文化形态。精神财富即精神文化,主要指奥林匹克运动对人的内心世界、社会行为的影响以及与之相关的各项文化艺术活动。古代及现代奥林匹克运动都蕴藏着丰富的物质文化与精神文化。

一、奥林匹克运动文化概述

奥林匹克运动历经 2000 多年的风风雨雨已发展成为迄今为止人类历史上最重大的社会文化现象。回顾奥林匹克运动产生与发展的历程,我们不能不追溯它最早的源头——古代奥林匹克运动会,它那追求和平、友谊和神圣休战,坚持公平竞争的体育原则,组织比赛的竞教模式,对世界体育及现代奥林匹克运动的发展产生了深刻的影响。古希腊被称为欧洲文明的发源地,也是古代奥林匹克运动会的发祥地。

古希腊是一个城邦割据的国家,各城邦之间争夺吞并,在长期的斗争中,人们厌倦了这种互相厮杀的局面,希望能有一个至高无上的君主来造就一个和平统一的希腊,并寄托于神的力量,于是产生了全希腊崇奉的万神之首——宙斯。体育竞技成为祭奉宙斯的活动之一。古代奥运会是希腊人献给宙斯祭礼的赛会,他们认为只有同维持天地间秩序的神建立起和善的关系才有利于生存,使神灵降福于人类的方式就是在神面前展示人的力量、速度、协调、健美,从而形成了祭礼竞技。

公元前 776 年,宗教和体育竞技合为一体,人们组织了大规模的体育祭礼活动,并决定每四年在奥林匹亚举行一次,到公元 394 年历时 1100 余年。由于奥林匹克运动会期间实行神圣休战,所以奥林匹克运动会没有间断地举行了 293 届,创造了人类文明史上的奇迹。古代奥林匹克运动会体现的公平竞争、拼搏精神以及竞技优胜者高强的技艺、高尚的道德、健美的体魄、举止优雅的身心、和谐发展的思想都对现代奥林匹克运动产生了积极的影响。

现代奥林匹克运动的产生是在一个广阔的时代背景下长期孕育的结果。14~18 世纪,欧洲大陆出现了三次大的思想文化运动,为奥林匹克运动的兴起奠定了思想基础。资本主义工业化生产和资产阶级教育方式为奥林匹克运动的兴起提供了土壤。资产阶级教育家把体育作为培养人才的重要手段加以大力提倡,不仅恢复了古希腊的体育制度,还进一步制定了锻炼身体的各种措施,使体育成为培养全面发展人才不可缺少的教育活动。另外,随着对古代奥运会遗址的发掘,人们也进一步认识到古希腊的体育精神和价值。

法国教育家顾拜旦是公认的现代奥林匹克运动的创始人,他为现代奥林匹克运动的诞生和发展作出了卓越的贡献。在他的不懈努力下,1894 年 6 月 16 日~24 日,国际体育运动代表大会在巴黎索邦神学院举行。这次大会唤起了与会者对古代奥运会的神往,与会代表一致同意顾拜旦的主张,决定复兴奥林匹克运动会,并通过了复兴奥运会的决议。1896 年 4 月 6 日—15 日,首届现代奥林匹克运动会如期在雅典举行。发展至今,实际举办了 29 届(因两次世界大战停办 3 届),至 2004 年雅典奥运会,参加的国家和地区达到 201 个,参加比赛的运动员有 11099 人。现代奥林匹克运动的影响力远远超出了体育范畴,在当代世界的政治、经济、文化等诸方面,产生了一系列不容忽视的影响。奥林匹克运动不仅构成了现代社会所特有的体育文化景观,还以其特有的文化魅力愉悦人们的身心,更以其强烈的人文精神催人奋进,它已成为人类社会友谊、团结的象征,为维护世界和平和人类社会的进步作出巨大贡献。

二、奥林匹克运动文化的表现形式

奥林匹克运动是在奥林匹克主义指导下,以体育运动和四年一度的奥林匹克庆典为主要活动内容,促进人的生理、心理和社会公德全面发展,沟通各国人民之间的相互了解,在全世界普及奥林匹克主义,维护世界和平的国际社会活动。奥林匹克运动包括以奥林匹克主义为核心的思想体系,以国际奥委会、国际单项体育联合会、各国奥委会为骨干的组织体系和以奥运会为周期的活动体系。奥林匹克运动是以体育为载体的社会文化现象,其文化表现形式有以下几个方面。

(一)以奥林匹克主义为核心的思想文化内涵

奥林匹克运动之所以长盛不衰,其主要原因就是它在发展过程中逐渐形成了以奥林匹克主义为核心的思想体系,为奥林匹克运动注入了灵魂,使奥林匹克运动有了坚实的思想基础和明确的指导方针。奥林匹克文化和文化内涵集中表现为以奥林匹克主义为核心的思想体系,这一体系主要由奥林匹克主义、奥林匹克宗旨、奥林匹克精神、奥林匹克格言、奥林匹克名言所组成。

奥林匹克主义是将身心和精神方面的品质均衡地结合起来,并使之得到提高的一种人生哲学,它将体育运动与文化和教育融为一体。奥林匹克主义的中心思想是人的和谐发展,它将体育运动作为人和谐发展的途径,并与教育和文化紧密结合,具有极强的教育价值和文化价值。

奥林匹克宗旨是通过没有任何歧视的奥林匹克精神来教育青年,从而为建立一个和平与美好的世界作出贡献。奥林匹克运动力图通过体育运动增进各国人民之间的相互了解,达到减少战争,促进和平的目的。奥林匹克精神就是相互了解、友谊、团结和公平竞争的精神,着重强调对文化差异的容忍和理解。四年一届的奥运会将世界的体育文化集中在一个窄小的空间和时间范围内,建立和谐的文化氛围,使人们摆脱各自文化带来的种种偏见。在不同文化的展现中,看到的不是各种文化的差异和排斥,而是人类文化百花齐放、千姿百态的壮丽图景,从而使奥林匹克运动所提倡的国际交流真正得以实现。竞技运动的公平与公正同样是奥林匹克精神的主旨之一,只有在公平的基础上竞争才有意义。

"更快,更高,更强"是奥林匹克运动的格言,具有丰富的文化内涵,它充分表达了奥林匹克运动不断进取、永不满足的奋斗精神和不畏艰险、勇攀高峰的拼搏精神。在比赛场上,运动员面对强手发扬勇往直前的大无畏精神,敢于斗争,敢于胜利。对自己则是永不满足,不断战胜自己,超越自己,实现新的目标。对自然要敢于征服,挣脱自然的束缚,从而取得更大的自由。

"参与比取胜更重要"是奥林匹克运动广为流传的名言。参与的可贵之处在于参与者有着高尚的品质、真诚的态度、奉献的精神和对理想的追求,其意义远远超出了名次和奖牌。在参与中,运动员们才能不断地超越自己和超越他人,才能在"更快,更高,更强"之中寻找自我,实现自我。参与意识是各国大多数运动员参加奥林匹克运动的精神支柱,正是有了参与精神,奥林匹克运动才能发展到今天这样的规模,其意义才能大大超出体育的范围。

(二)独特与鲜明的象征性标志

奥林匹克运动是表示人类社会团结、进步、友谊的一个伟大的象征,具有崇高目标和丰富内涵的奥林匹克运动的思想体系,皆物化成一系列独特而鲜明的象征性标志,如奥林匹克标志、奥林匹克会旗、奥林匹克圣火、奥林匹克会歌、奥林匹克奖牌、奥林匹克吉祥物等。这些标志有着丰富的文化含义,形象化地体现了奥林匹克思想的价值和文化内涵,用一些简练的艺术形象、符号表达了奥林匹克思想的基本点,将抽象的概念变为可见的、可听的、可触的物质文化,反映了人们对奥林匹克运动认识的深化。例如,奥林匹克标志——五环,其颜色为蓝、黄、黑、绿、红,象征五大洲,其中蓝色代表欧洲,黄色标志着亚洲,黑色意指非洲,绿色喻作澳洲,红色象征美洲。奥林匹克的会旗五环相连代表着全世界的运动员在奥林匹克运动会上欢聚一堂,而且强调所有参赛运动员应以公正、坦诚的运动员精神在比赛场上相见,充分体现了奥林匹克主义的"所有国家、所有民族"的"奥林匹克大家庭"主题。奥林匹克圣火象征着光明、团结和友谊,象征着和平和正义。

(三)奥林匹克仪式

奥林匹克仪式是奥林匹克文化中最具特色和魅力的组成部分,吸引着全世界几十亿人的目光。它体现了人类渴望和平,追求创造美好和平世界的崇高理想。

例如,第 27 届悉尼奥运会开幕式,澳大利亚女子 400 米世界冠军弗雷曼站在水中,点燃奥运主火炬的一刹那,象征着第 27 届奥运会开幕式的和平主题也随着熊熊的火焰喷射出来。当火炬台沿着奥林匹克体育场的水道逆流而上时,和平的主题也得到了升华。自古水火不能相容,而从希腊奥林匹亚山传来的圣火,却与水交融在一起。水火都能交融在一起,还有什么不能通过和平的方式解决的呢? 当韩国和朝鲜运动员在半岛旗下共同走进体育场时,全场震动了,突然间,在悉尼主体育场的 11 万观众爆发出雷鸣般的掌声。国际奥委会前主席萨马兰奇在主席台上站起来,给这两个相互隔绝了半个世纪、如今走到一起的代表团鼓掌,在场的无数人激动得流下了热泪,有人感动不已地说:"这是和平的力量。"当运动员全部进入会场之后,一条巨幅白绢从主席台正对的看台上飘然而下,渐渐覆盖数万运动员,一束灯光洒落在白绢之上,映出一个清晰的口衔橄榄枝的和平鸽的图案。这些运动员来自世界各国和地区,几乎遍布了全球每个角落,和平鸽"飞"在他们头上,降落在他们的头顶。在奥运圣火中,一切战争将失去理由,在悉尼的奥运圣火里写满了和平的祝福。

顾拜旦为实现把现代奥运会办成一个神圣的体育祭坛,一个与多种形式合为一体的盛大文化节日的目标,他强调现代奥运会要体现出美和尊严。在这种思想指导下,奥运会逐渐形成了一整套特有的恢宏、庄严、华彩而凝重的传统仪式,如作为奥运会前奏的圣火传递,放飞和平鸽,运动员和裁判员的庄严宣誓,严肃而热烈的授奖仪式,欢快而充满激情的闭幕式。这些仪式的作用在于为这一盛会创造一种崇高而神圣的意境,以此来净化人们的心灵,体现人类美好的向往。

(四)奥运会展示的人体美与拼搏精神

奥运会是奥林匹克运动的主旋律,它是世界各国体育竞技的一次最高检阅,是世界各国人民和平、团结、进步和奋发向上精神的象征,也是盛大的文化庆典。顾拜旦认为:体育运动必须创造美,并为美提供机会,它创造美是因为它创造了活生生的雕塑——运动员,通过建筑、场景和庆典带来美。奥运会向世人展示第一流的人体美,我们可以看到篮球运动员高大修长的身材,游泳运动员丰满匀称的体态,田径运动员健壮发达的身体,举重运动员隆起的肌肉,体操运动员小巧玲珑的身影……加之各国精心设计的运动服饰,更显示出无穷的魅力。

奥运比赛展示的竞技美,如篮球出神入化的技战术配合,精巧细腻令人叹为观止的艺术足球,田径场上百米决赛刮起的"黑色旋风",艺术体操如诗如画的韵律美,举重运动员"力拔山兮气盖世"的力量美,等等,同样显示着奥运竞技文化的内涵。运动员精湛的技术,拼搏进取的精神,最大限度地挖掘自身潜力,向自身体能生命的极限挑战,创造一种在努力中求得欢乐幸福、身心愉悦的形象,体现出更快、更高、更强、奋发向上的精神。人们在观赏奥运会竞技比赛,参与奥林匹克运动的过程中受到美的熏陶。

（五）内涵丰富的艺术节

奥林匹克运动力图从不同的角度和不同的层次，去挖掘、展示人类社会中一切美好的东西，以促进人的健美的身体与健全的精神和谐发展。《奥林匹克宪章》规定奥林匹克委员会（简称奥委会）必须制订文化活动计划，须至少贯穿在奥运村开放期间，这种文化展示活动就是奥林匹克艺术节。它向人们展示一个五彩缤纷的艺术天地，这里有气势磅礴的奥林匹克建筑，形象生动的绘画、雕塑等视觉艺术，有优美的声乐、器乐等听觉艺术，有文学、诗歌等想象艺术，有戏剧歌舞等综合艺术。充分展示举办国和世界各种文化特色的文化活动，使音乐、舞蹈、文学、绘画、雕刻、摄影、戏剧、建筑艺术、体育集邮等各种文化形式争奇斗艳，各类艺术珍品交相辉映。奥林匹克运动综合地反映了人类文明，并推动着人类文明的进步。

（六）留存世界级的体育遗产

依据国际奥委会给出的定义，奥运遗产是实现奥运会愿景的结果，包含所有通过举办奥运会，为公众、城市和区域发展以及奥林匹克运动创造的或加速带来的有形和无形的长期收益。北京冬奥会发布的"冬奥遗产"，体现了奥运遗产的精髓，显示了世界遗产运动在可持续发展进程中的影响力和应用程度。奥运历史、奥林匹克精神，一定会在人类历史上留下重要足迹。多年以后，当生活中已经远离了高耗能、非环保、不清洁、难以持续的生活方式，人们一定会开始寻迹这些新生活的起点和重要节点。在2022年冬奥会、冬残奥会举办之前，还从未有以可持续发展为目标进行的奥运实践。北京冬奥会留下的系统、过程和细节以及体现在文化内涵和社会影响等领域的价值，都有着重要的示范意义。2022年2月20日晚，在北京冬奥会闭幕式上，意大利的米兰和科尔蒂纳丹佩佐接棒北京。奥林匹克精神、可持续的奥运理念和冬奥遗产，也从北京传递下去。意大利奥委会秘书长兼意大利冬奥代表团团长卡洛·莫纳蒂说，中国提出的"绿色、共享、开放、廉洁"办奥理念使得奥运会走向一个与过去完全不同的维度，即可持续性——不仅是经济上的可持续，更是生态上的可持续。奥林匹克运动倡导的可持续性实践，体现了在联合国《2030年可持续发展议程》统筹下的全球一致。从世界遗产的角度来审视2022、2024、2026以及未来更多的奥运盛会，可持续发展理念将是不变的主题，会在不断创新中延续和递进。每一届盛会都会留下新的奥运遗产并最终汇聚成为世界遗产的重要内容。

第十一章　体育运动欣赏

学习提示

高尚的体育审美趣味意味着有能力从欣赏运动项目中得到享受,意味着能理解和欣赏美好、健康的运动。本章旨在通过对体育运动审美体验的理论介绍,帮助大学生提高对体育运动的欣赏能力。

第一节　体育运动的欣赏价值

一、体育运动之美

体育运动中美的内容丰富多彩、表现各异,这里就体育美的价值形态(崇高和优美)进行分析。

(一)体育运动之崇高

1. 内容的对抗性

体育运动是以现实与实践、真与善的对抗与冲突的方式,强烈地显现人类善的意志,突出了人类追求自身极限的超越。这种对抗性的内容具有理性和道德的力量。

2. 形式上的不和谐性

体育运动作为一种动态过程,表现了真善之间的矛盾、对抗及其力量对比的转换,因而必然带来形式的不和谐。特别在竞技体育中,人的力量与技能都是以一种超越常规的方式呈现,如超常的臂力和负重力、超常的奔跑速度、超常的运动技巧能力令人惊赞、敬慕;另外,通过运动,人体在形态、气质、风度上也会发生变化,长期的艰苦训练可以使人意志坚强。特殊的运动需要,又使人体沿着不同的形态发展,显示了内容与形式的不和谐。

3. 美感的复合性

在体育欣赏中,对抗愈激烈,体育对象的崇高性越突出,越能使人们产生崇高的审美感受,它经常伴随着呼吸紧促、血压升高、肢体末梢冰凉甚至痉挛等生理反应和畏惧、紧张、不安的心理反应。在动态的审美欣赏中,观众同运动员共同克服阻碍,从而在某种潜意识的状态下,使主体自身的理性和伦理力量被激活,成为一种持续的审美感受,从而达到对主体心灵的建构和塑造的目的。

4. 主体的象征性

由于崇高体现了人类主体的一种自我超越、自我确证的本质力量,因而最终的审美效应导向伦理领域,显示了人类的普遍理性,使其有限的感性力量和感性形式表现出人类主体实践的无限目的。主体实践的历史具体性和丰富多样性,使崇高的感性力量和感性形式具有强烈的象征意义。体育美的价值在崇高,在人类对自身极限的超越本身,是人的本质力量对象化的特殊方式。

5. 尺度的层次性

崇高既然是动态的,那么作为一种价值也就具有不同层次,它主要依据各种体育运动在实践过程中历史性的变化,显示出不同的美感效应。从本质上说,崇高的多层次性是由主体对自身极限超越的程度所决定的,崇高经由壮美最后走向优美(形式美),反映了体育运动渐进性地不断征服与超越的现实所在。

(二)体育运动之优美

优美是指美的另一种价值形态。优美就是自由形式相对和谐、平静的状态。优美显示了主体实践与客观现实的和谐统一,如美、秀美、典雅、华丽、俊俏、阴柔之美等。体育运动中优美的欣赏主要表现为三个方面。

1. 内容的和谐性

体育运动中优美的内容具有和谐的外部特征,通过动态的韵律和静态的造型形式美来表现真与善的和谐统一。它是主体实践在体育运动中与客观现实的交融统一,是过程的崇高融汇在成果的优美之中,也是和谐的动作和优美造型表现体育运动中主体实践的胜利。

2. 美感的单纯性

在优美的对象中,美的本质直观呈现,美的内容就是美的形式,美的形式就是美的内容。运动形式直接诉诸人的感官,引起人们的审美愉悦,不像崇高的对象要经过巨大的紧张、恐惧之后才升华出渗透着理性精神的审美感情。优美感就是一种明快、充满喜爱、快乐、轻松、平和的自由感,是一种单纯的、赏心悦目的审美感受。

3.尺度的示范性

美的本质标志着人对世界的改造。优美直接显示美的本质,以成果的形式标志了实践所获得的自由的尺度。体育运动优美的形式,就是积淀了尺度上的形式,体现着体育美的形式规律。因此,它具有一种标准示范的意义,通过审美产生出某种社会示范效应,推动体育运动的健康发展和人们审美心理的建构,这或许就是体育运动的魅力所在。人们时常怀疑,以付出巨大精神的体力为代价的竞技运动,究竟以何种方式增进公众的健康和体质的完善。我们认为,这种方式就是审美(审美是潜移默化的教育)。体育运动优美的形式获得了社会示范力量,从而引起人们追求身心和谐发展的强烈欲望,引导体育事业的发展和社会进步。

二、体育运动的欣赏价值

(一)运动美是体育运动过程中所呈现的动态美

当运动员对规律能完全熟练、自由地把握,并表现到运动的形式上来,崇高便以壮美为中介转向优美,从而标志着人类对现实世界征服的胜利。身体美是一种静态的美,作为过程的结果,其典型的价值形态是优美。它以合乎形式美的基本法则为特色,同时确立体育运动的基本目的和追求目标。比例、对称、整一、平衡、灵巧、柔和、曲线、韵律、节奏等,都成为身体美的基本外显形式和审美性质。但是,体育运动所形成的身体美作为运动的成果和形式,仍然积淀了运动过程属性,有时它以体积和数量的巨大显示人的力量、体能,从而造成形式上的不平衡,表现出尺度对形式的压倒趋势,经由壮美走向崇高。

(二)运动美显示了体育美的根本价值和特征

运动美反映了体育运动的更高本质和目的,具有更为深刻的美学价值,成为唤起人们激情的对象,激发人们弃恶扬善,催人奋进。而身体美和运动美,作为成果和形式则显示了主体实践的自由,成为体育美的本质的直接显现和一种美的尺度及里程碑,可以唤起人们由衷的喜悦之情,肯定人类主体实践的正面价值,从而丰富人们的精神世界,陶冶人的情操,在对体育运动的欣赏、追求中达到对主体心灵的美的建构。

第二节　田径运动欣赏

一、田径运动的自然美

田径运动是由走、跑、跳、投掷与全能所组成的运动项目,最早它与人类的基本生存与生活活动密切相关。随着社会生产力的提高,人类在基本满足生存需要的基础上产生了享受需要,田径逐渐从劳动中分离出来,成为独立的社会活动,迈进了竞技场。随着运动技术的不断提高,人们对其不断进行总结提炼,组合成了具有自然美感的自然动作。如赛跑所需要的速度,跳高、跳远所需要的爆发力、节奏,投掷所需要的力量、技巧与准确度,马拉松所需要的耐力等,都可以在制造和使用工具的原始劳动中找到它们的影子。当人类使用天然工具去打击猎物,挖掘草根、树根的时候,很自然就开始注意到自身对客观世界的适应能力,否则便会被淘汰。正如手臂有力量,便可以投得远、准确、快速,有利于打猎;腿部有力量,跑得快,便可以追捕猎物或迅速躲避野兽。

二、田径运动的力量美

一方面,田径运动本身就存在力量的对抗,可以通过人体在运动过程中的各种姿态表现出来。经常参加田径运动的人,肌肉发达、体型健壮、姿态端正、动作矫健,给人以雄壮、勇猛、活泼、强健的感觉,表现出生命力之美。古代人就崇尚这种力量的美,如古希腊的雕像《掷铁饼者》。另一方面,田径运动是主体力量与智慧的结晶。投掷的最后用力和跳远的起跳用力,都是在中枢神经系统支配下,大脑皮层兴奋,内抑制加深的结果,从而获得最佳力量,这是经多年刻苦训练获得潜在意识的力量能源,也是田径运动力量美的根源。由此可见,田径运动给人外在美的同时,锻炼了人的内在美,还升华为美的化身供人们欣赏。

三、田径运动的速度美

田径运动的速度反映了人体快速运动的能力,是对运动审美评价的标准之一。为了达到更快的速度,人们采用科学、协调、优美、富于节奏的姿势。运动员起跑姿势虽不尽相同,但都呈现优美的姿态,待鸣枪后,运动员如离弦之箭,途中你追我赶,观众情绪此起彼伏。运动员坚定有力的步伐和节奏展现出运动员的矫健。当运动员竭尽全力冲刺时,观众享受速度美带来的快乐。与此同时,速度美唤起人们对运动员在训练时克服皮肉之苦,战胜自我,超越自我的敬意,并对运动员锲而不舍的精神的赞叹。它激发人们昂扬、奋进、进取、追求和激烈的情感体验。

四、田径运动的时空美

田径运动是以时间和空间的形式来显示个体特征的基础性的体育项目,具有显著的时空美的特征,径赛表现为时间的形式、田赛表现空间的形式。研究表明,赛跑运动员的时间知觉的精度很高,能以 0.3 秒的差数来判断跑 400 米所经过的时间。经常参加田径运动的学生,其智力活动的主动性、灵活性以及各种积极的认知、记忆、思维、品质与想象力都将得到训练和提高。跳跃项目的时空美,表现为在尽可能快和尽可能短的时间内完成最复杂的特定动作,以达到高与远的目的,其中包括最大强度内的完成动作,是一种创造美与意志美的和谐统一。另外,运动员在运动竞技场上的每一次跳跃是对自身体能的一次最大潜力的挖掘。投掷运动项目的时空表现更具特色,投掷器械在空中飞翔划出一道道漂亮的抛物线,赋予人们心旷神怡的遐想,让人们享受时空美。

五、田径运动的意志品质美

田径运动的意志品质美不仅是技术、体力和智慧的角逐,而且是精神、意志、思想和作风的较量。运动员为国争光的顽强拼搏精神和胜不骄、败不馁,机智勇敢的优良品质,是时代精神美、社会理想美以及性格情操美的集中表现。顾拜旦在《体育颂》中热情地颂扬道:啊,体育,你就是勇气! 肌肉用力的全部含义是敢于搏击。竞争双方凭借的只是自然赋予的血肉之躯的强健与灵巧,靠自己的智慧和体能去拼搏。田径竞技场上运动员的对抗、输赢无常,只有体育精神才是永恒的。因而,竞技不仅是双方体能的对抗,也是双方道德品质和修养程度的较量。田径运动的价值内涵,在于把握体育运动的"弦外之音",看到运动员"虽知落后却咬牙跑到终点"克服身体上的不适时而展现出的战胜自我、超越自我内心之苦的高尚人格。

第三节 体操运动欣赏

一、运动员决胜的核心——难

"难"是指体操运动员要通过超常技能才能完成单动作或动作的连接,表现在动作的复杂性和惊险性。运动员要从难中表现出美,必须熟练、轻松、高质量地驾驭动作。要体现这一难中的美,需经千锤百炼,才能熟能生巧,自如地控制动作,轻松优美地表现它。"难"是运动员决胜的核心要素,因为具有一定数量的难度动作,其全套动作的价值将明显提高,并成为战胜对手的法宝。如"体操王子"李宁,在世界体操大赛中夺取世界冠军的一套动作就有若干的难度。

二、生命力的表现——新

"新"是动作、技术、编排和连接的独特与罕见,这是体操运动生命力的表现。在重大比赛中创新是"克敌制胜"的有力武器。一套动作的价值如何,很大程度上取决于这套动作中的高难动作是否新颖,若缺乏创新,竞技体操将失去生命力。如李宁在吊环上的"十字支撑"、鞍马上的"托马斯全旋";楼云在跳马上的"手翻直体前空翻转体540度""前手翻转体180度""直体后空翻"等动作都把健、力、美融为一体,使人耳目一新、惊心动魄、心旷神怡。

三、质量的保证——美

"美"是体操运动高标准的技术规范和动作表现力以及艺术感染力的总体体现。美是体操的灵魂,它贯穿于每个动作与整套动作中,并在动作与完成过程中,展现了动态美,显示出其特有的艺术魅力。动态美的风韵,能给人以无尽的审美享受。如自由体操的高、快、准、稳的跳转,给人们以不同寻常的力量和高、飘、稳的艺术享受,加上优美的身段,华丽的服装,和谐而有强烈节奏感的音乐,汇成一幅诗一般的画面,这体现了美的表现力和感染力。

四、动作成败的关键——稳

"稳"是指成套动作和落地具有高度稳定性,也就是说,准确、熟练、从容、镇定、稳健、适度则为稳。运动员在成套动作中不仅要表现出动作的舒展,而且要做到十拿九稳,不管动作多难,落地时都能如同钉子钉在地上一样,表现出动静结合的美。如竞技体操的落地是否站稳,自由体操的跳转落地时重心位置和力度是否准确适度。因此,稳往往成为判断最后胜负的决定因素,同时让人们获得美感享受。

第四节　体育舞蹈欣赏

一、体育舞蹈的风格美

每一舞种要立足于世,广为流传,有赖于舞种风格的鲜明、独特,也正是每一舞种特有的风采、情调和韵味构成了体育舞蹈的丰富、动人的风格之美,使每一舞种都具有感人的艺术生命力。如华尔兹舞的抒情,独步舞的典雅,探戈舞的豪放,快步舞的热情洋溢,伦巴舞的柔媚抒情,恰恰舞有诙谐而花哨的风格,斗牛舞则表达了斗牛场上的激奋情绪,令人亢奋。可见,不同的舞蹈表现出不同的风格美。

二、体育舞蹈的素质美

参加体育舞蹈比赛的男女选手,形态优美、线条匀称,并有一定的肌肉柔韧度、灵敏的反应能力和超强的耐久力。此外,运动员在比赛中表现出来的文化修养、礼仪风度、艺术造诣等对比赛评分都至关重要,这些都充分体现了体育舞蹈选手的素质美的重要性。

三、体育舞蹈的造型美

体育舞蹈有着内在美,通过其外在美的结构体现出来。每种舞蹈都有各式各样的造型动作,而这些造型动作都是通过美学专家精心提炼出来的,表现出很强的美感。正是这些优美的动作,令人神驰向往、赞不绝口,使人得到美的享受。

四、体育舞蹈的健康美

体育舞蹈除了能使人的身体柔软、轻盈和灵活以外,还能在较大程度上增强人的体力。体育舞蹈的动作饱满、旋律优美,那些转身、跳跃和下腰,不仅让观众心情愉悦,而且对表演者本身的健康也是有益的。

五、体育舞蹈的服饰美

现代舞中男士的燕尾服结构严谨、线条流畅、造型优美,采用合身型设计,肩部宽而平,腰部微向内收,后摆较长,穿着贴身合体,不仅显示出男性修长挺拔的体形曲线,而且让人感到一种精神上的自信和行动上的潇洒。女士所穿礼服则采用紧身型设计,强调露出颈、肩、臂、背,并收腰及加大下摆的长裙,更能完美地体现女性形态的妩媚,曲线的优美。而拉丁舞中的男士服装则采用"上紧下松"的搭配形式,紧身宽袖上装配以收臀式灯笼裤,更显示出魁伟强悍、健壮有力的阳刚之美。女士服装又多以简洁、明快的不对称线条来展示阴柔之美。这种露肩露腿的短裙既紧又短,不仅能显示苗条修长的身材,而且能露出健美的腿部曲线,于半遮半掩中呈现出朦胧之美。

六、体育舞蹈的竞赛美

体育舞蹈是在不断竞争中发展的。体育舞蹈比赛最早在英国兴起,1959年开始完全按照国际体育委员会制度的规则进行,除了世界锦标赛之外,还有其他形式、级别的比赛,如各种对抗赛、友谊赛、邀请赛、锦标赛、表演赛等。体育舞蹈比赛有国际性的、地区性的、地方性的,也有全国性的。开展各种比赛,增添体育舞蹈美的色彩,使其充满生命的活力。

第五节　武术运动欣赏

一、武术运动的形式美

武术运动的形式美是通过形象美、武艺美与动态美等形式来展示的。在武术运动中,形象美、武艺美、动态美既密不可分、相互联系,又各有其内涵。形象美一般通过身体的展示、气势的显露、功架的姿态、造型的韵味等来表现,正如武术在演练中"眼似铜铃,嘴像狮形",讲究形象威武,雄伟剽悍,形效虎的勇猛,势似豹的悍烈,并常配合稳健的步法,气势雄壮的震脚,以威慑对手,达到神形合一的形象魅力。武艺美一般通过动作的设计、技艺的创新、技艺高难、套路的结构等来体现,诸如精巧、优美、技艺高超等无疑也是武艺美的魅力所在。动态美主要表现在动与静的动作造型上。人们生动地描绘中国武术:动如涛、静如岳、起如猿、落如鹊、立如鸡、站如松、转如轮、折如弓、轻如叶、重如铁、缓如鹰、快如风。这也是对中华武术运动中动与静之美的高度升华与概括。

二、武术运动的武德美

武术运动的武德美是指内在美与外在美的统一,是习武者高尚的道德观念和优良品质的反映。中华武术讲究武德,武林中人有视武德重于武艺的优良传统,习武者以健身、自卫、扶弱抑强、匡扶正义为己任,在武艺的追求上则是艺无止境,胸怀坦荡。我国历代武坛名家,皆因德高望重、精通技艺、谦虚好学而成为后人之楷模。迄今,这种美德还受到人们的称道和推崇。这与毛泽东同志所倡导的"文明其精神,野蛮其体魄"的宗旨是相一致的,是值得人们继承与发扬的。

三、武术运动的音乐美

音乐是一种听觉艺术,它通过音响给人以武术韵律美的享受。迄今为止,已有越来越多的体育运动项目与音乐相结合,武术运动项目就是其中之一。在武术套路等项目中运用优雅的民族乐曲已获得成功。如武术套路是由几个或十几个不同的动作组成的,每个动作都有规律、有节奏。此时,在武术套路表演中配上音乐,一方面使观众视听效果更好,另一方面使表演者精神更加集中,动作富有节奏,仪表更加出色,整个气氛更加热烈。实践证明,音乐的旋律增添了武术表演的艺术色彩,提高了运动表现力,加强了技艺效果,给人赏心悦目的感觉。

四、武术运动的服饰美

武术运动的服饰美主要是指武术运动员的身体着装之美。关于武术比赛的着装,国家体育主管部门早于 1985 年就做出了统一的规定。美观的服装是提高武术审美效果的积极因素,也有助于提高运动员和观众的美学意识和审美能力。其服饰美表现在:一是个性美,武术运动员正确选择和使用颜色,突出武术运动服装的个性;二是表现美,这与武术运动员的气质、修养有关;三是和谐美,武术运动员之间协调一致;四是平衡美,武术运动员注重个性、共性和整体联系。

五、武术运动的竞争美

对抗性的竞技内容是武术运动的基本特征。对抗活动作为一种能被人们感官直接或间接感知的感性活动,不是主观随意的,而是以一定的客体实在的对手和客观存在条件为基础的。如散手运动作为强烈对抗活动,使散手比赛激烈、残酷、没有怜悯,优秀运动员之所以能够赢得比赛的胜利,就在于他们有强烈的对抗意识,场上形势气氛迫使他们时刻都不能放松,不能放弃竞争,斗则进,退则败。运动员要有顽强的毅力,勇于拼搏的精神,体现散手运动员的意志品质美。另外,比赛双方没有固定的动作顺序,而是以对方技击动作随机转移,指向对方的弱点斗智、较勇、较力,这就要求运动员有高超的技艺,面对场上出现的新情况、新问题,能应用灵活多变的技战术进行对抗。

六、武术运动的果敢美

果敢性是武术运动的特征之一。武术的对练、散手等项目是两人互为对手,利用武术中的攻守技术进行对搏的运动,所以武术比赛不仅比技术、比战术,而且也是智慧之争。随着技战术的不断发展,运动员更要具有较全面的知识才能取胜。运动员要根据比赛的情况,瞬时做出行动方案,发现战机,创造战机,利用战机,抓住战机扭转战局扩大战果。武术运动在战略上要藐视对方,要敢于交手,果断进攻,要有战胜对手的胆魄与信心。一位临场胆怯之士是无法战胜对手的。因为胆怯必心慌,心慌拳必乱,根本无法发挥自己正常的技战术水平。胆大与心细是辩证统一的,胆大则敢于发挥水平,心细则巧妙发挥潜能。

七、武术运动的机智美

应变性是指运动员根据比赛场上变幻莫测的情况迅速做出反应,体现运动员的智慧美。应变性贯穿于武术比赛的全过程。运动员在比赛中运用知识处理问题的能力,即观察、记忆、判断、想象、决策,是通过准确判断,捕捉战机,随机应变,在合理行动中表现出来的。在现代武术比赛中,由于比赛规则所限,单纯的攻防动作很容易被对方识破,技击动作难以奏效。那么怎样才能使对手不识破本方的技击意识,有效地击打对方呢?拳谚语:"指上打下,晃左击右,声东击西,虚实相间,气势取胜。"武术运动中的动就应快如迅雷,若第一进攻未成,马上发起第二次进攻。在比赛中,以静待动,对手就不易知道自己的虚实、企图、技法等,可与其虚于周旋,细心观察其技战术及出拳投足的习惯动作,做到克敌制胜,在比赛中,真真假假、灵活多变的技术和变化莫测的战术,表现出创造性判断力和应变能力的智慧之美。

八、武术运动的创造美

美的动作往往只是眨眼的瞬间,这美的瞬间却构成人类文明世界的宝贵财富,使我们领略到人类的智慧和美丽。武术运动要敢于使用组合动作,所谓组合动作是指按照一定的武艺规律,结合实战和人体生理特点把两个或两个以上的技术动作有机结合起来,以达到既定的战术目的。正所谓:"台上十分钟,台下十年功。"要创造一个完美的动作,运动员要经过长年累月成千上万次单调乏味的反复练习,才能达到炉火纯青的地步,使动作达到动力定型、完美自如的境界。这期间要付出汗水,甚至生命之付出,没有代价,就不可能有收获、取得成功。运动员要忍受创伤的疼痛,要用极大的毅力克服人的惰性本能及形形色色的诱惑,还要克服种种心理障碍和失败的挫折,所以美是一种艰苦的创造。

第六节　球类运动欣赏

一、人高马大、小巧玲珑的身体素质美

身体素质是球类运动的存在基础和表现方式。高大队员挺拔健壮、小个队员匀称机灵。当队员们随着解说员的介绍依次跑步进场时,万众欢呼、旗帜挥舞、相机闪烁、全场沸腾,这是全场的第一个高潮。在比赛中,高大队员高举高打,小个队员穿针引线,高矮配合。此外,高矮队员在场上的对比、较量,更能显示出高大队员的空中优势和小个队员的灵巧技艺,从而给比赛增添了观赏乐趣,令观众激动、振奋。

二、独特个性、人格魅力可尽情地激励观众的情趣美

明星运动员的比赛总是吸引观众的焦点,他们的个性蕴含自身的高超技巧、风

采,独特个性等。许多明星运动员,都有一个形象生动而富有想象力的绰号,在广大球迷心目中留下了深刻的印象。这些绰号叫起来颇有情趣且耐人寻味,如"空中飞人"乔丹、"黑色橡皮"路易斯、"世界排坛第一飞人"汪嘉伟等,这些绰号反映着运动员各自的绝技和威力。观众和球迷在观赏运动员精彩的竞技表现时,自然而然地把他们的高超技艺与绰号联想到一起,从而体验到一种个性美。

三、技术精湛、表演卓绝的技术美

队员的技术美是球类比赛所有美学特征中最引人注目的,也是最重要的因素。球类技术复杂细腻,丰富多彩。比赛中,运动员灵巧的过人突破犹入无人之境;敏捷的盖帽、防守,所向披靡;准确命中,百步穿杨;妙传助攻,神出鬼没,犹如魔术般,一系列的精彩镜头,令观众回味无穷。特别是一些运动员的技术绝招和一气呵成地连续运用技术的能力,展现出无穷的魅力,如郎平的重扣,杨晨的刚劲,姚明的攻势,邓亚萍的风姿,约翰逊神出鬼没、变化莫测的传切和运球技术,迈克尔·乔丹的弹跳力和超人的空中技术,使人看了赞叹不已,给人以莫大的审美享受。

四、战术简洁、多变统一的变化美

变化美是由球类运动的多变性规律决定的。多变性主要包括比赛场上技战术运用的复杂多变,比赛结果的多变。战术美是在娴熟的技术美和高水平的身体素质美的基础上,通过集体合作、组织配合的形式所表现出来的临场战术的运用和变化。球类比赛的进攻,战术简洁,善于单兵作战衔接攻抢技术,抓住瞬间战机,运、盘带球变突破,突破变分球,投篮、扣球、射门变传球,以巧制敌,勇中取胜,这些表明,虽是个人进攻,但都有同伴的参与和配合,无球队员有插上、有跟上、有拉开、有接应,如一部精美机器运转自如,这使人们欣赏到短兵相接,激烈对抗的动态美,增强人们的审美情趣。

五、有张有弛的节奏引起观众身心松紧交替的喜悦美

球类运动是一项典型的讲究张弛相宜的有节奏的运动。球类运动的节奏以快为主调,辅之以弛,是一场意志的拼搏,智慧的较量。它的主调是高速度、快节奏,但并非一味地追求快节奏,不同的战机采用不同的节奏,不同的战术也采用不同的节奏,环环相扣,连锁反应,让人们感受到紧张、激烈、快速的节奏美。节奏快慢衔接有序,有张有弛,张弛相宜。这种节奏也是人们生理和心理的需要,使观众的身心随着比赛场上的节奏而松紧交替,观赏和体验变幻无穷的节奏美。

六、队员的意志品质美

意志品质美是人们的一种心理活动,是社会美的内容之一。球类运动历来要求运动员积极、主动、勇敢、顽强,具有敢打敢拼的精神美。从客观上反映运动员对胜利的向往和追求,在愈演愈烈的攻守中角逐,都是表现意志的抗衡和良好的精神面貌。胜不骄、败不馁,有球必争但不故意伤人,尊重对手,尊重观众,服从裁判,这些意志品质给观众以美的启迪和鼓舞。

七、比赛中观众席所呈现的主客体美

一场球类比赛如果没有观众的捧场,没有掌声和呐喊,没有挥舞的旗帜和标语,没有高高抛起的衣帽和彩带,就难以说明这是一场精彩而具有吸引力的比赛。球类竞赛是一个审美过程,而审美感受产生于审美主体(观众)和审美对象(比赛)的相互作用中,竞技场上美的特征会引起观众席的美,场上出现的精彩镜头会引发观众席的场面热爆。人们在观赏精彩球类比赛时,难免陶醉于观众席所呈现的主客体美。

八、观众席上氛围美

观众席上氛围美与赛场环境、吉祥物、啦啦队、观众的热情、比赛胜负等有关。当竞技场上不断出现高难、优美的精彩镜头时,观众席上就会掀起感情的巨浪,有的球迷甚至会出现情感外射,反射交叉回流,逐步促成主、客体错位,难辨彼此,最后随着精彩镜头的层出不穷而完全忘我,进入物我同一的审美境地。这时,观众就会把竞技比赛的健身目的隐匿于后,锻炼身体的意义淡漠了,球赛成为一种可供欣赏的文化艺术娱乐活动。全场上下沸腾,达到一个至高无上的狂热境界,人们身处其中,会把日常的一切思想负担抛到九霄云外。

九、观众既看运动员的球艺美,又看比赛结果胜负的礼仪美

球类比赛主要是看运动员的球艺,其次观赏比赛结果的崇高美(悲剧美)。从本质上说,绝大多数的观众都是以欣赏队员的球艺为主。只要场上出现精彩的镜头,不论是否为主队队员的杰作,观众席上都会沸腾,这种沸腾从比赛开始到结束会连续不断地出现,而比赛结果只能到比赛的最后一秒才能揭晓,所以,在观赏比赛时,观众往往是看比赛中队员的精湛球艺。

十、比赛中场上和场外相互作用的和谐美

人们能体会到比赛中场上和场外相互作用引起的统一和谐之美。这是由球类运动的集体性决定的。在球类比赛中，经常可以听到观众们一阵阵的呐喊声，而这些场外条件正是运动员竞技水平充分发挥的刺激条件。场上队员的精彩表演会引起观众的喝彩和欢呼，而这些喝彩声和掌声对这些技术全面、身怀绝技、经验丰富的高手来说，往往可以提高他们的兴奋度，增强他们的自信心，使他们达到良好的竞技状态，将运动美的特征融为一体，达到一种绝妙的艺术境界，使人们真正感受到现代球类运动的无穷魅力。所以说，场上队员和场外观众的相互作用构成了统一和谐之美感。

第七节　健美运动欣赏

一、健美运动的形体美

健美是一种强调肌肉健壮与美的活动，跟传统竞技运动不一样，它更强调对身体各部位的极致雕刻，从而展示人体的形体美。健美运动起源于古希腊，最初只由男性参加，以男子粗壮的手臂、发达的胸肌、粗壮的双腿为美。随着健美运动的发展和大众审美水平的转变，为了让健美运动更加符合大众审美的要求，现代健美运动在初期流行的传统健美和古典健美项目的基础上增加了男子健体和男子健身比赛项目；而女子项目则剔除了健美项目，增加了更能表现女性形体美的女子健体、女子健身和女子比基尼比赛项目。

值得一提的是，现代男子健体比赛运动员在形体上不再像健美运动员一样极致地追求肌肉的大维度、大块头，而是讲究身材比例与肌肉线条的匀称度，因而更加符合大众审美，更易被大众所接受；而女子比基尼比赛不仅要求运动员有匀称的身材比例和肌肉线条，还注重运动员在舞台上的艺术表现力，着力体现女性曼妙身姿与刚柔相济的形体与气质美。

二、健美运动的力量美

负重训练是健美运动的重要训练元素，虽然健美运动不以追求最大力量为主要目标，但负重训练却是提升力量、增加肌肉量、改善肌肉线条的重要手段。研究发现，人体力量大小与肌肉体积成正比，而打造强壮的肌肉维度需要对目标肌肉施

加额外的负重。因此,健美运动训练通常会借助哑铃、杠铃、固定器械等一系列专业设备不断雕塑和打磨人体的每一块肌肉,通过日复一日与这些冰冷的钢铁器械的碰撞激发人体潜能、突破身体极限,从而打造超出常人肌肉维度的夸张效果,从而在训练、日常生活和赛场上充分展现人体的力量美。

三、健美运动的健康美

随着现代社会物质生活水平的不断提高,肥胖已经成为一种普遍的社会现象。世界卫生组织已经将肥胖列为一种疾病,体脂率是衡量肥胖的重要标准。所谓体脂率是指人体内脂肪重量占人体总体重的比例。正常男性体内脂肪含量占体重的10%~20%,女性为15%~25%,如果男性体脂率>25%,女性体脂率>30%,则可以考虑为肥胖。

在健美运动的各项赛事中,为了更加清晰地展现肌肉线条、呈现人体的每一块肌肉形态,运动员需要将身体脂肪含量控制得足够低,一般健美运动员的体脂率会控制在3%左右,而健体、健身和比基尼运动员的体脂率一般在10%左右。因此,健美运动的训练和饮食方法已逐渐成为人们控制肥胖、保持身体健康的重要手段。

另一方面,运动员通常会在备赛阶段将皮肤美黑成小麦色,在比赛中再给皮肤喷涂上深色油彩。小麦肤色、反光的油彩再加上清晰的肌肉线条和凹凸有致的造型,会让人体显得格外阳光健康。

四、健美运动的阳刚美

1917 年 4 月 1 日,毛泽东在《新青年》发表了《体育之研究》的著名文章,号召中国年轻人"文明其精神,野蛮其体魄"。然而,近年来荧屏银幕上出现一种吊诡现象,一些偶像剧和综艺节目中,男艺人和男性角色妆容浓重、衣着妖艳、雌雄难辨。日韩明星中的"花美男"形象,成为一些中国艺人效仿的对象。这股从娱乐圈席卷而来的病态审美风潮,对青少年审美取向的恶劣影响,引起全社会的重视。2021 年 8 月 27 日,《光明日报》发表刊文:"娘炮形象"等畸形审美必须遏制。

而相较于这些"花美男"形象,健美运动则更加追求充满阳刚之气的"硬汉"形象。通过健美运动训练塑造出的发达肌肉则是阳刚的重要表征,而日复一日的训练和不断突破自身极限更能磨炼出坚韧的意志品质,是"野蛮其体魄"的重要手段。

第十二章　篮球与足球

第一节　篮　球

━━━━━━━━━━━━━━ 学习提示 ━━━━━━━━━━━━━━

　　篮球运动是人们最喜爱的运动之一,在世界各地得到广泛开展。篮球运动具有对抗激烈的特点,比赛中技术、战术变化多端,个人与集体两方面的作用都很明显,是大学生参与率最高的体育项目之一。

一、篮球运动的起源与发展

(一)篮球运动的起源

1891 年,美国马萨诸塞州的体育教师詹姆斯·奈史密斯发明了篮球。

当时,由于在寒冷的冬季,人们缺乏在室内进行的球类竞赛项目。奈史密斯在市场看见工人用投掷水蜜桃的功夫代替搬运,这给他很大的启发。奈史密斯将装水蜜桃的篮子钉在室内运动场两端二楼凸出悬空的走廊外缘,由于悬廊有十尺高,因此决定桃篮就钉在十尺高的地方。刚开始它被称为"桃篮游戏"。做游戏时,用足球作为比赛用球。将球扔进对方筐里得 1 分,以投中球数的多少来决定比赛的胜负,这便是篮球运动的雏形。奈史密斯在 1891 年 12 月 21 日设计并发明了篮球,这一天也被定为国际篮球日。

最初的篮球比赛,对上场人数、场地大小、比赛时间均无严格限制。只需双方参加比赛的人数相等。比赛开始,双方队员分别站在两端线外,裁判员鸣哨并将球掷向球场中间,双方跑向场内抢球,开始比赛。持球者可以抱着球跑向篮下投篮,首先达到预定分数者为胜。

1892 年,奈史密斯制定了 13 条比赛规则,主要规定是不准持球跑,不准有粗野动作,不准用拳击球,否则即判犯规,连续 3 次犯规判负 1 分;比赛时间规定为上、下半时,各 15 分钟;对场地大小也进行了规定。上场比赛人数逐步缩减为每队 10 人、9 人、7 人,1893 年定为每队上场 5 人。

1904 年在第 3 届奥林匹克运动会上第一次进行了篮球表演赛。1936 年第 11 届奥运会将男子篮球列为正式比赛项目,并统一了世界篮球竞赛规则。1976 年第 21 届奥运会将女子篮球列为正式比赛项目。

(二)篮球运动的发展

1. 世界篮球运动发展的几个重要时期

(1)初创时期(19 世纪 90 年代至 20 世纪 20 年代)。史料考证 1891 年初创的篮球活动,无明确的竞赛规则,场地大小不等,活动人数不限,仅在室内一块狭长的空地两端各放一只桃筐,竞赛时把参加者分成人数相等的两队,分别以横排站在场地两端界限外,当主持竞赛者在边线中心点把与现代足球大小的球,向场地中心区抛起后,两队便集体向球落地点奔跑抢球,随即展开攻防对抗,竞赛以球进筐多者为胜,而每进一个球后都需要按开始时的程序重新竞赛。

(2)完善、推广时期(20 世纪 30 至 40 年代)。进入 20 世纪 30 年代后,篮球运动经过 20 多年的完善,加上它的特殊诱惑力,迅速向欧、亚、非、澳四大洲的许多国家推广发展,技术水平不断提高,单兵作战的基本形式逐渐被掩护、协防等几个人的相互配合所取代。为了适应并推进世界各国篮球运动的普及和发展,1932 年在瑞士的日内瓦由葡萄牙、罗马尼亚、瑞士、意大利、希腊、拉脱维亚等欧美 8 国组织成立国际业余篮球联合会,会上以美国大学生篮球竞赛规则为基础,初步制定了国际较统一的竞赛规则 13 条。1936 年第 11 届奥运会上,篮球运动被列为男子正式比赛项目,从此正式登上国际竞技舞台。

(3)普及、发展时期(20 世纪 50 至 60 年代)。20 世纪五六十年代,篮球运动在世界各地普及。随着篮球运动技术、战术的创新发展,规则与技、战术之间的不断制约和相互促进,篮球竞技运动员身高加速增高,以美国巨型运动员张伯伦、苏联运动员克鲁明及女运动员谢苗诺娃为代表的身高 2 米以上队员显示出难以抗争的威力,身高开始成为现代篮球竞赛中决定胜负的重要因素之一。由此,一种固定地利用高大队员强攻篮下的中锋打法风行一时。至 20 世纪 60 年代,世界篮球运动开始形成以美国队为代表的高度和技巧相结合的美洲型打法,以苏联为代表的高度和力量结合的欧洲型打法,以中国、韩国为代表的小、快、灵、准结合的亚洲型打法,篮球运动跨入普及、发展的新时期。

(4)全面提高时期(20 世纪 70 至 80 年代)。进入 20 世纪 70 年代以后,身高 2 米以上的运动员大量涌上篮坛,篮球竞赛空间争夺激烈,高度与速度的矛盾更加尖锐,高空技术的发展和有高空优势就显示着实力,篮球竞赛开始成为名副其实的巨人的"空间游戏"。对此，规则对高大队员在进攻时提出了更多的限制和要求，以利于调动防守和身高处于劣势队伍的积极性。随之，一种攻击性防守——全场及半场范围内的区域紧逼人盯人防守和混合型战术，展现出制高威力。进而在1973年至1978年间竞赛规则有多次对犯规提出了次数的限制和增设追加罚球的规定，促使防守与进攻技术和战术在新的制约条件下，向既重视力量又重视技巧，既有高度又有速度的方向发展。尤其自1976年第21届奥运会篮球赛和1978年第8届男子世界篮球锦标赛后，超高度、高技巧、高速度、高强度、多变化、高比分，特别是高空技术进一步有了新发展，展示出篮球运动发展的新趋势、新特点。

（5）创新攀高时期（20世纪90年代至今）。20世纪90年代以来，特别是1992年巴塞罗那第25届奥运会上以乔丹、约翰逊等为代表的现代篮球技巧表演，把这项运动技艺表现得更加充实、完美，战术打法更为简练实用，由此以后世界篮球运动跨入第五个发展期，即创新攀高时期，寓竞技化、智谋化、技艺化于一体的新时期。1994年，国际篮联将篮球规则又做了修改，使之更系统、简明、公平。今后篮球运动发展将继续向着"高""快""全""准""变"和"女篮男化"，技术、战术运用技艺化的方向发展。

2. 中国篮球运动的发展

篮球运动自1895年传入中国，至今已有一百多年，在中国已经成为人们喜闻乐见的社会文化形态，在教育科学领域已成为一门教育学科，在竞技体育范畴内它是一项重点发展的竞技运动。

按照社会变迁及篮球技、战术发展和竞赛活动中国篮球运动分为三个阶段、七个时期。

（1）1895—1949年为第一阶段（其中，1895—1918年为第一个时期；1919年—1936年为第二个时期；1937—1948年为第三个时期）。这是篮球传入中国后的第一个阶段，篮球运动主要在天津、上海及北京等有限的城市青年会组织中开展，男子篮球列为1910年全国运动会的表演项目，1914年列为正式比赛项目；女子篮球于1930年列为正式比赛项目。这一阶段，篮球在广大城乡人民群众中未能得到普及，推广面极窄，竞赛活动较少，从国内外比赛成绩可见整体水平较低。

（2）1949—1995年为第二个阶段（其中，1949—1965年为第四个时期；1966—1978年为第五个时期；1979—1995年为第六个时期）。1949年后，篮球运动在中国传播、普及、发展进入一个新阶段。人民政府积极倡导"发展体育运动，增强人民体质"的健身方针，篮球运动因其简便易行，富有对抗性、趣味性、健身性和教育性等功能，在各级政府的计划和组织下迅速成为广大人民喜闻乐见的体育项目。20世纪50年代初期政府主管部门建立了篮球管理机构，倡导"狠、快、准、灵"的技术风格和"以我为主，以攻为主，以快为主"的战术指导思想。随后，通过总结讨论，中国篮球运动确立了"勇猛顽强，积极主动，快速灵活，全面准确"的训练指导思想。20 世纪 50 年代中期邀请外国专家在上海体育学院招收首批篮球专项研究生班。到了 20 世纪 60 年代中期中国篮球事业、篮球竞技水平、社会普及、科学研究及篮球观念与理论体系的确立等，都初步形成了自己的特点。历史证明，1949 年后的 17 年是中国篮球事业全面发展提高的 17 年，是中国篮球事业第一个辉煌发展的历史阶段。

20 世纪 70 年代中后期，中国恢复了在国际篮球组织的合法席位，从此走上国际竞技舞台，特别是自 20 世纪 80 年代中期至 90 年代中期中国篮球事业进一步得到了大普及、大发展、大提高：篮球人口居世界之最；篮球后备人才的培养形成新的配套网络；篮球运动理论与应用研究日益深入，成果显著；篮球竞技水平有了历史性突破，国家男女篮球队曾接连居亚洲榜首并达到世界先进水平；各类篮球俱乐部相继成立，篮球竞赛的文化氛围和职业化、商业化气息渐浓。

（3）1996 年至今为第三个阶段。中国篮球协会于 1996 年首先改革传统的竞赛体制，先后举办了甲 A、甲 B 和乙级队主客场制联赛，逐步向职业化过渡，进而有序推动篮球运动产业化进程。1997 年成立了事业性的篮球运动管理中心。1998 年中国大学生体育协会推出了中国大学生篮球联赛。这些无疑给中国篮球事业带来了新的生机和活力，中国篮球运动进入一个发展新阶段。

二、篮球运动的特点

篮球运动与其他球类运动项目的区别在于运动形式的中心是围绕球篮和篮球展开的。自篮球运动创建百余年来，国际篮球组织及各国篮球界人士不断研究探索，提出了种种新观点，出现了多种技术、战术，使篮球运动内容更丰富，活动更具有魅力。篮球运动的特点可概括为以下几点。

（一）篮球运动的竞技特点

从控制论角度说，篮球运动是向悬挂于高空的篮圈内投球的运动。篮球比赛双方将空间、地面与时间有机结合所展开的不同战术阵型与技术手段的攻守是现代篮球的独特魅力。篮球比赛过程较其他球类复杂，技术动作繁多，战术形式多样，而围绕空间瞬时变化展开的争夺，反映出个体单兵作战与协同集体配合相结合；空间攻守与地面相结合；空间、地面与时间、速度相结合；对抗性与计谋性、技艺性相结合，并由此显示出各种类别的、多变的攻守形式和方法。随着篮球运动职业化程度逐步提高，篮球运动的竞赛将走向商业化的轨道，运动员和运动队技能水平和运动成绩越来越高，越来越具艺术性和欣赏价值，带动篮球运动的发展。

（二）篮球运动的健身性增智性特点

篮球运动技术、战术的实践操作与实战动用过程，是通过对抗、变化着的时间、场地、距离、设施条件,动用跑、跳、投等手段来完成的。从生理学的某种角度而言,适量参加篮球运动,势必对促进人的生理机能、心理修养,特别是对提高内脏器官的功能、中枢神经系统的支配能力、身体的生命基础水平,增进健康以及发展灵敏性速度、力量、弹跳等身体素质,锻炼意志品质,培养集体主义精神起着积极的作用。篮球比赛已进入科学化、技艺化、谋略化的新时期,技高与智深的渗透结合,促使运动员从篮球竞赛活动中吸收文化营养,又鞭策他们要具有更好、更高的文化知识。所以从事篮球活动,能充实文化知识、陶冶情操。科学地、适量地参加篮球运动,能全方位地起到健身、增知、养心的作用。

(三)篮球运动教育性特点

从社会教育学而言,篮球运动是当代体育学与社会教育学的有机结合。篮球竞赛的活动过程包含着丰富的教育内容。因此,它对提高人的社会素质、活跃社会生活内容、促进社会交往、增强国家与民族自尊和自信心都有独特的社会价值。篮球运动以球队的形式进行集体训练和比赛,篮球运动获得胜利的重要保证之一在于队员之间的协调配合、统一行动。这种协调配合、统一行动必须以积极的、健康的道德情感为基础,视共同的责任感、荣誉感为精神支柱;忽视集体力量而过分重视"表现自己",从而给予集体造成损害的人,无疑将受到公众的批评和指责。参与者在这种以团队为基础的教学、训练中,有助于培养集体主义精神,增进良好的道德情感,从而促进正确道德意识的形成。

三、篮球运动的基本技术

篮球技术是篮球战术的基础。任何战术意图和先进的战术配合的实现,都取决于运动员掌握技术动作的数量和质量,没有技术也就谈不上战术。全面、熟练、先进的技术必然促进战术的发展和变化,战术的不断发展和演变又促进技术的发展和提高。技术和战术之间是相互联系、相互影响、相互促进、共同发展的辩证关系。

篮球技术分为进攻技术和防守技术两大部分。每一部分都有许多技术类别,各类技术动作又有许多不同的方法,各种动作方法又都可能在不同条件下完成。

(一)传接球技术

传接球是实现战术组织配合的纽带,把5名队员连成一个整体,充分发挥集体力量,体现篮球运动特点。巧妙准确的传球,能打乱对方防御部署,创造更多、更好的投篮机会;稳定牢靠合理的接球,能弥补传球的不足,从而协调、连贯地完成传球、突破、投篮等动作。

1. 传球

传球由持球和传球两个动作组成,双手持球是最基本的持球方法。持球时,双手自然分开,拇指相对成"八"字形,用拇指根部以上部位握住球的两侧后方。传球是全身协调用力,最后通过伸臂、抖腕和手指用力拨球将球传出,使球后旋。

常用传球方法由双手胸前传球、双手低手传球、双手头上传球、单手肩上传球、单手胸前传球和单手体侧传球。

2. 接球

接好球是传球的保证。接球时眼睛注视来球,手臂迎球伸出,手指自然分开,当手指触球后,手臂屈肘后引,缓冲来球的力量,两手握球,保持身体平衡。

常用的接球方法有双手接胸部高度的球、双手接头部高度的球、双手接反弹球、单手接球等。

(二)上篮技术

右手单手上篮技术是从离篮筐约三四米的前方稍偏右处开始,用右手单手朝篮筐方向运球,用双手抱球右脚向前跨出一大步后,左脚踏出(并准备起跳),发力起跳,眼睛保持在篮筐附近要将球送至的方向,左手离开球,右臂单手持球向上完全伸展,并在弹跳至最高点时,靠手腕发力(称"挑篮")将球送出。

左手上篮技术相反,用左手运球、右脚起跳、左手"挑篮"。刚开始练习时用自己习惯用的手(有力的手)上篮,等动作熟练后再练习用另一只手上篮。如果运球当中很难掌握起跳点或调整最后一步,可以先练习原地的上步、起跳、投篮,熟练以后再从运球开始。

(三)投篮技术

要想练好投篮必须有正确的投篮方法、恰当的瞄准点、合适的飞行路线和球的旋转,并且全身要协调用力。随着篮球技术的发展,投篮技术越来越多。

准确的中、远距离投篮不但有利于个人技术的发挥,也为篮下内线队员的进攻和灵活地运用战术创造良好的条件。原地单手肩上投篮、行进间单手肩上投篮、跳起单手肩上投篮、原地双手胸前投篮、跳起投篮、跑投等都是中远距离投篮的时候运用比较多的投篮方法。

(1)原地单手肩上投篮。这是比赛中应用最广泛的投篮方法,是行进间单手肩上投篮、跳起单手肩上投篮的基础。右手投篮是右手五指自然分开,手心空出,屈肘持球于右肩上,左手扶住球的左侧,两脚开立,右脚稍前,重心落在两脚上。投篮出手时,下肢蹬地发力,右臂抬肘伸臂,手腕前屈,食指、中指用力拨球,使球后旋转,身体随投篮动作向前上方伸展,脚跟微提。

(2)行进间单手肩上投篮。这种投篮适用于篮下和中距离使用,便于在跑动中完成投篮动作。其动作方法是运动员在跑动过程中,右脚跨出一大步的同时接球,接着左脚跨出一小步并用力蹬地向上跳,右腿屈膝上提并将球举过肩,控制前冲力,使身体垂直向上。当身体接近最高点时,左手离球,右臂向前上方伸出,手腕前屈,食、中指拨球将球投出。

(3)急停跳投。急停跳投分两大类,一是自己运球急停跳投,二是空手走位接球跳投。两种动作相关,但是截然不同,尤其自己运球急停跳投若加上各种运球,难度更高。动作练习顺序为:①原地投篮;②空手跑步急停跳起;③传球给他人接球跳投;④快速运球急停训练;⑤再做运球急停跳起;⑥练运球急停跳投;⑦练转身或换手等各式运球急停跳投动作。

(四)持球突破技术

持球突破是持球队员将合理的脚步动作与运球技术相结合,快速超越防守队员的一项攻击性很强的进攻技术。在比赛中,及时把握突破时机,合理运用突破技术,是直接切入篮下得分的重要手段。持球突破还可打乱对方的防御部署,为同伴创造更多更好的投篮机会。若能巧妙地将突破与投篮、传球等结合运用,使突破技术灵活多变,就能更好地发挥突破技术的攻击力。根据采用的步法,持球突破可分为交叉步突破和同侧步突破两种。

(五)篮板球技术

1. 抢位

抢位是抢篮板球技术的关键环节,对能否抢获篮板球起着决定性作用。防守队员抢篮板球时要先挡后抢。进攻队员抢篮板球时要快速启动冲抢篮板球。

2. 起跳

抢防守篮板一般多采用原地上步、撤步或跨步的双脚起跳方法。抢进攻篮板多采用助跑单脚起跳或跨一两步双脚起跳的方法。

3. 空中抢球动作

(1)双手抢篮板球:优点是占据空间面积较大。
(2)单手抢篮板球:优点是触球点高,在空间抢球的范围较大。
(3)点拨球:优点是触球点高,可缩短传球的时间。

(六)篮球盖帽技术

完成盖帽技术需要准确捕捉时机或较高制空能力。如果想要盖掉对手每一次投篮,则会陷入犯规过多的麻烦。改变对手投篮方式是成为盖帽高手的秘诀。

四、篮球运动基本战术

（一）篮球的进攻战术

1. 传、切配合

传、切配合是两三名进攻队员利用传球、切入动作组成的简单配合,是进攻战术的基础配合。

2. 掩护配合

掩护配合也称为"挡人",是进攻队员选择适当的时机和位置,站在同伴的防守者的移动路线上,使同伴借以摆脱防守的一种配合方法。

根据防守位置和方向的不同,掩护可分为前掩护、侧掩护和后掩护。

（1）前掩护。前掩护是掩护队员站在同伴的防守者的前面,用身体挡住防守者的移动路线,使同伴借机接球或投篮的一种配合方法。

（2）侧掩护。侧掩护是掩护队员站在同伴的防守者的侧面,挡住防守者的移动路线,使同伴得以摆脱防守的一种方法。

（3）后掩护。后掩护是掩护队员站在同伴的防守者的身后,挡住防守者的移动路线,使同伴得以摆脱防守的一种方法。

3. 快速战术的基本配合

快速战术的基本配合体现在快攻,由防守转入进攻时,乘对方还来不及防守的时候,以最快的速度,在最短的时间内,争取在人数上造成以多打少的优势,并以此取得进攻成功。

（二）篮球的防守战术

1. 一防二

比赛中,以少防多的局面是经常出现的。一防二是比较被动的防守,尽管这样,也要争取变被动为主动,从而创造有利时机。出现一防二时,队员要沉着、冷静,根据进攻队形选择和占据有利防守位置,准确地判断对方意图,及时果断地运用假动作,设法让对方水平较差的队员掌控球,以便形成一对一的有利防守局面。

2. 二防三

当比赛中出现二防三时,两名防守队员应积极移动,紧密配合,做到里外兼顾,左右呼应。两人中应有一人对付控球队员,另一队员选择合理的防守位置,做到既能控制篮下,又能同时兼顾两名无球的进攻队员。随着对方控球的转移,两名防守队员的位置也要相应地改变。

3．人盯人防守

人盯人防守战术是每个防守队员盯住一个进攻队员，同时协助完成集体防守任务的全防防守战术。这是运用最普遍的一种战术。

人盯人防守的优点是以盯人为主，分工明确，针对性强，便于发挥队员的防守积极性；该方法机动灵活，能有效控制对方的进攻重点。人盯人防守的缺点是易被进攻队在局部地区各个击破。根据防守范围的不同，人盯人防守可分为半场人盯人和全场人盯人。

（1）半场人盯人防守。半场人盯人防守是在后场进行人盯人的防守战术。由攻转守时，全队迅速退回后场，每个防守队员在盯住自己对手的同时，进行集体防守。在防守时，要根据有球侧与无球侧的不同，进行不同的防守。有球侧和无球侧的划分是以球场中间的轴线为界，有球一侧为强侧，无球一侧为弱侧。

（2）全场人盯人防守。全场人盯人防守是指由攻转守时，防守队员在全场范围内各自分工负责紧逼自己对手的一种攻击性防守战术。它要求防守队员在全场始终紧逼自己的对手，积极阻挠对手移动、传接球、运球、投篮，并利用集体配合来破坏对方的进攻，为本队争得主动权。

五、篮球运动场地与规则

（一）篮球运动场地

（1）国际篮联主要的正式比赛，篮球场尺寸为：长28米，宽15米。篮球场的丈量是从界线的内沿量起。

（2）所有线最好用白色（相同的颜色）画出，宽5厘米，地面上的所有线不是比赛场地的部分。

（3）中圈的半径为1.8米（从圆周的外沿丈量）。中圈如着色，须与限制区的颜色相同。除端线外，限制区的各条线都是限制区的一部分。

（4）篮下设置合理冲撞区（以篮圈中心点的投影为圆心，画一个半径为1.25米的半圆形区域，在这个区域内没有进攻犯规）。三秒区为长方形。

（5）罚球线长度为3.6米。

（6）3分投篮区域：以篮圈中心点的投影为圆心，以6.75米为半径画半圆线，与从端线引出的两条垂直于端线的平行线（该平行线外侧距边线内侧1.25米）相交所构成区域之外的整个比赛场地；篮板大小为1.8米×1.05米，下沿距地面2.95米。

（二）篮球比赛基本规则介绍

1. 比赛队员、时间、比分相等和决胜期

（1）一队5人，其中一人为队长，候补球员最多7人，但可依主办单位而增加人数。

（2）比赛由4节组成，每节10分钟，在第1、2节之间，第3、4节之间以及每一决胜期之前应有2分钟的比赛休息时间，半场的比赛休息时间为15分钟。

（3）如果在第4节比赛时间终了时比分相等，需要一个或多个5分钟的决胜期继续比赛，直至决出胜负。如果结束比赛的计时钟信号响时或恰好之前发生了犯规，那么该犯规的罚则需要罚球，在比赛时间结束之后应执行最后的罚球。

2. 选手替换

每次替换选手要在20秒内完成，替换次数则不限定。交换选手的时间选在有人犯规、争球、叫暂停时。裁判可暂时中止球赛的计时。

3. 掷球入界

队员必须将球传给（传出）在比赛场上的同队队员，递交球给场上的同队队员违反了掷球入界的含义。掷球入界的队员可横向移动或后移；如当球中篮后（含投篮、罚球），球可在端线上或端线后的同队队员之间传递，但是，当界外第一位队员可处理球时，开始计算5秒钟。

4. 违例

违例就是违犯规则。判罚发生违例的球队失去球权，将球判给对方队在最靠近发生违例的地点掷球入界，直接位于篮板后面的地方除外。如果投篮或罚球的球中篮无效，就要在罚球线延长部分的界外掷球入界。

一般违例分为以下几种：运球违例（非法运球）；带球走步违例；3秒、5秒、8秒、24秒违例；回场违例等。

（1）3秒违例：进攻球员在长方形区域内立足3秒或以上并且本队球员没有投篮动作，即判定为3秒违例（防守中没有3秒违例）。

（2）5秒违例：发界外球时（不论边线还是底线），如果5秒钟内还未能发出，即为违例；如有防守队员在1米内做出积极防守，持球队员在5秒钟内不传球或投射，也是违例；在裁判员已递交罚球队员球后，罚球队员须在5秒内投篮出手，否则即判违例。

（3）8秒违例：控制球的队必须在8秒内使球进入自己的前场，如果球从后场合法出界，那么必须在之前8秒的剩余时间内使球进入前场；交替拥有中如果在后场掷球入界，那么必须在之前8秒的剩余时间内使球进入前场。

（4）24秒违例：拥有球权球队在进攻24秒内没有做出投篮动作致使球在24秒内没有接触篮筐，即判违例。

5. 犯规

犯规是对规则的违犯,包括与对方队员的非法身体接触和违反体育道德的举止。

(1)撞人。撞人是指有球或无球队员推进或移动到对方队员躯干上的非法身体接触。

(2)阻挡。阻挡是指阻碍有球或无球对方队员行进的非法身体接触。试图做掩护的队员如在移动中与静止或后退的对方队员发生接触,则计该掩护队员发生了一起阻挡犯规。

(3)用手或手臂接触对方队员。用手触及对方队员,本身未必是犯规,但下列情况视为犯规:队员引起的接触在任何方面限制对方队员的移动自由;防守队员的手或手臂放置在持球或不持球的对方队员身上并保持接触以阻碍该队员的行进;反复地触及或"戳"持球或不持球的对方队员。

(4)背后非法防守。背后非法防守是防守队员从对方队员的背后与其发生的身体接触。防守队员从背后抢断持球进攻队员的球,轻微的接触也是不允许的。

(5)拉人。拉人是干扰对方队员移动自由的非法身体接触。这种接触(拉人)可能发生在身体的任何部位。

(6)推人。推人是队员用身体的任何部位强行推动或试图推动控制或未控制球的对方队员时发生的非法身体接触。

(7)侵人犯规。侵人犯规是指当球是活球或死球时,己方队员与对方队员的接触性犯规。不能通过伸展手、臂、肘、肩、髋、腿、膝或脚来拉、阻挡、推、撞、绊、阻止对方队员行进;不能将身体弯曲成"反常的"超出自身圆柱体的姿势(非正常的篮球技术动作);不能做出任何粗野或猛烈的动作。

(8)双方犯规。双方犯规是指两名互为对方的队员大约同时相互发生侵人犯规的情况。

(9)技术犯规。技术犯规包含(但不限于)行为性质的队员非接触犯规,以及教练员、助理教练员、替补队员或随队人员与裁判员、技术代表、记录台人员或对方队员交流中没有礼貌或触犯他们的犯规。队员的技术犯规视为队员犯规并作为全队犯规计数。

(10)一般规定。①队员5次犯规:一名队员已发生了5次侵人犯规(包括技术犯规),该队员必须离开比赛,且必须在30秒钟内被替换;②全队犯规的处罚:在一节中某队已发生了4次全队犯规时,该队处于全队犯规处罚状态;③罚球:一次罚球是给予一名队员从罚球线后半圆内的位置上,在无争抢情况下得1分的机会。

六、篮球运动的主要赛事

(一)奥运会篮球项目

奥运会篮球比赛每四年一届,设男子篮球、女子篮球两个比赛项目。1904年,在美国圣路易斯举行的第 3 届奥运会上,美国的两支球队首次进行了篮球表演展示。1936 年,在第 11 届柏林奥运会上,男子篮球终于被列为奥运会的正式比赛项目。而女子篮球,直到 1976 年的第 21 届蒙特利尔奥运会上才成为正式的比赛项目。

从历届奥运会篮球比赛来看,世界强队多集中在欧美,美国男、女篮尤为突出。在过去的 17 届男子篮球和 9 届女子篮球奥运会比赛中,美国男篮获得了 13 次冠军(苏联获得 2 次冠军,前南斯拉夫和阿根廷各获得 1 次冠军);美国女篮获得了 6 次冠军(苏联获得 2 次冠军,独联体获得 1 次冠军)。

(二)世界篮球锦标赛

世界篮球锦标赛是国际篮球联合会举办的国际性的篮球赛事。历届比赛某些情况下间隔时间不同,一般是四年一届。从 1986 年起,男子和女子的比赛都在同一年进行,也是四年一届。

历届的参加办法不完全相同。2010 年男篮世锦赛有 24 支球队参加,奥运冠军和东道主直接获得参赛名额,然后通过资格赛,欧洲产生 6 支球队,美洲产生 4 支,亚洲和非洲分别产生 3 支,大洋洲产生 2 支,最后再由国际篮联发的外卡中产生最后 4 支参加球队。

第二节　足　球

学习提示

足球被誉为"世界第一运动",是世界上开展最广泛、影响最大的体育项目。足球运动具有很好的锻炼价值,并深受大学生喜爱。学习和掌握足球基本知识、基本技术和战术,将有利于更好地参与和欣赏足球运动。

一、足球运动的起源与发展

(一)足球运动的起源

1. 古代足球起源

足球运动是一项古老的体育活动,源远流长。最早起源于我国古代的一种球类游戏"蹴鞠",后来传到欧洲,发展成现代足球。所以说,足球的故乡是中国。

众多的资料表明,中国古代足球的出现比欧洲更早,历史更为悠久。我国古代足球称为"蹴鞠"或"蹋鞠","蹴"和"蹋"都是踢的意思,"鞠"是球名。

汉代和唐代是中国古代足球发展最兴盛的时期,蹴鞠发展成直接对抗的竞赛。到了唐朝(618—907年),蹴鞠所用的皮球,由内填毛发改为由人用嘴吹气,同时用两个球门代替"鞠室"。至宋代(960—1279年),蹴鞠更发展了双球门及单球门的竞赛,还有称作齐云社或圆社的球会组织出现,而且所用皮球由人用嘴吹气,发展到用气筒打气,愈来愈接近现代足球。

2. 现代足球起源

古代足球起源于中国,在11世纪经过欧亚大陆传到英国,催化了现代足球的出现。早期的足球发展主要沿用了民间足球和公学足球两条发展路线。英国的民间足球可以追溯到12世纪,最初参加者是上等阶层。后来,学生、小商业主也投入足球运动游戏,然后迅速传播到英国的乡镇村落,而且逐渐和节日、宗教仪式联系在一起。

16世纪中期后,欧洲的意大利、德国、荷兰、奥地利等国家和地区相继出现了民间足球运动。此时的民间足球运动,是没有成文规则的,比赛(游戏)场地也无大小的规定。公立学校是协会足球发展的依托,在这个进程中,充当现代足球运动先驱的是一群公学学生。他们受过良好的教育,素质极佳,是足坛君子,他们制定了规范足球的行为规则,这改变了以往场上的无序及凶悍的球风,为现代足球的诞生奠定了重要的基础。

1863年10月26日,伦敦的足球会议,规则的出现和管理机构的出现成为现代足球运动诞生的标志。谈到足球的诞生不得不提到查尔斯·阿尔科克,这名毕业于哈罗公学的英足协首位秘书长,他不仅对足球比赛规则进行了一系列卓有成效的确立和修订,还创立了世界上首个正式比赛(英足总杯赛)。

(二)现代足球运动的发展

1. 足球规则的演变

自1863年第一部足球规则问世,足球规则十四条历经一百多年的演变与发展,成为现今的十七章近三百条款,但足球竞赛规则的宗旨始终没有改变,即公平对等、促进足球技战术发展、具有观赏性和保障运动员安全。许多条款的增加只是让足球竞赛规则更加完善和精准。

统一足球比赛规则是现代足球运动发展史上的里程碑。具有历史性意义的足球规则十四条,使足球游戏向足球比赛迈出了实质性的一步,在近一个多世纪的时间里没有过多的修改,只是随着比赛的一些偶发事件产生了一些沿用至今的变革。同足球运动组织发展相一致,足球比赛的规则也经历了一个不断完善的过程。直到现在,足球规则仍然不断有小的、局部的发展变化。

1863 年,英国足球协会成立,同时制定了第一部比较完备的足球比赛规则,它最重要的规定是:队员不能用手触球。1866 年,越位规则发生变化,规定进攻队员与对方端线之间对方队员不足三人为越位。1875 年,在欧洲出现了由两根立柱和一根横梁构成的球门。1891 年,第一次有了对球门大小的规定,球门宽为 7.32 米,高 2.44 米,并在门后挂上了底网。1897 年,英国足球规则明确规定双方上场人数各为 11 人。规定比赛场地长度为 100~110 米,宽度为 64~75 米。这时,关于球的大小、重量,球门柱直径,中圈直径,罚球区等也有了明确的规定。有关场地、球门和球的规格一直到 1937 年才完全确定并沿用至今。球场中圈半径为 9.15 米,点球罚球点距球门线 11 米(12 码),罚球弧以罚球点为圆心,半径为 9.15 米,角球区半径为 1 米,正规比赛用球圆周为 68~71 厘米,重量为 396~453 克。红、黄牌制度是国际足联于 1970 年正式确立的,在第 9 届世界杯赛的最后一场比赛开始实行这一制度并一直沿用至今。

2.足球阵型的演变

现代足球的阵型概念可以追溯到很久以前。在 1863 年的时候,足球流行的阵型是 8 锋 2 卫,即 8 个前锋,2 个后卫。1870 年又开始流行 7 个前锋,1872 成了 6 个前锋,1880 年成为 5 个前锋。变化的趋势是前锋越来越少,后卫人数开始逐渐增加。这说明随着竞争加剧,人们已经意识到防守的重要性,开始加强防守的力量。

1930 年,以匈牙利为代表的球队创造了 WM 阵型,使得进攻和防守的人数第一次达到了平衡。匈牙利足球队持此阵型在当时横扫欧美。一直到 1954 年,WM阵型在世界上流行起来。该阵型提倡攻守平衡,人数平衡,对进攻和防守都不偏不倚。

1958 年,巴西队采用的阵型是 424,与 WM 阵型相比,减少了一个中场,这等于减少了中间环节,意味着进攻速度加快了。巴西球员出众的技术,为这种战术的实现提供了可能。但该阵型仍是在人数上的一种平衡。

为了防御巴西队可怕的进攻力,各国纷纷加强防守的力量,于是 1962 年出现了 433 阵型,后卫 4 个,前锋 3 个,攻守人数首次出现了不平衡。1966 年则进一步演化为 442,更多的球队把力量囤积在后场。此时,人数依然是最重要的,人的多少决定了阵型模式。

1974 年,当时的西德队第一次运用了 1333 阵型,能力出众的贝肯鲍尔作为拖后中卫,而荷兰队则是 433 的全攻全守,双方代表了当时两种十分强大的力量。此后随着 352 和 532 阵型的出现,对于阵型的认识又有了突破,已经不只是人数上的攻守平衡,而是靠动态平衡。进攻上,352 阵型的 5 个中场球员可以参加进攻,这样前锋就是 7 个人,防守上 5 个中场又可以参加防守,这样防守也能达到 8 个人,等于是有 15 个人在参加比赛,自然效果远远大于过去的 11 个人。

3. 足球俱乐部的发展

最早的足球俱乐部起源于英国,随着民间足球游戏和公学足球运动的发展,一些热爱足球运动的组织在一起,逐渐形成足球俱乐部。英国最早出现的足球俱乐部(1862 年的诺丁汉郡俱乐部),其成员大多来自原公学(牛津大学、剑桥大学)的学生。从这种意义上讲,足球俱乐部起源于 19 世纪的公学。随着英国海外殖民扩张,海外英国人连同在英学习、工作的外国人一起将足球带到了世界各地。早期的足球俱乐部带有明显娱乐性质,是由足球爱好者组成的团体。俱乐部自身或者与外界不定期地通过一些足球比赛来调节自我,比赛无日程规定。

这种局面的改观直到现代足球诞生后的 10 年,世界上首个有组织的比赛出现。1872 年首届足总杯吸引了 15 支球队参加,采用连续淘汰制,博尔顿流浪者队最终获得冠军。早期足球俱乐部并不是真正意义上的俱乐部,直到 1885 年以后,英国足协迫于现实压力,首先宣布职业球员的合法化,苏格兰等国紧随其后,最终实现了足球运动的职业化。从此,足球俱乐部才是以盈利为特征的真正意义上的职业俱乐部。19 世纪末以前,英国的足球俱乐部主要是一种业余化健身性和娱乐性组织。19 世纪末,足球俱乐部的商业化倾向开始明显,到 20 世纪初,大多数足球俱乐部开始转变为以追求经济利益为主的股份化商业组织。1927 年英国广播公司进入足球比赛,对比赛进行报道与直播,后来,电视中也出现了足球比赛的内容。20 世纪 50 年代,电视媒体全面介入足球运动,大大推动了足球运动的发展。

4. 中国足球运动的发展

19 世纪末至 20 世纪初现代足球运动传入我国。1908 年中国现代足球运动的第一个组织——南华足球会成立。1910 年至 1948 年举行的 7 届全国运动会,足球均被列为正式比赛项目。1913 年至 1934 年间,我国共参加过 10 届远东运动会,获得 8 次足球比赛的冠军,1931 年加入国际足球联合会,1936 年和 1948 年参加了第 8 届、第 14 届奥运会的足球比赛。现代足球运动传入我国至新中国成立前的几十年间,无论是从足球运动的开展情况还是运动技术水平来看,都处在一个发展缓慢的较低水平上。

从 1956 年起,我国开始实行甲、乙级联赛制度,并规定了升降级办法,同时实行运动员、裁判员等级制,此外,还举办了全国足球锦标赛、全国青年足球锦标赛等。从 1978 年开始我国恢复全国甲、乙级联赛双循环升降级制度,并建立了全国成年队联赛、青年队联赛的各级较稳定而系统的竞赛制度。1982 年和 1986 年,中国足球队参加了第 12 届、第 13 届世界杯足球赛的预选赛,此外,参加了第 23 届、24 届、25 届奥运会的足球预选赛,并参加了第 24 届奥运会足球决赛阶段的比赛。随着改革开放和市场经济的发展,商业化运作开始深入人心,我国的足球运动也开始跟随国际潮流朝着职业化发展。

1994年起,中国足球的联赛历史正式进入职业化时期,随着商业化市场运作观念的引进,联赛也有了自己的冠名权。在1994年职业化后的首个联赛周期中,联赛采用二分制,从1995年起中国的职业联赛才开始使用国际足联所推行的三分制。2001年在米卢·奇诺维奇的带领下,中国男足首次进入2002年韩日世界杯的决赛阶段。2003年甲A联赛正式退出中国足球职业化进程的舞台。2004年中国足球协会超级联赛(以下简称中超联赛)正式成立,中国足球联赛也正式进入中超时代,2004年成为中超元年。从2004起我国原有的联赛体制就正式转变为以中超联赛、中甲联赛、中乙联赛为主的三级联赛体制,此外每年的大学生足球联赛的冠军则有机会参加职业联赛最低级比赛——中乙联赛,并有机会以此逐步升级参加顶级的超级联赛,其中典型代表就有现在仍在中甲赛场上征战的北京理工大学男子足球队。

二、现代足球运动的特点与健身价值

(一)现代足球运动的特点

1.整体性

足球比赛每队由11人上场参赛。场上的11人思想统一,行动一致,攻则全动,守则全防,整体参战的意识强。只有形成整体的攻守,才能取得比赛的主动权及良好的比赛结果。

2.对抗激烈,观赏性强

足球运动是一项竞争激烈的对抗性项目,比赛中双方为争夺控制权,达到将球攻进对方球门,而又不让球进入本方球门的目的,展开短兵相接的争斗,尤其是在两个罚球区附近时间、空间的争夺更是异常凶猛,扣人心弦。从地面到空中的立体角逐始终贯穿着进攻与防守、限制与反限制、制约与反制约的激烈对抗。比赛双方在技术、战术、身体和心理的综合抗衡中尽现足球运动之美。一场高水平的比赛,双方因争夺和冲撞倒地次数多达200次以上,可见对抗之激烈。

3.多变性

足球运动是一项技术上多彩多姿、战术上变幻莫测、胜负结局难以预测的非周期性运动项目,比赛中运用技战术时要受对方直接的干扰、限制和抵抗。技战术是依临场中具体情况而灵活机动地加以运用和发挥。

4.设备简单,易于开展

足球竞赛规则比较简单,器材设备要求也不高。正式的足球比赛只需要球门,球门网等简单的设备即可进行。一般性足球比赛的时间、参赛人数、场地和器材也不受严格限制,只要一块场地和一个足球即可进行健身活动。场地根据参加活动的人数可大可小。球门可用砖、石、衣服等代替。活动方式灵活机动,人数稍多可进行小型比赛,如 3 对 2、4 对 4、5 对 5。

5. 丰富的文化内涵

足球运动具有丰富的文化内涵。不同国家文化传统不同,孕育和熏陶的足球风格也各具特色。各国的运动员在比赛中都体现出各自鲜明的技战术风格。

6. 巨大的经济效益

作为"世界第一运动"的足球运动,在全球形成巨大的体育产业市场,世界足联的会员国有两百多个,人员达到两亿。世界人口的 20% 的生活与足球有关。世界杯及各大洲的足球盛事的举行更是牵动着亿万球迷的心,同时给举办国或地区带来亿万财富。

(二)足球运动的健身价值

1. 促进身体健康

足球运动是一项全身性、综合性的集体运动项目,具有很高的健身价值。足球比赛时,要做各种形式的有球和无球活动,例如踢球、接球、运球、头顶球、抢断球等身体动作,以及奔跑、急停、转身、倒地、跳跃、冲撞等,这些运动能有效发展人的体能。体能通常分为与健康有关的体能和与动作技能有关的体能。前者包括心肺耐力、柔韧性、肌肉力量和耐力、身体成分等。后者是指从事运动所需的速度、力量、灵敏性、协调性、平衡和反应等。足球运动所需要的体能,几乎涵盖了体能的所有内容。经常参加足球运动能全面地发展体能,相对而言,更能有效发展心肺耐力、肌肉力量和耐力、速度、神经肌肉协调性、复杂反应等体能的主要成分。人的身体由神经、运动、呼吸、消化、循环、免疫、内分泌、排泄、生殖九大系统组成,经常参加足球运动可锻炼身体,使新陈代谢加强,身体成分得到改善,保证身体各系统正常运转,促进身体健康。

2. 促进心理健康

经常参加足球运动对心理健康有着积极的作用。足球比赛时,双方激烈对抗,场上攻守频繁转换,局面变幻莫测,对运动员的感知觉、观察力、记忆力、想象力、思维能力和创造力都有较高的要求。一名优秀的运动员不仅要有良好的体能和精湛的技术,还要有很强的思维活动能力,及时地提出或改变自己的战术意图从而采取有效的手段来驾驭比赛。经常参加足球活动和比赛,能提高人的自信心,改善人的心理素质。足球运动被称为勇敢者的运动。长期参加足球运动还可以培养勇敢顽强、不断进取、坚韧不拔等意志品质,以及热爱集体,团结合作,遵守纪律,敢于竞争,光明磊落,文明礼貌等优良品质。现代人具有追求成功、尝试冒险、依靠努力和奋斗赢得胜利、超越现状的心理倾向,而足球运动的特点正迎合了人们的这种心理倾向。世界上很多人对足球抱有浓厚的兴趣,关心和参与这项活动,远离工作中的烦恼和焦虑,积极生活。

3. 提高社会适应能力

社会适应能力是指个体为了在社会更好生存而进行的心理上、生理上以及行为上的各种适应性的改变,与社会达到和谐状态的一种执行适应能力。人的一生是一个不断社会化的过程,经常参加足球运动能增加人与人接触和交往的机会,帮助人更好地融入社会环境,增强社会适应能力。合作能力既是足球参与者必备的素质,也是通过足球活动需要发展的一种能力。经常参与足球运动,有助于加强合作意识,培养团队精神。足球运动的主要特点是:场地大,参加人数多,技术动作难度大,战术复杂,体能要求高,难以协调统一行动的集体性项目。参加足球运动,首先,要在群体中扮演一个角色。足球比赛中的角色有前锋、前卫、后卫、守门员等。角色扮演的好坏对本队的战斗力具有重要的作用。其次,要与队友积极合作与配合。队友之间要相互支持,相互理解,互相鼓励,共同努力,团结一致实现战胜对手的目标。再者,在足球运动中全体参与者都要遵守规则,尊重裁判、尊重对手、尊重队友,表现出良好的体育道德风尚,体现公平竞争的奥林匹克精神。现代社会竞争日趋激烈,努力培养竞争意识与合作能力有助于学生走出校门、走向社会后能更好地适应社会。

三、足球运动的基本技术

(一)颠球技术

颠球是指运动员用身体的各个有效部位连续地触及球并加以控制,尽量使球不落地的技术动作。颠球可分为十二部位颠球,其中包括脚内外两侧颠球、脚背正面颠球、大腿颠球、胸颠球、肩颠球和头颠球等。

(二)踢球技术

踢球是指运动员有目的地用脚把球踢向预定目标的技术,主要包括以下几种。

1. 脚内侧踢球

特点:触球面积大,可控性强,出球平稳准确,是短距离传球和射门的常用脚法。

2. 脚背内侧踢球

特点:踢摆动作顺畅,幅度大,触球面积大,出球有力,且性能和线路富于变化,是中远距离射门和传球的重要方法。

3. 脚背正面踢球

特点:踢摆幅度大,动作顺畅,便于发力,但出球线路及性能缺乏变化,适用于远距离的传球和大力射门。

(三)运球技术

运球是运动员在跑动中为将球控制在自身范围内,用脚部进行的推拨球的动作。

1. 脚背内侧运球

特点:控球稳,运球速度较慢,适用于掩护性运球或运球变向。

2. 脚背正面运球

特点:直线推拨速度快,但路线单一,运球时前方需要有较长的纵深距离。

3. 脚背外侧运球

特点:灵活性、可变性强,易于控制运球方向和发挥运球速度,并便于对球进行保护动作。

(四)接球技术

接球是指运动员用身体的有效部位,将运行中的球接控在所需位置上的动作方法。

1. 脚内侧接地滚球

特点:接球平稳,可靠性强,动作灵活多变,用途广泛。

2. 脚掌接球

特点:动作简单,控球稳定可靠,适用于接迎面地滚球或反弹球。

3. 大腿接球

特点:接触球部位面积大,动作简单易做,适用于接有一定弧度的落降高球。

4. 挺胸式胸部接球

特点:触球点高,面积宽接球稳,适用于接胸部以上的高空球。

5. 头顶球

特点：触球部位平坦，动作发力顺畅，容易控制出球方向。

四、足球运动的基本战术

（一）个人战术

跑位是比赛中队员在无球的情况下，通过有意识的跑动，为自己或同伴创造进攻机会的行动。足球中的基本跑位方法大致分为以下三种。

1. 套边跑

套边跑是指跑位队员从持球队员身后插入外侧的跑动。这种跑动方式常常被用在边前卫和边后卫的配合中，当边前卫拿球时，后卫利用对手上前防守背后留下空当的时机，从边前卫身后插入助攻。此战术在注重边路进攻的球队中经常可以看到。

2. 身后跑

身后跑就是进攻队员插向防守队员的身后。此种跑位方法在足球比赛中经常在中路配合进攻时被前锋队员利用，当前锋插向防守队员身后时，中场队员看准时机将球塞给前锋队员，前锋就此直插对方防守要害，给对方以致命打击。由于中路是各个球队的防守要地，每个球队都会囤积重兵防守，所以这种直塞的成功率一般不会很高，需要跑、传队员间要有很好的默契。

3. 斜线跑

斜线跑是指近似球场对角线的跑位。斜线跑分向外斜线跑和向内斜线跑。向外斜线跑的主要目的是在一边进攻无法进行的情况下，将球转移至防守薄弱的另一边。如中超联赛北京国安主场战胜大连实德队时北京队的小马丁打进的第一球就是通过此种战术配合完成的。向内斜线跑主要是在反击中跑位队员向拿球队员靠拢时所用的战术。

（二）局部战术

1. 二过一

顾名思义，二过一是指两个进攻队员通过传球配合突破一个防守队员。二过一是集体配合的基础，可以在任何场区、任何位置上运用这种方法来摆脱对方的抢截或突破防线。二过一是进攻的两个队员之间相距 10 米左右，进行一传一切的配合。要求传球平稳及时，一般多用脚内侧、脚外侧等脚法，传低平球为主。传球的位置,尽可能是接球人脚下或前面二三步远的地方。具体方法有直插斜传二过一、斜插直传二过一、斜插斜传二过一、回传反切直传二过一。

2.传切

传切配合是指控球队员向防守队员身后空隙传球,另一名同队队员越过防守队员,切入得球的默契行动。要求:①控球队员要掌握好传球时机,做到球到人到;②切入队员插上要突然快速。

3.保护

保护是指在逼抢持球对手的同伴身后,选择适当的位置协防并阻止对手突破的战术配合行动。

(三)定位球战术

1.任意球战术

(1)任意球进攻战术。任意球进攻,特别是前场任意球进攻,是当今足坛破门得分的最锐利的武器之一。在比赛中常用的进攻方式有三种:一是直接射(直接任意球);二是两人配合射;三是三人或三人以上配合射。任意球进攻方式的选择,主要取决于队员特点和场上的具体形势。一般来说,在发任意球时应遵循以下原则。第一,任意球机会在高水平比赛中甚为难得,组织进攻必须考虑周密,认真对待,力争成功;第二,任意球进攻时,任一队员只要有可能直接射门就应直接射门;第三,任意球进攻过程应尽可能快速,每一个队员都应尽量排除不必要的传、带球;第四,发任意球前,场上每一个队员都应根据定位特点和赛前布置及时到位,做到既有计划准备,又尽可能默契;第五,前场任意球失败后,每一个队员必须迅速回位。

(2)任意球防守战术。当对方在中后场发任意球时,防守队员需要很好地组织和站位。如果在前场发任意球,则必须要排人墙。排人墙队员的人数取决于球所处的位置。每一排队员必须贴紧站立,以防球从人缝中穿过球门。球门近角由"墙"封堵,守门员站在球门远角并保证能观察到踢球队员及其附近队员的活动。

2.角球战术

(1)角球进攻战术。角球如同任意球一样,也是易于破门得分的锐利武器之一。在组织角球进攻中,站位的基本原则是队员分布在禁区内和附近区域,力争获得更多的进攻点。角球进攻的方式通常有四种:一是内弧线球至近球门柱或远球门柱;二是外弧线球至近球门柱或远球门柱;三是低平球或高吊球至近球门柱或远球门柱;四是短传配合。

(2)角球防守战术。站位和盯人是角球防守的重要环节之一。对角球站位和盯人一般应掌握好以下几个原则。第一,守门员站在靠近远端门网附近。这种选位主要是便于观察场上情况和出击。第二,一名防守队员站在近端门框。他可以封住前角,防止进攻者发内旋球射门和限制近角附近进攻队员的战术行动。第三,发角球同侧的一名边锋防守队员,应站在发角球队员的前面。他可以阻止或至少干扰对手发快速的低平球,迫使对方发高球。而高球对守方队员,包括守门员是极为有利的。第四,空中争顶能力强的防守队员盯住头球好的进攻队员。第五,一个运球技术好的队员站在中线边上,他的主要任务是在本方抢下球后作为"目标人"接球,乘对方防守没有组织好之前,发动快速进攻。第六,其余队员根据本队战术思想和未被盯进攻者的站位情况,分别选位和盯人。

(四)整体战术

1.中路进攻

中路进攻通常是指进攻最后阶段发生在前场中间区域的进攻。中路进攻形成的渠道,一般也来自中路直向推进和边中转移两种形式。一般来说,中路进攻比边路进攻更具有威胁性和直接性。中路往往防守人员密集,所以有效进攻的难度很大,但若成功,就会给对方很大威胁。

2.边路进攻

边路进攻一般是指进攻的最后阶段发生在前场禁区线以外靠近边线区域的进攻。边路进攻的发起、推进通常有两种渠道:一是进攻过程始终沿边路而行;二是通过中路转移至边路。边路进攻打法的主要目的在于充分利用"宽度"原则,拉开防守面,削弱中路的防守力量,创造中路破门得分的有利战机。

五、足球运动场地与规则简介

(一)足球运动场地

1.场地尺寸

比赛场地必须是长方形,边线的长度必须长于球门线的长度。

长度:最短90米,最长120米。

宽度:最短45米,最长90米。

2.国际比赛标准场地

长度:最短100米,最长110米。

宽度:最短64米,最长75米。

（二）足球运动规则

1. 越位

（1）越位位置。队员处于越位位置本身并不是犯规。队员处于越位位置，如果其头、躯干或脚的任何部位处在对方半场（不包含中线），且头、躯干或脚的任何部位比球和对方倒数第二名队员更接近对方与球门线，就判为越位。所有队员包括守门员的手和臂部不在越位位置判定范围内。如果队员与对方倒数第二名队员齐平或与对方最后两名队员齐平，则不算越位。

（2）越位犯规。一名队员在同队队员传球或触球的一瞬间处于越位位置，该队员随后以如下方式参与了比赛，被判罚越位犯规：在同队队员传球或触球后得球或触及球，从而干扰比赛、干扰对方队员获得利益。

（3）不存在越位犯规。队员直接从角球、掷界外球、球门球得球。

（4）违规与处罚。如果出现越位犯规，裁判员应判对方在越位发生地点罚间接任意球。

2. 犯规与不正当行为

（1）判直接任意球的犯规与不正当行为。①裁判员认为，如果队员草率地、鲁莽地或使用过分的力量对对方队员实施如下犯规，判罚直接任意球：冲撞；跳向；踢或企图踢；推搡；打或企图打；用脚或其他部位抢截。②如果队员出现下列任何一种行为，判罚直接任意球：故意手球（守门员在本方罚球区内除外）；拉扯、组织对方队员行动；咬人或向任何人吐口水；向球、对方队员或比赛官员扔掷物品。

（2）判间接任意球的犯规与不正当行为。①裁判员认为，如果队员出现如下行为，则判罚间接任意球：动作具有危险性；在没有身体接触情况下阻挡对方队员；以语言表示不满，使用攻击性或辱骂性的语言；阻挡对方守门员从其手中发球、踢或准备踢球。②如果守门员在本方罚球区内出现下列任何一种行为，则判给对方踢间接任意球：用手控制球后在发出球之前控制超过6秒；在发出球之后未经其他队员触及，再次用手触球；用手触及同队队员故意踢给他的球；用手触及同队队员直接掷入的界外球；违反以上未提及的任何其他犯规，而停止比赛被警告或罚令出场。

（三）判罚球类型

1. 任意球

当场上队员、替补队员、已替换下场的队员、已罚令出场的队员或者球队官员犯规或违规时，判由对方球队罚直接任意球或间接任意球。

直接任意球：踢球队员可将球直接射入犯规队球门得分。

间接任意球:踢球队员不得直接射门得分,球在进入球门前必须被其他队员踢或触及。

2.点球、界外球

点球:队员在本方罚球区内,有可直接判罚直接任意球的犯规,判罚点球。

界外球:当球的整体从地面或空中越过边线时,由最后触球队员的对方掷界外球。界外球不能直接掷进球门得分。

3.球门球、角球

球门球:当球的整体从地面或空中越过球门线,而最后由进攻方队员触及,且并未进球,则判为球门球。球门球可以直接得分。

角球:当球的整体从地面或空中越过球门线,而最后由守方队员触及,且并未进球,则判为角球。角球可以直接得分。

六、足球运动的主要赛事

(一)世界杯

世界杯一般指国际足联世界杯,也称世界足球锦标赛,是世界上最高水平的足球比赛,与奥运会、世界一级方程式锦标赛并称为全球三大顶级赛事。每四年举办一次,任何国际足联(FIFA)会员国(地区)都可以派出代表队报名参加,而世界杯主要分为预选赛和决赛两个阶段。

世界杯预选赛阶段分为六大赛区进行,分别是欧洲、南美洲、亚洲、非洲、北美洲和大洋洲赛区。每个赛区需要按照本赛区的实际情况制定预选赛规则,而各个已报名参加世界杯的国际足联会员国(地区)代表队,需要在所在赛区进行预选赛,争夺进入世界杯决赛阶段的名额。世界杯决赛阶段的名额目前是 32 个,主办国可以直接获得决赛阶段名额,除主办国外,其他名额由国际足联根据各个预选赛区的足球水平进行分配,不同的预选赛赛区会有不同数量的决赛阶段名额。

(二)奥运会足球比赛

奥林匹克运动会足球比赛是隶属于国际奥委会的一项国际性的足球比赛,从1900 年开始就已经成为奥林匹克运动会的比赛项目之一。1896 年在希腊举行的首届现代奥林匹克运动会上,足球是表演赛的项目。从 1900 年第 2 届奥运会起,足球被列为正式比赛项目。1996 年夏季奥林匹克运动会加入女子足球项目。

国际奥林匹克委员会章程规定,只有业余的足球运动员才能参加奥运会的比赛。1979 年又补充规定,欧洲和南美国家,凡参加过世界杯赛的运动员,一律不能参加奥运会足球赛。其他国家的运动员不受此限制。按规定,经过预选赛进入奥运会足球决赛阶段的共 16 个队,即欧洲 4 个队,亚洲和非洲各 3 个队,北美洲、南美洲各 2 个队,再加上上届冠军队和本届举办国队。近几届决赛阶段的比赛是,先分 4 个组进行预赛,每组前两名再编成两组用交叉比赛的方法进行复赛。复赛中两个组的第 1 名决冠、亚军,两个组的第 2 名争第 3、4 名。

3. 欧洲足球锦标赛

欧洲足球锦标赛,原名欧洲国家杯,1968 年改为现在的名称,世界最著名的足球赛事之一。该杯赛从 1960 年开始,每四年举行一次,从第 6 届开始,即 1979 年改用新赛制,决赛阶段赛集中在某国举行,东道主无须打预赛,直接进入决赛圈。欧洲足球锦标赛在欧洲有着非常大的影响,也是推动欧洲足球运动发展的重要赛事。

4. 欧洲足球联赛

欧洲足球联赛主要包括意大利足球甲级联赛(简称意甲)、英格兰足球超级联赛(简称英超)、西班牙足球甲级联赛(简称西甲)、德国足球甲级联赛(简称德甲)、法国足球甲级联赛(简称法甲)。这些联赛代表了当今世界足坛顶级的足球水平,吸引了众多球星,也常常引导足球发展的新方向。

第二次世界大战后,足球在欧洲很快复兴。随着欧洲冠军杯的创立,各个国家的足球运动交流日益频繁。由于环境与球风的不同,一般来说,意大利和西班牙的联赛技术含量高,而德国与英格兰的联赛更加注重身体对抗、比赛节奏较快,自 20 世纪 50 年代到 90 年代,各个联赛之间的相互影响并不太大。由于联赛的兴旺与经济状况、国家队成绩有直接联系,因此在 21 世纪之前,意甲被认为是第一联赛,尤文图斯、AC 米兰、国际米兰在欧洲赛场表现优异。而当时荷兰足球甲级联赛同样战绩彪炳,其影响力不逊如今的法甲。随着博斯曼法案的诞生,球员转会完全自由,联赛的实力对比日益缩小,五大联赛的说法逐渐为人所知。西甲取代意甲成为第一联赛;英甲改为英超后,竞争力大幅提高;意甲由于经济萧条以及产生寡头垄断的局面竞争力下降;德甲竞争力同样明显下滑;法甲由于引进大批来自第三世界的优秀球员而成为新贵。

第十三章　排球、沙滩排球与气排球

第一节　排　球

=== 学习提示 ===

排球运动是人们十分喜爱的体育运动,其高度的技巧和团队的密切配合使人们乐于参与和欣赏,是大学生课内外体育锻炼的主要内容之一。

一、排球运动的起源与发展

(一)排球运动的起源

1895 年 7 月,美国马萨诸塞州一位名叫威廉·摩根的体育干事,从事指导人们进行娱乐和体育锻炼的工作。当时,美式足球、篮球和网球运动在美国已经比较盛行。但美式足球和篮球运动的身体接触和冲撞较多,过于激烈,只适合青年人,而网球运动对参加活动的人数又有限制。所以摩根希望找到一种运动负荷适当、身体接触和碰撞较少,参加人数多且富于趣味性的娱乐活动方式,以满足不同年龄和性别的人参与体育运动的需要。

摩根从网球运动中受到启发,他将网球的球网升高,让多人隔着球网用手直接拍击球进行游戏,并先后用网球、篮球和篮球胆进行了试验。结果,网球太小不易拍击,篮球太重容易挫伤手指、手腕,篮球胆又太轻不易控制。几经实验,最后制作了历史上第一批排球:这种球外表为皮制,内装橡胶球胆,圆周为 63.5～68.6 厘米(25～27 英寸),重量为 252～336 克(9～12 盎司),与现代排球近似。

排球运动诞生后,很受美国民众的欢迎,教会及学校纷纷开展了排球运动。同时,这项运动也引起了美国军队的重视,将其列为美国的军事体育项目。后来教会的传教活动和军队的军事活动,把排球运动传播到世界各地。

（二）中国排球运动的发展

19世纪末20世纪初,西方文化不断向中国渗透,作为文化现象的体育也不例外。西方不少的竞技运动项目逐步在中国开展起来,排球运动就是这些竞技运动项目中的一种。

1900年至1910年,排球运动先后传入亚洲的印度、中国、日本、菲律宾等国。由于当时亚洲各国室内运动场馆远不如美国,来亚洲的基督教青年会的体育干事们根据亚洲的具体情况,介绍、传授了在室外开展的十六人制排球。亚洲前3届远东运动会排球比赛都采用十六人制。1919年第3届远东运动会后,比赛规则有了较大的修改,将十六人制改为十二人制。1927年又将十二人制改为九人制。九人制排球一直延续到1949年。在相当长的时间里,九人制排球一直流行于包括中国在内的亚洲各国。

20世纪50年代,世界最高水平的排球赛都是采用六人制比赛。例如,在布拉格举行的首届男子排球世界锦标赛,世界青年联欢节和世界大学生运动会全都是采用六人制比赛。为了适应国际比赛的需要,中国开始学六人制排球技术和比赛规则。

1953年中国排球协会成立,张之槐任主席。1953年11月,张之槐、马启伟以中国排球协会的名义参加了在罗马尼亚首都布加勒斯特举行的国际排球联合会的行政会议。1954年1月11日,国际排球联合会正式承认并接纳中国排球协会为正式会员。1956年8月,由国际排联主办的男子第3届和女子第2届世界排球锦标赛在法国巴黎举行。国际排联正式向中国男、女排球队发出了邀请。

1956年我国派女队参加在法国举行的第2届世界女排锦标赛,此次比赛中,中国女排先后击败奥地利、荷兰和联邦德国等女排队伍,获得第6名。20世纪50年代后期,中国男子排球运动员发展出"勾手大力发球""上手飘球"等技术,接着中国女子排球运动员亦开始在全运会和中国排球联赛等比赛中运用这些技术。

1974年,中国女排在第7届世界女排锦标赛中,获得第14名。1976年,袁伟民成为中国女排的主教练,不久中国女排国家队就先后参加了三项大型国际赛事:1977年的第2届世界杯、1978年的第8届世界女排锦标赛和曼谷亚运会,中国女排分别获得第四名、第六名和亚军,这样的成绩不但没有令中国女排气馁,反而增强了女排成为亚洲盟主的信心。

中国女排终于在1979年的亚洲女排锦标赛中有所突破,在决赛以盘数3比1击败当时的亚洲和前世界冠军日本女排,首次称霸亚洲。此后,中国女排先后7次获得世界冠军,其中两次摘得奥运会桂冠,对世界排球运动的发展起到了积极的推动作用。

二、排球运动的特点

（一）广泛的群众性

排球场地设备简单，比赛规则容易掌握。既可在球场上比赛和训练，亦可在一般空地上活动，运动量可大可小，适合于不同年龄、不同性别、不同体质、不同训练程度的人。

（二）技术的全面性

规则规定，每个队员都要进行位置轮转，既要到前排扣球与拦网，又要轮到后排防守与接应，这就要求每个队员都必须全面地掌握各项技术，能在各个位置上比赛。

（三）高度的技巧性

规则规定，比赛中球不能落地，不得持球、连击。击球时间的短暂，击球空间的多变，决定了排球的高度技巧性。

（四）激烈的对抗性

排球比赛中，双方的攻防转换始终是在激烈的对抗中进行。高水平比赛中，对抗的焦点在网上的扣拦。在一场比赛中，夺取一分往往需要经过六七个回合的交锋。水平越高的比赛，对抗争夺也越激烈。

（五）技术的两重性

排球是多种技术都可以得分，也能失分的项目，这种情况在决胜局比赛中更加突出，每项技术都具有攻防的两重性，因此，要求技术既要有攻击性，又要有准确性。

（六）严密的集体性

排球比赛是集体比赛项目，除发球外，都是在集体配合中进行的。没有严密的集体配合，再好的个人技术也难以发挥，更无法发挥战术的作用。水平越高的队，集体配合就越严密。

三、排球运动基本技术

排球运动基本技术包括准备姿势、移动、传球、垫球、发球、扣球、拦球、拦网。

（一）准备姿势

在做起动、移动和击球前的动作时，队员所做的合理的准备动作，为准备姿势。

准备姿势是为了有利于起动、移动,使身体动作和心理活动处于良好的"临战"状态。规范的准备姿势还有利于掌握各项排球技术。

(二)移动技术

移动的目的是迅速占据场上有利位置,争取时间和空间。队员是否及时移动到位,是完成技术动作的关键。移动的教学应以并步、滑步、交叉步、跑步、跨步的顺序进行。

(三)传球技术

传球主要用于二传,在比赛中起着组织进攻的作用,是各种技术串联的纽带,起着穿针引线的作用。传球分为单手传球和双手传球两大类。其中,单手传球包括侧传和跳传,双手传球包括正传和背传。

(四)垫球技术

垫球是排球比赛中运用较多的一项技术,主要用于接发球、接扣球、接拦回球以及防守和处理各种球。当一传球低时,还可以垫二传,用来组织进攻。垫球技术是组织一攻、反攻和保攻的重要环节。

1. 正面垫球

身体能及时移动时采用正面垫球的接球方式,接球动作稳定,能较好地控制力量和角度。

2. 侧面双手垫球

在身体两侧用双臂接球的动作称侧面垫球。当来球速度较快、距离体侧较远、无法及时移动至正面接球位置时采用。体侧接球可以扩大防守范围,但不易控制接球方向,因此,在来得及移动的情况下,最好采用正面接球。

3. 背垫球

背垫球就是背向出球方向,从体前向背后的接球。当球飞出较远而又无法进行正面调整传球时,或第三次被动击球过网时采用。

4. 跨垫球

队员向前或向体侧跨一步的接球称跨垫球。跨步接球主要运用在接发球和防守中。

5. 单手垫球

当来球低、速度快、距离远、来不及用双手接时,可采用单手垫球。这种接球动作快,手臂伸得远,可扩大控制范围,但由于手臂击球面积小,不容易控制球。

6. 挡球

当来球较高、力量较大、不便于传球时，可采用挡球。

（五）发球技术

发球是比赛的开始，也是进攻的开始。攻击性强的发球，可起到先发制人的作用。发球也可以减弱对方一攻的威力，为本方防守创造有利机会。

1. 正面下手发球

下手发球动作技术简单，可作为学习发球技术的入门。面对球网站立，容易将球击中空当。

2. 正面上手发球

正面上手发球面对球网站立，便于观察对方，发球的准确性大，易控制落点，并能充分利用转体，收腹的动作，带动手臂加速挥动，以及运用手腕的推压作用，使发出的球呈上旋，不易出界，故可以加大发球力量和速度。

（六）扣球技术

扣球在比赛中占有很重要的地位，是进攻中最积极有效的方法，也是从被动防守转化为主动进攻夺取发球权和得分最重要的手段。扣球也是反映低、中、高级排球队网上实力的重要标志，是决定比赛胜负的关键环节。

正面扣球是一种基本的扣球方法。由于面对球网，便于观察，准确性较高，挥臂动作灵活，能根据对方防守情况，随时改变扣球路线和力量，便于控制击球落点，因此进攻效果好。正面扣球由准备姿势、助跑、起跳、空中击球、落地等动作组成。在正面扣球的几个动作环节中，选择好起跳点及起跳时机，保持好人与球的关系是扣球的基础，挥臂击球是完成扣球动作的关键环节。

（七）拦网技术

拦网是防守的第一道防线。有效的拦网可以减轻本方后排的防守压力，为反击创造有利条件，同时可以削弱对方进攻的锐气，给对方攻手造成心理威胁。拦网技术可分为单人拦网和集体拦网。

四、排球比赛基本战术

（一）排球战术的概念

排球战术是指运动员在比赛中根据排球比赛规则、排球运动的规律、比赛双方的具体情况和临场的发展变化，合理地运用个人技术及集体配合所采取的有意识、有组织的行动。

（二）排球战术的特点

排球战术的特点表现在：①以基本技术为基础；②进攻与防守转换迅速；③依靠集体合作发挥个人技术。

（三）排球战术的分类

根据排球运动的特点和比赛的规律，排球战术一般可分为集体战术和个人战术两大类。

1．集体战术

集体战术是指两个或两个以上队员之间有组织、有目的的集体协同配合，任何集体进攻战术的变化都是建立在进攻阵型和进攻打法的基础上。集体战术包括进攻战术和防守战术。

1）进攻战术

进攻战术是指在接对方来球时，全队所采取的进攻行动，合理地选择进攻阵型是各种进攻变化的基础。

（1）中二传进攻阵型及其变化。中二传进攻阵型是指由1名前排或后排队员在前排中间位置做二传，其他队员参与进攻的阵型。中二传进攻阵型是最基本的进攻阵型，其特点是二传队员在中间，一传容易到位，战术可简可繁，适合不同战术水平的球队。

（2）边二传进攻阵型及其变化。边二传进攻阵型是指由一名前排或后排队员在前排2号位做二传，其他队员参与进攻的阵型。边二传进攻阵型也是基本的进攻阵型，其特点是二传队员在边上，对一传的要求较高。这种阵型的战术变化比中二传进攻阵型的多，战术可简可繁，同样适合不同水平的队。

二传队员与扣球队员之间可组成各种配合，形成不同的进攻打法。①强攻：在无掩护或掩护较小的情况下，主要依靠个人力量、高度和技巧等强行突破对方的拦防。②调整进攻：当一传或防起的球不到位，球的落点离限制线较远时，由二传队员或其他队员把球调整到网前有利于扣球的位置进行强攻的打法称为调整进攻。调整进攻在反击中运用较多，并占有比较重要的地位。③两次攻：当一传接起的球直接垫到了限制线附近，而且比较平稳，适合进攻队员扣球，可以不经过二传，直接进行进攻。

2）防守战术

排球的防守战术是组织进攻或反攻战术的基础，没有严密的防守，进攻就无从组织。而一切防守战术都应从积极为进攻和反攻创造条件的角度进行设计和考虑。

（1）接发球的防守战术。当对方发球时，本方处于防守地位，也是组织第一次进攻的开始。事先站好位置，摆好阵型，是接好发球的基础。站位的阵型，不仅要有利于接球，也要有利于本方所采用的进攻战术。同时，还要根据对方发球的特点，采取不同的阵型，通常多采用5人接发球和4人接发球。

①5人接发球站位阵型。该站位阵型除1名二传队员站在网前或从后排插上准备二传不接发球外，其余5名队员都担负一传任务的接发球。其优点是队员均衡分布，每人接球的范围相对减小；接发球时，已站成了基本的进攻阵型，组织进攻比较方便，适合接发球水平不太高的球队。其缺点是一传队员从5号位插上时距离较长，难度大；3号位队员接球时，不便组成快攻战术；不利于队员间的及时换位；队员之间地带较多，配合不默契时，容易互相干扰。

②4人接发球站位阵型。该站位阵型二传队员与同列的前排队员均站在网前不接发球，其他4人站成弧形接发球。其优点是便于后排插上和不接发球的前排队员及时换位。其缺点是对接发球的4人要求有较高的判断、移动能力和掌握较好的接发球技术。

（2）接扣球的防守战术。接扣球的防守与组织反攻是密不可分的，只有防守成功反攻才富有成效。接扣球的防守战术是前排拦网与后排防守的整体配合，根据对方进攻情况、本队队员特长、防守后的反攻打法，一般可分为不拦网、单人拦网、双人拦网和3人拦网的防守阵型。

①不拦网的防守阵型。在对方进攻较弱，没有必要进行拦网时，可以采用不拦网的防守阵型。这种阵型与5人接发球站位阵型相似，前排进攻队员要撤到进攻线后，准备防守和防守后的反攻；后排队员后退，准备防后场球；二传队员留在网前，准备接吊到网前的球和组织进攻。

②单人拦网的防守阵型。当对方扣球威胁不大、扣球路线变化不多、轻打中吊球较多时，可以主动采用单人拦网的防守阵型。拦网队员拦扣球人的主要进攻路线，不拦网队员及时后撤防守前区或保护拦网人，后排队员后撤加强后场防守。

③双人拦网的防守阵型。对方水平较高、进攻力量较强、进攻路线变化较多时，多采用这种防守阵型，即两人拦网、4人接球。通常分为"边跟进"和"心跟进"两种。

④3人拦网时的防守阵型。对方主要扣球手进攻实力很强，不善吊球的情况下可采用3人拦网，3人后排接球的防守阵型。这种阵型加强了网上力量，但后防的空隙也相对增大。3人拦网时，后排防守的6号位队员可以跟进到进攻线附近保护，也可以退至端线附近防守。

（3）接拦回球的防守战术。本方扣球时必须加强保护，积极防起被拦回来的球，并及时组织继续进攻。由于拦网人可以将手伸过网拦网，拦回的球通常速度快、角度小，因而接拦回球的保护阵型应形成多道防线的弧形状，且第一道防线紧跟在扣球人身后。以 4 号位队员进攻,其他 5 人保护为例,5 号位队员向前移动和向左后方移动的 3 号位队员形成第一道防线,1 号位队员保护后场,为第三道防线。其他位置进攻时,保护的阵型也可按同样道理布阵。

(4)接传、垫球的防守战术。当对方无法组织进攻,被迫用传、垫球将球击入本方时,本方的防守便称为接传、垫球的防守。这种情况在初学者中出现较多。由于来球的攻击性小,本方的防守阵型与不拦网情况下的防守阵型相同,即前排除二传队员外,其他的队员都迅速后撤到各自的位置,准备接球后组织进攻。需要注意的是在后撤和换位的过程中,动作要迅速并随时做好接球的准备。

2. 个人战术

1)发球个人战术

任务:在观察和分析对方的具体情况后,有针对性地采用不同的发球战术,先发制人。常见战术主要有以下几个方面:

(1)加强发球的性能,发出力量大、速度快、弧度低平、旋转性强或飘晃度大的球。

(2)控制发球的落点,找薄弱区域发球,将球发到对方前区、后区、两个队员之间的连接区、三角地区、一传差的队员。

(3)改变发球的方法,改变发球的位置、弧度、速度。

(4)适时变换发球,增强攻击性,提高准确性。

2)一传个人战术

任务:在第一次接对方来球时采用有目的、有意识的击球动作,组成本队战术。常见战术主要有以下几个方面:

(1)组织快攻战术时,如本方快攻队员来得及进行快攻,一传的弧度要低平,速度稍快,以加强进攻的节奏,如果来不及(防守后的快速反击),则应提高一传弧度。

(2)在组织强攻战术时,一传的弧度略高些,为二传队员创造便利传球条件。

(3)前排队员一传时,力量不宜过大,弧度应稍高,如来球力量不大,可用上手传球,后排队员则相反。

(4)当对方第三次传垫球过网时,一传可用上手传球,以便更准确地组织快速反击或传给网前队员进行二次进攻。

(5)如发现对方场区有较大的空当,或对方队员无准备时,一传可直接用传、垫、挡等动作把球击向对方。

3)二传个人战术

任务:有效地组织进攻战术,给扣球队员创造有利的进攻条件,突破对方拦网。常见战术主要有以下几个方面:

(1)根据本方队员的特点和布局情况,进行合理的分球。如采用集中与拉开,近网、中网或远网,弧度高与低球等传球战术。

（2）根据对方拦网的部署，与进攻队员在时间上和位置上进行协调配合，合理选择拦网的突破口，形成以多打少的局面。

（3）根据本方队员的不同起跳时间，采用升点、降点传球给予配合；用声东击西的隐蔽动作和假动作，打乱对方拦网布局。

（4）根据本方队员一传的情况，如到位球或不到位球，高球或低球，近网球或远网球等，合理运用传球技术组织各种战术。

（5）根据对方防守队员的站位，在有利于自己的情况下，突然将球传入对方空当。

4）扣球个人战术

任务：根据对方拦网和防守情况，选择合理扣球技术和路线，有效突破对方防御。常见战术主要有以下几个方面：

（1）路线变化。扣球时，运用转体、转腕动作扣直线、斜线或小斜线的球，避开对方的拦网。

（2）轻重变化。扣球时重扣强行突破与打点有机结合。

（3）超手和打手。充分利用弹跳力，采取超手扣球，从拦网队员手的上面突破，还可以利用平扣、侧旋扣球、推打等手法，造成拦网队员的打手出界。

（4）打吊结合。在对方严密的拦网下，先佯作大力扣杀，突然由扣变吊，将球吊入对方空当。

5）拦网个人战术

任务：根据对方扣球情况，利用时间、空间等变化因素，用不同手法，阻拦对方进攻。常见战术主要有以下几个方面：

（1）假动作。拦网队员可灵活地运用站斜拦直、正拦侧堵、迷惑对方。

（2）变换手型。拦网队员起跳后，根据进攻队员的动作随机应变地改变拦网手型。

（3）撤手。在发现对方要打手出界或平扣球时，可在空中及时将手撤回，造成对方扣球出界。

五、排球运动场地与规则

（一）排球运动场地

1.比赛场地

比赛场地分比赛场区和无障碍区。比赛场区为长 18 米、宽 9 米的长方形，其四周至少有 3 米宽呈长方形对称的无障碍区，从地面量起至少有 7 米的无障碍空间。国际比赛场地边线外的无障碍区至少有 5 米，端线后至少有 6.5 米，上空的无障碍空间至少有 12.5 米。

2. 比赛场区

比赛场区由中线的中心线分为长 9 米、宽 9 米的两个相等的场区。

前场区：每个场区各画一条距离中线 3 米的进攻线（其宽度包括在内）。中线与进攻线之间为前场区。

换人区：两条进攻线的延长线之间，记录台一侧边线外的范围为换人区。

发球区：在两边的端线外，两条边线的延长线上，各画两条长 15 厘米，垂直并距离端线 20 厘米的短线，两条端线之间为发球区。发球区的深度延至无障碍区的终端。

准备活动区：在两个无障碍区外的替补席远端，画 3 米见方的区域为准备活动区。

(二)排球比赛基本规则

1. 位置

发球队员击球时，双方队员（发球队员除外）必须在本场区内按轮转次序站位。

(1)靠近球网的 3 名队员为前排队员，位置分别为 4 号位(左)、3 号位(中)和 2 号位(右)。

(2)另外 3 名队员为后排队员，位置分别为 5 号位(左)、6 号位(中)和 1 号位(右)。

(3)发球击球后，队员可以在自己场区和无障碍区的任何位置。

2. 轮转

(1)一局比赛中，轮转次序、发球次序以及队员位置的确定，均以位置表为依据。

(2)接发球队获得发球权后，该队队员必须按顺时针方向轮转一个位置，如 2 号位队员转至 1 号位发球，1 号位队员转至 6 号位。

3. 比赛的状态

(1)进入比赛。经第一裁判员允许，发球队员击球为进入比赛。

(2)界内球。球在任意时刻任意部分触及比赛场区的地面包括界线为界内球。

(3)界外球。球接触地面的所有部分全部在界线之外；球触及场外物体、天花板或非场上比赛队员；球触及标志杆、网绳、网柱或球网标志带以外的部分；球的整体或部分从过网区以外过网；球的整体从网下空间穿过。

4. 击球

比赛队伍必须在其本场区及空间内击球（规则 10.1.2 除外），但可以越出，在本方无障碍区救球。

（1）比赛中，队员与球的任何触及都视为击球。每支队伍最多击球 3 次（拦网除外）将球击回对方场区，如果超过则判为 4 次击球犯规。

（2）连续击球。一名队员不得连续击球两次（规则 9.2.3、14.2 和 14.4.2 除外）。

（3）同时击球。两名或 3 名队员可以同时触球。

（4）借助击球。队员不得在比赛场地之内借助同伴或任何物体支持进行击球。但是队员可以挡住或拉住另 1 名即将犯规（如触网、网下穿越等）的同队队员。

5. 球网附近的队员

（1）拦网时允许拦网队员越过球网触球，但不得在对方进攻性击球前或击球时干扰对方。

（2）进攻性击球后允许手过网，但击球时必须在本场区空间。

（3）网下穿越。

（4）在不干扰对方比赛的情况下，允许队员在网下穿越进入对方空间。

（5）穿越中线进入对方场区。

（6）触网。

队员在击球动作过程中触及球网标志杆之间的任何部分，均视为犯规。

击球动作过程包括但不限于起跳、击球或试图击球和安全落地，准备下一个击球动作过程。

6. 发球

后排靠右的队员在发球区内将球击出而进入比赛的行动是发球。球被抛起或持球手撤离后，必须在球落地前，用一只手或手臂的任何部分将球击出。

（1）球只能被抛起或撤离一次，但拍球或在手中摆弄球是允许的。

（2）发球队员在击球时或发球起跳时，不得踏及场区（包括端线）和发球区以外的地面。击球后可以踏及或落在场区内或发球区以外。

（3）发球队员必须在第一裁判员鸣哨允许发球后 8 秒内将球击出。

（4）裁判员鸣哨允许发球前的发球无效。

7. 进攻性击球

进攻性击球是指发球和拦网外的其他所有向对方的击球。前排队员可以对任何高度的球完成进攻性击球，但触球时必须在本场地空间。后排队员可在后场区对任何高度的球完成进攻性击球，但起跳时脚不得踏及或越过进攻线，击球后可以落在前场区。

8. 拦网

拦网是队员靠近球网在高于球网处阻挡对方来球的行动，与触球点是否高于球网无关,只有前排队员可以完成拦网,触球时身体必须有一部分高于球网上沿。

9. 自由防守队员

(1)每支球队有权在记录表上登记的队员名单中最多指定两名自由防守队员。

(2)所有的自由防守队员必须在比赛前登记在记录表规定的位置。

(3)有防守队员在场上时为场上自由防守队员,如果该队伍还有另外一名自由防守队员,则将成为第二自由防守队员。

(4)任何时候只能有一名自由防守队员在场上。

六、排球运动主要赛事

(一)奥运会排球比赛

排球比赛已经成为奥运会重要赛事之一。1964 年,排球运动首次亮相东京奥运会赛场,有 10 支男队和 6 支女队参加了比赛。至 2008 年北京奥运会,排球运动进入奥运会这个神圣的殿堂已经整整 44 个年头。在这充满着光荣与梦想的 44 年中,奥运会排球比赛的规模已由最初的 10 支男队和 6 支女队发展到男女各 12 支。

(二)世界杯排球赛

世界杯排球赛的前身是"三大洲"(亚洲、欧洲、美洲)排球赛。1964 年国际排联将其更名为"世界杯"排球赛,并决定于 1965 年 9 月在波兰举行首届世界杯男子排球赛,1973 年在乌拉圭举办了首届世界杯女子排球赛。世界杯是由全球高水平的男、女球队参加的国际性的排球比赛,每四年举办一次。1991 年,世界杯的举办日期被改为奥运会的前一年举行。世界杯的参赛资格:举办国、当年举行的各大洲锦标赛的冠亚军、下一届奥运会的举办国共 12 支球队。竞赛采用单循环制进行。

第二节　沙滩排球

学习提示

　　沙滩排球是一项风靡世界的体育运动,除了高超的技巧和激烈的比赛,它还将带领观众享受整个比赛过程,享受自然、人体、运动美所带来的愉悦。

一、沙滩排球的起源和发展

沙滩排球起源于 20 世纪 20 年代的美国。大多数人认为加利福尼亚的莫尼卡是沙滩排球的发源地。当时人们玩沙滩排球是为了娱乐消遣。头顶蓝天,沐浴阳光,光着脚板在金色柔软的沙滩上,尽情地跳跃、滚翻、流汗,享受这美妙的时光。沙滩排球以自身特有的魅力越来越受到人们的青睐,参加人数急剧增加。当时虽然是娱乐、健身的项目,但已具有相当的规模。

20 世纪 20 年代末沙滩排球穿越大西洋传入法国,并逐渐风靡美洲的巴西、阿根廷以及大洋洲的澳大利亚和新西兰。当时的比赛是三对三、四对四,在莫尼卡还首次出现了二人制男子沙滩排球。20 世纪 50 年代,沙滩排球才得以广泛发展。1951 年,在加利福尼亚的五个海滨浴场举行的沙滩排球巡回赛已具有相当规模,参加的选手达数百人。与此同时巴西举办了首届沙滩排球锦标赛。20 世纪 60 年代法国举行了奖金三万法郎的三人制沙滩排球巡回赛。

1965 年,加利福尼亚沙滩排球协会成立,并在当地八个海滨浴场举行了公开赛。1976 年首届沙滩排球锦标赛在美国加利福尼亚举行。观众有三万余人。1979 年出现了职业沙滩排球,并涌现出一批优秀的职业沙滩排球选手。1987 年 2 月,国际排联认可的首届世界沙滩排球锦标赛在巴西的里约热内卢举行,巴西、美国、意大利、阿根廷、智利、墨西哥、日本等国参加了比赛。1988 年国际排联正式成立了世界沙滩排球联合会,并开始筹备世界沙滩排球系列大赛。

20 世纪 90 年代,沙滩排球比赛更加频繁,国际排联组织的系列大奖赛每年 18 站。目前,除了国际排联正式的比赛以外,各国都有不同水平的沙滩排球赛事。1996 年,沙滩排球在诞生 70 年后,终于被纳入奥运会比赛项目。首届奥运会沙滩排球赛于 1996 年 7 月 23 日—28 日在亚特兰大沙滩上举行。从此沙滩排球进入新纪元。

由于沙滩排球比赛观众踊跃,商业化程度不断提高,进而促进了职业化的发展,职业化又加速了运动水平的提高,使比赛更加精彩,又吸引了更多的观众,沙滩排球的发展已形成良性循环。目前,世界沙滩排球运动,开展最普及、竞技水平最高的当属巴西和美国。澳大利亚、意大利和德国等国近几年进步也很快。

1993 年国际奥委会正式通过沙滩排球为奥运会正式比赛项目以后,中国排球协会在 1994 年开始正式举办全国沙滩排球比赛。第 8 届全运会将沙滩排球列入正式比赛项目。沙滩排球在我国虽时间不长,但发展很快,参赛的队越来越多,规模越来越大,呈现出可喜的发展态势。

二、沙滩排球的基本技术

(一)发球

发球位置,在球场两边端线延长线和底线之间的任一点,基本方式可分为下手发球、上手发球和跳发球。

（二）垫球

垫球一般用双手合握的方式，两手拇指伸直靠拢在上，一手四指合拢放于另一手虎口处，另一手四指合拢紧握，以拇指合并处的平坦部位接球。垫球时身体前倾，两脚分开，眼睛紧盯来球，根据球路调整步伐，手臂要斜下伸直，将球击向预定位置。

（三）传球

传球是在额前上方用双手（或单手）借助蹬地、伸臂动作，通过手指手腕的力量来完成的击球技术动作。队员若采用上手传球完成进攻性击球时，传球轨迹必须垂直于双肩的连线，否则犯规。

（四）扣球

扣球是最主要的得分方法，要求动作快、准、狠。扣球时要注意时间的拿捏，当身体跃至最高点时，以手掌的下部触球，再以全手掌盖住球体，以全身力量将球往下扣击。

三、沙滩排球场地与规则

（一）沙滩排球场地

沙滩排球比赛场地包括比赛场区和无障碍区。比赛场区为长 16 米、宽 8 米的长方形。国际排联正式比赛中场地边线和端线外的无障碍区至少宽 3 米，最多 6 米，比赛场地上空的无障碍空间至少高 12.5 米。比赛场地的地面是水平的沙滩，沙滩至少 40 厘米深，其中没有石块、壳类及其他可能造成运动员损伤的杂物。比赛场区上所有的界线宽为 5~8 厘米，界线与沙滩的颜色需有明显的区别，并且由抗拉力材料的带子构成。

（二）沙滩排球规则

国际排联组织的二人制沙滩排球比赛，比赛规则与室内排球比赛规则的不同主要表现在以下方面。

（1）计胜方法采用三局两胜制。①在前 2 局中，由先得 21 分并领先 2 分的队赢得该局，比分无上限。若比分为 21:20，则要至 22:20 才获胜。②决胜局（第 3 局），先得 15 分并领先 2 分的队获胜。若 14:14 平手时，再继续比赛，并至少领先 2 分（如 16:14 或 17:15 或 30:28）为获胜，无最高分限制。

（2）一个队由两名队员组成。每队的两名队员必须始终在场上，没有换人。当发球队员击球时，除发球队外，双方队员必须在本场区内，可随意站立，没有固定的位置,没有位置错误或轮转错误,但有发球次序错误。一局比赛每队首次发球时,记录员启示发球次序,比赛中,记录员应展示发球队员 1 号或 2 号的号码牌,指明该队的发球次序。记录员发现发球次序错误,应在发球击球后立即通知裁判员。

(3)每队最多可击球 3 次,拦网触手也计 1 次击球,第 3 次必须将球从球网上空击回至对方场区。

(4)队员不得用手指吊球的动作来完成进攻性击球。

(5)队员用上手传球完成进攻性击球时,传球轨迹不垂直于双肩连线,即犯规。

(6)用上手传球防守重扣球时,允许球在手中有短暂的停滞。当双方队员网上同时触球时可以"持球"。

(7)在不妨碍对方比赛的情况下,允许队员穿入对方空间、场区和无障碍区。

(8)任何队员在本场区空间都可以对任何高度的球进行进攻性击球。

(9)每局比赛中,每队最多可请求两次暂停,每次暂停时间为 30 秒,任何一个队员都可向裁判员提出暂停请求。

(10)比赛中,当双方比分累积达 7 分(第一、二局)、5 分(第三局)或 7 分、5 分的倍数时,双方交换场地。

(11)所有局间休息时间均为 1 分钟。

(12)一局比赛中最多给予 1 名队员 1 次恢复时间,若该队员还未恢复则判阵容不完整。

四、沙滩排球运动主要赛事

(一)奥运会沙滩排球比赛

1993 年,国际奥委会在蒙特卡洛召开会议,接纳沙滩排球为奥运会正式比赛项目。首届奥运会沙滩排球比赛于 1996 年举行,有 24 支男队和 24 支女队参加了比赛。沙滩排球在第 28 届、29 届奥运会中也获得了成功。随着沙滩排球运动商业化和职业化步伐的加快,沙滩排球运动在世界上的影响力也日益增大。

(二)世界沙滩排球锦标赛

世界沙滩排球锦标赛,每两年举办一次,是世界一流的沙排赛事,得到国际排联的认可。1997 年,作为官方正式的男女世界沙滩排球锦标赛开始举行。作为国际体育赛事的卓越代表,世界沙滩排球锦标赛诠释了运动技巧、健身习惯及形体美各个方面,也为男子、女子提供了同时竞技的舞台,具有强大魅力。这项比赛的获胜者能摘得世界锦标赛冠军头衔及高达 100 万美元的奖励。

第三节　气排球

气排球运动是一项集运动、休闲、娱乐为一体的群众性体育项目,作为一项新的体育运动项目,如今受到越来越多人的青睐。气排球作为全国老年体育协会的五大竞技项目之一,自从中国火车头老年体育协会首先推出该项目以来,先后在浙江、福建、上海、江苏、湖南、广西、重庆等地得到了很好的推广,打球健身的老年人越来越多。气排球由于运动适量、不激烈,男女都可以混合进场参与,适合各个年龄层次的人进行强身健体活动。

一、发展历史

气排球是我国土生土长的一项群众性排球活动。1984 年,呼和浩特铁路局集宁分局为了开展老年人体育活动,在没有规则限制的情况下,组织离退休职工用气球在排球场上打着玩儿。由于气球过轻且易爆,他们将两个气球套在一起打,最后又改用儿童软塑球,随后又制定了简单的比赛规则,并将这种活动形式取名为"气排球"。

龚艺是气排球的发明人之一。1985 年 9 月,广西壮族自治区灵川县成立了老年人体育协会,龚艺任协会副秘书长,负责全县老年人体育活动的组织工作。他看到在老年人体育室里,老人除了下棋就是打牌,没有什么运动项目,心里非常着急。后来,他组织开展了一些篮球、排球、乒乓球比赛,但老年人普遍反映运动量过大,体力吃不消。"要是发明一些专门适合老年人的体育运动就好了。"龚艺想。

1986 年 11 月,龚艺在电视上看到一个老年人吹鸡毛比赛的节目,他突发灵感:能不能用气球代替排球,进行类似排球的运动呢? 他立即找出当年参军时用过的气枕头,吹起气在房间里抛来抛去,居然感觉还不错。龚艺把这项运动称为"汽排球",并拿到县体委请一些人带头练习。通过 1 个多月的练习、摸索,他们发现,这种球质软、富有弹性、手感舒适、难度不大、运动量不大又不易伤人的"汽排球",非常适合老年人活动,于是向外界推广。后来,龚艺和秦荣明商量将"汽"字改成了"气"字。

二、气排球的特点

(1)球质软。富有弹性,手感舒适,不易伤人。

(2)球体大。圆周为 80~83 厘米;重量 100~120 克,在空中飘游缓慢、容易控制,适合于老年人的眼、手、脚的节奏。

（3）球网低。男高 2.1 米，女高 1.9 米，打球时可减少跳跃，运动安全。

（4）场地小。全场长 13.4 米，宽 6.1 米，室内外均可开展活动。

（5）运动量适宜。气排球活动有跑、跳、蹲、转身，使脑、眼、手、腰、脚等都运动，但活动量不大，有利于健身强体。

（6）集体性极强。全队必须协调配合，有利于团结奋进和展现高尚的道德风范。

（7）规则宽。人体任何部位触球都可以。有时候为了救球，手来不及的情况下，可以用脚踢。只要按规则要求，将球打到对方场内地面上空就有效。

三、气排球的基本技术要点

由于气排球的基本动作和技术与排球一样，下面仅就最基本的技术做部分阐述，具体技术动作分析，请参照本章排球一节。

（一）半蹲准备姿势

两脚左右开立稍比肩宽，两脚尖稍内收，两膝弯曲成半蹲，脚跟稍提起，身体重心稍靠前，两臂放松，自然弯曲，双手置于腹前。两眼注视来球，两脚始终保持微动放松。

（二）垫球

垫球技术动作要点可概括为插、夹、抬、压。

（1）插：双手互握插入球下。

（2）夹：两臂夹紧伸直。

（3）抬：提肩抬臂。

（4）压：手腕下压。

击球时，用手腕上 10 厘米的前臂击球的后中下部。

（三）传球

（1）准备姿势：看清来球，迅速移动到球的落点，正对来球，两脚左右开立，约同肩宽，左脚稍前，右脚脚跟稍提起，两膝微屈，上体稍前倾，两臂弯曲置于胸前，两肘自然下垂，两手成传球手形，眼睛注视来球方向。

（2）手型：当手触球时，手腕稍后仰，两手自然张开，手指微屈成半球状。两拇指相对成"一"字形或"八"字形，两拇指间的距离不能过大，以防漏球。

（3）击球点：击球点在前额上方约一球左右。

（4）球触手的部位：拇指外侧，食指全部，中指的二三指节，无名指第三指节和小指第三指节的半个指节，简称为"3、2、1、半和拇指外侧"。

（5）击球部位：后中下部。

（6）用力顺序：蹬腿、展腹、伸臂，最后用手指手腕的弹力将球向前上方传出。

（四）扣球

（1）准备姿势：两脚自然开立，两膝微屈，上体稍前倾，观察二传来球。

（2）助跑：左脚先向前迈出一步，接着右脚迅速跨出一大步，左脚及时并上落在右脚侧前方，两脚尖稍向右准备起跳。

（3）起跳：两臂自后积极向前摆动，随着双腿蹬地向上起跳，两臂协调配合起跳动作用力上摆。

（4）空中击球：起跳至接近最高点时用正面上手大力发球的挥臂动作，在右肩前上方击球的中上部。

（5）落地：完成击球动作后，身体自然下落，应尽量让双脚的前脚掌先着地，同时顺势屈膝，缓冲身体下落的力量。

（五）正面下手发球

（1）准备姿势：面对球网，两脚前后开立，左脚在前，两膝微曲，上体前倾，重心偏右脚，左手持球于腹前，右臂自然下垂。

（2）引臂：击球的同侧手臂直臂向后摆动。

（3）抛球：左手将球平稳地向上托送竖直抛起，抛球高度为30厘米左右。

（4）挥臂击球：右腿蹬地，身体重心随着右臂的直臂前摆而前移，在腹前用掌的坚硬部位击球的后下部。重心随击球动作前移，迅速进场比赛。

（六）正面上手发球

（1）准备姿势：面对球网站立，两脚自然开立，左脚在前，左手持球于体前。

（2）抛球：左手将球平稳地垂直抛于右肩的前上方，抛球高度为 1.5 米左右。

（3）引臂：屈肘后引，上体稍向右转，手停于耳旁。

（4）挥臂击球：收腹、振胸、挂肘，上臂带动前臂向前上方弧形挥摆，伸直手臂，在肩的上方用全掌击球的后中部。

（5）击球手法：包满打转，边包裹边推压；全手掌击球，使球呈上旋飞行。

（6）动作要点：采用变向传球的方法进行传球，先转体（面向出球方向）让球（使球到达转体后的前额前上方），然后进行正面传球。

四、比赛规则

（一）队员

一个队由 10 人组成，其中有 1 名领队，1 名教练员，8 名运动员；领队、教练员可兼运动员。队员服装要统一，上衣前后须有号码，序号为 1 至 10 号，身前号码至少 15 厘米高,身后号码至少 20 厘米高。号码的笔画宽度至少 2 厘米。队长上衣应有一条与上衣颜色不同的长 8 厘米、宽 2 厘米的标志。

(二)比赛方法

1.记分方法

比赛采用每球得分制,即胜 1 球得 1 分。

2.队员场上位置

(1)四人制比赛队员位置:靠近球网 2 号位(右)、3 号位(左)两名队员为前排队员,1 号位(右)、4 号位(左)两名队员为后排队员。1 号位队员与 2 号位队员同列,3 号位队员与 4 号位队员同列。

(2)五人制比赛队员位置:靠近球网 2 号位(右)、3 号位(中)、4 号位(左)3 名队员为前排队员,另外 1 号位(右)、5 号位(左)两名队员为后排队员。1 号位队员与 2 号位队员同列,4 号位队员与 5 号位队员同列。

3.轮转

(1)轮转次序、发球次序以及队员位置的确定均以位置表为依据。

(2)某队得 1 分,同时得发球权后,所有队员必须按顺时针方向轮转一个位置,如 2 号位队员轮转至 1 号位发球。

(3)如某队因对方被判罚而得 1 分,本方得分后也必须轮转一个位置,原该分轮到的发球队员不再发球,轮转由下一轮发球队员发球。

4.暂停

每局比赛中,每个队可请求 2 次暂停,每次暂停时间为 30 秒。只有成死球时经教练员或场上队长向第二或第一裁判员请求后才准予暂停。第一裁判员鸣哨后,比赛应立即继续进行,若某队请求第三次暂停,应予拒绝并提出警告。第一裁判员已鸣哨发球,队员尚未将球发出或与鸣哨的同时请求暂停,均应拒绝,如第二裁判员在此时错误鸣哨允许暂停,第一裁判员也不得同意,应再次鸣哨发球。

5.换人

每局每队最多可替换 5 人次。某队换人时应由教练员或场上队长在死球时向第二或第一裁判员提出要求,并说明替换人数和队员的号码。裁判员准许换人时,上场队员应已做好准备并从前场区上下场,如队员未做好准备,则判罚该队 1 次暂停。

(三)成绩计算

(1)得分。比赛采用每球得分制。当某队胜一球时,同时获得发球权。

（2）胜一局。第一、二局先得 21 分同时超过对方 2 分为胜一局,当比分 20∶20 时,比赛继续进行至某队领先 2 分(22∶20、23∶21……)为胜一局。决胜局,先得 15 分同时超过对方 2 分的队获胜,当比分 14∶14 时,比赛继续进行至某队领先 2 分 (16∶14、17∶15……)为胜一局。

（3）某队被召唤后拒绝比赛,则宣布该队弃权。对方以每局 21∶0 的比分和2∶0 的比局获胜。

（四）动作和犯规

1. 发球

（1）发球队胜一球或接发球队取得发球权时,该队队员必须按顺时针方向轮转一个位置,由轮转到 1 号位的队员发球,如没有按发球次序轮转发球,则为轮转错误,必须立即纠正,并判失去发球权。

（2）发球队员必须在第一裁判员鸣哨发球后 8 秒钟内将球发出。球被抛出发球队员未击球,球也未触及发球队员而落地,允许继续发球。

（3）发球队的队员不得以任何方式阻挡对方观察发球队员和球的飞行路线。

（4）发球时判断队员的位置错误,应以队员身体着地部分为依据,在发球队员击球的一刹那,球未击出前,同排队员的站位不得左右超越或平行,前后排队员不得前后超越或平行。即 4 号位队员不得站在 3 号、2 号位队员的右边,2 号位队员不得站在 2 号、3 号、4 号位队员的前面或平行,否则,应判失球权或对方得分。发球队员与本方 5 号位队员不受站位的限制。

（5）发球触网算违例,发球和比赛过程中球触顶按违例处理。

2. 击球

队员击球时,有意或无意把球接住停在手中或用双臂将球夹住停留时间较长,或用手将球顺势冲至停留时间较长再将球送出,判击球犯规。队员身体任何部位连续触球多于 1 次,则判连击犯规(拦网除外)。

3. 过中线和触网

比赛进行中,队员踏越中线,应判过中线犯规,队员身体任何部位触及球网,判触网犯规,因对方击球入网而使网触及本方队员时,不算触网犯规。

4. 进攻性击球

这一点明显与硬排球运动不同。

（1）队员在后场区可以对任何高度的球做进攻性击球,但在起跳时不得踏及或踏越限制线,否则即为违例犯规。

（2）队员有前场区,采用攻击力强的扣、抹、压吊动作,将高于球网上沿的球击入对方区则判犯规。如采用攻击力小的传、顶、挑的动作,击球的底部或下半部,使球具有一定向上的弧度过网不算犯规。

（3）队员有前场区,对低于球网上沿的球,可用任何击球动作将球击入对方区。

5.拦网与过网

（1）后排两名队员不得拦网。如有参加拦网并起到拦网作用应判犯规。

（2）拦网不算 1 次击球,还可再击球 1 次。

（3）不得拦对方的发球和对方队员进入前场区直接击过网的球,只允许拦对方队员在后场区直接击过网的球。

（4）本方队员完成直接向对方击球前,对方的手触及本方上空的球时,应判对方队员过网犯规。

第十四章　乒乓球与羽毛球

第一节　乒乓球

【学习提示】

　　乒乓球是一项易于在各年龄段人群中开展、普及率很高的体育运动,被誉为我国的国球。它集观赏、健身、娱乐、竞技于一身,给从事这项体育运动的人带来了健康和快乐。

一、乒乓球的起源与发展

(一)乒乓球运动的起源

　　乒乓球运动于 19 世纪末起源于英国,最初只是一种活动性游戏,球是用轻而富有弹性的材料制成,球拍用雪茄烟盒盖之类的木质板,像打网球一样在桌上打,故称之为"桌上网球"。1900 年左右,由于轻工业的发展,球才改成用赛璐珞制成的空心球。此后,乒乓球运动便逐步发展起来。第一次大型乒乓球比赛于 1900 年 12 月在英国伦敦举行,参加比赛的有 300 多人。比赛时,男运动员要穿领子上浆的衬衣和坎肩,女运动员要穿裙子,甚至还要戴帽子。

(二)乒乓球运动的发展

　　乒乓球运动的发展经历了几个不同的阶段。初期,运动员使用的球拍虽形状各异,但都是木制的,击出的球速度慢、力量小,谈不上什么旋转;打法也比较单调,只是把球推来推去。1903 年,英国人古德发明了胶皮球拍,有力地促进了乒乓球技术的发展。

　　1926 年,国际乒乓球联合会正式成立,并举行首届世界乒乓球锦标赛。从

1926 年到 1951 年,世界各国选手大都使用表面有圆柱形颗粒的胶皮拍,击球时增加了弹性和摩擦力,可以使球产生一定的旋转,因而出现了削下旋球的防守型打法。这一打法在欧洲流行时间较长,不少运动员采用这种打法获得了世界冠军。这一时期乒乓球运动的优势在欧洲,其中匈牙利队成绩最突出,在 117 项次世界冠军中,该队获 57 项次。

20 世纪 50 年代初,奥地利人发明了海绵球拍,日本运动员在世界比赛中使用,并一举夺得第 19 届世界锦标赛的 4 项冠军,打破了欧洲运动员的垄断地位。日本运动员利用这种球拍创造的远台长抽进攻型打法,具有正手攻球力量大、速度快、发球抢攻威胁大等优点,因而速度慢、旋转弱、攻击力不强的欧洲防守型打法被逐渐取代,这是乒乓球运动水平的第一次大提高。

1959 年,容国团获得了第 25 届世界乒乓球锦标赛男子单打冠军,中国运动员登上了国际乒坛,逐渐形成了以“快、准、狠、变”为技术风格的直拍近台快攻打法。在 1961 年第 26 届世界乒乓球锦标赛中,中国队既过了欧洲关,又战胜了远台长抽加秘密武器——“弧圈球”打法的日本选手,第一次夺得了男子团体世界冠军,并连续获得第 27、28 届男子团体冠军。中国近台快攻打法的优点是站位近,速度快,动作灵活,正反手运用自如,比日本远台长抽打法又大大前进了一步。20 世纪 60 年代,中国乒乓球技术水平位于世界最前列,乒乓球运动的优势由日本转移到中国,这是国际乒乓球运动水平的第二次大提高。

在日本、中国乒乓球运动发展的同时,欧洲运动员从失败中总结经验教训,经过近二十年的努力,终于取日本弧圈球技术和中国近台快攻打法之长,创造出适合他们的先进打法,即以弧圈球为主结合快攻的打法;以快攻为主结合弧圈球的打法,以正反手快攻为主要技术,用反手快拨快攻力争主动,以正手拉弧圈球寻找机会扣杀为得分手段。这两种打法的特点是旋转较强,速度快,能拉能打,低拉高打,回旋余地较大。乒乓球运动又推进到旋转和速度紧密结合的新高度。这是乒乓球运动水平的第三次大提高。

20 世纪 70 年代以来,由于国际交往和学习研究的加强,各种打法互取长短,使乒乓球技术得到了更快的发展和提高。例如,我国近台快攻、直拍快攻结合弧圈球、横拍快攻结合弧圈球等打法和技术,均有所发展和创新,在国际比赛中取得了优异的成绩。现在,乒乓球已发展为各国人民喜爱的运动项目之一。国际乒乓球联合会已拥有 127 个会员协会,是世界上较大的体育组织之一。由国际乒联和各大洲乒联举办的世界锦标赛、世界杯赛、洲际比赛及各种规模和形式的国际比赛不胜枚举。1982 年,国际奥委会关于从 1988 年起把乒乓球列为奥运会正式比赛项目的决定,引起世界各国对乒乓球运动的进一步重视,推动了乒乓球运动的发展。

二、乒乓球运动的特点与健身价值

乒乓球的特点是器材设备简单，室内室外都可进行，球小速度快，变化多，运动量可大可小，不同年龄、性别和身体条件的人都可参加，很容易被大众接受，世界上参与这项运动的人数近 4000 万人，可算是世界最有人气的运动之一。

乒乓球是一项集健身性、竞技性和娱乐性为一体的运动。作为一项全身运动，乒乓球所特有的速度快、变化多的特点决定了参与者在以下方面均可受益。一是全身的肌肉和关节组织得到活动，从而提高动作的速度和上下肢活动的能力，并能有效发展反应、灵敏、协调和操作思维能力。二是由于该项运动极为明显的竞技性特点和娱乐功能，使其成为一项培养勇敢顽强、机智果断等品质和保持青春活力，调节神经的有效运动。三是乒乓球运动越来越多地被作为增强智力、提高工作效率，以及保健、医疗和康复的极佳手段而引起各方面的重视。四是乒乓球运动将趣味性和观赏性、竞技性相结合，其运动过程也是趣味横生的享受过程。五是乒乓球运动具有很高的观赏性，在欣赏中，人们能充分体会到运动员的高超技艺、刺激的对攻，能够提高神经系统的灵敏性。六是乒乓球体积小，重量轻，打起来速度快、变化多，人们打球时精神高度集中，视觉灵敏，思维快速多变。因此，乒乓球运动能够提高大脑皮层兴奋与抑制的转换速度，提高神经系统的灵敏度。

乒乓球运动以上这些特点和锻炼价值，使得乒乓球运动员和该项运动的爱好者们逐渐形成了良好的心理素质并在其他某些方面超出常人。心理学专家运用心理测验法对我国部分优秀少年儿童乒乓球运动员心理素质的研究结果表明：他们普遍表现为智力水平较高，操作能力优于普通学生，情绪稳定，自信心、自持力、独立性、思维敏捷性均较强，智力因素与个性因素发展协调；在日常生活中，他们常常显得机敏过人、动作灵活、协调。总之，乒乓球运动的确具有其他运动所不曾有的某些独特功能，令参与者获益终身。

乒乓球运动可以改善心血管系统的机能，使心肌发达，心脏变大和收缩加强，心跳搏动有力。经常打乒乓球可刺激脑细胞，提高人的反应速度。因此，青少年经常打乒乓球，能提高动作的速度和上、下肢活动的能力，运动机体更灵活，耳聪目明，精力更充沛，不仅增强体质，而且有助于培养勇敢顽强、机智果断等品质。

三、乒乓球的基本技术

（一）球拍的选择与握拍

1. 球拍的选择

初学者一般选择球拍底板弹性适中、没有震感、海绵胶皮厚度在 2 ~ 2.5 毫米的反胶拍面的球拍,可根据自己的习惯选择直拍或横拍。

2. 握拍

(1)直拍标准握法:用食指第二关节和拇指的第一关节扣住拍柄与拍面的结合部位,用中指第一关节顶在球拍背面,其余手指自然弯曲重叠于中指,形成支点。

(2)横拍标准握法:虎口正对球拍拍肩,拇指与中指、无名指和小指自然握住拍柄,食指自然伸直贴在拍后。正手攻球时,食指稍向前移动;反手攻球时,拇指稍向前移动。

（二）基本步法

正确的步法移动,是正常发挥乒乓球技术的有效保障。因此掌握基本的脚步移动方法是初学者的必修课。乒乓球运动的常用步法有单步、跨步、并步、跳步和交叉步等。

1. 单步

近距离击球时,以一只脚的脚掌为轴,另一只脚可向前、后、左、右移动,身体重心随之落到移动脚上,挥拍击球。

2. 跨步

跨步是范围较大的平行移动。当来球离身体较远时,来球方向的异侧脚蹬地,同侧脚横向跨一大步,重心随之移动,异侧脚迅速跟上。跨步一般用于借力回击。

3. 并步

来球方向的异侧脚向同侧脚并步,然后同侧脚再平行移动,迎击来球。

4. 跳步

以异侧脚为主,两脚同时蹬地腾空移动,异侧脚与同侧脚先后落地,随即挥拍击球。

5. 交叉步

来球方向的同侧脚发力,异侧脚迅速从体前做平行交叉横跨一大步,同侧脚迅速跟上落地还原,挥拍击球。

（三）发球与接发球技术

1. 发球技术

发球技术是初学者必须掌握的基本技术之一,它可以帮助初学者最大限度地施展自己的战术意图,为主动进攻创造条件。发球还可以限制对手的技术发挥,破坏对方的战术运用。

（1）正手发球：发球前身体略向右转（以右手握拍为例，以下同），持球手将球抛起，同时右臂内旋，使球拍略前倾，待球落至稍高于球网时，快速挥拍击球中部偏上，击出的球第一落点应在对方球台中区。

（2）反手发球：身体略向左转，持球手将球向上抛起，同时右臂外旋，使拍面略向前倾，当球下落至稍高于球网时，击球中上部，击出的球第一落点要在对方球台中区。

（3）正手发左侧上旋球：身体略向右偏，持球手将球向上抛起，同时右臂外旋，直握拍手腕做伸，横握拍手腕外展，拍面方向略向左偏；当球落至球网高度时，前臂加速挥摆，手发力向左下方挥拍，直拍手腕做屈，横拍手腕做内收，击球的中部并向左上方摩擦。

（4）正手发左侧下旋球：挥拍前的动作与发上旋球基本相同。挥拍击球时，手臂向左前下方挥摆，沉腕、拇指压拍，击球的中下部并向左侧下方摩擦。

（5）反手发右侧上旋球：身体略向左偏，向上抛球时，右臂稍向内旋，拍面角度近乎垂直，向左后方引拍，同时腰部略向左转；当球落至球网高度时，身体各部位协调配合，前臂和手腕同时发力，直握拍手腕做伸，横握拍手腕内收，击球的中部并向右侧上方摩擦。

（6）反手发右侧下旋球：挥拍前的动作与发上旋球相似。挥拍击球时，手腕与前臂较平直，拍面较平，击球的中下部并向右侧下方摩擦。

（7）反手发下旋转与不转球：横拍选手运用较多。发转球时，拍面后仰，前臂和手腕发力，击球的中下部并向底部摩擦。发不转球时，拍面稍立，击球中部稍加向前推力将球送出。

2.接发球技术

随着发球技术的不断改进，接发球的技术变得越来越重要。接发球技术可分为三个部分。

（1）接发球的站位：要根据对手的发球位置和自己的打法特点选择站位。

（2）接发球的判断：首先要熟悉发球的基本动作，注意发球方的挥臂动作、手腕动作、触球部位和拍的移位方向，以此判断球的速度、飞行弧线、落点和旋转强度。

（3）接球的方法：现代接球的基本方法为点、拨、带、拉、攻、推、削、搓、摆短等，要根据对来球的判断采用不同的接球方法。

（四）进攻性技术

进攻性技术包括攻球技术和弧圈球技术两大类，而攻球技术又分为正手攻球、反手攻球、侧身攻球和台内攻球等；弧圈球技术分为前冲弧圈球、加转弧圈球和侧旋弧圈球等。

1. 攻球技术

(1)正手快攻:站位近台偏左,前臂后引,拍面略前倾,以前臂发力为主,来球至上升期时触球中上部,向前上方发力,将球击出。击球后手臂顺势挥动,并快速还原。

(2)反手快攻:身体离台约50厘米,击球前身体略向左转,上臂、肘关节自然靠近身体,前臂外旋,使拍面前倾。击球时,肘关节内收,前臂外旋,快速向右前方上挥,在上升期击打来球的中上部。

(3)侧身正手攻球:击球前迅速移步成侧身位,左脚在前,重心落在右脚。击球时要注意蹬地、转体、收腹、挥拍的用力顺序,并调整好挥臂角度和手腕动作。

(4)台内攻球:在台内击打对方来球,一般采用挑打的方法。

①横拍正手挑打:击球前,不必后引,直接将拍伸向台内,拍面稍立,手腕略外展。在球的高点期击球,击球时以手腕发力为主。

②直拍正手挑打:站位靠近右前台,向外侧引拍,拍面直立,向球前下方挥拍,击球时再向上挥动,手腕发力挑打来球。

2. 弧圈球技术

(1)正手前冲弧圈球:两脚站立比肩宽,球拍向后下方引,拍面略前倾,挥拍时重心前移,在来球的高点或高点前期击球的后中部,以手臂向前并向上发力摩擦球,使球产生强烈上旋。

(2)反手前冲弧圈球:右脚稍前,重心落在左脚,收腹含胸,右臂自然弯曲,肘部靠近身体。击球时,球拍向前上方挥动,击球点在腹部前方,前臂以肘关节为轴快速发力并带动手腕发力,摩擦球的中下部,使球强烈上旋。

(3)正手加转弧圈球:站位时重心较低,收腹含胸。引拍时,身体随之右转,右肩下沉。击球时,上臂带动前臂向上并向右前方发力击球,在下降期加力摩擦球的中部或中上部。

(4)反手加转弧圈球:重心放在两脚间,以肘关节为力点带动前臂发力,转腕动作要充分,在下降期摩擦球的中部或中上部。

(5)侧旋弧圈球:两脚开立比肩宽,向身后引拍时,身体前倾,拍面略有内扣。击球时,蹬转身体,从外侧向前加力挥拍,在下降期摩擦球的中外侧。

(五)控制性技术

1. 搓球技术

搓球技术包括正手搓球、反手搓球、摆短球、搓侧旋球和搓转与不转球,是还击下旋球的一项基本技术。搓球站位近,回球路线短,会给对手造成回球的困难。使用控球技术是为了控球,利用搓球的落点和旋转变化作为过渡,为自己创造进攻机会。

(1)正手搓球:拍面稍后仰,球拍向后上方稍引,向前下方挥动球拍。快搓时在上升期,慢搓时在下降期,用球拍的下半部摩擦球的中下部,击球时前臂和手腕适当加力。

(2)正手搓左侧旋球:拍面角度稍后仰,前臂向身体右侧上提,当球进入下降期时手腕用力,向左加速摩擦球的中下部。

(3)反手搓球:手臂自然弯曲,拍面角度稍后仰,向身体左前上方稍引拍。击球时持拍手臂向前下挥送,快搓时在上升期,慢搓时在下降期,摩擦球的中下部。

(4)反手搓右侧旋球:拍面角度稍后仰,前臂向体前左侧上提。当球进入下降期时,向右摩擦球的中下部。

2.削球技术

削球技术是一项防守技术,对控球的落点和旋转的质量有很高的要求。现代的削球技术还要求运动员攻削结合,能在进攻中防守,在防守时进攻。削球一般用于中、远台的回击,常采用正手削球和反手削球。

(1)正手削球:向后引拍,拍面稍后仰,身体向右后方转动。击球时,向前下方挥拍。在下降期腰部带动手臂一同发力,在腰侧下方击球的中下部。

(2)反手削球:身体略向左转,同时向左上方引拍。击球时,手臂向前下方挥动,同时转腰,在下降期击球的中下部。

3.推挡球技术

推挡球技术是我国直拍快攻打法的主要技术,能起到积极防守和由守变攻的作用。其特点是站位近、动作小、速度快、变化多。推挡球技术可分为挡球、快推、加力推、减力推和推下旋等。

(1)挡球:挡球分正手挡球和反手挡球两种,是初学者的入门技术。面对球台成准备姿势,拍面接近垂直,在球的上升期,推击球的中部。前臂、手腕稍加用力,借助来球的反弹力将球挡回。

(2)快推:快推是使用最多的反手推挡技术。面对球台,左脚稍前,以肩为轴,屈肘,引拍至身前或偏左,拍面略前倾。在球的上升期前臂快速做伸,推击球的中部偏上。

(3)加力推:以肩为轴,向后略下引拍,拍面稍前倾。当来球在高点后期时,身体前压,手臂充分向前下方发力击球的中上部。注意身体自下而上地协调用力。

(4)减力挡:面对球台,以肩为轴,屈肘向体前稍上引拍。在球的上升期击球的中上部,触球瞬间球拍停止向前或略后收,以减弱击球力量。

(5)推下旋:手臂微内旋,拍面角度稍后仰。上臂后引,前臂上提,将球拍引至身体前方。当来球跳至高点期时,向前下方用力推切,触球瞬间拍形保持相对固定。

四、乒乓球的基本战术

乒乓球的基本战术包括发球抢攻战术、接发球战术、对攻战术和搓攻战术等。

1.发球抢攻战术

发球抢攻战术是指利用发球争取主动,在比赛中采用旋转、速度、落点等不同的变化来破坏对手的接球,为自己的进攻创造机会。

2.接发球抢攻战术

接发球抢攻战术是指利用快推、快搓、摆短和拉球等回击技术破坏对手的战术意图,造成对手回球质量不高,为自己主动进攻创造条件。

3.对攻战术

对攻战术是进攻型选手经常采用的战术。运用正、反手攻球,反手推挡等技术,采用攻击对方两角、追身攻、轻重结合来达到目的。

4.搓攻战术

搓攻战术是进攻型打法的辅助战术,利用搓球的旋转、速度、落点的变化来降低对手回球的质量,为自己创造进攻的机会。

五、乒乓球运动的场地、器材与比赛规则

(一)场地与器材

1.球台

球台的上层表面叫作比赛台面,应为与水平面平行的长方形,长2.74米,宽1.525米,离地面0.76米。比赛台面不包括球台台面的侧面。比赛台面可用任何材料制成,应具有一定的弹性,即当标准球从离台面30厘米高处落至台面时,弹起高度应约为23厘米。比赛台面应呈均匀的暗色,无光泽,沿每个2.74米的比赛台面边缘各有一条2厘米宽的白色边线,沿每个1.525米的比赛台面边缘各有一条2厘米宽的白色端线。比赛台面由一个与端线平行的垂直的球网划分为两个相等的台区,各台区的整个面积应是一个整体。双打时,各台区由一条3毫米宽的白色中线划分为两个相等的半区。中线与边线平行,并应视为右半区的一部分。

2.球网装置

球网装置包括球网、悬网绳、网柱及将它们固定在球台上的夹钳部分。球网应

悬挂在一根绳子上,绳子两端系在高 15.25 厘米的直立网柱上,网柱外缘离开边线外缘的距离为 15.25 厘米。整个球网的顶端距离比赛台面 15.25 厘米。整个球网的底边应尽量贴近比赛台面,其两端应尽量贴近网柱。

3.球

球应为圆球体,直径为 40 毫米,球重 2.7 克。球应用赛璐珞或类似的材料制成,呈白色、黄色或橙色,且无光泽。

4.球拍

球拍的大小、形状和重量不限,但底板应平整、坚硬。底板厚度至少应有 85% 的天然木料,加强底板的黏合层可用诸如碳纤维、玻璃纤维或压缩纸等纤维材料,每层黏合层不超过底板总厚度的 7.5% 或 0.35 毫米。用来击球的拍面应用一层颗粒向外的普通颗粒胶覆盖,连同黏合剂厚度不超过 2 毫米,或用颗粒向内或向外的海绵胶覆盖,连同黏合剂,厚度不超过 4 毫米。普通颗粒胶是一层无泡沫的天然橡胶或合成橡胶,其颗粒必须以每平方厘米不少于 10 颗、不多于 50 颗的平均密度分布整个表面。海绵胶即在一层泡沫橡胶上覆盖一层普通颗粒胶,普通颗粒胶的厚度不超过 2 毫米。覆盖物应覆盖整个拍面,但不得超过其边缘。靠近拍柄部分以及手指执握部分可不予以覆盖,也可用任何材料覆盖。底板、底板中的任何夹层、覆盖物以及黏合层均应为厚度均匀的一个整体。球拍两面不论是否有覆盖物,必须无光泽,且一面为鲜红色,另一面为黑色。拍身边缘上的包边应无光泽,不得呈白色。由于意外损坏、磨损或褪色,造成拍面的整体性和颜色上的一致性出现轻微的差异,只要未明显改变拍面的性能,可以允许使用。比赛开始时及比赛过程中运动员需要更换球拍时,必须向对方和裁判员展示他将要使用的球拍,并允许他们检查。

(二)比赛规则

1.合法发球

(1)发球时,球应放在不执拍手的手掌上,手掌张开伸平。球应是静止的,在发球方的端线之后和比赛台面的水平面之上。

(2)发球员须用手把球几乎垂直地向上抛起,不得使球旋转,并使球在离开不执拍手的手掌之后上升不少于 16 厘米。

(3)当球从抛起的最高点下降时,发球员方可击球,使球首先触及本方台区,然后越过或绕过球网装置,再触及接发球员的台区。在双打中,球应先后触及发球员和接发球员的右半区。

(4)从发球开始到球被击出,球要始终在比赛台面的水平面以上和发球员的端线以外,而且从接发球方看,球不能被发球员或其双打同伴的身体或他们所穿戴的任何物品挡住。

（5）球一旦被抛起，发球员的不执拍手臂应立即从球和球网之间的空间移开。球和球网之间的空间由球和球网及其向上的延伸来界定。

（6）运动员发球时，有责任让裁判员或副裁判员看清他是否按照合法发球的规定发球。

（7）如果裁判员怀疑发球员某个发球动作的正确性，并且他或者副裁判员都不能确信该发球动作不合法，一场比赛中此现象第一次出现时，裁判员可以警告发球员而不予判分。

（8）在同一场比赛中，如果运动员发球动作的正确性再次受到怀疑，不管是否出于同样的原因，不再警告而判失 1 分。

（9）无论是否第一次或任何时候，只要发球员明显没有按照合法发球的规定发球，他将被判失 1 分，无须警告。

（10）运动员因身体伤病而不能严格遵守合法发球的某些规定时，可由裁判员做出决定免予执行，但须在赛前向裁判员说明。

2. 合法还击

对方发球或还击后，本方运动员必须击球，使球直接越过或绕过球网装置，或触及球网装置后，再触及对方台区。

3. 比赛次序

（1）在单打中，首先由发球员合法发球，再由接发球员合法还击，然后两者交替合法还击。

（2）在双打中，首先由发球员合法发球，再由接发球员合法还击，然后由发球员的同伴合法还击，再由接发球员的同伴合法还击。此后，运动员按此次序轮流合法还击。

4. 一局比赛与一场比赛

（1）在一局比赛中，先得 11 分的一方为胜方，10 平后，先多得 2 分的一方为胜方。

（2）一场比赛应采用三局两胜制或五局三胜制，现国际比赛多采用七局四胜制。一场比赛应连续进行，但在局与局之间，任何一名运动员都有权要求不超过两分钟的休息时间。

5. 发球、接发球和方位的选择

（1）发球、接发球和方位的选择应由抽签来决定，中签者可以选择先发球或先接发球，或选择先在某一方。

（2）当一方运动员选择了先发球或先接发球，或选择先在某一方后，另一方运动员应有另一个选择的权力。

（3）在获得每两分之后，接发球方即成为发球方，依此类推，直至该局比赛结束，或者直至双方比分都达到 10 分或实行轮换发球法，这时，发球和接发次序仍然不变，但每人只轮发 1 分球。

（4）在双打的第一局比赛中，先发球方确定第一发球员，再由先接发球方确定第一接发球员。在以后的各局比赛中，第一发球员确定后，第一接发球员应是前一局发球给他的运动员。

（5）在双打中，每次换发球时，前面的接发球员应成为发球员，前面的发球员的同伴应成为接发球员。

（6）一局中首先发球的一方，在该场下一局应首先接发球。在双打决胜局中，当一方先得 6 分时，接发球方应交换接发球次序。

（7）一局中，在某一方位比赛的一方，在该场下一局应换到另一方。在决胜局中，一方先得 5 分时，双方应交换方位。

6. 场外指导

（1）团体比赛，运动员可接受任何人的场外指导。

（2）单项比赛，运动员只能接受一个人的场外指导，而这个指导者的身份应在该场比赛前向裁判员说明。如果一对双打运动员来自不同协会，则可分别授权一名指导者；如未被授权的人进行指导，裁判员应出示红牌令其远离赛区。

（3）在局与局之间的休息时间或经批准的中断时间内，运动员可接受场外指导，但在赛前练习结束后到比赛开始前不能接受场外指导。

六、主要赛事与欣赏

（一）主要赛事

乒乓球运动的主要赛事有奥林匹克运动会、世界锦标赛、世界杯赛。

"大满贯"是指获得奥林匹克运动会单打冠军、世界锦标赛单打冠军、世界杯单打冠军。到目前为止，国际乒坛上一共产生了 7 位"大满贯"运动员：瑞典的瓦尔德内尔，中国的邓亚萍、刘国梁、孔令辉、王楠、张怡宁、张继科。

（二）赛事欣赏

不管每年高水平的比赛在哪里举行，人们都可以在家中欣赏与评论。但要想提高对乒乓球运动的欣赏水平，从中体会更多的乐趣，了解更深的玄妙，得到赏心悦目的享受，就需要了解比赛的规则和运动员的实力、技术特点、战术的运用以及团体赛的排兵布阵等，此外还要提高对乒乓球基本知识及技战术特点的认知水平。

1.赛事欣赏的相关知识储备

（1）提高对基本技战术的认知水平。俗话说：外行看热闹，内行看门道。要想欣赏乒乓球比赛就应了解乒乓球的基本技术、战术。例如，发球与接发球的技术特点、弧圈球的特点和回击弧圈球的技术、直拍横打的技术特点等；双方采用的战术，如发球抢攻、长拉短吊、搓攻战术等。只有懂得乒乓球的基本技战术，才能更好地欣赏比赛。

（2）提高对参赛运动员比赛的品评能力。①在观看比赛之前，通过电视、报纸和网络等渠道了解参赛运动员的实力状况、最新的世界排名、目前的竞技状态等。②观看比赛，听现场解说，加深对运动员的了解。③比赛过后与专家或球迷品评赛事，进一步提高欣赏能力。

（3）了解参赛运动员的打法特点。在观看比赛前应对选手的技术特点有所了解。乒乓球运动员有快攻型、弧圈型、快攻弧圈结合型、削球型和削攻结合型等打法，又有直拍、横拍两种握法，以及直拍横打等打法，所使用的球拍有正胶、反胶、生胶、长胶等区别。

（4）了解双方的排兵布阵。团体比赛时，排兵布阵十分重要。每名运动员都有自己的优势，也有自己的弱点。领队和教练要非常熟悉对方运动员的打法特点，要能以己之长攻彼之短。观看比赛不仅要看运动员的现场竞技，还要看领队的运筹帷幄，教练员的斗智斗勇。

（5）其他看点。观看比赛主要有两个方面：一是关心本国球手的胜负，二是欣赏运动员的高超技艺。例如，在奥运会的单打决赛中，如果是中国和其他国家（地区）的选手对决，我们首先关心的是输赢，会为本国运动员的绝杀而欢呼，也会因本国运动员的失误而懊恼和焦虑，比赛带给我们更多的是振奋和遗憾。而决赛如果是在本国选手之间或在其他国家（地区）选手之间进行，我们则更侧重于对球艺的欣赏。无论从哪一个角度观赏比赛，比赛过程中的环境、气氛，自身的心理变化都会给观赏者带来精神的享受。

乒乓球运动是一项很细微的运动。在比赛过程中，运动员的心理和精神都处于高度集中的状态，运动员需要用眼睛仔细观察对手球拍撞击球时的动作、时间、部位、拍形和来球的运行情况及对手的表情等，还要用耳朵听出对手球拍撞击球的声音，从而判断来球的旋转、速度、力量、落点、节奏情况以及对手的心理状态、可能采取的战术等方面的情况，同时要考虑自己如何回球。运动员对这些情况的正确判断和击出有威胁的回球，除了依赖自身的能力以外，还需要一个很好的赛场环境。

2.观看乒乓球比赛应注意的事项

（1）从运动员准备发球开始到这个球成为死球的这一段时间内，整个赛场要保持安静,不要鼓掌、踩地板、大声讲话、呐喊助威、随意走动、展示旗帜和标语等。

(2)不要使用闪光灯拍照。闪光灯对乒乓球比赛的影响是非常大的,因为乒乓球球拍和球的碰撞是在瞬间完成的,闪光灯会闪花运动员的眼睛,使运动员无法判断来球的质量,从而影响回球的质量和命中率。

(3)呐喊助威时要轻一些,不要将锣鼓和喇叭带进体育馆内,因为过大的声音、过激的语言会影响运动员的心情和注意力。哪一方输了都不要发出嘘声,否则会给运动员带来压力,也不要对裁判发出嘘声。

(4)场馆内禁止吸烟;手机关机或调整到振动、静音状态。

第二节　羽毛球

学习提示

　　羽毛球运动是一项对抗性很强的竞技运动。它是通过运动员在场地上不停地进行脚步的移动、跳跃、转体、挥拍,合理地运用各种击球技术和步法将球在场上往返对击,从而增大上肢、下肢和腰部肌肉的力量,加快锻炼者全身血液循环,增强心血管系统和呼吸系统的功能,是一项全身性运动。

一、羽毛球的起源与发展

(一)羽毛球运动的起源

早在两千多年前,一种类似羽毛球运动的游戏就在中国、印度等地出现。中国叫打手键,印度叫浦那,西欧等国则叫作键子板球。据传,在 14 世纪末,日本出现了把樱桃插上美丽的羽毛当球,两人用木板来回对打的运动,这便是羽毛球运动的原形。

现代羽毛球运动诞生于英国。1873 年,在英国格拉斯哥郡的伯明顿镇有一位叫鲍弗特的公爵,在他的领地开游园会,有几个从印度回来的退役军官就向大家介绍了一种隔网用拍子来回击打键球的游戏,人们对此产生了很大的兴趣。因这项活动极富趣味性,很快就在上层社会社交场上风行开来。"伯明顿"(Badminton)即成为羽毛球的英文名字。

(二)羽毛球运动的发展

羽毛球运动在 20 世纪初流传到亚洲、美洲、大洋洲,最后传到非洲。1934 年国际羽毛球联合会(简称国际羽联)成立,总部设在伦敦。1939 年国际羽联通过了各会员国共同遵守的《羽毛球竞赛规则》。

20 世纪 20 年代至 40 年代欧美国家的羽毛球运动发展很快,其中英国、丹麦、美国、加拿大的水平相当高。20 世纪 50 年代亚洲羽毛球运动发展很快,马来西亚取得两届汤姆斯杯赛冠军。同时,印度尼西亚队在技术和打法上有所创新,很快取得了霸主地位。20 世纪 60 年代以后,羽毛球运动的发展逐渐移向亚洲。

1981 年 5 月国际羽联恢复了中国在国际羽联的合法席位,从此国际羽坛,进入中国羽毛球选手称雄世界的辉煌时代。

在 1988 年汉城奥运会上,羽毛球被列为表演项目,1992 年巴塞罗那奥运会将羽毛球列为正式比赛项目,1996 年亚特兰大奥运会将混双列为比赛项目。从此,羽毛球运动进入新的发展时期。2006 年,羽毛球新规则在试行了 3 个月之后正式实施。在该年度汤姆斯杯、尤伯杯赛中首先采用。

羽毛球运动于 1910 年前后传入我国,最早在上海,随后在广州、天津、北京、成都等城市有所开展。新中国成立后,党和政府十分关心人民群众的健康,体育运动得到了蓬勃的发展,羽毛球运动也逐渐为群众所喜爱,并作为我国重点开展的项目之一。1953 年在天津举办了首次全国比赛,当时只有 5 个队 19 名选手参加。1954 年,一批报效祖国的赤子先后回国,并带回了先进的羽毛球技术,同时组建了国家集训队。继而我国在东南沿海几个主要大城市也成立了以归国华侨青年为骨干的羽毛球队。我国羽毛球运动员总结、整理了国内外羽毛球运动的经验教训和技术资料,结合自己的运动实践进行了探索,不断改进训练方法,同时,借鉴我国乒乓球运动的成功经验,并通过对多年训练和比赛实践经验的总结,提出了"以我为主、以快为主、以攻为主"的积极打法。后来,又经过不断的总结和完善,中国羽毛球运动逐步形成了"快、狠、准、活"的技术风格。我国运动员怀着一颗勇攀世界羽坛技术高峰、为国争光的雄心大志,吸取了国外一些先进的运动训练方法,勤学苦练,自觉地贯彻了"从难、从严、从实战出发,进行大运动量训练"的"三从一大"训练方针,运动技术水平得到了进一步的提高。但由于当时我国未加入国际羽联,故未参加世界性锦标赛,但是在国际交往中,多次与当时的世界强队进行过较量,都取得了优异的成绩,被外媒誉为"无冕之王""冠军之冠军"等。

我国在国际羽联的合法席位恢复的当年 7 月,我国运动员陈昌杰、孙志安、姚喜明、刘霞和张爱玲在首届世界运动会上(美国洛杉矶)夺取了男女单、双打的 4 项冠军。1982 年,我国第一次参加了全英羽毛球比赛,张爱玲夺得女子单打冠军,徐蓉/吴健秋夺得女子双打冠军,栾劲勇夺男子单打亚军。同年,中国队第一次参加汤姆斯杯赛,在第一天 1:3 非常不利的情况下,奋力拼搏,最终以 5:4 击败羽坛劲旅印尼队,夺得冠军。1984 年,在马来西亚的吉隆坡,我国羽毛球女队夺得第 10 届尤伯杯赛冠军。

紧随其后,我国又涌现出杨阳、赵剑华、熊国宝、李永波、田秉毅和林瑛、李玲蔚、韩爱萍等一批世界羽坛顶尖高手,从而进一步奠定了我国羽毛球技术水平处于世界羽坛领先地位的基础,他们在一系列世界大赛中为祖国夺得了众多的奖牌,创造了中国羽毛球历史上的辉煌时期。进入 20 世纪 90 年代,随着杨阳、赵剑华、李玲蔚等一批优秀运动员的相继退役,我国暂时出现了一段青黄不接的时期,而印尼队经过多年的励精图治,涌现了一批以阿迪、王莲香为代表的新秀,欧洲也重新崛起,韩国、马来西亚时有新人涌现,世界羽坛进入群雄抗衡的时代。

在巴塞罗那奥运会上,我国羽毛球项目竟与金牌无缘,直到 1995 年才逐渐走出低谷,首次夺得苏迪曼杯。在 1996 年亚特兰大奥运会上,葛菲/顾俊勇夺女双冠军,实现了我国羽毛球项目在奥运会上零的突破。1997 年,我国运动员再次夺得苏迪曼杯,同时在世界锦标赛上获得了女单、女双和混双三块金牌。我国羽毛球运动开始步入再铸辉煌的历程。

二、羽毛球的运动特点与健身价值

羽毛球运动无论是进行有规则的羽毛球比赛还是作为一般性的健身活动,都要在场地上不停地进行脚步移动、跳跃、转体、挥拍,合理地运用各种击球技术和步法将球在场上往返对击,从而增大了上肢、下肢和腰部肌肉的力量,加快了锻炼者全身血液循环,增强了心血管系统和呼吸系统的功能。

(一)羽毛球运动的特点

羽毛球运动作为一种体育运动和娱乐活动受到了广泛的欢迎,得到发展,它具有以下特点。

1. 可锻炼全身

据统计,大强度羽毛球运动者的心率可达到每分钟 160~180 次,中强度心率可达到每分钟 140~160 次,低强度运动心率也可达到每分钟 130~150 次。长期进行羽毛球锻炼,可使心跳强而有力,肺活量加大,耐久力提高。此外,羽毛球运动要求练习者在短时间内对瞬息万变的球路作出判断,果断地进行反击,因此,它能提高人体神经系统的灵敏性和协调性,达到锻炼全身的目的。

2. 可调节运动量

羽毛球运动适合于男女老幼,锻炼者可根据个人年龄、体质、运动水平和场地环境的特点选择运动量。青少年可将羽毛球运动作为促进生长发育、提高身体机能的有效手段进行锻炼,运动量宜为中强度,活动时间以 40~50 分钟为宜。适量的羽毛球运动能促进青少年身高增长,能培养青少年自信、勇敢、果断等优良的心理素质。老年人和体弱者可将羽毛球运动作为保健康复的方法进行锻炼,运动量宜较小,活动时间以 20~30 分钟为宜,达到出出汗、弯弯腰、舒展关节的目的,从而增强心血管和神经系统的功能,预防和治疗老年心血管和神经系统方面的疾病。儿童可将羽毛球运动作为活动性游戏来进行锻炼,在阳光下奔跑跳跃、击球,从而培养不畏困难、不怕吃苦、不甘落后的品质。

3. 简便性

(1)不受场地的限制。羽毛球活动对设备的基本要求比较简单,最低要求只需两个球拍、一个球和一条绳索即可。正规比赛场地面积仅 70~82 平方米,长 13.4 米,宽 6.1 米(双打)或 5.18 米(单打),平时进行羽毛球活动只要有平整的空地就可以了。因此它不仅可以在正规的室内运动场进行,也可以在公园、生活小区等处广泛开展。

锻炼者在户外进行羽毛球运动时可吸入新鲜空气,受到阳光照射,血液循环和新陈代谢将得到改善,同时可感受大自然的美丽,在运动中怡心健体。

(2)集体、个人皆宜。羽毛球运动既可单兵作战(两人对练),又可集体会战(双打练习或三人对三人练习)。单人对练时,练习者可以随心所欲地打出任何弧线、任何远度、任何力量、任何速度及任何落点的球;集体会战则可以使练习者养成协调配合的习惯,培养集体主义精神。

(3)不受年龄、性别的限制。羽毛球运动游戏性较强,运动量可大可小。身强力壮的年轻人可以将球打得又刁又重,拼尽全力扑救任何来球,尽情散发自己的青春气息;年老体弱的锻炼者可以把球轻轻地击来打去,根据自己的要求变换击球节奏,从而达到锻炼身体、延年益寿的功效,既活动了身体又娱乐了心情。不同年龄、不同性别以及不同体质的人都能在羽毛球运动中找到乐趣。

(二)羽毛球运动的价值

1. 娱乐性

(1)自娱性。羽毛球作为一种娱乐活动,参与者通过不停的奔跑、技术动作,努力把球击到对方的场地。每当击球者在击出一个好球或赢得一个球时都能使自己兴奋并达到一种成功的喜悦。同时球的飞翔又有快慢、轻重、高低、远近、狠巧、飘转等变化,使这种运动本身充满了丰富的乐趣。

(2)观赏性。羽毛球技术的千变万化,使羽毛球运动有很高的可观赏性。如猛虎下山的上网技术,蛟龙出水一样的跳起击球,身如满弓的扣杀,犀牛望月似的抢扑救球,进攻时似高屋建瓴、势如破竹,防守时如绵绵细雨、固若金汤。一切都在展示着羽毛球运动的力与美,观赏者像吟读一首动人的诗,如浏览一幅赏心悦目的画,令人心旷神怡,流连忘返。

2. 锻炼性

(1)增强体质。羽毛球运动可以全面增强人的体质。前场、后场快速移动击球,中后场的大力扣杀球,被动时的扑救球,双打的换位击球等都需要练习者有较好的力量素质、速度素质、耐力素质、身体柔韧性以及快速的反应能力。扣杀需要力量;双方在对拉回合中,为了取得主动需要有较快的速度耐力;在扑救球时(多半是被动情况)需要有很好的反应和柔韧;双打中需要默契的配合与预判能力。因此,经常从事该项体育运动可以发展人体的反应能力、协调性,可以提高人们上下肢及躯干的活动能力,改善呼吸系统和心血管系统的功能,提高有氧供能和无氧供能的能力,调节神经系统并提高其抗乳酸的能力,而且能起到增进健康、抗病防衰、调节精神的作用。

(2)培养意志。羽毛球运动因其竞争性、对抗性、大强度等诸多因素的要求,使意志品质在该项运动中占有非常重要的地位。羽毛球比赛经常遇到这类情况,即运动员出现了"极点":喘不上来气、身体无力、眼前发黑、感觉自己再也坚持不下去了。这种现象不是一方出现,在势均力敌的情况下往往是双方先后都会出现,甚至几乎是同时出现(如一个球打了很多回合),这时就看谁能再坚持一下,胜利往往存在于坚持中,那么靠什么坚持,就要靠顽强的意志品质和坚定的信念。

三、羽毛球的基本技术

(一)握拍的方法

1.正手握拍法

用握拍手手掌同一个朝向的拍面击球叫正手击球,正手击球时的握拍方法为正手握拍法。握拍时,先用左手拿住拍杆,使拍面与地面垂直,再张开右手(全部技术动作均以右手握拍为例),使手的小鱼际肌靠在拍柄底托处,虎口对准拍柄的内侧小棱边,然后小指、无名指和中指并拢握住拍柄,小指和无名指在拍柄的末端应稍紧,负责不使球拍脱手,食指与中指稍微分开,用食指和拇指轻松地环扣住拍柄。

2.反手握拍法

用握拍手手背同一个朝向的拍面击球叫反手击球,反手击球时的握拍方法为反手握拍法。在正手握拍法的基础上,拍柄稍向外转,食指收回,拇指的指腹贴在拍柄内侧的宽面(或斜面)上,其余四指并拢握住拍柄,手心与拍柄之间应有一个明显的空洞。

(二)基本步法

羽毛球运动中有"三分技术,七分步法"的说法。步法是羽毛球运动的"灵魂",快速准确的步法使运动员在比赛中游刃有余。在一场实力相当的羽毛球比赛中,运动员需要根据来球的方向忽左忽右、忽前忽后地进行数千次的快速移动,跃起挥臂击球,在这几十平方米的场地上,这样的运动量是相当惊人的。而羽毛球多变和不确定的运动特点,还要求选手具有在场上全方位出击的能力。选手必须在极短的时间里,运用交叉步、垫步、跨步、蹬跨步、蹬跳步、起跳等各种步法向来球的方向迅速移动到适当位置,并以前场、中场和后场等击球手法将球击向对方场区。步法可称为羽毛球运动技术之母。根据击球的需要,步法大致分为三类:一是上网步法、二是退后场步法、三是中场步法。羽毛球步法中常运用并步、垫步、交叉步、单足跳步、跨步、蹬步、腾跳步等(以下步法介绍均以右手为例)。

1. 上网步法

上网步法是指从场地中央位置向网前移动的步法。上网步法可以分成正手上网步法、反手上网步法和蹬跳上网扑球步法三种。为了便于随时起动,准备姿势应为两脚稍前后开立。右前左后,轮换弹动,以便随时调整身体的重心。常用上网步法为跨步、垫步、并步、交叉步。

(1)跨步。跨步适用于距离比较近,只需要移动一步就能击到球的情况。左脚发力,右脚向前跨出一步,以右脚跟、脚掌外侧的顺序着地。上体前倾,右腿成弓箭步,用力缓冲,制动住身体,左脚适当跟进,保持稳定的击球姿势。

(2)垫步。垫步适用于感觉一步不够,两步又太多的情况,当判断来球是网前球时,左脚蹬地发力,右脚迅速向来球方向迈出,紧接着左脚迅速前移垫一小步,使右脚落得更远。右脚脚跟、脚掌外侧先着地,然后全脚着地立即缓冲,制动住身体,保持稳定的击球姿势。

(3)并步。并步与垫步相似,启动时,左脚蹬地并向右脚,但不超过右脚,当左脚落地时,右脚迅速蹬地向前迈出一大步。右脚脚跟、脚掌外侧先着地,然后全脚着地立即缓冲,保持稳定的击球姿势。

(4)交叉步。交叉步适用于来球落点距离自己较远,左脚迅速蹬地迈出一步超过右脚的位置,紧接着右脚迈出一大步超过左脚的位置,右脚落地后右腿成弓箭步制动住身体,左脚适当跟进,保持稳定的击球姿势。交叉步可以是前交叉,也可以是后交叉,具体情况要根据距离远近来选择,距离远用前交叉,距离近用后交叉。

上网步法还有另外几种,但移动后总是有其基本规律的。无论是跨步,还是交叉步,最后一定要形成右脚在前的姿势。因为这样便于持拍手在前尽最大可能击球,扩大击球范围。当用正手击球时,右脚最好用脚掌外侧着地,这样便于身体右转,引拍击球。当用反手击球时,最好右脚内侧着地,这样便于身体左转,以及引拍击球时能发挥出身体的协调用力。

上网完成击球动作后,根据具体情况选择后退多少距离。后退时可以采用并步或者交叉步。当自己的击球很主动,造成对手回球困难的时候后退的距离要短一些,甚至是不后退。当挑高球过渡的时候应该退回到中场进行防守。

2.退后场步法

退后场步法是指从中心位置后退到底线的步法。退后场步法是羽毛球步法中最常用的,也是难度较大的步法动作,因人的解剖、生理结构所决定,向前总比向后移动容易些。特别是向左场区底线后退,对灵活性和协调性的要求更高。后场来球有正手位、反手位之分,击球也有正、反手之别,所以退后场步法也有两种,即正手退后场击球、反手退后场击球步法。

1)正手退后场击球步法

(1)交叉步法。这种步法的特点是移动范围大,所以回击端线附近的球多用这种步法,其动作要领是:当判断来球是后场球时,两脚向上轻跳将重心调至右脚,紧接着右脚蹬地,身体右转,右脚向来球方向迈出一步;随着右脚着地、左脚经体后交叉移至右脚外侧;然后右脚迅速向后再移动一步,当右脚着地时,迅速向上蹬,使击球点增高,同时左脚向身后伸出。当击球完成时,左脚以前脚掌先着地,然后右脚着地,左脚着地时要缓冲、制动、回蹬连接紧凑,使身体迅速返回球场中心位置。

(2)正手并步退后场击球步法。并步和交叉步的区别是:当右脚向来球方向移动后,左脚跟着向后移动,左脚着地时不是后交叉,而是在右脚内侧着地,然后再移右脚,最后一步和交叉步相同。

(3)正手跨步退后场击球步法。这是正手低手击球时多采用的步法,其动作要领为:判断来球是后场球,已来不及用上手技术击球时,两脚轻跳将重心调至右脚,紧接着右脚用力蹬地,迅速向右转体,右脚向来球方向跨出一步,右脚一着地左脚迅速移动一步,在右脚外侧着地(经体前、体后均可),然后右腿向来球方向再大跨一步,随着脚着地的刹那间出手击球。

2)反手退后场击球步法

(1)两步移动退后场击球步法。这种步法适用于反手击距身体较近的来球,其动作要领为:当判断来球为后场球,并且距身体较近时,两脚轻跳,重心移至右脚,右脚蹬地上体左转,左脚先向来球方向迈出一步,同时,右脚迅速经体前向来球方向移动一大步,右脚着地时,出手击球,也可以采用先不转身,面向球网向后做一个并步,然后转身跨右脚,右脚落地的同时出手击球。

(2)多步移动退后场击球步法。当来球距身体较远时,多采用这种步法移动,其动作要领为:当判断来球是反手位,并距身体较远时,两脚轻跳,重心移至右脚,右脚蹬地转体,同时经体前向来球方向迈出一步,此时背对球网,左脚向前移动一步,右脚再移动一步,右脚着地时,挥拍击球。右脚着地最好用脚掌外侧着地,便于身体由左向右转动,协助用力击球。为调整击球位置,向后移动的步数可不受限制,但最后一步一定要保证右脚在前,这样对发力击球有利。

3.中场左右横动击球步法

左右横动主要是还击中场球(包括上手击球和下手击球)时所使用的步法。左右横动大致有两种方法:一是向右移动;二是向左移动。

1)向右移动的步法

(1)跨步:当来球距身体较近时,可采用这种方法,其动作要领为:当来球在右侧距身体较近时,两脚向上轻跳,将重心调至左脚,左脚用力蹬地,使右脚向来球方向跨出一大步,右脚着地时右腿成弓箭步,身体前倾,前倾幅度大小要根据来球高度而定。

(2)并步:当来球距身体较远时,采用这种步法移动,其动作要领是:两脚轻跳使重心落在右脚,左脚向右脚并一步,左脚一着地就用力向右蹬,使右脚迅速向右跨出一大步,右脚着地后腿成弓箭步,身体前倾,出手击球。

2)向左移动的步法

(1)身体正对球网移动的步法:这种移动法无论是用正手击球,还是用反手击球都可以采用。脚下移动可采用跨步或并步。

(2)身体背对球网移动的步法:这种步法只适用于反手击球,身体背对球网的移动方法。当判断来球在左侧,并决定用反手技术击球时,两脚轻跳,将重心移至右脚,右脚用力蹬地,身体左转,同时右脚向左侧移动一大步,形成背对球网,用反手击球。击球时,要根据来球的高度确定身体的姿势。

羽毛球的步法较多,以上介绍的只是其中几种最常见、最主要的步法。练习者可根据自己的技术打法特点和身材及身体素质的实际灵活采用步法,也可以总结、创新出一些适合自己特点的步法来。

(三)发球与接发球技术

1.发球

发球是羽毛球运动最基本的技术之一,是开始进攻的关键。发球质量的高低直接关系到比赛的主动与被动,甚至关系到比赛的胜负。单打正手发球站位一般选择站在离发球线 1~1.5 米,反手发球应站在离发球线 10~15 厘米。发球可分为反手发球与正手发球两类。

(1)反手发球:两脚前后开立,右脚在前(以右手握拍为例,以下均同),重心在右脚,左脚跟提起,屈肘,反握球拍,抬头朝下。击球时,前臂带动手腕前送或横切。

(2)正手发球:两脚前后开立与肩同宽,两脚丁字形站立,左脚在前,足尖指向球网,重心在右脚,握拍手臂向侧后自然举起,肘部微屈,击球时重心前移。

除高远球须用正手发以外,其他发球技术用正反手均可。

（3）发球的注意事项：①发球过程中，双脚必须有一部分与地面接触，不得移动。②球与球拍接触瞬间，整个球必须低于1.15米。③发球开始，球拍必须连续向前挥出不能停顿。

2.接发球

接发球是羽毛球运动中一项重要的基本技术，接发球的质量好坏往往直接影响一个回合的主动与被动。

（1）准备姿势：（以右手握拍为准）通常应是左脚在前，右脚在后，侧身对网，重心放在前脚上，膝关节微曲，后脚跟稍提起，收腹含胸，注视对方发球的动作；双打接发球准备姿势与单打基本相同，只是膝关节屈得多一些，以便能直接进行后蹬起跳。也有接发球准备姿势以右脚在前，左脚在后，这种准备姿势仅少数人采用。

（2）站位：接发球的站位是否合适对发球方的影响很大，如接发球站位有错误，会造成明显的漏洞，有可能给发球方运用发球抢攻战术的好机会，因此应选择一个合适的接发球站位。

①单打接发球站位：站在离前发球线约1.5米处，在右区应站在靠近中线的位置，以防发球方以平射球攻击头顶区域，在左区则站在中线与边线的中间位置上。②双打接发球站位：双打比单打更有讲究，一般接发球站位是站在离中线和前发球线适当的距离，在右区时要注意不要把右区的后场靠中线区暴露出来，在左区时注意保护头顶区。③双打抢攻站位：应站在离发球线很近的区域，前脚紧靠在前发球线，而且身体倾斜度较大，球拍高举，采用这种站法的以进攻型打法的男选手居多。

较为稳妥的站法是站在离前发球线有一定距离，身体类似单打站位法，这种站法是在思想混乱、无法适应对方发球情况下采用的过渡站位法，一般业余选手多采用这种站位法。另外，还有特殊站位法，即以右脚在前，站位与一般站位法类似，接发网前球时右脚一步蹬上网击球。

（3）回击各种击球。无论对手采用哪种发球方式，都应根据对手发球的质量和站位，冷静、果断地做出判断，采用有效的回击方式。

（四）击球技术

1.羽毛球后场击球技术

后场击球点一般高于头部，包括正手、反手、头顶击球，因为击球点高，可以打出高远球、平高球、下压球（杀球、吊球）。击高球是后场击球技术之一，高球分为高远球和平高球。击高远球就是把球打得又高又远，球飞至对方底线。平高球是从高球发展而来的，它飞行的速度比高远球快，弧线比高远球低，是后场进攻的有效技术之一。击高球可分为正手击高远球、反手击高远球、吊球、杀球等。

1）正手击高远球

正手击高远球分为正手击直线高远球和正手击对角线高远球。

（1）正手击直线高远球技术的动作要点是起跳后手腕控制球拍对准来球路线，快速挥拍击打球的后部，球即沿着直线飞行，击球后手臂随惯性自然回收至胸前。

（2）正手击对角线高远球技术的动作要领为起跳后手腕控制球拍对准来球路线，快速挥拍击球托的右下方，球则沿着对角线方向飞行，击球后手臂随惯性自然回收至胸前。

2）反手击高远球

如果对方的来球向左后场区，就要迅速把身体转向后方，移动到适合的击球位置，背对球网，反手握拍，沿半弧形击球，把球击向后上方。

3）吊球

如果对方击来高球，本方可以从后场轻击、轻切、轻劈到对方的近网附近，即吊球。吊球根据其动作方法、球的飞行弧线的不同可分为轻吊、拦吊、劈吊。根据出手的位置和球落向的位置吊球又可分为正、反手吊直线球、对角线球。

（1）正手吊直线球和对角线球。正手吊直线球时，击球用力的方向是朝前下方，但是击球瞬间，小臂突然减速，用手腕的闪动向下轻切击球托的右侧后下方，使球越网后即下落；吊对角线球时，击球用力的方向是对角线斜下方。

（2）反手吊直线球和反手吊对角线球。反手吊直线球和反手吊对角线球的击球前的动作同反手击高球动作类似。不同的是小臂要上摆，用拇指内侧顶住拍柄，手腕向后甩腕轻击球托的后下部位，使球的飞行方向朝着直线和对角线方向落到对方网前。

4）杀球

杀球是最有力的得分手段之一，可分为正手扣杀球、反手扣杀球和腾空扣杀球等。

（1）正手扣杀球。头顶扣杀直线球的准备姿势同头顶击高球类似，不同之处是在挥拍击球时，要靠腰腹带动大臂，协调小臂、手腕的综合力量形成鞭击动作，全力往下方击球，拍面与水平面的夹角小于 90 度。头顶扣杀对角线的动作方法基本同上，只是击球时要全力向对角线方向击打才行。

（2）反手扣杀球。反手扣杀球的准备动作与反手击高球相同，不同之处是击球前的挥拍用力要大，跳起后身体反弓加上手臂、手腕的延伸、外展的鞭打用力，可向对方的直线或对角线的下方用力，击球瞬间球拍与扣杀球方向的水平夹角应小于 90 度。

（3）腾空扣杀球。腾空扣杀球在比赛中经常会用到，是腾空突击扣杀技术。当对手击出弧度较低的平高球时，身体腾空，上体后仰成反弓形，肩尽量后拉，击球时，小臂快速举起，手腕从后伸到内旋、小臂跟着屈收压腕鞭打，高速向前下击球。

2.羽毛球中场击球技术

1)挡网前球技术

(1)正手挡直线网前球技术。该技术多用于接对方杀球。接球前用接杀球的步法移至右场边线,身体右倾,手臂右伸,前臂外旋、手腕外展。击球时,前臂内旋稍翻腕带动球拍由右下向前上方推送击球,把球挡向直线网前。可以在击球时前臂由外旋到内收,带动球拍由右向前切送挡直线网前。击球后,身体左转成正面对网,然后右脚上前一步,球拍随身体向左转收至身体前方。

(2)正手挡对角网前球技术。挥拍击球时,在肘关节屈收的同时前臂稍内旋,手腕由后伸到内收闪动击球托的右侧。击球点在右侧前,手腕、手指控制拍面角度,使球向对角线对方网前坠落。

(3)反手挡直线网前球技术。反手挡直线网前球多用于接杀球。首先用接杀球的步法移至左场区边线,身体左转前倾,右肩对网,右肘弯曲,手腕外展,引拍至左肩前上方。击球时,借对方杀球的冲力,以前臂带动球拍由左上方向左前方用拇指的顶力挥拍轻击球托,把球挡回直线网前。击球后,身体右转成正面对网,球拍随着身体的移动收至身体前方。

(4)反手挡勾对角网前球技术。用反手勾对角接杀球握拍法。击球时,手腕由外展到后伸闪动挥拍击球托的左侧下部,使球向对方对角线网前坠落。

2)抽球技术

(1)正手平抽球。两脚平行站立稍宽于肩,右脚稍向右侧迈出一小步,同时上体稍往右侧倾,右臂向右侧上摆,球拍随着上举,肘关节保持一定角度,击球前肘关节前摆,前臂稍往后带外旋,手腕稍外展后伸,引拍至体后。击球时前臂内旋,手腕伸直闪动,手指抓紧拍柄,球拍由右后方往右前方高速平扫来球。击球后,球拍顺势向左边摆,左脚往左前跟进一步,准备迎击第二次来球。

(2)反手平抽球。右脚前交叉在左侧前,重心在左脚上,右手反手握拍在左侧前。击球前肘部稍上抬,前臂内旋,手腕外展,引拍至左侧。击球时,在髋的右转带动下,前臂外旋,手腕由外展到伸直闪动挥拍击打球托的底部。击球后,球拍随身体收回到右侧前。

3)快打技术

(1)正手快打。脚分开,右脚稍前,左脚在后,两膝成半蹲式,正面握拍,举起球拍,球拍上举经过头顶,往头后引至右侧下方,手握拍较松。当判断来球是在头顶上方时,身体稍往前移,同时右脚往前跨一小步,左脚稍微伸直,成右弓箭步,把击球点选在右肩的前上方。上臂向前上方抬起,肘弯曲,前臂稍后摆带有外旋,引拍于头后。击球时前臂向前,手腕由后伸至前屈闪动挥拍击球托的后部,使球平直、急速地飞向对方中场区的附近。击球后,球拍由左下回举至前上方,准备迎击下一次来球。

（2）反手快打。两脚平行站在左场区，重心在右脚，举拍于右侧前。当判断来球是在左场区，右前臂往左摆，身体稍向左转至右肩对网，右脚也往左侧迈一小步，前臂内旋，手腕外展引拍于左侧后。击球时，前臂外旋，手腕伸直闪动，手指突然抓紧拍柄，挥拍击球托的底部，使羽毛球比较平直地向前飞行。击球后，球拍由右下回举至前上方，准备下一次击球。

3. 羽毛球前场击球技术

羽毛球前场技术包括网前的放、搓、推、勾、扑、挑球等。其中搓、推、勾、扑属进攻技术，要求击球前期动作有一致性，击球刹那间产生突变。握拍要活，动作细腻，手腕、手指要灵巧，以控制好球的落点。网前进攻威胁较大，因球飞行距离短，落地快，常使对手措手不及而直接得分。即使不能直接得分，也能迫使对方被动回球，创造下一拍进攻的机会。若网前进攻和中后场进攻能紧密地配合起来，则能发挥前后场的连续进攻，掌握主动权。

（1）正手放网前球。侧对球网，右腿跨成弓箭步，重心放在右脚，正手握拍，做好放网前球准备，球拍随着前臂向右前上方斜举，当球拍举至最高点时，前臂开始外旋转动，手腕稍后伸，左臂自然后伸，起平衡作用，这就是网前进攻技术击球前期动作的一致性。击球时，前臂稍外旋，手腕由后伸至稍内收闪动，握拍手的食指和拇指夹住球拍，中指、无名指、小拇指轻握拍柄，使球拍在手腕和手指的挥摆用力下，轻击球托把球轻送过网。挥拍的力量、速度和拍面角度的大小，主要取决于来球离网的远近和速度的快慢，来球离网远，速度快些，则放球时的力量要大些，反之则力量小些。放球后，身体还原至准备姿势。

（2）反手放网前球。击球前的动作要领同正手放网前球动作，只是方向相反，反手握拍，反面迎球，击球时，主要靠前臂的前伸、外旋和手腕由内收至外展的合力，轻击球托底部把球轻送过网。击球后，下个动作还原成下次击球的准备姿势。

（3）正手网前搓球。准备姿势同前。击球前，前臂稍外旋，手腕由后伸至稍内收闪动，击球时在正手放网前球动作的基础上，加快挥拍速度，搓切来球的右下底部，使球旋转翻滚过网。搓球技术应争取较高的击球点，搓球时出手要快。根据球离网的远近，运用手指灵活控制好击球的角度和力量。击球点离网较远时，后仰的角度应该小一些，切击球托时，应有足够的向前的力，否则容易造成球不过网；击球点离网较近时，后仰的角度应该大一些，切击球托时，以切削为主，力量也较小。

（4）反手网前搓球。准备姿势同前。击球前主要靠前臂的前伸外旋和手腕由内收至外展的合力，搓击球的右侧后底部，使球侧旋滚动过网。另外还可以前臂稍伸直，手腕由外展到内收，带动球拍向前切送，击球托底部，使球下旋滚动过网。

（5）网前推球。站在右网前，球拍向右侧前上举。在肘关节微屈回收时，前臂稍外旋，手腕稍后伸，球拍也随着往右下后摆，拍面正对来球。这时，小拇指和无名指稍松开，使拍柄稍离开鱼际肌，便于在推击球时发挥指力的作用。拇指和食指稍向外捻动拍柄,拍面更为后仰。推球时,身体稍往前移,右前臂往前伸,并带内旋,手腕和手指控制拍面角度,手腕由后伸至伸直并闪腕,食指向前压和小拇指、无名指突然握紧拍柄,拍子急速由右经前上至左地挥动推球,使球沿边线飞向对方后场底角。推球的技术关键:击球点要高并控制好拍面角度。如果球已落在网沿以下,就要使拍面后仰,若球已落得很低,则不宜使用推球。球拍预摆角度要小,发力要短促快速。

(6)反手网前推球。站在左前方,以反手握拍举于网前,球拍随着前臂往前上方伸举,前臂稍向左胸前收引,肘关节微屈,手腕外展,这时由反手握拍变成反手推球的握拍法,球拍松握,反拍面迎球。前臂往前伸的同时稍外旋,手腕由外展到伸闪腕,中指、无名指、小拇指突然紧握拍柄,拇指顶压,往左边线方向挥拍,击球时,推击球托的后部,使球沿边线方向飞行。击球后,还原到击球前的准备姿势。

(7)正手网前勾对角线球。准备姿势同前。前臂前伸的同时稍外旋,手腕稍后伸,这时的握拍法稍有变化,将拍把稍向外捻动,使拇指贴在拍柄的宽面上,而食指的第二指关节贴在拍柄的背面宽面上,拍柄不触掌心。球拍随着向右侧前挥动,拍面朝向对方右网前。击球时,前臂稍内旋往左拉收,手腕由稍后伸至内收闪腕挥拍拨击球托的右侧下部,使球沿网的对角线飞行。拨击球时,手腕要控制拍面角度。击球后,还原到击球前的准备姿势。

(8)反手网前勾对角线球。准备姿势同前。采用反手握拍法,前臂前伸球拍平举。在身体前移的过程中,球拍随手臂下沉,由反手握拍变成反手勾球的握拍法,这时拍面正对来球。当来球过网时,肘部突然下沉,同时前臂稍外旋,手腕由微屈至后伸闪腕,拇指内侧和中指把拍柄往右侧拉,其他手指突然握紧拍柄,拨击球托的左侧后部,使球沿对角线过网。勾对角线球的技术关键是伸腕或屈腕的动作要突然、短小、快速,使拍面对着出球方向。

(9)正手网前扑球。左脚先蹬离地面,然后右脚向右网前蹬跃而起扑球。当身体往前倾时,正拍朝前。球拍随手臂往右前伸,斜上举起。蹬跳后,身体凌空跃起,前臂往前上伸稍外旋,腕关节后伸,同时虎口对着拍柄的宽面,小拇指和无名指稍松开,使拍柄离开鱼际肌。击球时,手腕由后伸略内收闪动至外展。随着手腕的闪动,球拍从右侧向左前挥动,这时击球的力量主要靠身体前扑的冲力与前臂、手腕鞭打击球的合力。如果球离网顶较近,就要靠手腕从右前平行球网向左前的滑动挥拍扑球。这样可避免球拍触网违例。扑球后,球拍随手臂往右侧前下收回。

(10)反手网前扑球。同正手扑球相似,唯方向在左网前。反手握拍,持于左侧前,当身体向左前方跃起时,球拍随着前臂前伸而前举,手腕外展,拇指顶压在拍柄的宽面上,食指和其他三指并拢,拍面正对来球。击球时,手臂伸直,手腕由外展至内收闪动,手指握紧拍柄,拇指顶压,加速挥拍扑击。击球后马上屈肘,手腕由内收到外展,球拍放松自然收(以免触网违例)至体前。

（11）正手网前挑高球。准备动作同正手放网前球。击球前前臂充分外旋,手腕尽量后伸。击球时,从右下向右前方至左上方挥拍击球。在此基础上,若球拍向右前上方挥动,挑出的是直线高球;若球拍向左前上方挥动,挑出的是对角线高球。

（12）反手网前挑高球。准备动作同反手放网前球动作。击球前右臂往左后拉抬时引拍。击球时前臂充分内旋,手腕由屈至后伸闪动挥拍击球。若球拍由左下向左前上方挥动,则球向直线方向飞行;若球拍由左下向右前上方挥动,则球向对角线方向飞行。

网前技术的难点是握拍要活,要充分利用手腕和手指的力量来控制球拍,以便击出不同球路和落点的球。容易出现的问题是手腕与手指运用不当,不是用力过猛,就是拍面控制不好,使击出的球离网太高、太远或落网;站位离网过近,妨碍击球动作,出手慢,击球点低等。

四、羽毛球的基本战术

羽毛球基本战术是指在比赛中运动员根据对手的实力和技术特点选择不同的技术手段和方法,能够知己知彼,巧妙地运用战术是战胜对手的一种方式。娴熟的技术、良好的身体和心理素质、丰富的赛场经验是能否成功运用战术的前提和保障。

（一）单打战术

（1）发球抢攻战术:多采用发网前低球结合平高球、平快球而获得主动进攻机会。

（2）攻后场战术:通过击高远球、平高球压对方底线两角,迫使对手还击无力以获得进攻机会。

（3）攻前击后战术:先用搓球、吊球、放网前球将对手调到网前,然后再用扣杀、平高球和推球来攻击对方后场。

（4）打四方球战术:利用准确的落点攻击对手的四角,待对手出现破绽,再攻击对手空当。

（二）双打战术

（1）攻人战术:集中攻打对方实力较差的队员,在混双比赛中运用得更多,或在对方选手实力相当时采用"二打一"的方法。

（2）进攻中路战术:两人平行站立时,攻击对方中路空隙;当对方前后站立时,攻击对方边线位置。

（3）后杀前封战术:后杀前封战术是双打中最常见的进攻战术。当本方取得主动进行强攻时,一人在后场大力杀球,另一人在网前抓住对方有可能回球的线路,有意识、有目的地准备封网。

五、羽毛球运动的场地、器材与比赛规则

(一)场地与器材

1. 球场

羽毛球场呈长方形,长度是 13.4 米,单打球场宽 5.18 米,双打球场宽 6.1 米,所有线宽均为 4 厘米。球场外面两条边线是双打场地边线,里面的两条边线是单打场地边线。双打边线与单打边线相距 42 厘米(不含线宽)。靠近球网 1.98 米与网平行的两条线为前发球线,离端线 72 厘米(不含线宽)与端线平行的两条线为双打后发球线。前发球线中点与端线中点连起来的一条线叫中线,它把羽毛球场地分为左、右发球区。整个场地的丈量应从线的外沿计算。场地净空至少 9 米,端线后必须至少有 2 米的空地,边线外必须至少有 1.5 米的空地。为了避免风的干扰,羽毛球比赛一般都在室内进行。为给比赛创造一个适宜的环境,比赛馆内应具备一些特别的条件,添置一些必需的设备。理想的比赛场地为木质弹性地板上铺经批准的羽毛球地胶。当然,在基层的各级比赛中,也可以在木板地面、水泥地或三合土地面上进行比赛。不论是什么质地的场地,都必须保证运动员在比赛中不感到太滑或太黏,还要具有一定的弹性。

2. 灯光

球场上空的灯光是关系到比赛能否顺利进行必不可少的重要因素。另外,当运动员朝着墙壁或天花板方向注意来球的时候,任何反光面都会妨碍运动员的击球。为避免自然光线的干扰,体育馆内应挂上窗帘。在专门的羽毛球馆内,墙壁和天花板应是暗色的。场地上空的灯光照度建议至少达到 1000 勒克司,并均匀分布。灯光不得直接置于比赛场地的正上方,以避免眩光和灯光对运动员视觉产生影响。比赛场地后方的灯光应调至不对运动员视觉产生影响的亮度,灯光最好沿场地两边安置。

3. 球网

球网应为深色,用优质的细绳织成。网孔方形,各边长均在 15～20 毫米之间。网上下宽 760 毫米。网的顶端用 75 毫米宽的白布对折而成,用绳索或钢丝从夹层穿过。白布边的上沿必须紧贴绳索或钢丝。绳索或钢丝须有足够的长度和强度,能拉紧并与网柱顶部取平。球网的两端必须与网柱系紧,它们之间不应有空隙。球场中央网高 1.524 米,双打边线处网高 1.55 米。

4. 球

羽毛球应有 16 根羽毛固定在球托部,羽毛从托面到羽毛尖的长度为 62 毫米至 70 毫米,但每一个球的羽毛应等长。羽毛顶端围成圆形,直径为 58 毫米至 68 毫米,球托直径 25 毫米至 28 毫米,底部为球形,羽毛球重 4.74 克至 5.50 克。对于非羽毛制成的球,则要求制成裙状,质量、性能不得超过 10% 的差距。对于比赛用球,必须经过检验才能用,检验方法是:站在端线,低手向前上方全力击球,球的飞行方向与边线平行,一个合格的球,应落在离对方端线 53～99 厘米之间。

5. 羽毛球拍

羽毛球拍是用木料、铝合金或碳素纤维等质地轻而至实,并富有弹性的材料制作而成。球拍由拍柄、拍弦面、拍头、拍杆、连接喉组成整个框架。球拍总长度不超过 680 毫米,宽不超过 230 毫米。拍弦面应是平的,用拍弦穿过拍头十字交叉或其他形式编织而成。拍弦面长不超过 280 毫米,宽不超过 220 毫米。

(二)比赛规则

1. 挑边

在羽毛球比赛前,双方采用挑边的规则(抛硬币)来决定发球方和场区。挑边赢者将优先选择发球或接发球、场区。输者在余下的一项中选择。

2. 站位

(1)羽毛球单打。当发球方的得分数为 0 或偶数时,双方运动员均在各自的右发球区发球或接发球;当发球方的分数为奇数时,双方运动员均在各自的左发球区发球或接发球。

(2)羽毛球双打。比赛中,当比分为 0 或偶数时,球由右发球区对角发向对方场地的右接发球区;当比分为奇数时,球由左发球区对角发向对方场地的左接发球区。比赛中,只有当一方连续得分时,发球员必须在右或左发球区交替发球,而接发球方队员的位置不变。其他情况下,选手应站在上一回合的各自发球区不变,以此保证发球员的交替。

双打比赛规定一方每次只有一次发球权。发球方失误不仅丢失发球权,同时对手还得到 1 分,如果这时得发球权的一方得分为奇数时,则必须是位于左发球区的选手发球,如果此时得发球权的一方得分为偶数时,则必须是位于右发球区的选手发球。双打比赛规定只有接发球队员才能接发球,若其同伴接发球或被球触及则违例,判发球方得分,当发球被回击后,球可由二人中任一人击回,不得连击,如此往返直至死球。

双打比赛发球时,发球队员和接发球队员必须站在规定的发球区和接发球区内发球和接发球,他们的同伴站位可以不受限制,但不得妨碍对方。运动员发球和接发球顺序有误,已得比分有效,纠正方位或顺序后继续比赛。

3. 发球

(1)一旦发球员和接发球员做好准备,任何一方不得延误发球。

(2)发球员和接发球员都必须站在斜对角发球区内发球和接发球,脚不能触及发球区的界线;两脚必须都有一部分与地面接触,不得移动,直至将球发出。

(3)发球员的羽毛球拍必须先击中球托,击中球的瞬间,整个球应低于距场地地面高度1.15米。

(4)自发球开始,发球员挥拍必须连贯向前,直至将球发出。

(5)发出的球必须向上飞行过网,如果未被拦截,应落入规定的接发球区内。

(6)一旦站好位置准备发球,发球员的球拍头开始向前挥动即为发球开始。

(7)发球员须在接发球员准备好后才能发球,如果接发球员已试图接发球则被认为已做好准备。

(8)一旦发球开始,发球员的球拍击中或未能击中球,均为发球结束。

(9)对于羽毛球双打比赛,发球员或接发球员的同伴站位可以不限,但不得阻挡对方发球员或接发球员的视线。

4. 计分方法

羽毛球世界联合会于2006年5月在日本东京举行的年度代表大会上,正式决定实行21分的新赛制,当年的汤姆斯杯和尤伯杯赛上率先试行三局21分的赛制。21分的赛制对于提高运动员的积极性、减少运动员受伤以及电视转播等方面较11分制和15分制有更大的优势。

世界羽联21分制实行每球得分制,所有单项的每局获胜分皆为21分,最高不超过30分。每场比赛采取三局两胜制,先到21分的一方赢得本局比赛。如果双方比分为20比20时,获胜一方需超过对手2分才算取胜,直至双方比分打成29比29时,那么先到第30分的一方获胜。首局获胜一方在接下来的一局比赛中先发球。

5. 重发球

(1)重发球时,该次发球无效,由原发球员重新发球。

(2)除发球外,球过网后挂在网上或停在网顶,判重发球。

(3)发球过程中,发球员和接发球员都被判违例,将重发球。

(4)发球员在接发球员未做好准备时,将球发出,判重发球。

(5)比赛进行中,球托与球的其他部分完全分离,判重发球。

(6)裁判员对该回合不能做出判决时,将判重发球。

（7）出现意外情况，判重发球。

6. 交换场区

（1）第一局比赛结束时，双方应交换场地。
（2）若局数为 1∶1 时，在第三局比赛开始前，双方应交换场地。
（3）在第三局比赛中，领先一方比分达到 11 分时，双方应交换场地。
（4）若应交换场地而未交换时，一旦发现应立即交换，已得分数有效。

六、羽毛球主要赛事

目前，世界羽联主办的世界重大羽毛球赛有以下几个。

（一）汤姆斯杯

汤姆斯杯即世界男子团体羽毛球锦标赛，又称为"国际羽毛球挑战杯赛"，1948年举行首届比赛，现为两年一届，在偶数年举行。比赛由 3 场单打、两场双打组成。历史上夺得汤姆斯杯冠军最多的国家是印度尼西亚队，共 13 次。

（二）尤伯杯

尤伯杯即世界女子团体羽毛球锦标赛，1956 年举行首届比赛，两年一届，在偶数年举行。比赛由 3 场单打、两场双打组成。历史上夺得尤伯杯冠军最多的国家是中国队，共获得 15 次尤伯杯。

（三）世界羽毛球锦标赛

世界羽毛球锦标赛即国际羽联世界锦标赛。设有男、女单打、双打和混合双打5 个比赛项目。原为三年一届，1983 年改为两年一届，在奇数年进行，2005 年改为每年一届，但奥运年不举办。

（四）苏迪曼杯

苏迪曼杯即世界羽毛球混合团体锦标赛，1989 年开始举办，两年一届，在奇数年举行，比赛由 5 个单项组成。

（五）全英羽毛球锦标赛

全英羽毛球锦标赛由英格兰羽毛球协会于 1899 年创办，是世界上历史最悠久的羽毛球赛事，最初由英国和英联邦国家选手参加，现在已成为全球性的羽坛大会战。

（六）奥运会羽毛球比赛

羽毛球 1992 年成为奥运会正式比赛项目，只设 4 个单项比赛，无混双比赛。

1996 年亚特兰大奥运会起增设混双项目。奥运会羽毛球赛冠军是世界羽坛的至高荣誉。

(七)世界羽联超级系列赛

世界羽联超级系列赛是世界羽联参照世界网球大奖赛办法组织的,始于 1983 年,由在全年不同时间,不同国家举办的 6 个级别的系列赛组成,主要包括超级赛和大奖赛。2011 年提出 5 站超级顶级大满贯赛,在 12 站超级赛中获得积分最高的前 8 名(对)选手参加年终举办的世界羽联超级系列赛总决赛,但在任一单项比赛中每个下属协会最多允许每队 2 名选手报名参加。

第十五章 网球与毽球

第一节 网 球

学习提示

网球运动是一项易于普及和开展的运动项目。它以浓厚的趣味性、极具魅力的观赏性和效果显著的健身性而享誉世界。

一、网球运动的起源与发展

（一）网球运动的起源

网球运动起源于 12 至 13 世纪法国传教士在教堂回廊里用手掌击球的一种游戏,后来成为宫廷里的一种室内消遣娱乐活动。也有人认为,网球运动起源于法国民间流传的一种名叫海欧·德·巴乌麦的球类游戏。据说这种游戏是两个人进行的,每人各执一个球拍,球场的周围筑有围墙,球撞到墙后被弹回去,而后过网。因此,无论从使用的场地和器具上,还是从进行游戏的方法上,它与现代网球运动都有许多相似之处,所以有人把它看作是网球运动的原初形态。网球的直径在 6.541~6.858 厘米之间。起初的网球,只是由两个半球填充草、树叶或头发等制成的,后来随着网球运动的不断发展,网球的制作也越来越讲究。

（二）网球运动的发展

网球运动的发展经历了从贵族化到平民化的过程。14 世纪中叶,法国的一位诗人把这种球类游戏介绍到法国宫廷,作为皇室贵族男女的消遣。当时玩这种游戏,场地是宫廷内的大厅,没有网也没有球拍,球是用布卷成圆形后用绳子绑成的。场地中间架起一条绳子为界,两手作球拍,把球从绳上丢来丢去,法语叫作 Tennez,

今天"网球(Tennis)"一语即来源于此。不久,木板的球拍代替两手拍球。

16世纪初,这项球类游戏在法国民间流传,同时用具得到改良,球制造得比较耐用,球拍由木板改为羊皮纸板,拍面面积放大,握把的柄也加长,场地中间的绳子,增加了无数短绳子向地面垂下。后来法国国王路易斯下令将其作为宫廷中的特权游戏。

17世纪初,场地中间不再用绳帘,而改用小方格网子,网比帘的作用更好,球拍改用穿线的网拍,富有弹性而且轻巧方便。法国宫廷中做这种游戏时,球场旁边放置一只金色容器,每次比赛完毕后,观众将金钱投入盘中,作为胜利者的奖品。这种方法起初的用意很好,后来渐渐演变成为一种赌博。开始时数目尚小,久而久之越赌越大,甚至有人因此倾家荡产,于是纠纷迭起,法国国王遂下令禁止再做此种游戏,这也是18世纪初期网球衰败的主要原因。14世纪50年代前后,这种球类游戏从法国传到了英国。英国国王爱德华三世对此特别感兴趣,下令在宫内建造一处室内球场。从此,网球开始在英国流行,成为英国上层社会的一种娱乐活动,所以有"贵族运动"之雅称。这期间流行的主要是室内网球。直到1793年英国的一份《体育运动》杂志上,才有了"场地网球"的叫法。

赛事是网球运动发展不可缺少的发动机,球星起到了极其重要的作用。纵览网坛的发展,赛事的进程,就是网球技战术发展的进程。每一年度最受关注的无疑是四大满贯公开赛和年终的各巡回赛总决赛。加上各级巡回比赛和团体比赛,这些纵贯全年的比赛给网球迷和全球网球发展带来了坚实的基础条件。赛事组织对规则的制定在运动发展过程中有着非常重要的作用。自有网球比赛以来,就涌现出无数个斩获四大满贯公开赛冠军头衔的网球明星运动员。他们在自己的网球道路上书写了一个又一个传奇故事,也正是从来都不缺少的网球明星运动员,让更多的观众喜欢和迷恋网球。

中国的网球运动是在19世纪后期由英、美、法等国的商人、传教士和士兵传入的。他们在驻华机构、兵营、基督教青年会、燕京大学、辅仁大学以及汇文中学处修建网球场,当时活动用球都是从国外带来的。随着人们对这项运动的不断了解,参加锻炼的人数不断增多,有条件的地方,如上海、北京、广州等地相继建立了一批网球场,参加网球运动的人空前踊跃,继而群众又自发地组织了各种网球会及网球俱乐部,使中国的网球水平迅速提高。19世纪30年代中国出现了一些杰出的网球高手。如许承基在英国公开的网球赛上力挫群雄,击败当时的世界网球名将奥斯丁,夺得男子单打冠军。在第8届远东运动会上,他与队友林宝华、邱飞海合作获得了团体冠军。

新中国成立以后,网球运动和其他运动项目一样,得到了很快发展。1953年,天津举行的四项球类比赛就包括网球项目。1956年10月23日中国网球协会正式成立,同年举行了全国网球锦标赛。1964年,吕正操将军担任中国网球协会名誉主席。我国网球队在 1974 年第 7 届亚运会上的男女团体比赛上,均取得了第二名。1978 年,我国网球队在第 24 届国际网球锦标赛中取得了女子单打冠军、男女混合双打冠军、女子双打亚军。同年在第 8 届亚运会上,我国网球又取得了女子单打和男子双打亚军。1979 年 10 月,我国网球运动员参加了在日本举行的 WTA 京都公开赛,余丽桥和陈娟获得女子双打冠军。1982 年,在第 9 届亚运会上,我国网球男选手刘树华,男双选手刘树华和马克勤,女单选手余丽桥均取得第三名。1990 年第 11 届北京亚运会上,我国男子获得团体冠军,潘兵获男子单打冠军,夏嘉平和孟强华获男子双打冠军。1992 年,我国选手第一次进入奥运会,1999 年李芳、易景茜在美国西雅图国际女子巡回赛上一举夺得冠、亚军。2000 年 1 月 7 日我国选手易景茜一举闯入澳网公开赛前 32 名。2001 年在北京举行的世界大学生运动会上我国又获得了女子单打、双打冠军。2011 年我国获得第一个大满贯女单冠军。

二、网球运动的特点与健身价值

(一)网球运动的特点

网球运动是一项把竞技性、文化性、观赏性和参与性有机结合的极具魅力的体育项目。

1. 较强的竞技性

对于专业运动员来说,网球属于多回合比赛,比赛时间长,对运动员的技术、体能和力量要求高,一场比赛总的挥拍次数不少于千次,如果没有强壮体力是不能胜任的。对于爱好者来说,网球运动的运动量可以通过运动的节奏来控制。

2. 较强的观赏性

网球运动是一种节奏感非常强的运动,速度、攻守随时都可能被动地或主动地发生变化。力量上的变化也是变幻莫测,随时需要做出发力或者不发力的选择。节奏、力量、线路的变化,特别是男双、混双项目的比赛,可以说极富观赏性,观众情绪容易被调动起来。

3. 普及性高

从网球运动发展的历程不难看出,网球运动一直较为普及,水平高,争夺激烈,尤其是随着器材的改进,如球拍的研制,网球向着力量、速度型方向发展,各种大赛的举办也使网球的职业化、商业化程度越来越高。群众性的网球运动也在悄然兴起。

(二)网球运动的健身价值

网球运动是一项深受人们喜爱、富有乐趣的体育活动,具有很高的锻炼价值。

1. 增强体质,促进健康

网球运动是一项男女老少皆宜的运动,运动量可大可小,可以自行调节。练习网球,可以使人们动作敏捷,判断准确,反应迅速,提高速度、力量、柔韧、灵敏等身体素质,对改善人体运动系统、循环系统、呼吸系统、神经系统,以及抵抗各种疾病、适应外界的能力都有重要的作用,可有效增强人们的体质和健康。

2. 培养良好的意志和作风

在网球运动中,特别是在比赛中,人们通过进攻与防守,控制与反控制,既斗智又斗勇,锤炼了个人的意志品质和心理素质,有利于培养拼搏进取,胜不骄、败不馁的作风和精神风貌,提高克服各种困难的勇气。

3. 团结协作,增进友谊

练习网球需要一个对手或球友。人们通过网球运动可以交流球艺,增进友谊。特别是双打比赛,可以培养人们相互信赖、团结协作、密切配合的合作意识。网球运动还是一项新的社交活动,可以促进彼此的沟通和理解。

4. 愉悦身心,陶冶情操

网球比赛具有较强的观赏性。网球比赛中,场上热烈的气氛,激烈的争夺,使广大观众如醉如痴,豪情满怀。运动员所表现的顽强斗志,潇洒的作风,精湛的技艺,都令人难以忘怀,从中得到一种精神享受。

三、网球运动的基本技术

(一)球拍与握拍

1. 球拍

现在一般选择碳素石墨材料制成的球拍,这种球拍手感较好。选择球拍要考虑以下几个因素。

(1)重量。球拍的重量分轻(L)、中(M)、重(T)三种。练习者应根据自己的力量选择,重量适中,能用得上力就可以。

(2)面积。球拍面积分为小拍面(穿弦面积<548平方厘米)、中拍面(穿弦面积554~612平方厘米)、大拍面(穿弦面积612平方厘米),初学者一般选用大拍面的球拍。

(3)硬度。球拍的硬度分为10个等级,1~5级为软性球拍,6~10级为硬性球拍。使用硬度较大的球拍容易造成肘关节受伤,即"网球肘",因此初学者应选用中性偏软的球拍。

（4）拍柄。拍柄的粗细要适宜,太粗不易控制,太细击球时需要更多力量控制球拍不在手中翻转,长期使用太粗或太细的拍柄会导致“网球肘”。

2.握拍

（1）大陆式握拍。V形虎口对准2、3号棱之间,这种握拍法也被称为“榔头”式握拍法。因为采用这种握拍时,食指根部压在与拍面水平的面上,拍面的角度几乎与地面垂直,好像是用拍框的侧面钉钉子一样。大陆式握拍法适合用来打任何类型的球,但在发球、打截击球、打过顶球、削球以及防守球时采用这种握拍效果更好。①优势:大陆式握拍法可以使发球或打过顶球时的手臂自然下压,给手臂的压力小。由于在打正手和反手球时不需要调整握拍法,因此大陆式握拍法也是打网前截击球的最佳选择。同时,它适合于在防守时击打已到达身体侧面或击球点较晚的球。②劣势:用大陆式握拍法很难打出带上旋的击球或削球。这就要求击球点必须要比球网高,由于球在这一点停留的时间非常短暂,因此击球时间就很短。

（2）东方式正手握拍。V形虎口对准3、4号棱之间。这里介绍一个正确掌握东方式正手握拍的小窍门,即将手放在拍弦上,然后下滑到拍柄根部抓握。①优势:东方式正手握拍可谓“万能握拍法”。采用这种握拍法,拍面可以通过摩擦球的后部击出上旋球,还可以打出有很大力量和穿透性的平击球。同时,从东方式握拍法很容易转换到其他握拍方式。②劣势:与大陆式握拍相比,尽管东方式握拍的击球点在身体前部要更高、更远一些,但它仍不适用于打高球。东方式握拍击出的球多是平击球,很难适应多回合的打法。因此东方式握拍不适合那些希望打出更多上旋球的选手。

（3）半西方式正手握拍。V形虎口对准4、5号棱之间。在职业网球巡回赛中,底线力量型选手多采用这种握拍。①优势:相对于东方式握拍,这种握拍法可以让选手打出更多上旋球,使球更容易过网,也更好控制线路,因此,它很适合打上旋高球和小角度的击球。这种握拍在身体前部的击球点比东方式握拍更高、更远,因此更有利于控制高球。②劣势:半西方式握拍不适合回击低球。因为采用这种握拍时,拍面自然地呈关闭状态,迫使选手必须打球的下部然后向上挑,很容易给对手留下进攻机会。

（4）西方式正手握拍。V形虎口对准5、6号棱之间。喜欢打强烈上旋的选手多采用这种握拍法。①优势:这是一种很“极端”的握拍法,手腕的位置迫使拍面强烈地击打球的后部,从而产生更多的上旋。这种握拍比其他任何一种正手握拍法的击球点都要高、要远,对高球的控制较好。②劣势:回击低球是此种握拍法的致命弱点。采用此种握拍时,要以更快的挥拍动作给球加上必要的旋转,以使未出的球有速度,也有深度。

（5）东方式反手握拍。V形虎口对准2号棱。①优势:同东方式正手握拍一样,它可以给手腕提供良好的稳定性,使打出的球略带旋转,或直接打出很有穿透力的球。采用这种握拍只要做非常小的调整就能回到大陆式握拍,这样在削球或在网前截击时都会比较轻松。②劣势:尽管这种握拍法能很好地处理低球,但它不适合打高于肩部的上旋回球,因为这种握拍法很难控制这样的回球,所以在多数情况下,选手只能采用防守式的削球将球打回对手场内。

(6)双手反手握拍。拍面处于大陆式和东方式反手握拍的中间位置,用另一只手以东方式正手握拍法放在持拍手的前方。①优势:适用于单手力量不足或双手具有良好协调性的选手。比起单手反手击球,双手反手借助肩部的转动和小幅度的挥拍来发力。因此采用双手反拍来接发球的成功率比较高。这种握拍法还适合处理低球,而且在回球时力量很足。②劣势:双手握拍限制了跑动。因此在进行大幅度移动击球时存在较大的难度,而且不容易转身挥拍。同时,双手反拍选手过分依赖回旋球,要想有效地击出削球,双臂挥出的同时,要保持前肩的稳定性,对于习惯扭臀转肩的双手反手选手来说,这并非易事。

(二)网球运动的基础知识

1.击球点

击球时,球拍与球接触瞬间的空间位置称为"击球点"。击球点的空间位置是相对击球者的身体而言,是由距身体的4个方向(前、后、左、右)和高低位置来确定的。最佳击球点在身体侧前方的腰部高度。

2.击球时期

从对方击球瞬间到己方的球拍触球瞬间之前,球在空中的飞行时段称为"击球时期"。来球从过网点到落点的飞行阶段为空中段,落地后弹起至回落地面前的阶段称为反弹段。

3.击球线路

球从击球点飞行到落点间的线路称为"击球线路"。基本击球线路有直线和斜线两种。

4.击球过程的要点

(1)判断:对来球的方向、球的旋转性质、球的飞行速度和落点进行综合分析。
(2)移动:根据来球的方向调整站位,在击球之前抢占最佳的击球位置。
(3)击球:确定对方的来球特点,决定自己的回击方法,以达到最佳的击球效果。
(4)还原:在完成上个动作之后回到击球前的准备状态(基本姿势和位置)。

5.击球技术的要素

(1)引拍:后摆引拍是击球质量和击球力量的先决条件。

（2）挥拍：挥拍的速度、方向直接影响回球的力量和球的飞行路线。

（3）击球：击球瞬间的击球点、击球时期、拍面的角度、击球部位直接决定回球质量。

（4）随挥：随挥动作是为了保证击球的完整性、协调性和稳定性，影响着动作的还原。

（三）击球技术

1. 正手击球

正手击球是网球技术中最基本的击球方法，是初学者最先学习的击球技术。

（1）准备姿势：面向球网，两脚开立，略宽于肩，稍屈膝，身体稍前倾，重心置于前脚掌。球拍指向正前方，几乎与地面平行。右手握拍（以右手握拍为例，以下同），左手托着拍颈，眼睛始终盯着来球方向。

（2）后摆引拍：当判断球朝正手方向飞来时，双脚迅速右转，肩右转 90 度，左脚向右前方上步，重心移至右脚，右手自然向后引拍，将球拍引至身体右后。引抽时右肘部要自然弯曲下垂，手腕固定，左手前伸保持身体平衡。

（3）挥拍击球：球拍迅速向前挥动，手腕要固定绷紧，握紧球拍，球拍从稍低于腰部处开始，做弧线运动，逐步上升，向前挥动，要迎上去击球，击球的拍面基本垂直于地面，同时将身体重心从右脚移向左脚。击球时身体随之转动，腰部带动大臂击球。

（4）随挥跟进：球离开球拍后，击球动作不要停止，应使球拍随出球方向挥一段距离，握拍手臂向前伸展。肘关节向前上跟进，挥至左肩一侧，拍头指向天空。在完成一次击球后，应立即回到准备姿势状态，为下一次击球做准备。正手击球动作要点：击球过程眼睛要看球，在球落地之前做好向后引拍动作。击球点在身体的右前方腰间位置。击球时，紧绷手腕，握紧球拍，借蹬转的力量用拍面的中心将球击出。球拍要平行击打，并按球的飞行轨迹随球前送，随挥动向前上方伸展。

2. 反手击球（单手）

反手击球是网球基本技术中和正手击球同样重要的击球方法。这里主要介绍反手削球的技术动作。

（1）准备姿势：向左转髋、转肩，右手持拍，左手托住拍颈，向左后方引拍，同时转身使右肩对准来球方向。

（2）前挥送拍：完成前挥动作时应保持手腕固定，通过下肢、髋、肩的发力将力量自下而上送上球拍。

（3）挥拍击球：击球时，拍面要垂直于地面，对准来球伸直肘部快速挥动，击球的中下部，手臂前挥，路线由低到高。

（4）随挥跟进：击球后，手臂要保持击球时的动作继续前送，前移重心，充分上扬手臂；然后面对球网，恢复成准备姿势。

3. 截击球

截击球是指击打过网后还未落地的空中球，一般在发球后或底线回球质量不高时使用。截击球是网球比赛中重要的得分手段之一。对初学者来说学习网前截击球不仅能提高球感，也能提高学习网球的兴趣。

（1）正手截击。①准备姿势：正手截击时跨步，移动重心和后摆球拍几乎同时进行，拍头要始终高于手腕。②挥拍击球：正手截击时要保持前臂伸直，手腕固定，发力短促、有力。击球多采用切击，击球点在身体的右前方。③随挥跟进：截击球的随挥动作幅度较小，一般不超过中线。截击动作完成后迅速调整姿势，准备迎接下一个来球。

（2）反手截击。①准备姿势：进行反手截击时，身体略向左转，同时重心移至左脚，左手扶住拍颈，脚对准来球方向。②挥拍击球：反手击球的击球点要在身体的左前方，比正手更靠前。击球时手腕固定，肘部下拉用肩和前臂的力量向下击球。③随挥跟进：反手截击球的随挥动作很小，一般不超过身体中线，以便快速还原，准备进行下一个动作。

4. 挑高球

挑高球技术主要是对付网前进攻，但不仅仅是被迫使用的一项防御技术，可分为防守性挑高球和进攻性挑高球两种。

（1）准备姿势：高球分正手和反手挑高球两种，其握拍方法和正、反手击球的握拍方法相同。其引拍动作和正、反手击球的引拍基本相同。只是挑高球要求高而深，需要更充分的后摆动作。

（2）挥拍击球：前挥拍时，球拍击打球的下部，向前上方击球。在整个击球过程中，保持手腕绷紧，握紧球拍。挑高球要将球打得高而且深，但稍偏差就容易出界，因此挑高球的落点应在场地的中间。

（3）随挥跟进：随挥动作是将球挑到足够高度的关键，因此应加长击球的时间，顺着球的飞行路线向上做随挥动作，球拍尽可能送远，动作从身体前面的高处结束。随挥动作结束后，应立即回到端线后面中间的有利位置。

5. 反弹球

反弹球是一项由被动变主动的过渡性技术，是在球落地后刚刚弹起的一刹那进行击球的一项技术。

（1）准备姿势：用大陆式握拍法，击球前身体重心与其他击球方式的准备姿势类似，对正来球方向迅速降低拍面位置。

（2）挥拍：击反弹球的后摆幅度要小于其他击球方式，底线位置后摆动作稍大一些，中、前场后摆幅度很小，几乎只是磕球过场。

（3）击球：与其他击球动作相比，反弹球的击球位置更低，拍面要保持垂直和平行。击球点尽量在身体的侧前方。

（4）随挥跟进：随挥的技术要领与正反手击球基本相同，可根据来球速度、位置掌握运用。

6. 高压球

高压球俗称扣球，是在头上方扣杀的一种击球技术，是有效的得分手段。

（1）准备姿势：对方挑高球时，应尽快调整位置，移动到球落点后面，侧身对网，两脚前后开立，左手指向来球，眼睛注视来球。击球前将球拍提前举到头上，重心放在右脚。

（2）击球与随挥：击球时，注意腿部蹬伸、转腰、提重心、顶肘、挥拍、收腹、鞭打击球，同时重心前移，在最高点击球。随挥路线是从击球后至身体左下方止，重心完全移至前脚。

7. 发球

发球是比赛得分的重要手段，也是运动员技术水平的重要标志。初学者应认真理解动作要领并认真进行练习。

（1）抛球：抛球的技术动作要在身体协调放松的状态下进行，左手伸直在身体的侧前方最高点抛球，保持球在头的前上方垂直下落，抛球后双臂保持反 L 形。

（2）挥臂：球拍自然下垂到"搔背"状态时，开始向上挥小臂，直至手臂与身体充分伸展。

（3）击球：整个挥拍动作与高压球动作技术一样，自下而上用力，手臂内旋，扣腕，击球的左侧。

（4）随挥跟进：击球后，要继续保持球拍自然挥摆至身体的左前方，同时重心前移，使身体迅速调整位置回到准备状态。

（四）接发球技术

接发球技术在网球比赛中有着非常重要的作用，它是控制对手，争取主动的主要手段。接发球技术要求选手有精准的判断力和良好的控球技术。

（1）准备姿势：注意观察对方发球的站位和意图，身体重心比底线击球时更低一些，两眼紧盯对手发球。

（2）移动转身：对方发球后立刻做出判断，迅速移动站好位置并确定回球方式，同时做好转身后摆动作。

（3）接球：初学者一般发球速度不快，可用对拉底线的击球方法接球。如果感到对方击球速度较快,应采用交叉上步或侧身击球的方式接球;来球角度较大的则可用削球进行接球。

(4)随挥跟进:球跟进动作要充分、还原动作要快,然后迅速移动到中场位置。

四、基本战术

网球比赛的一般战术包括单打战术和双打战术。

(一)单打战术

1.发球战术

(1)变换发球落点:在经常发出外角球的同时要考虑突然换发内角球。
(2)变换发球位置:不时地变换发球位置,增加对手的接球和对发球线路判断的难度。

2.发球截击战术

发球后上网空中截杀将球打至对方空当,或采用两次截击,先打出较深的直线截击球,然后再迅速上网进行第二次截击,将球打至对方空当。

3.接发球战术

在接对手力量不大的二发时,要控制好落点打直线球,趁对手回球质量不高时可上网将球截杀至对方空当。一发的球速不快时,亦可采用上述战术。

4.对攻战术

当发球或接发球进攻都不奏效时,双方展开对攻,底线对攻的主要战术是加大击球深度,伺机变换落点。

5.对付上网截击的战术

当对手采用发球上网的战术时,可根据对手的站位采用挑高球和打穿越球,这是对付上网的有效回击方法。

(二)双打战术

1.发球战术

双打与单打发球的不同是要考虑一发的成功率,还要考虑增加对方接发球的难度,给同伴创造进攻机会。一般采用发对方反手或变换发球位置。

2.接发球战术

利用直线球来使对方网前平移截击,将球回击到对方的中场,减少失误率和对方的截击成功率。

3. 截击战术

截击是双打比赛的重要得分手段。利用边角球限制对方上网,利用脚下球控制对方网前选手,利用快速截击攻击对方远点和防守空当,创造进攻和得分机会。

五、网球运动的场地、器材与比赛规则

(一)网球运动的场地

网球场地分为用沥青、水泥、木板、涂塑合成材料修建的硬式场地,以及草地、泥地两种软式场地, 长 23.77 米,单打宽 8.23 米,双打宽 10.97 米,用球网分隔成两个半场,网高 0.914 米。

草地球场是历史最悠久、最具传统意味的一种场地。由于其对草的特质、规格要求极高,而适宜的草籽又不具备良好的适应性,加之气候的限制及其保养与维护费用昂贵,因此这种球场很难被推广到世界各地。

红土球场、泥地球场等都可称为软性场地。此种场地不是非常坚硬,地表铺有一层细沙或砖粉末,特点是球落地时与地面有较大的摩擦,球速比较慢,球员在跑动中特别是在急停急回时会有很大的滑动余地。这些决定了球员必须具备比在其他场地上更优良的意志品质和更出色的奔跑、移动能力,否则很难取胜。在这种场地上比赛对球员是极大的考验,考验其在底线相持的功夫。球员一般要付出数倍的汗水及耐心在底线与对手周旋,获胜的往往不是频繁上网者,而是在底线艰苦奋斗的一方。值得一提的是,沙地或土地网球场虽然造价比较低,但保养和维护起来却是相当麻烦的,平时需要浇水、拉平、画线、扫线,雨天过后需要平整、滚压等。

硬地是最普通的一种场地,一般由水泥和沥青铺垫而成,上涂红、绿等漂亮的颜料或铺一层高级塑胶面层,其表面平整、硬度高,球的弹跳非常有规律但球的反弹速度很快,平时易于清扫和维护,基本上不用精心照顾。许多公共网球场都采用这种硬地球场。需注意的是硬地不如其他质地的场地弹性好,由于初学者奔跑、移动的方法可能不尽正确,地表的反作用又很强、很硬,所以比较容易受伤。初学者在上面练球时应加强对自己的保护,特别是膝、踝关节。

(二)器材

1. 球

球为白色或黄色,重 56.7~58.5 克。球的弹性标准为:在 2.45 米的高度自由下落到混凝土面的弹起高度为 1.35~1.47 米。

2. 网柱

球网两侧的网柱高 1.07 米,支柱的直径或边长不超过 7.5 厘米。

3. 球网

单打球网长为 10.06 米,双打球网长为 12.8 米,球网上沿用 5~6.3 厘米宽的白色帆布包缝,并用直径不超过 0.8 厘米的钢丝绳穿起来挂在网柱上。球网应充分展开,完全填满两柱之间的空隙,球网网孔大小以不让球穿过为准。球网的中央高为 0.914 米,并用 5 厘米宽的白布速带束于地面。要求球网的下边须和地面接触。

(三)比赛基本规则

男子单打、双打采用五盘三胜或三盘两胜制,女子单打、双打以及男女混合双打采用三盘两胜制。比赛时胜第一球记 15 分,胜第二球记 30 分,胜第三球记 40 分,再胜一球则为胜一局;当双方各得 40 分时为平分,平分后必须净胜 2 球才算胜一局;先胜 6 局者为胜一盘;当各得 5 局时,一方必须净胜两局才算胜一盘。网球记分方法如下。

1. 胜一分

遇到下列情况时,判对方得分:

(1)球员连续两次发球失误或脚误时。

(2)接球员在发来的球没有着地前用球拍击球,或球触及自己的身体及所穿戴的衣物时。

(3)在球第二次落地前未能还击过网时。

(4)还击球触及对方场区界线以外的地面、固定物或其他物件时。

(5)还击空中球失败时。

(6)比赛中,击球员故意用球拍拖带或接住球,或故意用球拍触球超过 1 次时。

(7)"活球"期间运动员的身体、球拍(不论是否握在手中)或穿戴的其他物件触及球网、网柱、单打支柱绳或钢丝绳、中心带、网边白布或对方场区以内的场地地面。

(8)还击尚未过网的空中球(过网击球)。

(9)除握在手中的球拍外,运动员的身体或穿戴的物件触球。

(10)抛拍击球时。

(11)比赛进行中,运动员故意改变其球拍形状。

2. 胜一局

运动员每胜一球得 1 分,先胜 4 分者胜一局。但遇双方各得 3 分时,则为"平分"。"平分"后,一方先得 1 分时,为"接球占先"或"发球占先"。占先后再得 1 分,才算胜一局。

3. 胜一盘

一方先胜 6 局为胜一盘。若双方各得 5 局时,一方必须净胜两局才算胜一盘。

4. 决胜局

决胜局,也叫推抢七局。在每盘的局数为 6 平时,进行决胜局,先得 7 分为胜该局及该盘,若分数为 6 平时,一方须净胜 2 分。

六、网球主要赛事

(一)戴维斯杯赛

戴维斯杯赛是世界男子网球团体赛,发端于 1900 年,每年举行一次,是执网坛牛耳的世界大赛。

戴维斯杯赛是美国青年德威特·菲利·戴维斯始创的,当时他是美国哈佛大学的学生。第一次参加美国网球比赛的激动心情,引发他创办国际男子网球团体赛的欲望。他写信给当时英国草地网球协会名誉秘书长梅博恩,建议举行英国和美国之间的对抗赛。此建议被采纳,1900 年在美国的波士顿举行了由英国和美国参加的首届戴维斯杯赛。自 1904 年开始,其他国家的草地网球协会也参加了该项比赛。

戴维斯杯赛原始规程规定凡冠军队获得者在次年的卫冕赛中,有以下特殊规定:无须出征参战;由所有参赛队层层鏖战后产生的次冠军队,向上一年的冠军队挑战,胜者才是当年的冠军;比赛用球及比赛地点均由卫冕国选定。因此,最引人注目的是争夺与上一年度冠军队进行挑战的资格——挑战预选赛。戴维斯杯赛分 3 天进行,第一天两场单打,第二天 1 场双打,第三天两场单打。第一天和第二天的比赛采用五盘三胜制,第三天的比赛采用三盘两胜制。戴维斯杯赛的地点选择类似主、客场制,即两队首次交锋,由抽签决定在哪个国家比赛,如以后再相遇,则改在另一个国家比赛。

(二)联合会杯赛

联合会杯网球赛是世界女子网球团体赛,起始于 1963 年,每年举办一次,是检阅女子网坛实力的世界大赛。首届比赛有 16 个国家参加,1994 年的第 32 届比赛,已有近 60 个国家和地区报名。联合会杯赛的比赛方法是参赛各国汇集于主办国,在一周之内决出当年的优胜者。每次比赛采用两场单打和 1 场双打采用三盘两胜制。随着女子网球运动的不断发展,参加联合会杯比赛的队也越来越多,1995 年该比赛采用了与戴维斯杯赛相同的比赛模式。2020年9月，国际网球联合会宣布，将联合会杯网球赛更名为"比利－简－金杯"。

（三）大满贯

网球选手在一年中先后获得澳大利亚网球公开赛、法国网球公开赛、温布尔登网球锦标赛和美国网球公开赛四大公开赛冠军，即是大满贯获得者。

澳大利亚网球公开赛是四大公开赛中最迟创办的赛事，1905年创办，赛地在墨尔本，1968年被列为大满贯赛事。

法国网球公开赛创办于1891年，是与温布尔登锦标赛一样享有盛名的传统网球比赛。法国网球公开赛从1925年对外开放，成为公开赛。

温布尔登锦标赛创办于1877年，是现代网球史上最早的网球比赛，比赛地点在伦敦西郊温布尔登。

温布尔登锦标赛开始只有男子单打，1879年增加男子双打，1884年增加女子单打，1889年又增加女子双打和混合双打。1901年接受外国选手参赛，1905年正式对外开放，美、法等国选手得以跨海参赛。1922年在温布尔登修建可容纳1.5万观众的中央球场。

首届美国网球公开赛于1881年在美国罗德岛新港举行，开始起名为"全美冠军赛"，时间在每年的八九月举办，1915年起举办地点移至纽约林山，1968年被列为世界四大公开赛之一，它是一年中最后一站的大满贯赛事。

（四）奥林匹克运动会网球赛

网球是首届现代奥运会所举行的八大比赛项目之一，也是唯一的球类比赛项目，这次比赛只有男选手参赛，项目有单打和双打。我国选手第一次参加奥运会网球比赛是在1992年第25届奥运会。在2004年第28届奥运会上，我国选手获得网球女子双打冠军。

第二节　毽　球

学习提示

毽球运动是一项竞技性强，以动作灵巧为特点，能很好地发展人体机能，增强体质，锻炼人们的灵敏、速度、弹跳力、耐力、力量和柔韧等素质的一项健身性很强的民族体育运动。

一、　毽球运动的起源与发展

（一）毽球运动的起源

踢毽源于古时蹴鞠，与蹴鞠同宗、同源，是蹴鞠的一个分支。现代毽类运动包括毽球和花样踢毽两个项目，起步于 20 世纪中期。

踢毽子是一项有着悠久历史的民族体育活动。经常踢毽可以活动筋骨，促进健康。在古都北京，踢毽子还有个富有诗意的名字——翔翎。踢毽子起源于我国汉代，盛行于六朝、隋、唐。唐《高僧传》二集卷十九《佛陀禅师传》中记载：有一个叫跋陀的人到洛阳去，在路上遇到了十二岁的惠光，在天街井栏上反踢毽子，连续踢了五百次，观众赞叹不已。跋陀是南北朝北魏（467—499 年）时人，为河南嵩山少林寺的祖师，他非常喜欢惠光，并将他收为弟子。

宋朝高承在《事物纪原》一书中，对踢毽子有较详细的记载："今时小儿以铅锡为钱，装以鸡羽，呼为毽子，三四成群走踢，有里外廉、拖抢、耸膝、突肚、佛顶珠等各色。"

明清时期，踢毽子进一步发展，关于踢毽子的记载也就更多了。明代进士、我国历史上有名的散文家刘侗在《帝京景物略》卷二"春场"所载歌谣云："杨柳儿死，踢毽子。"踢毽子已成为民谚的内容，而且发展到数人同踢的技巧运动。至清末踢毽子已达到鼎盛时期，参加的人越来越多，踢毽子的活动更加广泛，特别是青少年参加者更为普遍，当时就有这样的童谣："一个毽儿，踢两半儿，打花鼓，绕花线儿，里踢外拐，八仙过海，九十九，一百。"说明踢毽子已经到了相当普及的程度。民间踢毽爱好者更是用功苦练，以口传身授的方法代代相传。以北京为例，每遇城乡庙会，各路能手，步行相聚，观摩、比赛，培养新手，甚是热闹。

（二）毽球运动的发展

1928 年 12 月，我国举行了第一次踢毽子公开比赛，推动了这项民族体育项目的发展。1933 年 3 月第一次全国性的踢毽比赛在南京市举行。

1950 年，北京市将在街头靠踢毽子糊口的艺人吸纳入杂技团，专设了踢毽子节目，并出国进行表演，受到了国外观众的热烈欢迎。1961 年 6 月，中央新闻电影制片厂拍摄了电影《飞毽》，介绍了踢毽运动的历史和踢法，推动了这一运动的发展。天津、上海、保定、哈尔滨等地参加踢毽子的人越来越多。1963 年，踢毽子同跳绳等，被列入国家提倡开展的体育活动，踢毽子运动还被编入小学体育教材。

毽球作为一项新兴的比赛项目开展，源于 20 世纪 80 年代中后期。一些毽球研究学者制定了更完善的规则，并于 20 世纪 80 年代中后期组织了国内的各种赛事。毽球的比赛场地类似排球场，中间挂网（男子网高 1.6 米，女子网高 1.5 米），两项团体赛每方各 3 人,每局 15 分,决胜局为每球得分制。比赛时运动员用脚踢球,不得用手、臂触球,在本方场区内最多只能击 4 次球。

在设计毽球比赛时曾有原则为"羽毛球场地、排球规则、足球动作",但在实际中,最后一条并未落实。毽球的基本动作酷似流行于东南亚的藤球。从发球、主要攻防动作和集体项目设定方面都与藤球十分接近。例如在进攻动作方面,目前毽球的两种主要进攻作"高腿踏毽"和"外摆脚背倒勾攻球",就是藤球在 20 世纪 60 年代盛行的进攻动作。在防守动作方面,毽球允许进行跳起封网和以头击毽过网,这与藤球的规则完全相同。所以,我国广东省和山东省的毽球管理机构都与藤球管理机构合二为一,称为"藤、毽协会"。

现代毽类运动得到迅速普及,广泛开展于工厂、学校和机关事业单位当中。随着毽类运动的蓬勃发展,全国和地方性毽球组织相继成立。与此同时,竞赛体制基本完善,全国锦标赛、职工赛、学生赛、国际邀请赛等竞赛制度相继建立。进入 20 世纪 90 年代,毽类运动又先后跻身全国少数民族运动会、全国农民运动会和全国中学生运动会等大型综合性运动会。同时,毽类运动跨出国门走向世界,先后在亚欧美等多个国家开展起来,并成立了国际组织,建立了世界锦标赛制度。

二、毽球运动的特点与健身价值

(一)毽球运动的特点

1. 简便易行

踢毽子是一项简便易行的健身活动。首先,毽子制作简便。用一小块布,包上一枚铜钱和一小截下端剪成十字形开口的鹅毛管子,用针线缝牢,成为底座,再在未剪开的鹅毛管子上端插上七八根鸡毛就做好了。鸡毛最好是雄鸡的,又长又好看,也好踢。现在市场上卖的毽子底座往往是橡皮的,弹性大,踢重了稳定性差。其次,活动便于开展,踢法多种多样。踢毽子对场地要求不高,只需一小块比较平坦的空地,五六平方米、三四平方米均可,越是技艺高的对场地要求越小。例如有人只需一平方米也能连续踢好几十下。

2. 运动量可控

踢毽子运动量可随意控制,可视自己的体能来确定运动量,不必与人争抢冲撞,不受场地限制,占地小,器具简单投资少,男女老少都可参加。踢毽子寓游戏于运动之中,踢法多种多样,只要玩得开心,合理掌握运动量,不仅能够达到强身之目的,还能让人们享受其中的乐趣。

3. 技术的融合性

毽球运动融入了足球的脚法、羽毛球的场地和排球的战术。发展踢毽运动,对其他体育项目运动技术的提高有促进作用。研究证明,踢毽子与踢足球有很多共同点,把它作为足球训练的一种辅助练习,是有价值的。踢足球和踢毽子都是利用足内侧、足外侧、正脚面来控制,同样需要踝关节、膝关节和髋关节的灵活协调。踢毽子的接和落都要给予缓冲,青少年足球爱好者踢毽子有助于加深对足球接传球技术的理解和把握。

(二)毽球运动的锻炼价值

1.健身健体

毽球运动主要是用脚部做击打毽球的动作来完成的。脚是人体离心脏最远,位置最低,最易供血不足的部位,所以有未老脚先衰这样的说法。足踝部有申脉、大敦、太冲、昆仑、太白等多个重要穴位,经常踢毽可以对足部穴位进行按摩,改善人体微循环系统。毽球运动又是全身的运动,锻炼时需要身体的多个部位协同发挥作用,对身体的协调、准确判断能力有很好的提高作用,同时对人体神经系统、呼吸系统、心血管系统、内分泌系统都有很好的改善作用。

2.提高人体灵敏度

毽子飞舞不定,踢毽者要在最有利的一刹那来控制它,在空中完成各种接、落、跳、绕、踢的动作,过早过晚都会失败,这就需要踢毽者做到反应快,时间准,动作灵敏、协调。因此,长期练习踢毽子有利于提高人们的反应速度、动作灵敏度及动作协调能力。

三、毽球运动的基本技术

(一)准备姿势

准备姿势是踢毽者在场上未接球时身体的一种等待状态。保持良好的姿势是使身体能随时在瞬间由静变动、由被动状态变主动状态的关键。准备姿势一般分为左右开位站势和前后开位站势两种。

1.左右开位站势

这种站势能使踢毽者从静止状态快速转向左右的移动状态,多用在比赛过程的防守站势当中。注意后脚跟离地,身体重心保持中位,静中带动的状态。

2.前后开位站势

这种站势能使踢毽者从静止状态快速转向前后的移动状态,较多应用在比赛过程中的接发球和防守当中。注意后脚跟离地,身体重心要向前移,保持静中带动的状态。

（二）基本脚法

1.脚内侧踢球

脚内侧踢球需膝关节向外张，大腿向外转动，稍有上摆，不要过大，髋和膝关节放松，小腿向上摆，踢毽时踝关节发力，脚放平，用内足弓部位踢球，多用于传接球。因此要想成为一名出色的球员，无论是一传手、二传手还是攻球手，都必须熟练、稳定地掌握脚内侧踢球。

2.脚外侧踢球

脚外侧踢球要稍侧身，向体侧甩踢小腿，勾脚尖，用脚外侧踢球。要想获得较低的托球点，必须使支撑脚做适当的弯曲，还要注意身体重心应放在支撑脚上。

3.脚背踢球

脚背踢球一般用正脚背，要注意绷脚尖和抖动脚腕发力击球。此种脚法相对其他脚法基本技术难度更大，主要动作不但要快，还要求有一定的准度，抖动脚腕发力击球的节奏过快或过慢都会影响踢球完成的质量。

4.触球

在身体膝关节以上部位的踢球都叫触球。触球可以分为大腿触踢球、腹部触踢球、胸部触踢球、头部触踢球。大腿触踢球时，要注意抬大腿迎球，放松小腿，用大腿正面前段击球。腹部触踢球、胸部触踢球、头部触踢球，都要注意触球时将腹部、胸部或头部要稍微向前，主动迎接球，并控制球落在自己的前方，然后用脚将球踢出。

（三）发球

发球动作一般有脚内侧发球、脚正背发球、脚外侧发球三种。脚内侧发球的时候要抬大腿带小腿，用内足弓部位向前上方送髋推踢，其特点是既稳又准，破坏性强。脚正背发球时要注意绷脚尖，用正脚背向前上方发力挑踢，它的特点是平、快、准。脚外侧发球时要注意稍侧身站位，绷脚尖，用脚外侧发力扫踢，其特点是既快又狠，攻击力强。发球是比赛的开始，也是一项进攻技术，发球的时候可以采用盯人、找空、压后、吊前等手段发出各种战术球，以达到破坏对方组织进攻或直接得分的目的。

（四）民间的几种踢法

1.盘踢

盘踢是指用足内侧互换踢毽，膝关节向外张，大腿向外转动，稍有上摆，不要过大,髋和膝关节放松,小腿向上摆,踢毽时踝关节发力。踢起的毽子一般不超过下颏。

练习方法:一般人的左足没有右足灵活,没有踢过毽子的人,右足也能踢一两次,所以,练习时从左足先开始为宜,即先用左足踢起一次,要求垂直,用手接住,右足再踢一次,用手接住,较熟练后,连续踢。左右足都可连续踢后,改为左右两足各踢一次接住、各踢两次接住、各踢三次接住、各踢四次……灵活熟练后就不用再接,踢的次数越多越好。

2. 磕踢

磕踢是指用两腿膝盖互换将毽子磕起(撞起)的踢法。髋关节、膝关节放松,小腿自然下垂,膝关节发力,将毽子磕起,大腿不要外张或里扣,踢起的毽子一般不超过下颏。

练习方法:练习时,用手抛起毽子(不超过下颏),用膝盖磕起(撞起),然后用手接住,同盘踢的练习方法一样,一磕一接,熟练后不用手抛毽,改用盘踢,形成一磕一盘,协调后两膝互换,踢的次数越多越好。

3. 拐踢

拐踢是指用两足外侧互换踢毽,大腿放松,小腿发力向体后斜上方摆动,勾足尖,踢毽时大腿不得摆到体前,小腿向体后斜上方摆动不要过高,毽子和足外侧相碰的一刹那,踢毽脚的内侧离地面一般不超过 30 厘米,踢起的毽子高度随意。

练习方法:练习时,可像盘踢一样,采用一踢一接的练习方法。为了避免动作出错误,练习时,踢毽脚一侧可向墙或树木等,身体与墙距离约与体宽相同,如果踢毽脚踢时碰到墙或树木,便是动作错误。

4. 绷踢

绷踢也叫作"绷尖",是用两足尖外三趾部分互换踢毽,单足踢毽也可以。绷踢能踢起即将落地的毽子,毽子被踝关节的发力一绷而起,所以叫绷踢。其动作是,大腿向前抬起,和身体成 150 度左右的夹角,小腿向前摆动,髋关节、膝关节要放松,踝关节发力,要在踢毽子的一刹那,足尖外三趾向上猛用力,将毽勾起。踢起的毽子高低都可,但应避免忽高忽低,为以后的花样踢法打下基础。

练习方法:练习时,可采用盘踢的一踢一接的练习方法,但在开始练习时要踢得低一些,一般不超过腰部,再低一些更好,这样踢的次数能多一些。为了避免动作出错误,练习时可面向墙壁或树木,距离约与体同宽,如练习时踢毽脚碰到了墙或树木,便是动作错误,原因是膝关节没有放松,大腿抬得过高。

四、毽球运动的场地、器材与规则

(一)场地与器材

1. 场地

比赛场地采用羽毛球场双打场地,长11.88米,宽6.1米。场地上空6米以内(由地面计算)和场地四周2米以内不得有障碍物。

2. 球网

球网长7米,宽76厘米,网孔2厘米见方。球网上沿缝有4厘米宽的双层白布,用绳穿起,将球网张挂在网柱上。球网必须挂在中线的垂直上空。球网为深绿色。网柱安在中线以外,距边线50厘米处。球网的中部顶端距地面垂直高度为1.6米(男子)和1.5米(女子)。网的两端距地面的垂直高度必须相等,两端的高度与中间的高度相差不得超过2厘米。

3. 毽球

毽球由毽毛、毽垫等构成。毽毛为4支白色或彩色鹅羽成十字形插在毛管内,每支羽毛宽3.2~3.5厘米,毛管高2.5厘米。毽垫直径3.8~4厘米,厚1.3~1.5厘米。毽球的高度为13~15厘米。毽球的重量为13~15克。

(二)比赛规则

比赛队由6人组成,上场队员3人,其中队长1人(左臂应佩带明显标志)。比赛前,各队应将参赛队员(包括替补队员)的姓名、号码登记在记分表上。未登记的队员不得参加比赛。也可因时、因地、因人制宜,增加单人、双人毽球赛,规则与三人制大体相同,记分可采取直接得分法。教练员和替补队员应坐在指定的位置上。

1. 队员的场上位置

双方队员必须站在本方场区内。站在靠近球网的两名队员从左至右分别为3号位和2号位队员,靠近端线的队员为1号队员。场上队员的位置必须与登记的轮转顺序相符合。

2. 发球的位置

发球的一方,2、3号位的队员在发球队员的前方,彼此间相距不得少于两米。球发出后,双方队员可以在本方场区内任意交换位置。每局比赛结束之前,队员的轮转顺序不得调换。

3. 教练员和队长

比赛成死球时,教练员和队长有权要求暂停或换人。在暂停时间内,教练员可以进行场外指导,但不得进入场区。

4. 服装

比赛队员应穿着整齐划一的运动服和毽球鞋或运动鞋。场上队员上衣的前后须有明显的号码,号码颜色须一致,并与上衣颜色有明显的区别。号码应清晰可见,背后的号码至少高 20 厘米,胸前的号码至少高 10 厘米,笔画至少宽 2 厘米,同队队员不得使用重复号码。队员不得穿戴任何危及其他队员的服饰。

5. 比赛赛制

比赛采用三局两胜制,第三局采取每球得分制,每局 15 分赛制。比赛前选择场区或发球权。第一局结束后双方交换场地和发球权。决胜局开始前,裁判员召集双方队长重新选择场区或发球权。决胜局比赛中,任何一队先得 8 分时两队应交换场地。交换时,不得进行场外指导。交换场区后,双方队员的轮转位置不得变换。经记录员查对后,由原发球队员继续发球。如未及时交换场区,一旦裁判员或一方队长发现时,应立即交换,比分不变。

6. 暂停

比赛成死球时,教练员或队长可以向裁判员要求暂停。暂停时,教练员可以在场地外进行指导,但场上队员不得出场,也不得与场外其他任何人讲话,场外人员不得进入场内。每局比赛中,每队可以要求两次暂停,每次暂停时间不得超过 30 秒钟。某队在一局中请求第三次暂停,应判该队失发球权或对方得 1 分。

7. 换人

在比赛成死球时,教练员或队长可以向裁判员要求换人。换人时,场外人员不得向队员进行指导,场内队员不得离开场地。每个队员在每一局比赛中换人不得超过 3 人次。替补队员在上场前,应在记录台附近作好准备,换人时间不得超过 15 秒钟,否则判该队 1 次暂停。如该队在该局已暂停过两次,则判该队失发球权或对方得 1 分。教练员或队长要求换人时,应向裁判员报告下场和上场队员的号码。比赛中因故被取消比赛资格的队员,不能继续参加该场比赛,可由替补队员替换。如该队在该局已换人 3 人次,或场外无人替换时,则判为负局。

8. 局间间隙

一局比赛结束,下局比赛开始前,中间最多可有 2 分钟时间,供两队交换场地、换人和记录员登记号码,双方教练员在不影响上述工作的情况下,可以进行场外指导。

9. 发球

发球队员须站在本方发球区内，用手持球，将球抛起，用脚踢向对方场区，使比赛进行。发球队员必须在发球区内发球，在球发出后才能进入场区。发球时 2、3 号队员不得有任何掩护动作，否则，判由对方发球。当球发出后，裁判员发现发球队次序错误，则判该队失发球权，并恢复正确位置。如犯规队已得分，应取消队因该次发球次序错误所得的分数。

10. 计胜方法

接发球队失误，应判对方得 1 分；发球队失误，则判由对方发球。某队得 15 分并至少比对方队得多 2 分时，则为胜一局。如比分是 14:14，比赛应继续进行，直至某队领先 2 分，方为胜一局。

第十六章 散打与跆拳道

第一节 散 打

学习提示

　　散打运动是较技、较力、斗智、斗勇,两人或多人的对抗性运动项目, 是武术中的精华。本节主要介绍散打运动的起源与发展、运动特点、健身 价值及基本技术等。

一、散打的起源与发展

　　散打也叫散手,古时称之为相搏、手搏、技击等。简单而言就是两人徒手面对 面地打斗。散打是中国武术一个主要的表现形式,以踢、打、摔等技法为主要进攻 手段。散打也是现代体育运动项目之一,双方按照规则,利用踢、打、摔等攻防战术 进行徒手搏击、对抗。散打是中国传统武术的擂台形式,是中国武术与现代体育的 有机结合。

(一)散打的起源

　　散打是中华武术的精华,是具有独特民族风格的体育项目,深受人民喜爱。散 打的起源与发展,和中华民族悠久的历史同步。它从先辈的生产劳动、生存斗争缘 起,但又服务于此,演化至今成为中华民族灿烂文化遗产中的瑰宝。原始社会人类 为了生存,猎取食物,长期与野兽搏斗,学会了与野兽搏斗所使用的不同方法。到 了原始社会晚期的父系氏族公社时期,以掠夺土地、财物和奴隶为目的的战争频繁 发生,战斗技能飞速发展,英勇善战成为男子最重要的品德。在这种历史环境下, 早期的格斗技术开始产生并逐渐发展起来。

(二)散打的发展

现在的散打是两人按照一定的规则,运用武术中的踢、打、摔等方法,进行徒手对抗的现代体育竞技项目,它是中国武术的重要组成部分。中国武术有两种表现形式,一种是套路演练形式,一种是格斗对抗形式。散打就是格斗对抗形式的一种。散打比赛不仅刺激、激烈,而且斗智、斗勇,具有较高的观赏价值,日益引起人们的关注。中国武术徒手搏击,早在一千多年前就传到日本,当时称"唐手",后来改称"空手"。

1979年散手在我国成为竞技的比赛项目,在80厘米高、8米见方的擂台上进行比赛。散手比赛允许使用踢、打、摔等各种武术流派中的技法,不允许使用擒拿,不许攻击喉、裆等要害部位。运动员分体重、穿护具在相同的条件下平等竞争。但在对敌斗争中这些界限就没有了,散打的出现让中国武林(格斗界)出现搏击热。

1979年,随着中国武术热的再度兴起,国家体委(现国家体育总局)按照竞技体育模式,首先在浙江省体委、北京体育学院和武汉体育学院进行了武术对抗性项目的试点训练,并于同年5月在广西南宁举行的全国武术观摩交流大会上做了首次汇报表演,随后又进行了几次比赛;1982年制定了《散打比赛规则》,1989年,散打被国家体委批准为正式比赛项目,并设"团体锦标赛"和"个人锦标赛"赛制。现在武术散打对传统技击术进行归纳、整理,舍弃它们的具体形态,找出其中带有共性的规律,即把中国各拳种门派的拳法、腿法通过规整,总结出它们的基本运动形式,经过高度抽象,确立进攻技术具有两种运动形式:一种是直线型方法,另一种是弧线型方法。拳法以冲、掼、抄、鞭,腿法以蹬、踹、扫、摆、勾为内容,摔法则根据"快摔"的要求和"无把"的特点,主要把握"破坏重心"和"抢圈"的要点,创造出"接招摔"和"夹打摔"的方法。同时,防守技术也划分为"接触式防守"和"不接触式防守"两种。散打从比赛形式上采用了中国传统的"打擂台"的方式,在竞赛方法上采用三局两胜制,先赢两局者即为赢家。

2000年首届中国武术散打王争霸赛在湖南长沙市举行,湖南卫视对赛事作了全程报道,这是中国武术散打发展史上的里程碑,中国武术散打进入专业赛制的时期。

2001年3月27日,中国武术散打王争霸赛在国家奥林匹克体育中心中国武术协会散打馆拉开帷幕。2001年中国武术散打王争霸赛在整体灯光、音响、舞台包装、武舞表演比2000年更精彩,更具有观赏性和娱乐性,这是竞技体育、时尚文化和影视艺术的完美结合,是中国体育产业发展的新的里程碑。2001年中国武术散打王争霸赛在竞赛组织方面的最大突破是邀请外国选手正式组队参加常规比赛。这标志着中国武术散打王争霸赛的国际化理念由设想变为现实。

二、散打的特点与健身价值

（一）散打的特点

1. 体育性

散打项目属于体育范畴,和各种运动项目相比,有共性,但也有特殊性,即技击。由于散打竞赛规则严格规定了某些部位,诸如后脑、颈部、裆部等为禁击部位,并禁止使用反关节及用膝部攻击对方,因而具有一定的安全性。散打是以增强体质、交流技艺、提高技术水平为出发点取舍动作及使用方法的。

2. 对抗性

对抗性的技击内容是散打的基本特征,比赛双方无明显固定的动作顺序,而是互以对方技击动作随机应变,互相利用对方的弱点斗智、斗勇进行对抗。它不仅要求散打选手要熟练掌握攻防战术,还要求选手有敏捷灵活的应变能力,因而有别于其他武术套路的运动形式。

3. 民族性

散打是中华民族灿烂文化遗产中的瑰宝,它具有鲜明的民族特点。空手道虽然能手脚并用,但无快摔技术;法国踢腿术以脚为主,配合拳法,但也无摔的技术。散打和泰拳也有较大的区别。相比之下,散打是把拳法、腿法、摔法结合在一起的有中华民族特点的体育项目,具有鲜明的民族性。

4. 观赏性

散打具有较强的观赏性。随着散打运动的日益发展,它已成为我国广大人民群众极为喜爱的一项体育竞赛项目,有些比赛还出现了观众爆满的情景。例如,2002 年底在廊坊举行的"散打争霸赛总决赛"和 2004 年在广东举行的"中日散打对抗赛"就出现了观众爆满的热烈场面,许多买不上票的观众只好守着电视机看比赛实况转播。

（二）散打的价值

1. 健身强体

参加散打训练的人一般较强壮、精神饱满,在力量、耐力、灵巧、速度和柔韧等身体素质方面均有良好的表现。散打运动员内脏器官和神经系统的功能较一般人均有明显的提高。

2. 培养毅力,增强刻苦耐劳和勇敢拼搏的精神

参加散打训练对人的意志与品质的锻炼是多方面的,由于散打是对抗性极强的项目,因而在抗击方面的要求较高,首先要克服胆小、怕挨打的心理,培养勇敢精神,磨炼意志。

3. 有较高的观赏价值,丰富人民生活

我国自 1979 年开展散打运动以来,全国和各地举办的散打比赛、争霸赛、擂台赛、杯赛增多,散打项目已家喻户晓,受到广大群众的欢迎。有些选手在比赛中展现绝招和新技术时往往会博得观众热烈的掌声和喝彩。散打运动给人以启迪,给人们力量,带给人们欢乐。

4. 提高防身自卫的能力

由于散打的攻防战术较为实用,并有克敌制胜之功效,因而对广大人民群众有特殊作用。有不少散打运动员退役后成了维护社会秩序的骨干力量。有些老百姓参加散打练习后大大提高了自身的防卫能力。

随着散打事业的发展,我国与各国的交流也明显增加,中美、中日、中韩、中泰均进行过友谊对抗赛,因而增进了与各国人民的友谊,并弘扬中华优秀传统文化。

三、散打的基本技术

(一)实战姿势

散打实战姿势要求将自身最有力、最习惯的一侧放在后面,这样做的目的是在实战中便于用优势边给对手重击。实战姿势的站立根据手臂在前、在后的不同,分为左势和右势两种姿势。左手左脚在前、右手右脚在后为左势。反之,右手右脚在前、左手左脚在后为右势。下面以左势为例进行说明。

动作要领:头正,颈直,下颚微收,闭嘴合牙,两眼注视前方;左手在前,侧对前方,上体稍前倾,沉肩,含胸,拔背;两臂自然弯曲,两肘自然下垂,左手握拳前伸,大小臂夹角 90 度,拳心斜向下,拳与肩同高,右手握拳置于下颚右侧附近;两脚前后开立,左脚在前,两膝微屈,重心在两腿之间。

动作要求:拳护头,肘护两肋,两脚之间距离不能过宽或过窄,两脚不能在一条直线上。

(二)基本步法

散打步法是为保持与对手间的距离,实施进攻与防守动作或破坏对手进攻与防守意图而进行的脚步移动方法。灵活而敏捷的步法,不仅是调整重心,维持身体

平衡的关键,也是进攻和防守中占据有利位置、发挥最优攻势的基础。

1. 前进步

动作过程:由实战姿势开始,后脚先蹬地,在蹬地的同时使身体前移,推动前脚向前迈出半步,后脚随之跟进半步,还原成实战姿势。

动作要点:进步步幅不宜过大,后脚跟进后的身体姿势不变,衔接进步与跟步时越快越好。

2. 后退步

动作过程:由实战姿势开始,前脚的脚掌做短促有力的蹬地,推动身体后移,随即后脚后退半步,前脚再退回半步,还原成实战姿势。

动作要点:后退步时,上体姿势始终不变,重心不要上下起伏,前后脚衔接要快。

3. 换步

动作过程:由实战姿势开始,前后两脚同时蹬地并前后交换,同时两拳前后交换成反架姿势。

动作要点:两腿转换时要以髋关节带动两腿,身体不能明显向上腾空,两腿转换要快。

4. 插步

动作过程:由实战姿势开始,后脚经前脚脚跟前上一步,脚前掌着地,前脚随之迅速前上一步成实战姿势。

动作要点:插步时身体不要转动,插步后要及时还原成实战姿势,插步步幅适中,重心平稳。

5. 盖步

动作过程:由实战姿势开始,后脚经前脚内侧向前迈步,脚尖外摆,前脚脚跟离地,两膝微屈,重心偏于后腿,前脚迅速前上一步成实战姿势。

动作要点:迈步身体不转,重心不要起伏,步幅适中,盖步后要及时还原成实战姿势。

6. 前垫步

动作过程:由实战姿势开始,前脚蹬地,后脚前移,在前脚内侧处落地的同时前脚前移,落步后成实战姿势。

动作要点:上体姿势不变,后脚向前脚并拢迅速,身体向前移动,勿向上腾空。

7. 后垫步

动作过程:由实战姿势开始,后脚蹬地,前脚后移,在后脚内侧落地的同时后脚后移,落步后成实战姿势。

动作要点:上体姿势不变,动作起伏不宜过大,前脚向后脚并拢迅速。

(三)基本拳法

1. 左直拳

动作过程:由实战姿势开始,出拳时,后脚先蹬地,使重心前移,左臂迅速向前伸直,同时上体略向右转,拳内旋,拳背平,拳面向前,髋关节略向右拧转,呼气发力,力达拳面;右拳护于右颌处,眼视前方。待击出后,左手臂迅速放松,由原路收回,还原成实战姿势。

动作要点:蹬腿、转髋、拧腰、顺肩,力达拳面,拳与小臂成直线,快出快收,迅速还原成实战姿势。

2. 右直拳

动作过程:由实战姿势开始,出拳时,后脚蹬地,腰部与上体快速有力地向左前方扭转,同时右臂前伸,肘关节抬起,前臂内旋,拳心向下方转动,使拳背、前臂、肘关节抬起与肩成一条直线并处在一个水平面上,力达拳面,重心移至前脚;出拳转体时左臂回收,左拳置于左下颌处。出拳后手臂迅速放松,并借助前脚的支撑力量将手臂收回成实战姿势。

动作要点:蹬腿、转髋、拧腰、顺肩,力达拳面,拳与小臂成直线,快出快收,迅速还原成实战姿势。

3. 左平勾拳

动作过程:由实战姿势开始,出拳时,左脚蹬地,随之向右急速转体,利用腰部突然转动的力量,带动左手臂挥摆。随着摆臂,左臂肘关节外展,肘尖向左侧,高与肩平,拳面向右斜前方,上臂与前臂成90度左右,力达拳面。同时右拳收于右下颌处。出拳后迅速还原成实战姿势。

动作要点:蹬腿、转髋、拧腰,催肩爆发横击,肘部不易抬得过高。上、下要协调,击打后迅速还原成实战姿势。

4. 右平勾拳

动作过程:由实战姿势开始,出拳时,右脚用力蹬地,脚跟提起并向外转,右膝关节内扣下压,随之向左急速转体,利用腰部突然转动的力量,带动右臂挥摆。随着摆臂,右臂肘关节外展,肘尖向右侧,高与肩平,拳面向左斜前方,呼气发力,力达拳面。同时左拳收于左下颌处。出拳后迅速还原成实战姿势。

动作要点：蹬腿、转髋、拧腰，催肩爆发横击，肘部不易抬得过高。上、下要协调，击打后迅速还原成实战姿势。

5. 左摆拳

动作过程：由实战姿势开始，出拳时，左脚蹬地，借助身体向右转动的力量，左拳由左肩的前方向右前方沿弧线摆出，击出时左臂微屈，接近目标时手腕内旋，拇指关节朝下，使拳峰（拳面或拳背）击打目标，同时右臂屈肘右拳收至右下颌处。出拳后迅速还原成实战姿势。

动作要点：以腰带劲，弧线摆出，手臂放松，摆击脆快，击打后迅速还原成实战姿势。

6. 右摆拳

动作过程：由实战姿势开始，出拳时，右脚用力蹬地，身体向左急转，右拳由右肩的前方向左前方沿弧线摆出，击出时右臂微屈，接近目标时手腕内旋，拇指关节朝下，使拳峰（拳面或拳背）击打目标，同时左臂屈肘左拳收至左下颌处。出拳后迅速还原成实战姿势。

动作要点：以腰带劲，弧线摆出，手臂放松，摆击脆快，击打后迅速还原成实战姿势。

（四）基本腿法

腿法是散打技术中最重要的技法之一，在比赛中使用率最高。腿较手长，可发挥一寸长、一寸强的作用，腿较粗壮有力，攻之威力大，防之有效，腿的攻击面大容易得手，腿攻击对方比较隐蔽，因此拳家常说：手是两扇门，全凭腿打人，三分拳七分腿等，可见腿在散打中的地位。

腿法在散打中占有很重要的地位，拳谚道："练拳不遛腿，到老冒失鬼。"武术中有四大击法，即踢、打、摔、拿。踢就是腿法，腿法在散打比赛中得分最多，据统计占总得分的 63.5%。多年来为什么腿法深受广大习武者的偏爱呢？因为腿法有四大特点。第一，腿居身体之下，每天担负着支撑身体的重任，再加上对腿法作了专项训练，两腿十分有力量，同时大腿有人体最粗大的骨骼，下肢肌也是人体最发达的肌群之一，腿和臂相比力量要大得多，当然脚的力量自然要比拳大。第二，腿法进攻距离远，因为腿比臂长，拳谚道："一寸长，一寸强"。第三，腿法进攻隐蔽性好，腿在人体之下，距离对方眼睛较远，故有进攻隐蔽性好之特点。第四，腿法进攻变化多，高可踢面，低可踢腿，可向四面八方攻击，有踢、踹、扫、摆等 20 多种，有各种连环腿、拳腿组合，低配高、虚配实、左配右等连连出击，势势相承，变化莫测。

1. 左侧弹腿(左鞭腿)

动作过程:由实战姿势开始,上体右转并侧倾,身体重心后移,左腿提膝内转,屈膝,脚尖绷直,随即左腿向右弹击,呼气发力,力达脚背。弹腿时支撑腿膝伸直并以脚掌为轴碾地,脚跟内收。

动作要点:大腿由屈到伸,力达脚背,以转体带动摆腿,动作连贯、协调、快速、有力,击打后迅速收腿还原成实战姿势。

2. 右侧弹腿(右鞭腿)

动作过程:由实战姿势开始,上体右转并侧倾,身体重心前移,右腿提膝内旋,屈膝,脚尖绷直,随即右腿向左弹击,呼气发力,力达脚背。弹腿时支撑腿膝伸直并以脚掌为轴碾地,脚跟内收。

动作要点:大腿由屈到伸,力达脚背,以转体带动摆腿,动作连贯、协调、快速、有力,击打后迅速收腿还原成实战姿势。

3. 左侧踹腿

动作过程:由实战姿势开始,上体右转,左腿内旋,屈膝上抬勾脚尖,随即由屈到伸向前踹击,呼气发力,力达脚跟,脚内侧与地面平行。踹出时,支撑腿应用脚前掌为轴碾地,脚跟内收。

动作要点:大腿由屈到伸,力达脚跟,上体、大腿、小腿、脚掌成一条直线,踹击后迅速收腿落地成实战姿势。

4. 右侧踹腿

动作过程:由实战姿势开始,上体左转,重心移至左腿,右腿内旋,屈膝上抬勾脚尖,随即由屈到伸向前踹击,呼气发力,力达脚跟,脚内侧与地面平行。踹出时,支撑腿应用脚前掌为轴碾地,脚跟内收。

动作要点:大腿由屈到伸,力达脚跟,上体、大腿、小腿、脚掌成一条直线,踹击后迅速收腿落地成实战姿势。

5. 左正蹬腿

动作过程:由实战姿势开始,身体重心移至右腿,右腿略屈,左腿屈膝上抬,含胸,收腹,大腿贴近胸部时,脚尖勾起,脚底朝前下,随即左腿由屈到伸向前上方蹬出,力达脚跟。亦可送髋,脚掌下压,力达前掌。

动作要点:屈腿高抬,爆发用力,快速连贯,击打后迅速收腿落地成实战姿势。

6. 右正蹬腿

动作过程:由实战姿势开始,身体重心前移,左腿直立或稍屈,右腿屈膝上抬,含胸,收腹,大腿贴近胸部时,脚尖勾起,脚底朝前下,随即右腿由屈到伸向前上方蹬出,力达脚跟。亦可送髋,脚掌下压,力达前掌。

动作要点:屈腿高抬,爆发用力,快速连贯,击打后迅速收腿回落成实战姿势。

(五)基本摔法

摔法是指双方身体贴靠、扭抱时,想方设法使对方倒地的方法。散打中的摔法,是中国特有的"快跤"技法,是摔、打相结合的技艺。"远者拳打脚踢,近者贴身快摔。"可见快摔在武术散打中占有重要位置。熟练地掌握摔法技术,成功地运用摔法动作,是得分取胜的有效手段,同时会给对手在精神上造成很大的压力,极大消耗对手的体力。所以学习散打必须学会基本的摔法。

1.夹颈过背摔

动作过程:甲乙双方由实战姿势开始,甲以左直拳击乙头部,乙用前臂格挡甲左前臂,左臂由甲右肩上穿过后,屈臂夹甲颈部,同时右脚背步至与左脚平行,两腿屈膝,身体右转,以左侧髋部紧贴甲前身,继而两腿蹬伸,向下弓腰、低头将甲背起后摔倒。

动作要点:夹颈牢固,背步转身要快,低头、蹬腿协调有力。

2.抱腿过胸摔

动作过程:甲乙双方由实战姿势开始,甲用左直拳(或右直拳)击乙头部,乙立即上左步,同时屈膝、弓腰,两手抱甲双腿,随之右脚跟上,蹬腿、挺身将甲抱起后,向后弓腰、仰头、后倒。

动作要点:上步下潜快,抱腿紧,仰头后倒大胆,空中翻身及时。

3.抱腿前顶摔

动作过程:甲乙双方由实战姿势开始,甲出拳击乙头部,乙上左步,下潜躲闪,两手抱甲双腿,屈肘,两手用力回拉,同时用左肩前顶甲大腿或腹部,将甲摔倒。

动作要点:下潜快,抱腿紧,两臂回拉、顶肩,协调、有力。

4.抱腿别摔

动作过程:甲乙双方由实战姿势开始,甲起左侧弹腿击打乙时,乙将甲左腿抱住,并向甲的支撑腿后上左步,上体右转,转腰成右弓步,用左腿别甲右腿,同时用胸下压甲腿,将甲摔倒。

动作要点:抱腿准、有力,上步转腰协调,转腰压腿顺势。

5.接腿涮摔

动作过程:甲乙双方由实战姿势开始,甲用左正蹬腿(或侧弹腿、侧踹腿)击乙胸部,乙立即用两手抓握甲左脚,两腿屈膝,两手向右侧拉其右脚,随即向下,向左上方成弧形摆荡将甲摔倒。

动作要点:抓握要准、牢固,右拉和弧形摆荡动作要连贯有力。

6.插裆扛摔

动作过程:甲乙双方由实战姿势开始,甲进左步并用右摆拳击乙头部,乙迅速用左臂由里向外向上格挡,并顺势展指抓住其腕,乙速用右直拳击甲面部,紧接着上右脚于甲两脚中间,同时右手向前、向下插入甲裆下,接着左手抓其腕部向后拉,右臂抱其裆向上提,右肩扛其腹,上体抬起,将甲摔于身后。

动作要点:挡抓及时,封其面要突然、有力,上步与插裆要迅速到位,左手拉右手提与肩扛要协调。

(六)散打招数分析

散打的拳法主要以直拳、摆拳为主,和拳击的拳法相比缺少勾拳的使用和拳法的连续性。勾拳是近距离击打的拳法,在中国目前的散打运动中多以快摔法掩盖了勾拳威力。但这并不代表散打中的拳法没有杀伤力,直拳、摆拳同样可以给对手造成重创。

泰拳以凶狠的腿法在 21 世纪得到格斗界的广泛认可,其中蹬腿与扫腿使用频率最高。而散打中的腿法和泰拳的相比可谓各有千秋,这在历届中泰拳王争霸赛中有所体现。散打中常用的侧踹和泰拳的蹬腿有着相同的作用,即控制距离、兼顾进攻。侧踹攻击距离远,但连续性差,蹬腿的特点与之相反。散打中的鞭腿与泰拳中的扫腿的轨迹明显不同,扫腿动作幅度大、力量足,但起腿速度远不如鞭腿,用力过猛还会造成背向对手的防守大忌。相比之下,鞭腿是快速、隐蔽且连续性强的腿法,这一特点,也弥补了散打拳法上的不足。泰拳的拳法与拳击的拳法一致。

散打中的摔法也有一定特色。根据快摔的要求和"无把"的特点,把握"破坏重心"和"抢圈"的要点,创造出了"接招摔"和"夹打摔"的方法,使散打的摔法快速、省力且实战性强。

(七)散打功夫训练技击要诀

武术散打技术的总体要求可以归纳为快、长、重、准、稳、无、活、巧。

1.快

快,是指完成动作快。拳谚说"快打慢""拳似流星""发力如放箭",只有快速地出击,才能达到"先发先至"和"后发先至"的打击效果。快表现在反应快、动作快和位移快三个方面。

反应快,即从观察、判断到操作动作,思维迅速敏捷。主动进攻时寻找战机,制造战机,利用时间空当、动作空当,快速出击。防守反击时,对方欲动就能准确地知道他要发出什么动作,从而进行防守或防守反击,迅速转换战机。

动作快,即动作从开始启动到击中目标,尽量在最短的时间内完成。在使用拳法、腿法、摔法和各种组合连招时,在保证质量的情况下,完成动作的速度与转换动作要快。

位移快,即身体的移动要迅速。散打的击打动作是在不断移动状态中进行的,身体移动的方向、距离、角度、位置要恰到好处,这是保证攻击动作效果的前提条件。身体位移主要是通过步法实现的。所谓"步不稳则拳乱,步不快则拳慢"讲的就是这个道理。

2. 长

长,是指完成进攻动作时,要具有伸展性。进攻性的动作,在重心、支点稳固的前提下,需要参与活动的各个关节尽量伸展,向前协调运动,这样既扩大了自己进攻的范围,又增加了对方发出动作的难度。

在技术训练过程中,不管是做空击练习,还是做打沙包、手靶、脚靶练习,都要求放长击远,形成良好的动力定型。

3. 重

重,是对完成动作力量方面的技术要求。中国武术散打比较讲究以巧制胜、以巧制力,提倡技术型的打法。但是,这些技巧与功力并不矛盾。巧,是以整体技术运用的能力而言;重,是以单个动作的力量而言。散打比赛实践证明,片面追求功力,不全面掌握散打技术不行;掌握了散打技术,动作没有功力也不行。巧与力各有各的功能,它们不是互相对立的,而是互相统一的。散打动作需要力量,在技术上要求其根在脚,转换于髋腰,达于拳脚,充分发挥自身的整体合力,在力的表现形式上,要求爆发力和聚合力,力戒僵力。

4. 准

准,是指动作的力点、参与运动的肌肉收缩是否准确。力点是击中对方的接触点,不同的动作有不同的力点要求,力点不准,不但影响动作的有效性,而且容易受伤。

任何动作都是以骨骼为杠杆、肌肉为动力完成的,每一个动作,参与动作的主动肌、被动肌和协同肌的收缩力都要求准确,该用力的肌肉用力,不该用力的肌肉不用力,做到机能节省化,并配合正确的呼吸方法,以气催力,做到准确无误。

5. 稳

稳,是指完成动作需要稳定。在激烈的对抗搏击中,保持身体的稳定,必须考虑三个方面的因素。

(1)作用力和反作用力。作用力越大,反作用力越大,身体的重心不稳定,不利于控制反作用力。

（2）动作击中对方后遇到阻力，需迅速调节姿势状态，稳固重心，为发起下一个攻击或防守动作做准备。

（3）散打技术虽然有"长""重"的技术要求，但必须是在保持身体重心稳固的前提下进行，并尽量避免偏移身体重心的现象，以免给对方以"四两拨千斤"和"顺手牵羊"的机会。

6. 无

无，是指动作的隐蔽性、突发性和没有任何预兆。所谓预兆是无意识地预先暴露进攻意图的附加动作，这是散打运动员比较容易犯的错误。

常见的预兆动作有发力前的龇牙咧嘴、怒目瞪眉，呵呵发声，以及出拳击腿时先回收的习惯等。即将发出动作之前，任何"欲动"都可能提示对方进行防范，学习散打技术之初，应尽力克服预兆，以免形成错误的动作习惯。

7. 活

活，是指动作与动作之间的快速灵活转换。要实现动作的灵活转换，一定要保持正确的身体姿势，脚跟要微微提起，以保持弹性，便于移动；四肢肌肉适度放松，不要僵滞，便于快速启动；身体重心处于两腿之间，便于转换动作；下颌微收，头不偏不倚，中正安舒，便于大脑发挥完成动作的操作思维。

活的技术要求，还涉及运动员动作的操作能力、步法移动的范围、技术动作的容量和转换动作的能力等。

8. 巧

巧，是指运用技术时要方法巧妙。散打单个动作各有各的作用，散打技术每一个动作本身并没有巧妙与否之分。但由于散打运动具有技击的完整性和随机应变的技术特点，因而为散打动作相生相克的巧妙运用提供了广阔的空间和丰富的内涵。在运用散打技术的过程中，要充分发挥散打动作相生相克的功能，充分利用各种战机，并使用相应的方法，顺其力而破之，做到以最小的消耗得到最大效果。

（八）散打中的假动作要诀

1. 眼

用眼睛来指挥对方。当双方对视时，一方突然目视对方腿，同时向前进步。当对方注意力下移时，两个人的距离已经缩短，此时突然发拳击打对方面部会收到良好的效果，即使拳没有击中，也能为使用腿法和摔法进攻创造有利的条件。眼睛虽然不能打人，但它做出的假动作，能迷惑对方，起到分散其注意力的作用，为诸进攻招法创造有利条件。

2. 步

在散打中利用步法来做假动作是常有的事,例如提膝接直拳。步法中的垫步提膝是为腿法进攻创造有利的条件,它也可以起到迷惑对方的作用。一方垫步提膝对方必防其腿,此时提起的腿突然向前落地,同时用拳击打对方便可击中。又如一方后退步,同时上体稍后仰,如对方跟进时,一方突然向前进步,同时迎击对手,会使对方措手不及而被击中。再如,一方向左前移动脚步,对方向右移动脚步,此时正是起右鞭腿的最佳角度。总之,通过不同的步法做出真假虚实的动作来迷惑和指挥对方,进而击打对方。假动作要真实,真动作要没有预动。

3. 手

通过各手法的真假动作来指挥对方,指上打下就是一个简单的例子。当一方用掌刺对方眼睛时,就要做好起腿的准备,对方做出防上动作时,马上起腿攻击对方中、下盘,会收到良好的效果。打拳时从肩发力,一些老运动员都善于用余光注意对方的肩关节,在散打中调整好距离后,右肩突然前伸,看对方做出什么样的反应,如果对方不理睬,就在第二次或者第三次突然发拳直击其面部;如果对方做出错误的防守动作,待其拳防守后下落时,第二次进攻就要快而没预动,直取对方上盘。手比较灵活,假动作要做得真实,在连做两次假动作后要有一个真动作,做到真真假假。手法的假动作可为腿法、摔法做开路先锋。手法的假动作没有成功,也不会造成自己的失误,所以手法的假动作要多做,尤其是前手。

4. 腿

做好腿法的假动作,能把对方的注意力引向下方,便于拳法的发挥,腿法假动作还可以为各种腿法服务。例如,右腿稍提,同时向左侧转髋,做发右鞭腿的动作,待对方防右鞭腿时,又向右转髋,同时踢出左鞭腿。又如,左腿提起向前,做出发左腿的动作,待对方做出防守左腿时,左腿向前落地,用右腿或者用拳攻击对方。腿法攻击的威力较大,尤其是腿法好的运动员,对方十分怕其起腿,所以对腿法的假动作十分敏感。腿居身体下方,距离对方眼睛较远,假动作做得稍大一些为好。

5. 身

身法的假动作也十分重要,它可以迷惑对方,接近、远离或者躲闪对方,它可以为踢、打、摔做掩护。例如,上体前伸做发拳击头的动作,待对方上体后仰躲闪时,突然下蹲抱其双腿将其摔倒。又如,上体左转做出打右摆拳的动作,待其防右摆拳时,上体又突然右转,同时左鞭腿攻击其身体右侧。身法在散打中运用好,能迫使对方暴露出空当,使对方攻防不得。身法的前、后、左、右摆动,还能为腿的攻防制造有利的条件。但身法比较难练,需要长期的练习和运用。如果身法运用呆板,重心移动迟缓,腿法运用自然也不会灵活。

四、散打的场地与基本规则

（一）散打比赛场地

比赛场地高 60 厘米，长 8 米，宽 8 米。台面上有软垫。台面边缘有 5 厘米宽的红色边线，台面四边向里 90 厘米处画有 10 厘米宽的黄色警戒线。

（二）比赛的基本规则

现代散打比赛始于 20 世纪 70 年代末，而 2000 年的中国武术散打王争霸赛则以全新的形式亮相，相对于传统的锦标赛和邀请赛，武术散打王比赛更精彩，也有其竞赛的一些基本规则。

散打王争霸赛的计分是五局总分制，每局比赛边裁判员都要对比赛分数进行记录，由场上裁判将分数交给记分员，在全部五局比赛结束时，由记分员统计每位边裁判员的记录分数，在一场比赛结束时，被多数边裁判员判为胜方的运动员为获胜方。需要注意的是，每个裁判员是独立判分的，不能由 3 个边裁判员的总分相加来判断胜负。在散打比赛中，只要运动员合理运用各武术流派的攻防招法，包括拳法、腿法、摔法和膝法，均有可能得分，但在比赛中如果使用犯规动作，就会受到严厉惩罚。

1. 比赛的输赢

比赛的输赢有两种情况：一是优势胜利，二是分数获胜。

1）优势胜利

（1）实力相差悬殊时，为保护运动员，场上裁判经裁判长同意后可宣告占优势的一方获胜。

（2）一方运动员受重击倒地，在 10 秒钟内不能重新比赛，或 10 秒内站起后明显丧失比赛能力，另一方运动员即取得优势胜利。

（3）在一场比赛中如果一方运动员被 3 次强制读秒，到最后一次读秒完毕，场上裁判员即可宣布另一方获胜。

（4）在比赛中，一方运动员出现伤病，经现场医务监督诊断为不宜继续进行比赛，场上裁判员可宣布另一方获胜。

（5）当一方犯规被取消比赛资格时，对方运动员获胜。

（6）因对方弃权获胜。

由于参加散打王比赛的运动员都是一流高手，优势胜利在比赛中是比较少见的，大部分情况下，是需要通过计算双方的得分来判定胜负。

2）分数获胜

散打比赛中，两名运动员在场上不断进行进攻与防守。在非优势胜利的情况下,比赛中得分多少将决定运动员的胜负。运动员得分由两部分组成,一是技术得分,主要由三名边裁判员进行记录;二是当对方技术犯规或侵人犯规受罚时,自己将获得 1 分或 2 分,犯规的判罚由场上裁判执行,记分员进行记录。运动员要想获得技术得分,就必须使用一定的招法进行进攻,单纯的防守是不能得分的,但防守动作的有效使用可以使对方不得分。由于中国武术博大精深、流派众多,因此规则规定的可用招法包括武术各流派的攻防招法,如拳法、腿法、摔法和膝法。由于用肘法攻击具有很大的杀伤力,容易造成伤害事故,因此规则规定不得使用肘法。

规则对可得分的部位也有严格要求,仅指有效攻击对方的头部、躯干、大腿和小腿,其中膝法只能攻击腰带以上躯干部位。在比赛中,攻击对手的拳套和手臂不能得分。有些运动员比赛时频频击中对方手臂,这样看起来很热闹,但实际上是不得分的。有时运动员虽然接触到或碰到了对方的得分部位,但是没有明显的效果,这样也不得分。一方运动员进攻,另一方运动员使用有效的防守动作时,进攻方也是不得分的,因为进攻既然被瓦解,再记分就不合理了。

规则规定了禁击的三个部位:后脑、颈部和裆部。这几个部位是人体的薄弱之处,受到攻击容易造成伤害事故。如果一方运动员有意进攻对方禁击部位,或无意中击中对方禁击部位造成对方受伤,场上裁判要给予警告处分,就要失掉 2 分。运动员使用技术进行进攻,一般只能得 1 分,使用拳法或腿法击倒对方得 2 分,但动作必须干脆利索。如果夹杂推、拉和搂抱动作,就不能得 2 分了。

2.犯规判定

散打项目是一项对抗十分激烈的运动,双方在对抗中难免有犯规。

规则规定的犯规有两大类。一类是侵人犯规,侵人犯规极容易给对手造成伤害,因此场上裁判对侵人犯规的处罚极严厉,甚至当有些运动员有侵人犯规的倾向时,场上裁判就会给予提醒,这叫作必要提示。一类是技术犯规,主要指一些不符合规则要求会对比赛造成一定影响的行为。

1)侵人犯规

(1)在场上裁判员口令"开始"前或"停"后进攻对方。

(2)击打对方禁击部位。

(3)用头、肘和反关节动作进攻对方。

(4)用膝攻击对方头部。

(5)使用迫使对方头部先着地的摔法或有意砸压对方。

(6)用腿法攻击倒地一方的头部。

(7)用牙咬对方。

每场比赛前场上裁判都要叮嘱运动员几句,这是在开赛前再次提醒运动员不要做侵人犯规的动作,否则场上裁判就会不客气,这叫先礼后兵。技术犯规虽然没有大的危害,但影响比赛的观赏性,或者会影响散打王争霸赛的形象。

2）技术犯规

（1）消极搂抱对方。

（2）消极逃跑躲避对方攻击。

（3）用手抓住围绳进攻对方或不正当地利用围绳或立柱。

（4）处于不利状况时要求暂停。

（5）比赛中对裁判员有不礼貌的行为、语言或有其他不服从裁判的行为。有意拖延比赛时间。

（6）上场不戴或吐落护齿，有意松脱护具。

（7）教练员及助手严重违反规则。

对犯规的处罚措施主要有劝告、警告和取消比赛资格。技术犯规一般给予劝告，对手得 1 分；没有造成严重后果的侵人犯规，一般给予警告，对手得 2 分；运动员故意伤人或者虽然不是故意犯规却使对方不能比赛时，就要被取消当场的比赛资格，并视情况给予禁赛处分。这种处分一般是比较谨慎的，场上裁判不能独立执行，只能由裁判长进行确定。

第二节　跆拳道

学习提示

　　学习跆拳道的目的就是强身健体、防身自卫，从而修身养性，磨炼意志，培养良好的礼仪道德。本节主要介绍跆拳道的起源与发展、运动特点、健身价值及基本技术等。

一、跆拳道起源、历史与发展

（一）跆拳道的起源

　　跆拳道是由韩国古代三国之一新罗的跆根、花郎道演化而来的韩国民间较普遍流行的一项技击术，是一项运用手脚技术进行格斗的体育项目。跆拳道真正被大众接收，还是从 20 世纪 50 年代起，其内涵风格以及名字均得到规范和统一。"跆拳道"一词，是 1955 年由韩国的崔泓熙创造的。其中"跆"指踢击（脚法）、"拳"指拳击，"道"则是代表道行、自己对礼仪的修炼。

（二）跆拳道的发展

1.国际跆拳道的发展

1955年4月11日,由韩国各界人士组成的名称制定委员会,通过无记名投票,一致通过了崔泓熙提出的"跆拳"二字。由此,产生了跆拳道,结束了唐手、空手及各种韩国古典武道等名称混杂的局面,韩国的武道开创了新世界,跆拳道开始了它的历史创造。1959年3月,韩国的武技跆拳道第一次走出国门,向国外介绍了跆拳道。1966年3月22日,韩国、越南、马来西亚、新加坡、德国、美国、土耳其、意大利、埃及的九个协会在汉城成立了国际跆拳道联盟,跆拳道正式进入国际社会。1973年世界跆拳道联盟成立。1975年世界跆拳道联盟成为国际体育联合会的正式会员。1980年国际奥委会正式承认世界跆拳道联盟。1988年跆拳道在首尔奥运会亮相。

2.跆拳道在中国的发展

1992年10月7日,中国跆拳道筹备小组成立,这标志着我国跆拳道运动的正式开始。1994年5月,在河北省正定举行了首届全国跆拳道教练员和裁判员学习班。1994年9月,在云南昆明举行了首届全国跆拳道比赛,当时共有15个单位150多名运动员参加了比赛。1995年5月,在北京体育大学举行了首届全国跆拳道锦标赛,从此,跆拳道运动在中国迅速发展起来。1995年8月中国跆拳道协会正式成立,同年11月,中国跆拳道协会被世界跆拳道联盟接纳为正式会员。

1998年,在第13届亚洲跆拳道锦标赛上,我国选手贺璐敏为中国赢得了第一枚亚洲比赛金牌,实现了我国在正式国际比赛中金牌零的突破。1999年,在加拿大埃特蒙多举行的世界跆拳道锦标赛上,我国运动员王朔战胜多名世界强手,获得女子55公斤级冠军,是我国获得的第一个跆拳道世界冠军。

二、跆拳道的运动特点与健身价值

（一）跆拳道的运动特点

1.以腿为主,以手为辅,主要关节武器化

跆拳道技术方法中占主导地位的是腿法,腿法技术在整体运用中约占4/5,因为腿的长度和力量是人体中最长最大的。腿的技法有很多形式,可高可低、可近可远、可左可右、可直可屈、可转可旋,威力极大,是比赛得分和实用制敌的有效方法。其次是手法,手臂的灵活性很好,可以自如地控制完成防守和进攻动作,同时可以变化为拳、掌、肘、肩的多种用法,进行实战。在竞赛规则之外的跆拳道实战中,人

体的一些主要关节部位亦可用来做进攻的武器或防守的盾牌,这是跆拳道技术的本质,如人体的手、肘、脚等关节部位,是跆拳道实战中最常用、最有效的打击武器。

2.方法简捷,刚直相向

不论是在比赛时还是在格斗中,跆拳道的进攻方法都是十分简捷而有效的。对抗时双方都是直接接触,以简练的方法直接击打对方,速度快,变化多。

3.内外兼修,方法独特,以功力验水平

跆拳道理论认为,经过专门训练,人的关节部位能产生不可思议的威力,特别是拳、肘、膝和脚四个部位,尤以脚和手为甚。长期专门练习跆拳道,可以使人达到内外合一的程度,即内功和外力达到统一的巅峰。无法确定人体关节部位武器化的威力和潜力到底有多大,只有通过对木板、砖和瓦等物体的击打来测量验定练习者的功力水平。功力测验是跆拳道训练水平、晋级考试、表演和比赛的一个重要内容,以此显示跆拳道独特的功法和特点。

(二)跆拳道的价值

1.增强体质,培养坚韧不拔的意志品质

跆拳道中的"道",与中国的传统文化有许多相似之处。它崇尚礼仪、廉耻、忍耐、克己、百折不屈,其主要内涵为尊敬师长、谦虚好学、刻苦努力,培养坚韧不拔的意志品质,即"未曾学艺先学礼,未曾习武先习德"。

2.始终贯彻"道"的教育

练习者要真正做到不但技术水平高,而且道德水平高,以自己的优良品质服务于社会。动为形,形为合,合为无,无至道,动作只是需要学习的具体招数,为学其"形";一个动作在实践中成功运用,要许多因素组合在一起,如力量、速度等,则为"合";许多动作演练到非常熟练时,才发现常常最简单的动作最实用,不需要任何花架子,即为"无",无为而无不为;从"无"至"道",则需要用内心去体悟。内在心灵得到充实,才是跆拳道的最高境界。每个人在练习跆拳道时,无不为其"道"所震撼。它是在培养人的一种"气",一种"量",即志气、勇气和胆量。

3.培养高尚情操,养成优秀品性

跆拳道在强身健体的同时更讲究感化人的心灵,它追求的是通过格斗技击的演练形式和坚持不懈的努力,在练习中促进身心健康发展,陶冶情操、磨炼意志,不断使人超越平凡,追求卓越。

三、跆拳道的基本技术

（一）实战姿势

跆拳道的站姿是指在训练和比赛中的实战姿势或预备姿势。作为跆拳道竞赛中的基本站立姿势,它应便于进攻、防守反击以及步法的移动。实战姿势是进攻的起点和终点,一般将自身最有力、最习惯的一侧放在后面,左脚在前称为左势实战姿势,右脚在前称为右势实战姿势。

动作要领:两脚开立与肩同宽,左脚或右脚向另一脚的前方迈出,两脚相距一步前后站立,重心在两脚之间,两膝微屈,两脚跟抬起。使身体侧对前方,同时两手半握拳,沉肩,两臂屈肘自然垂放。两臂所放位置不是固定的,也可一臂垂下或前手低后手高。眼睛平视前方,下颌微收。

（二）基本步法

基本步法是指在实战姿势站立后,向不同方向移动的方法。在跆拳道技术体系中,步法是其中重要的一环。初学者要用一定的时间来进行专门的步法练习。

1. 上步

动作过程:左势实站姿势(以下简称"左势")站立,右脚向前上一步,成为右势实战姿势(以下简称"右势")。反之,右势亦然。

动作要点:上步时通过向左拧腰转髋完成,两臂在体侧自然上下移动,重心不要上下起伏过大。

2. 后撤步

动作过程:左势站立,左脚向后撤一步,成为右势站立。反之,右势亦然。

动作要点:后撤步重心保持平稳的移动,通向左拧腰转髋完成,两臂在体侧自然上下移动。

3. 原地换步

动作过程:左势站立,两脚原地前后交换,由左势换成右势。反之,右势亦然。

动作要点:以腰带脚,重心不宜起伏过大,尽量保持平稳,两脚稍离地即可。

4. 弹跳步

动作过程:左势站立,原地上下有节奏地弹跳。

动作要点:重心在两脚之间,脚跟提起、膝关节放松,但不要跳得太高,也可前后移动。

5.前跃步

动作过程:左势站立,两脚同时向前跃进一步,保持左势姿势。反之,右势亦然。

动作要点:向前跃步时,重心不宜起伏过大,尽量使重心平稳移动,两脚稍离地即可。

6.后跃步

动作过程:左势站立,两脚同时向后回撤一步,保持左势站立。反之,右势亦然。

动作要点:向后撤步时,重心不宜起伏过大,尽量使重心平稳移动,两脚稍离地即可。

7.垫步

动作过程:左势站立,右脚向左脚内侧上步,同时左腿迅速抬起以便进攻和防守。

动作要点:右脚垫步时,左脚要迅速提起,重心落在右腿上,右膝微屈。

(三)基本腿法

跆拳道以腿法的攻击为主,被称为腿的艺术。要想学好跆拳道,必须要学好、练好跆拳道的基本腿法。

1.前踢

动作过程:左势站立,重心移至左腿;提起右大腿同时髋部略向左转、膝盖朝前、脚面绷直、双手握拳自然垂放在身体两侧;继续将髋关节前送,右大腿向前抬提,当大腿抬至水平或稍高时,向前弹出小腿,用脚面击打目标;右小腿折叠快收回原位,然后后撤右腿,还原为左势站立。

动作要点:提起右腿时两大腿内侧之间的距离尽量小;为保持重心平稳,躯干可稍向后倾,尽量将髋部向前送出,若是高前踢,髋部则要尽量向上向前送;小腿弹出后,在弹直的一刹那,要有一个制动过程,使脚产生鞭打的效果。

2.横踢

动作过程:左势站立,右脚蹬地夹紧向前、向上提膝,左脚以脚掌为轴,脚跟向内转动,右膝关节抬至水平时小腿迅速鞭打踢出,膝盖朝向左侧;击打后右脚自然落下成右势,然后后撤右脚,还原成左势。

动作要点:膝关节上提时大小腿折叠,两大腿内侧之间的距离尽量小,即右腿尽量直线出击;击打时脚面绷直,踝关节放松。小腿弹出后,在弹直的一刹那,要有一个制动过程,使脚面产生鞭打的效果。

3. 后踢

动作过程:左势站立,重心移至左腿,以左脚掌为轴外旋成脚跟正对对手,身体向右后方转动,同时右腿上提并向腹部靠近,大小腿折叠,脚尖勾起;右腿用力向后直线蹬出;击打后右脚自然落下成右势,然后后撤右脚,还原成左势。

动作要点:身体向右后方转动时,右膝要同时快速提起;身体转到背朝对方时要制动,同时右腿后蹬;提起右腿时,两大腿内侧之间的距离应尽量小;身体转动时,头部配合同向转动;左脚应积极配合髋部转动,调整好身体重心。

4. 下劈

动作过程:左势站立,右脚蹬地,重心前移;右脚高举过头,右腿伸直贴紧上体,上体保持正直或稍前俯,重心向上;此时右脚迅速向前下方劈落,用脚后跟或脚掌击打目标后,放松落地成右势;然后后撤右脚,还原成左势。

动作要点:起腿要快速、果断;上提右腿时,右脚面不需要绷直,应自然放松,而下劈时则要稍绷紧;提腿向上时,支撑脚脚跟离地,要向上积极送髋,身体重心往高起;下劈时身体重心向前移。

5. 后旋踢

动作过程:左势站立,以左脚前脚掌为轴外旋,重心移至左腿,身体向右后方转动,提起右大腿向斜后方蹬伸,头部向右后方转动;身体继续旋转,右腿借旋转之力,向后划一个半圆形的水平弧线,快速屈膝用脚掌击打对方头部;身体重心仍在左腿上,右脚自然落下,还原成左势站立。

动作要点:身体转动时,头部配合同向转动;转身、旋转、踢腿连贯;击打点在正前方,呈水平弧线;屈膝起腿的旋转速度要快;蹬地、转腰、转体、摆腿依次发力。

6. 双飞踢

动作过程:左势站立,重心移至左腿,提起右腿使用横踢,然后在右脚未落地时,立即提左腿横踢;击打后,两脚自然落下,还原成左势站立。

动作要点:击打第一个横踢时,身体可稍后倾,以利第二个横踢;两腿交换之间,髋部要快速扭转;小腿弹出后,在弹直的一刹那,要有一个制动的过程,以利产生一个鞭打动作。

7. 侧踢

动作过程:左势站立,将重心移至左腿,同时以左脚前脚掌为轴,脚跟内旋;直线向前屈膝提右腿,右膝膝盖向左,身体右侧侧对前方;勾脚尖,展髋走直线平蹬右腿,力达脚跟,右腿自然落下成右势;然后后撤右脚,还原成左势。

动作要点:起腿时,大小腿、膝关节夹紧,直线向上提起。提膝、转体、踢击要协调连贯;踢击时要转体、展髋,上体略侧倾。踢击目标的瞬间,头、肩、腰、髋、膝、腿、踝在同一直线上。

8. 旋风踢

动作过程:左势站立,以左脚脚前掌为轴,脚跟外旋,重心移至左腿;身体右后转约一周右腿也随着向后转动;身体稍后仰,右腿下落的同时左脚蹬地使用左腿横踢;击打后右、左脚依次落地成左势。

动作要点:转体动作要迅速果断,转动时两大腿内侧之间的距离不应过大;右腿随身体右转向右后侧摆起时不要过高,以能带动身体旋转起跳为宜。左脚蹬地起跳,身体略腾空,不过膝,目的是快速旋转出腿;左小腿弹出后,在弹起的一刹那,要有一个制动的过程,以产生鞭打的效果;左腿横踢时,右腿向下落地,要快落站稳,即横踢目标的同时右脚落地。

9. 摆踢

动作过程:左势站立,重心移至左腿,右脚蹬地屈膝提起,同时以左脚脚掌为轴内旋约 180 度,右腿膝盖朝左内扣,右脚向左前方伸出,身体随之侧倾,突然屈膝,脚掌用力向右侧水平击打,击打后重心自然落下,还原成左势站立。

动作要点:身体转动时,头部配合同向转动;起腿后右腿屈膝抬过身体水平面,然后随转体内扣右膝关节。右脚要随转体尽量向前上方伸展。右脚掌向右鞭打时要屈膝扣小腿。

(四)基本拳法

在竞技跆拳道运动中,拳进攻是跆拳道比赛中较为常用的动作之一,但往往很难得分,不是得分的主要技术,其主要用来防守和配合腿的进攻。最基本的拳法是冲拳。

动作过程:左势站立,右脚向后蹬地,腰部与上体快速有力地向左前方扭转,借以增加出拳的速度和力量;在右脚蹬地的同时,右臂快速前伸,肘关节抬起,前臂内旋,拳心向下转动,使拳面、前臂、肘关节与肩成一条直线并处在一个水平面上;身体重心移至左腿,用拳击打对方胸腹部;击打后,有一个制动的过程,然后手臂迅速放松,并借左腿的支撑力量将手臂收回,恢复成左势站立。

动作要点:用拳击打到目标的一刹那,腕关节要紧张,拳要握紧,同时憋气,以加大出拳的力量;击打时要准备随时起腿进攻或反击。

(五)品势练习

跆拳道的品势,是指练习者以技击的脚法和手法为主要内容,通过攻守进退的动作编排,达到强身健体、锻炼意志目的的一种练习形式。它与中国武术中的套路相似,即将一定数量的动作编排起来,形成固定模式的套路。跆拳道的品势有许多种,基本品势有太极、金刚等。通过品势的练习,身体各部位可得到较为全面的训练,能有效增强体质。

1.准备姿势

双脚并步站立,左脚向左横跨一步,两脚间距与肩同宽,同时两手握拳从体侧向内对置于腹前,拳心斜向内,两眼平视前方。

2.技术动作

(1)左转身下格挡。身体向左转90度成左前行步,同时左手握拳向左下方格挡,右拳拳心向上,收置于腰间,目视前下方。

(2)右顺步冲拳。右脚向前进一步成右前行步,同时右拳向前内旋平冲,略低于肩部,左拳收置于腰间,拳心向上,目视前方。

(3)后转身下格挡。身体以左脚为轴,右脚向后撤步并向右转体180度成右前行步,同时右手握拳向右下方格挡,左拳收置于腰间,拳心向上,目视前下方。

(4)左顺步冲拳。左脚向前进一步成左前行步,同时左拳向前内旋平冲,略低于肩,右拳收置于腰间,拳心向上,目视前方。

(5)左弓步下格挡。身体左转90度,左脚向前成左弓步,同时左手握拳向左下方格挡,拳心向下,右拳收置于腰间,目视前下方。

(6)左弓步冲拳。两脚原地不动(保持左弓步),右拳向前内旋平冲,略低于肩,同时左拳收置于腰间,目视前方。

(7)右转身左手中格挡。右脚向前右侧移步,左脚以前脚掌为轴原地外旋90度,身体随之向右转体90度成右前行步,同时左臂由内向外格挡,拳心斜向上,右拳收置于腰间,目视前方。

(8)左前行步冲拳。左脚向前进一步成左前行步,同时右拳向前内旋平冲,略低于肩,左拳收置于腰间,目视前方。

(9)后转身右手中格挡。以右脚掌为轴,身体向左后转体180度,同时左脚随转体后转180度,落地成前行步,同时右臂立肘向里中格挡,拳心斜向上,左拳收置于腰间,目视前方。

(10)右前进步冲拳。右脚向前进一步成右前行步,同时左拳向前内旋平冲,略低于肩,右拳收置于腰间,目视前方。

(11)右弓步下格挡。以左脚为轴,身体右转90度,右脚随转体向前移步成右弓步,同时右臂向右下方格挡,左拳收置于腰间,目视前下方。

(12)右弓步冲拳。两脚原地不动,左拳向前内旋平冲,略低于肩,同时右拳收置于腰间,成右弓步冲拳,目视前方。

(13)左转身上格挡。右脚以前脚掌为轴内旋90度,左脚随身体左转90度向左前移步成左前行步,同时左臂屈肘上架,置于额前,拳心向外,右拳收置于腰间,目视前方。

(14)右前踢接冲拳。左脚支撑,两臂回收体侧,同时右脚向前上方做前踢动作,右脚向前落地成右前行步,同时右拳向前平冲,略低于肩,左拳收置于腰间,目视前方。

(15)后转身上格挡。以左脚为轴,右脚回撤随身体向右后转体180度,右脚落地成右前行步,同时右臂屈臂上架,横置于前额上方,拳心向前,左拳收置于腰间,目视前方。

(16)左前踢接冲拳。右脚支撑,两臂回收体侧,左脚向前上方做前踢,左脚向前落地成左前行步,同时左拳向前平冲,略低于肩,右拳收置于腰间,目视前方。

(17)左弓步下格挡。以右脚为轴,身体向左转90度,左脚落地成左弓步,左臂向左下方格挡,右拳收于腰间,目视前下方。

(18)右弓步冲拳。左脚原地不动,右脚向前进一步成右弓步,同时右拳向前内旋平冲,略低于肩,并随冲拳大喝一声:"哈!"左拳收置于腰间,目视前方。

3.收势

以右脚为轴,身体向左后转体180度,左脚随转体后撤放于右脚平行位置,两拳回收腰间,成准备姿势。

第十七章　健美操、啦啦操与体育舞蹈

第一节　健美操

学习提示

健美操是集音乐、舞蹈、体操、美学于一体的新型体育项目。它以其自身固有的价值和魅力,风靡世界,深受广大青年学生及群众的喜爱,是学校体育教学的主要课程之一。

一、健美操运动的起源与发展

(一)健美操的起源

健美操的起源应追溯到两千多年前。古希腊人对人体美的崇尚举世闻名,他们认为,在世界万物之中,只有人体的健美才是最匀称、最和谐、最庄重、最有生气和最完美的。古希腊人喜爱采用跑跳、投掷、柔软体操和健美舞蹈等项目进行人体美的锻炼。他们提出了"体操锻炼身体,音乐陶冶精神"的主张。

古印度很早就流行一种瑜伽术,它把姿势、呼吸和意念紧密结合起来,通过调身(摆正姿势)、调息(调整呼吸)、调心(意守丹田入静),运用意识对肌体进行自我调节,健美身心,达到延年益寿的效果。瑜伽健身术动作包括站立、跪、坐、卧、弓步等各种基本姿势。这些姿势与当前流行的健美操所常用的基本姿势是一致的。古代人对健身健美的追求,以及提倡体操与音乐相结合的主张是现代健美操形成与发展的基础。

(二)健美操的发展

19世纪末20世纪初,欧洲出现了许多体操流派,它们在理论和实践上的创新对健美操的发展起到推动作用。20世纪60年代初,是健美操的萌芽时期。健美操最早是美国太空总署为太空人设计的体能训练内容。20世纪80年代初,随着遍及全球的健身热和娱乐体育的发展,健美操以其强大的生命力风靡世界。

1984年起健美操运动在世界各地全面兴起。每年国际上举办的活动有健美操世界锦标赛、世界杯赛、世界冠军赛、世界巡回赛。国际健美操委员会于2004年将健美操项目带入奥运会。

随着人民生活水平的不断提高,健美操所特有的保健、医疗、健身、健美、娱乐等实用价值越来越受重视,吸引了不同年龄的爱好者参与,形成了一定规模的消费群体。20世纪70年代末,北京、上海、广州等地相继举办了各种健美操培训班,逐步推动健美操在我国的广泛开展。20世纪80年代,一些高校逐步开设了健美操普修或选修课,从而把我国的健美操从社会引入学校。

1986年至1988年,健身健美操和竞技健美操在我国得到了长足的发展。1992年2月,中国大学生体育协会健美操、艺术体操协会在北京成立。同年9月,中国健美操协会在北京正式成立,这标志着我国健美操运动进入一个崭新的发展阶段。

二、健美操的特点与健身价值

(一)健美操的特点

1. 集健美和健身于一体

健美操是以健身为基础,根据人体解剖学、运动生理学、体育美学等多学科理论,为人体健美而编排的。健美操动作讲究健美大方,强调力度和弹性,练习内容讲求针对性和实效性,不仅能使身体各部位的关节、韧带、肌肉得到充分锻炼,使人体匀称和谐地发展,而且能增强体质,培养健美的体形,塑造健美的自我,提升气质。因此,健美操是一项既注重外在美的锻炼,又强调内在美的培养的人体运动方式,对人的身心影响较为全面。

2. 鲜明的节奏感和韵律感

健美操是一种必须在音乐伴奏下进行的身体练习,音乐是健美操的灵魂。与艺术体操相比,健美操更强调动作的力度。因此,健美操的音乐节奏趋于鲜明强劲,风格更趋于热烈奔放。健美操音乐多取材于迪斯科、爵士、摇滚等现代音乐和具有上述特点的乐曲,而正是音乐中的高低、长短、强弱、快慢等有节奏的变化,使健美操更富有一种鲜明的现代韵律感。此外,旋律清晰、活泼轻快、情绪激奋的音乐,不仅能振奋练习者的精神,使人产生跃跃欲试的动感,而且能使人在练习过程中,忘却疲劳,产生轻松愉快的心情。

3.动作的多变性和协调性

健美操成套动作的多变性,不仅表现在动作的节奏和力度上,而且表现在动作的复合性方面。每节操很少是单个关节的局部动作,大多为多关节的同步运动。如在完成大幅度的上肢动作时,常伴有腰、膝、髋、踝和头部的动作。这不仅可使身体各关节的活动次数成倍增长,而且能有效改善和提高身体的协调性。

4.广泛的群众性

健美操是一项富有趣味性的运动,它能给人们带来热情奔放的情感体验,符合现代人追求健美、自娱自乐的需要,因此深受广大群众的喜爱。同时由于健美操,尤其是健身健美操,练习形式多样,运动负荷和难度可以自我调节,不同年龄、性别、形体、素质、个性、气质的练习者都可酌情择项参加锻炼,各类人群都能从健美操练习中找到适合自己的练习方式,并通过训练增强体质,弥补自身的某些不足,并且可从中获得乐趣。因而,健美操是男女老幼所青睐的一项运动。此外,由于健美操不受气候的影响,对场地、器材条件的要求不高,练习起来简便安全,适合不同地区、不同条件的单位和部门开展。因此,这项运动具有广泛的群众性。

(二)健美操的健身价值

健美操是时代的产物,是基本体操艺术化、动力化、健身化趋势的反映,也是一项具有实用锻炼价值的运动项目。长期进行健美操锻炼,能够增进健康,增强体质,改善体形体态,矫正畸形,调节心理活动,陶冶情操,提高神经系统机能,培养顽强的意志品质。

1.增强体质,增进健康

经常从事健美操锻炼,对于心血管系统机能的提高具有十分显著的效果。它可以使心肌纤维增粗,心肌收缩力增强,心排血量增加,机体的供血、供氧能力提高。

健美操锻炼对呼吸系统的机能也有良好的影响。它能使呼吸肌变得强壮有力,使人体安静时的呼吸加深、次数减少,运动时吸氧量增大,从而大大提高机体的有氧代谢能力。

健美操锻炼还能提高消化系统的机能。由于健美操中的髋部全方位活动较多,因此,这能有效刺激肠胃蠕动,增强消化机能,有助于营养物质的吸收和利用,从而提高机体对疾病的抵抗能力。

2.改善体形,培养端庄体态

健美操的独到之处在于它可以对身体比例的均衡产生积极的影响,特别是能增加胸背肌肉的体积,消除腰腹部沉积的多余脂肪,使体态变得丰满、线条变得优美。此外,通过经常性正确的形体动作训练,还能矫正不正确的身体姿势,培养优美的体态,使锻炼者的形体和举止风度产生良好的变化。

3.调节心理活动,陶冶情操

健美操是在音乐伴奏下进行的身体练习。人们在欢乐的气氛中进行锻炼,不仅心情愉快,能很快忘却烦恼,身心得到全面调节,而且精神面貌和气质修养都会有所改善和提高。健美操还是一种群体运动,在集体场所进行锻炼,能使练习者体会个人与集体的关系,把"我"置于"我们"之中,起到协调人与人之间关系的作用。集体配合练习,有助于增进友谊,结交朋友,提高群体意识。

4.提高神经系统机能,提高身体素质

健美操是一项要求力度和幅度的身体练习,经常参加健美操运动,可使肌肉的力量得到增强,肌腱、韧带、肌肉的弹性得以提高,有效发展人体的力量和柔韧素质。另外,健美操动作的路线、方向、速度、类型、力度等的不断变化,可以加强人对动作的记忆力和再现力,提高神经系统的灵活性和均衡性,全面发展人的协调性。

健美操是具有较强艺术性的运动项目,人们经常从事该活动,可以增强节奏感、韵律感,提高认识美、鉴赏美、表现美和创造美的能力。

5.医疗保健

健美操作为一项有氧运动,其特点是强度低、密度大,运动量可大可小,容易控制。因此,只要控制好运动的范围和运动量,健美操运动除了对健康的人具有良好的健身效果外,对一些病人、残疾人和老年人也具有医疗保健作用。例如,对于下肢瘫痪的病人来说,可做地上健美操和水中健美操的练习,以保持上体的功能,促进下肢功能的恢复。

三、健美操的基本知识

(一)健美操基本动作的概念

健美操基本动作是指动作中最主要、最稳定的部分,所有动作都以此为核心加以扩展。基本动作是掌握其他动作的基础。健美操基本动作包括基本姿态动作、基本难度动作、基础动作三大部分。

健美操中的基本姿态动作是指身体在静态和动态时的各部位姿势,它可以通过舞蹈的姿态进行训练。基本难度动作是指与竞技健美操中规定的特定动作相应的具有一定难度的动作。基础动作是根据人体结构活动特点而确立的具有代表性的动作,共分为七个部位的动作,即头颈、肩、胸、腰、髋、上肢、下肢动作。

健美操基本动作的正确与否,不仅会影响人的健美姿态,还会影响动作的难易程度和锻炼效果。因此,正确地掌握健美操的基本动作,是健美操学习过程中至关重要的一环。

(二)健美操基本动作的特点

(1)基本动作是健美操中最典型、最核心的部分。健美操中所有动作的变化和创新都是在基本动作的基础上产生和发展的,身体某个部位的基本动作具有该部位的共性特征,是最具代表性和典型性的。

(2)基本动作是发展健美操难度和组成复合动作的基础。在初学健美操时,首先应掌握身体各部位的基本动作。只有掌握了这些部位的基本动作,才能抓住健美操的特点,加速发展动作难度,更好地掌握组合练习。

(3)基本动作是健美操动作中最重要、最稳定的部分。健美操突出的特点之一,就是全面地影响身体,使练习者更加健美。例如,踢腿的基本动作抓住正、侧、后三个面就能较全面地影响身体,在此基础上还能发展各种各样的踢腿动作,因而,它是最重要、最稳定的。

(三)健美操基本动作及分类

1.手型

健美操手型主要有掌和拳两种。

(1)掌包括分掌、合掌。分掌:五指用力分开,手腕保持一定的紧张程度。合掌:五指并拢伸直。

(2)拳:五指弯曲紧握,大拇指压在食指弯曲部位。

2.基本站立

(1)立包括直立、开立、点地立和提踵立。直立指头颈、躯干和脚的纵轴保持在一条直线上。开立指两脚左右分开与肩同宽或宽于肩。点地立指一腿直立(重心在站立脚上),另一腿向各方向伸直,脚尖点地,包括前点立、侧点立、后点立。提踵立指两脚跟提起,用前脚掌站立。

(2)弓步指一腿向某方向迈出一步,膝关节弯曲成 90 度左右,膝部与脚尖垂直,另一腿伸直。包括左、右腿的前、侧、后弓步。

(3)跪立指大腿与小腿成直角的跪姿。包括双腿跪立、单腿跪立。

站立时,头正直,上体保持挺直、沉肩、挺胸、收腹、收臀、立腰、立背、直膝。弓步时,前弓步和侧弓步的重心在两腿之间,后弓步的重心在后腿。提踵立时,两腿内侧肌群用力收紧,起踵越高越好。

3.健美操的基本步伐

(1)踏步:两脚交替,不间断地做屈膝上提,然后踏地的动作。踏步包括脚尖不离地的踏步、脚离地的踏步、高抬腿的大幅度踏步。

要求:落地时,由脚尖过渡到脚跟着地,屈膝时,胯微收,两臂自然前后摆动。

(2)吸腿跳:单腿跳起,同时另一腿屈膝向前、侧上提。

要求:大腿用力上提,小腿自然下垂。

(3)踢腿跳:单腿跳起,同时另一腿直腿向前、侧方向踢出,包括小幅度和大幅度的踢腿。

要求:踢腿时,须加速用力,上体保持正直、立腰。

(4)后踢腿跳:两脚交替有短暂腾空过程(类似跑步),小腿向后屈。

要求:髋和膝在一条线上,小腿叠于大腿。

(5)弹踢腿跳:单腿跳起,同时另一腿经屈膝向前、侧方向弹踢。

要求:大腿抬起至一定角度后,小腿自然伸直,膝关节稍有控制。

(6)开合跳:并腿跳至开立,分腿跳至并立。

要求:分腿时,两腿自然外开,膝关节沿脚尖方向弯曲,跳起与落地时,屈膝缓冲。

(7)弓步跳:并腿跳起,落地时成前(侧、后)弓步。

要求:跳成弓步时,把握住身体重心。

(四)健美操分类

目前,健美操种类繁多,分类方法也各不相同。根据健美操的目的和任务,可将其分为健身健美操、竞技健美操和表演健美操三大类(见图17-1)。

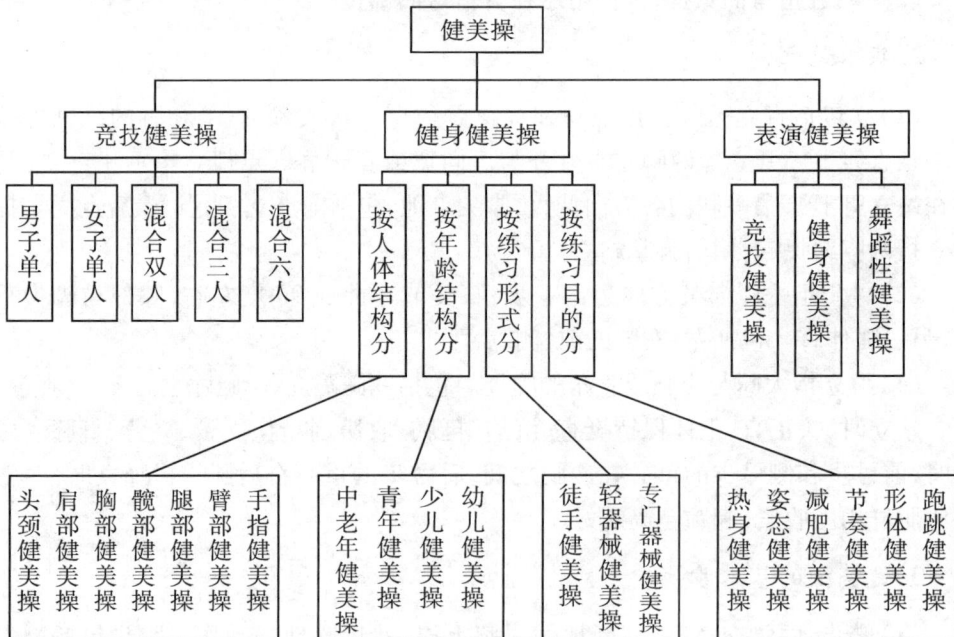

图 17-1 健美操分类图

1. 健身健美操

健身健美操,也称为大众健美操,是集健身、娱乐、防病为一体的群众性健身运动。健身健美操的主要目的在于健身,因此,其运动强度和动作难度相对较低,不同年龄、层次、性别、职业的人都可进行锻炼。根据不同的需要,健身健美操还可从不同的角度进一步分类和命名。

(1)按年龄结构可分为中老年健美操、青年健美操、少儿健美操、幼儿健美操等。

(2)按人体结构可分为头颈健美操、肩部健美操、胸部健美操、髋部健美操、腿部健美操等。

(3)按练习目的可分为热身健美操、姿态健美操、减肥健美操、节奏健美操、形体健美操、跑跳健美操等。

(4)按练习形式可分为徒手健美操、轻器械健美操(哑铃、彩球、花环、绳、手鼓等)、专门器械健美操(垫上健美操、踏板健美操、健骑机健美操等)。

(5)按人数可分为单人、双人、3人、6人、8人和集体健美操。

(6)按性别可分为女子健美操和男子健美操。

(7)按动作特色可分为瑜伽健美操、迪斯科健美操、搏击健美操、拉丁健美操、爵士健美操等。

2. 竞技健美操

竞技健美操是根据竞赛规则与规程的要求编排的一套具有较高艺术性、以比赛取得优异成绩为主要目的的健美操。竞技健美操只进行自编动作的比赛,有特定的比赛规则和评分方法,需完成一定的难度动作,对人体的心肺功能、身体素质、技术技能和艺术表现能力有较高要求,一般较适合于青年人。竞技健美操比赛共设男子单人、女子单人、混合双人、混合三人、混合六人五个项目。

3. 表演健美操

表演健美操主要是指在特定的活动、场合或节日庆典中进行表演,集观赏、娱乐为一体的健美操。一般而言,健身健美操用于表演极其普遍,竞技健美操用于表演时可不受规则的限制。

(五)健美操项目简介

1. 高低强度有氧操

高低强度有氧操是传统的有氧操,其锻炼目的是健美形体,以具有体操、舞蹈特点的健美操动作为主。低强度有氧操没有双脚同时跳跃的动作,上肢和躯干活动相对较多;高强度有氧操经常有跳跃的动作,运动强度较大,对心肺功能要求较高。

2. 有氧舞蹈

有氧舞蹈是一种带有舞蹈特点的、在音乐伴奏下有节奏地舞动身体的有氧练习。跳有氧舞蹈不仅可以提高人的心肺功能、耐力、力量、爆发力、柔韧性、协调性、韵律感等综合素质，还能使人在锻炼的同时理解更多的舞蹈和音乐知识，创造力、想象力、表现力和艺术修养等综合能力得到全面发展。

3. 有氧踏板操

有氧踏板操是在有氧操的基础上发展而来的。踏板操在 1968 年起源于美国，并很快风靡世界。踏板操是在一块长 90～110 厘米、宽 40 厘米、高 10 厘米（高度可调节，每加一块垫增高 10 厘米）的踏板上进行锻炼的，以发展下肢腿部肌肉力量为主要目的。踏板操非常具有挑战性和娱乐性，对提高练习者的协调性、灵敏性和全身的力量控制能力具有显著的作用，是一种低冲击、全身性的安全有氧运动。

4. 有氧搏击操

有氧搏击操是结合健身操、舞蹈、拳击、搏击等特点而形成的有氧健身操。这种练习是在强节奏的音乐伴奏下，按照音乐的节拍重复完成直拳、摆拳、勾拳、踢腿等各种拳击和搏击动作，运动能耗较大。它可以增强人的心肺功能，提高肌肉的协调性与柔韧性，尤其对腰部、臀部的健美效果比其他运动项目更明显。搏击有氧操还能有效增强人的自信心。

5. 水中有氧操

水中有氧操是一种结合了不同节奏的身体动作和舞蹈步伐，在水中利用水的阻力和浮力来锻炼人的力量、柔韧和耐力，塑造完美形体的有氧运动项目。与陆上健美操相比，它的运动强度低，动作简单易学，排汗少，散热效果好。长期坚持做水中有氧操，可调节人体姿态和脊柱生理弯曲，塑造优美姿态。

6. 健身球健美操

健身球健美操最早在瑞士只作为康复医疗，后来演变成一个新兴的健身运动项目。健身球不仅有很好的损伤恢复和康复功能（对腰背疾病疗效显著），而且可以提高人体的柔韧度和力量素质，锻炼平衡能力。

7. 皮筋健美操

皮筋健美操主要利用皮筋的弹力，在一张一弛的动作过程中，使肌肉得到较好的锻炼。作为一项有氧运动，皮筋健美操能有效提高人体的肌肉弹性和心肺功能。

8.哑铃健美操

利用小哑铃的重量进行有氧操训练,可以增加有氧运动的强度,能有效消除身体多余的脂肪,塑形、美体作用明显。

四、健美操与科学锻炼

(一)健美操锻炼的运动负荷

健美操锻炼的最终目的是取得最佳的锻炼效果。这种最佳的锻炼效果的取得是要有科学依据的。从生理学角度看,只有适宜的负荷刺激才能达到增强体质的目的。若负荷过大,刺激量超过了身体所承受的范围,不但不能达到强身健体的目的,还会对身体有害。而负荷过小,则不能引起身体的适应性变化,也起不到强身健体的作用。因此,科学地确定适合自己身体状况的锻炼负荷,是提升健美操锻炼效果的前提。研究和实践表明,当运动强度达到人体最大心率的65%~85%时,锻炼效果最佳。用锻炼时的心率可确定运动负荷。

第一步,计算出最大心率,有两种方式:

①没有训练基础的人:最大心率 = 220 次/分 – 年龄。

②有训练基础的人:最大心率 = 205 次/分 – 年龄的一半。

第二步,计算出健身的心率范围。健身指标区:最大心率×(65%~85%)。

心率在上述指标范围内均属有氧运动,故称健身指标区。百分比的指数越高,对身体的影响越大,锻炼的效果就越明显。如果百分比指数超过上述范围,则属无氧训练,对一般健身无益,但过低,对健身又无任何作用,只能是一般的活动而已。因此,只有确定适合于自己的负荷,才能收到最佳的锻炼效果。

(二)健美操锻炼的自我监督

健美操锻炼的自我监督是一种在健美操锻炼时,对自己的身体健康状况和功能状况经常进行自我观察的方法。它不但能科学地保证锻炼者的健康和健美,而且还是自我评价运动负荷大小的一种方法。自我监督的内容包括自我感觉和自我监测两个方面。此外,还可通过对疲劳程度的判断来确定运动强度是否适宜。

(三)健美操锻炼的原则

1.循序渐进,持之以恒

众所周知,健美操锻炼可以强身健体,健康减肥。而这个变化是一个由量变到质变的过程,并非一朝一夕可以达到的。人体结构的改变,运动能力的提高,内脏循环功能的改善,都是由于神经系统通过对运动系统及其他内脏、循环系统反复多次调节而形成的适应性反应。这种适应性反应不是靠几次锻炼就可以实现的,而是一个相当复杂的协调过程。只有长期积累,经常坚持,才能达到良好的效果。因此,参加健美操锻炼,首先应该有信心和持之以恒的精神,尤其是初学者和减肥者,切忌心急,应遵守科学的锻炼方法及循序渐进的原则,避免造成半途而废及不良的身体反应。

2.灵活掌握,及时调整

在健美操锻炼时,若身体健康状况欠佳,有炎症或出现疲劳症状(如四肢无力、疲倦、头晕、恶心、心悸等)时,应立即停止锻炼,不要勉强。如果勉强锻炼,不仅不利于健身,反而会给身体健康带来不良影响。若出现的疲劳症状较轻,则可以采用适当的休息或调整锻炼负荷、缩短锻炼时间等方法进行调节缓冲。此外,要注意区分疾病性和运动性的疼痛,若是肌肉酸疼或胀疼,则不必停止锻炼,应尽量坚持,并作适当的调整与放松,通过超量恢复,以使机体得到进一步的改善与提高;若是疾病性的疼痛,则应及时到医院进行检查治疗。

3.热身运动必须做

在健美操锻炼之前,首先要进行热身运动,然后才能转入正式锻炼,其目的是使健身者从生理和心理上做好准备,使机体从平静的抑制状态逐渐过渡到活动的兴奋状态,从而提高机体的工作效率,预防运动创伤。

热身运动一般以伸、拉动作为主,运动负荷不宜过大,避免做跳跃运动。热身时间的长短、活动量的大小应根据天气情况而定。天热时,新陈代谢旺盛,身体容易活动开,所以热身运动的时间可短一些;天冷时,血液循环比较缓慢,肌肉、韧带和关节均较僵硬,不够灵活,因此活动时间要稍长些。通常情况下,热身运动的时间应控制在总锻炼时间的 20% 左右,做到身体感觉发热、微微出汗为宜。

4.放松运动不可少

放松运动是健美操运动的内容之一,绝不是可有可无的。所以,健美操教练员及广大健身者应对此高度重视。放松运动可以达到以下目的:①可使静脉血液较快回流到心脏,使心脏较快地恢复到正常工作状态;②可使神经系统和其他内脏器官由紧张的工作状态逐步转入正常状态,从而促进整个机体较快地得到恢复;③能加速乳酸的消除,可避免肌肉充血、僵硬。若不注意放松,肌肉的收缩能力就会下降,弹性会减弱,从而影响力量的提高,妨碍肌肉的增长。

(四)健美操锻炼与饮食

参加健美操锻炼,必须注意运动前后的饮食卫生。一般,进食后需间隔 1.5~2.5 小时才可进行健美操锻炼。因为,在进食后的一定时间内,胃中食物充盈,横膈膜上顶,会影响呼吸,而且此时运动还会使消化器官的血液供应减少,机能减弱,这不仅影响食物的消化,还易引起腹痛、呕吐等不良反应。若饭后休息时间短,则食量可少一些。原则上运动前的一餐食量不宜过多,应吃一些易于消化,且含有较多糖、维生素和磷的食物,同时应尽量少吃含脂肪、纤维素及刺激性的食物,因这类食物所需的消化时间相对较长。总的来说,糖类是最易消化的,蛋白质次之,脂肪是最难消化的。运动后,则应休息30分钟以上再进食。

(五)健美操锻炼与饮水

健美操锻炼时,一次性大量饮水对身体不好。因为大量水分骤然进入体内,会使血液稀释、血量增加,心脏的负担加重。此外,大量的水进入胃中,由于不能及时被机体吸收(以吸收水的速度每小时最多800毫升来计算),就会造成水在胃中潴留,稀释胃液,影响消化。若大量饮水后继续运动,水在胃中晃动,则会使人不舒服,容易引起呕吐。所以,锻炼中的饮水应以"少量、多次"为原则。一般在开始运动前10~15分钟,可饮400~600毫升水,以增加体内水的临时储备,而运动中也可每15~20分钟饮100~150毫升水。这样既可以保持体内水的平衡,较好地维持运动中的生理机能,又不会增加心脏和胃的负担。同样,运动后饮水也应遵循"少量、多次"的原则。

(六)健美操锻炼中的保健问题

通常,练习者在参加健身健美操运动前应全面检查身体,包括身高、体重、体脂百分比等,并要重点检查心血管系统的机能。不允许发烧或患有感冒的人参加运动,以免加重病情。患有心脏病、糖尿病、肝炎、肾炎等疾病的人,在锻炼时要慎重,练习前首先要做体质检查,然后应征求医生和专业教练的意见,酌情确定自己锻炼的起点。

另外,锻炼时的着装也很重要。练习者应根据季节的变化和练习环境的温度,穿合适的衣服。一般情况下,穿棉质弹性好的衣服较适合于运动。在运动时,一定要穿弹性好、柔软性强的运动鞋和运动袜子,最好不要穿体操鞋或不穿袜子。因为,健美操练习对下肢关节及足弓具有一定的冲击力,而穿舒适的鞋袜对下肢关节及足弓则可起到保护作用。

五、健美操组织及主要赛事

随着健美操运动在世界范围内的开展,参与健美操锻炼的人逐年增加,越来越多的人意识到健美操运动的强大生命力,许多热衷于健美操运动的有识之士发起并成立了一些健美操组织,使健美操成为一项有组织的体育运动。这些健美操组织致力于健美操运动的开展,加速了健美操在全世界的普及,为提高运动技术水平,扩大健美操的影响,促进健美操运动的发展作出了重要贡献。健美操组织主要有以下几个。

（一）国际体操联合会

国际体操联合会,1881 年 7 月 23 日成立,现会址设在瑞士利斯,是最早的国际单项体育联合会,并得到国际奥委会的承认。国际体操联合会具有悠久的历史和把握项目发展方向的能力。1994 年 5 月 9 日至 13 日在瑞士日内瓦举行了国际体操联合会第 69 届代表大会,会上决定接受健美操为其所属委员会。

由于国际体操联合会是唯一在国际奥委会、国际单项体育联合会申请注册的国际健美操组织,以它的资格、组织机构、赛事规模水平等优势条件,准备将竞技健美操推向奥运会,其他国际健美操组织纷纷助力,扩大其成员国。目前,为实现健美操进入奥运会的共同目标,以国际体操联合会为主导,健美操国际组织之间加强了合作。

（二）国际健美操联合会

国际健美操联合会成立于 1983 年。1984 年 7 月,国际健美操联合会在美国旧金山举办了首届国际健美操锦标赛,到目前已举办过 15 届世界杯健美操赛。

1987 年国际健美操联合会联合亚洲多国健美操协会举办了亚洲杯健美操比赛,1990 年组织举办了首届世界有氧操锦标赛,1994 年起,连续组织三大洲的健美操锦标赛。1995 年国际健美操联合会同意与国际体操联合会合作,从 2003 年第 14 届世界杯健美操赛起,在成人和青少年比赛中采用国际体操联合会的竞赛评分规则。

以上这些举措都为了一个共同的目的:进一步推动世界健美操运动的开展,促进竞技健美操早日成为奥运会的正式比赛项目。

（三）国际竞技健美操冠军联盟

国际竞技健美操冠军联盟,成立于 1990 年,总部设在美国洛杉矶。国际竞技健美操冠军联盟是国家会员制机构,它负责世界各国健美操的活动推展和竞赛事宜,每年都举办世界健美操冠军赛。

（四）国际健美操与健身联合会

国际健美操与健身联合会,成立于 20 世纪 80 年代中期,下设技术委员会、教育委员会、商务委员会、提高和发展委员会。

国际健美操与健身联合会是世界上具有重大影响的有氧健身和体适能组织。它献身于国际有氧运动的发展和体适能的专业研究。一直以来通过运动健身竞赛、大会、博览会、教育节目和其他的健身活动来宣传健康意识。国际健美操与健身联合会是全球健身教练认证机构,已经成为一个广泛开展健康业活动的国际性网络组织。

(五)亚洲健身协会

亚洲健身协会成立于 1991 年,总部设在香港,是亚洲地区最有影响力的健身国际组织,通过它的全球网络,致力于推动健康和健身教育在亚洲的发展。1997年首次举办亚洲康体展,现该展已成为亚洲区内规模最大、最专业的国际性展览会之一。

(六)中国健美操协会

中国健美操协会,成立于 1992 年,最初隶属于国家体委社会体育中心,办事机构设在北京。随着我国体育制度改革的不断深入,1997 年初,中国健美操协会并入国家体育总局体操运动管理中心,是中国体操协会的一个下属协会。中国健美操协会是中国奥委会承认的全国性体育协会,是中国健美操运动的管理组织。

国家体育总局先后制定了《健美操活动管理办法》《全国健美操指导员专业技术等级实施办法》(试行)、《全国健美操大众锻炼标准实施办法》。一直以来,中国健美操协会为健美操运动的普及和发展做了大量的工作,每年举办健美操教练员、裁判员培训班,全国健美操锦标赛等。这些举措对我国健美操运动的普及与提高具有重大意义,为推动我国健美操运动的快速发展起到了积极作用。

(七)中国学生健美操艺术体操协会

中国学生健美操艺术体操协会,成立于 1992 年,隶属教育部学生体育联合会,主要担负着全国大、中、小学健美操、艺术体操、动感啦啦队、体育舞蹈、健身健美、健康舞等项目的全国推广开展、师资培训、资格认证、技术指导及赛事活动的举办工作。协会目前在全国各省(区、市)拥有近 500 所会员学校,推动健美操运动在全国大、中、小学的普及与开展,并形成了庞大的健身群体。

第二节　啦啦操

一、啦啦操的定义

啦啦操是一项深受广大群众喜爱的、普及性极强,集体操、舞蹈、音乐、健身、娱乐于一体的体育项目。啦啦操起源于美国,是在音乐的伴奏下,通过运动员完成复杂、高超的啦啦操运动技巧和啦啦操基本手位组合并结合各种舞蹈动作,集中体现青春活力、健康向上的团队协作精神,并追求最高团队荣誉感的一项现代体育运动项目。

二、啦啦操的分类与特征

（一）啦啦操的分类

啦啦操一般分为技巧啦啦操和舞蹈啦啦操。

（1）技巧啦啦操一般包含集体技巧啦啦操自选套路、五人配合技巧自选套路和双人配合自选套路等。

（2）舞蹈啦啦操一般包含花球舞蹈啦啦操、街舞舞蹈啦啦操、爵士舞蹈啦啦操和自由舞舞蹈啦啦操等。

（二）啦啦操的特征

1.团队精神和荣誉感

团队精神和荣誉感是竞技啦啦操有别于其他运动项目最显著的特征。啦啦操是通过口号、各种动作的配合、各类难度的展现，以及不同队形的转换，队员之间相互协调配合来共同完成团队的目标，营造相互信任的组织氛围，激励运动员高昂的斗志，提高团队整体凝聚力。它是一种团队文化的展示，包括团队整体的运动能力、自信心、感染力、号召力、表演的激情和默契配合的能力等因素。

2.技术特征鲜明

啦啦操的技术特征分为技巧啦啦操和舞蹈啦啦操两种。技巧啦啦操的技术特征主要体现在难度动作的完成与过渡连接。舞蹈啦啦操的技术特征主要体现在肢体动作的发力方式，既能通过短暂加速、制动定位来实现啦啦操特有的力度感，又能动作完成干净利落、具有清晰的开始和结束，在运动过程中重心稳定、移动平稳，身体控制精确、位置准确。

三、啦啦操的发展概况

（一）啦啦操在国外的发展

啦啦操运动是从 19 世纪后期开始出现的。19 世纪 70 年代，第一个旨在增强体育比赛激励气氛的俱乐部成立于美国普林斯顿大学。数年以后，普林斯顿大学的毕业生托马斯皮布尔斯向明尼苏达大学推行在橄榄球比赛中进行有组织欢呼的理念。1898 年明尼苏达大学的约翰尼·坎贝尔在一次橄榄球比赛时非常激动，从人群中跳出来站在观众前面带领他们一起为比赛呐喊助威。坎贝尔成为第一位正式的啦啦操队长，这也标志着啦啦操运动的正式诞生。不久以后，明尼苏达大学组建了一支由 6 位男学生组成的助威队伍；1903 年第一个啦啦操大学兄弟会成立。

虽然现在的啦啦操队员有九成以上是女生,但早期的啦啦操队员全部为男生。20世纪20年代女大学生能参与的体育运动并不多,1923年,女性开始加入啦啦操,此时体操技巧、麦克风也在助威活动中全面使用。1948年,第一个啦啦操运动协会——美国啦啦操运动协会成立,指导啦啦操运动。劳伦斯在啦啦操运动的发展过程中作出了卓越的贡献。

到了20世纪60年代,美国各高校开始举办培训班,向高中女生教授基本的助威技巧。1965年弗雷德发明了丝绒花束,并引入国际啦啦操运动基金会的竞赛中。20世纪60年代美式足球联盟的队伍开始各自筹组专属的啦啦操。

20世纪80年代可以说是现代啦啦操运动的萌芽期,许多高难度的特技和体操技巧融入基本训练中。首次制定了比较规范的啦啦操竞赛规则;啦啦操运动组织者纷纷制定安全准则并为教练们开办安全教育培训以减少事故数量,并防止危险的托举、金字塔造型、翻腾动作出现。

啦啦操运动在美国继续迅速发展,同时在欧洲与日本也开始发展。1998年国际啦啦操联合会成立,这是啦啦操运动发展史上的一个重要转折点。2001年11月首届世界啦啦操锦标赛正式将啦啦操提升为世界性竞技运动项目。世界啦啦操锦标赛每两年举办一届,日期为11月的前两个星期。随着国际化的推进,国际全明星联盟成立,国际全明星啦啦操协会也由此诞生。2007年世界舞蹈大赛首次加入世界啦啦操大赛的行列,超过30个国家上万名运动员参加了此次世界大赛。国际全明星联盟通过举办每年一届的世界啦啦操与舞蹈大赛推动啦啦操的进一步发展。

(二)啦啦操在中国的发展

2001年,中国大学生体育协会健美操艺术体操分会邀请国外专家到中国进行业务培训,使教师对场地啦啦操项目有了更深入的理解,对普及、推广场地啦啦操项目起到非常重要的作用。2001年在广州举办的首届中国大学生啦啦操大赛取得了空前的成功,从此啦啦操运动在中国全面展开。2005年全国学生啦啦操锦标赛吸引了上千名运动员参赛,同时国内主流媒体进行了相关的报道。2006年的赛事也吸引了全国上万人参加,这表明啦啦操运动在中国已经受到亿万青少年的关注和喜爱。

中国大学生体育协会健美操艺术体操分会在2006年选派了广州体育学院、中山大学、广西大学、山东师范大学、南宁第26中学、广西大学附属中学等学校代表中国参加世界啦啦操大赛(广州体育学院和中山大学因签证问题未能参加)。最后广西大学附中取得了全女生组的亚军,南宁第26中学因为使用具有中国特色的红扇子以及新颖的编排,让现场观众为之倾倒,最后荣获最佳表演奖,其他学校也获得了优胜奖。

2006年6月,中国大学生体育协会健美操艺术体操分会先后与国际全明星联盟、国际全明星啦啦操协会等众多国际知名的啦啦操组织达成合作协议,致力于推动我国场地啦啦操的发展。同年 7 月,教育部体育卫生与艺术教育司组织相关专家创编了《中国校园啦啦操规定推广套路》和中国啦啦操队歌《我们必胜》;8 月,在人民大会堂召开新闻发布会向全国大、中、小学正式推广场地啦啦操项目,这标志着中国的场地啦啦操项目开始走向成熟、正规。2006 年 11 月 6 日,首届中国全明星啦啦操锦标赛暨 2007 年世界啦啦操锦标赛选拔赛在武汉举行。

2007 年中国大学生体育协会健美操艺术体操分会选派了广州体育学院、武汉体育学院、中山大学、郑州 14 中、玉林师范学院、南宁第 26 中学等学校参加世界啦啦操与舞蹈大赛。广州体育学院与南宁 26 中分别获得了啦啦操国际公开混合组与国际公开全女生组的第五名;中国代表团还获得了啦啦操的团体第五名与舞蹈组的团体第八名。

对于中国啦啦操运动的发展来说,2014 年是具有里程碑意义的一年,国家体育总局体操运动管理中心与中国大学生体育协会商定,从 2014 年起,全国啦啦操竞赛委员会和全国啦啦操推广委员会整合为"全国啦啦操委员会",全面统筹协调管理啦啦操各项事务,随后又陆续在 31 个省(区、市)成立了省级啦啦操委员会及 100 多个市级啦啦操委员会,为在基层推广普及啦啦操运动打下了坚实的基础。随着全国啦啦操委员会的整合,国家级、国际级赛事不断增多,基层啦啦操运动也得到普及。每年全国啦啦操委员会都会派队参加世界大学生啦啦操锦标赛和洲际啦啦操锦标赛。2019 年,中国大学生体育协会指派厦门大学和湖北经济学院参加第 2 届亚洲大学生啦啦操锦标赛,这是我国第一次参加此项赛事,两所高校不负众望,分别获得所参加项目的冠军和亚军的佳绩。2021 年,中国大学生体育协会经过严格筛选,有 10 所高校参加第 3 届亚洲大学生啦啦操锦标赛,在所参加项目中均获得好成绩。2021 年,普洱学院代表中国参加世界大学生啦啦操锦标赛,在集体花球项目上取得突破,最终获得第三名,这是中国大学生在集体花球项目中取得的最好成绩。随着啦啦操运动在我国的蓬勃发展,这项运动被越来越多的人关注、喜爱与认可,中国啦啦操运动也将开启新的篇章。

四、啦啦操的功能与作用

啦啦操是提高身体体能的良好手段。人体体能不外乎由两大因素构成:一是身体因素,二是精神因素。身体因素包括身体外部形态和身体的内部机能。身体外部形态包括体态、姿势、动作等。身体内部机能包括肌肉发达程度,韧带的牵拉张度,关节的活动幅度,内脏器官的活动能力、耐久力、适应能力以及各器官发展的均衡、协调等。精神因素主要指神经系统的健全和灵活性,包括意志力、判断力、调节精神紧张的能力、欣赏力等。这两种因素不是固定不变的,而是伴随年龄的增长而增强,又随年龄的增高而减弱,这种生物进化发展的必然规律是不以人的意志为转移的。但是人们可以通过身体锻炼的手段,促使这两种因素健康发展和迅速提高,并尽量维持其较长时间的高水平。

(1)啦啦操运动是身体锻炼较为有效的一种手段。这是因为啦啦操具有一定的运动强度,对练习者身体诸方面的条件和机体机能都提出了更高的要求。要适应这些要求,就必须通过经常性的较全面的负荷练习,久而久之,即可形成具有较高、较强的体能和健美的体魄,使神经系统也更健全,进而达到精力旺盛、精神乐观、感情丰富、作风顽强、行动灵活、精神饱满的健康状态。

(2)啦啦操运动是以人体自身活动来促进健康的。在运动影响下身体的内部组织产生适应性变化,这种变化的标志便是体质的增强和运动能力的提高,表现为体内脂肪减少,肌肉中的肌红蛋白增加,磷酸肌酸含量增多,运动能力增强,精力更加充沛。

(3)啦啦操运动的心理锻炼价值十分明显。啦啦操运动使身体各部分肌肉有规律而协调地收缩,各种刺激传达到大脑,大脑又发出各种动作指令。人们伴着节奏欢快的乐曲做啦啦操,仿佛将一种情绪冲动用一种节奏编织起来,产生一种手舞足蹈,向往和追求美的心理趋势,感受愉快的情趣,得到美的享受,陶冶了情操,从而调动了人的精神力量和体力,帮助人们进入一种最佳的心理状态。宾夕法尼亚大学体育心理教授哈里斯女士研究认为:“体育运动对人的心理健康及性格的发展也能产生积极影响,强健的体格使人们更具有耐心和充沛的精力,可消除轻微的情绪低落,能医治一些精神上的病痛。”

(4)啦啦操运动具有团队文化建设的作用。啦啦操队成员在训练、比赛的合作过程中,为完成团队的共同目标而形成一种潜意识的团队合作文化。啦啦操的团队文化作为一个大系统,包含团队精神、团队目标、团队荣誉感、团队形象、团队制度、团队意识、团队民主、团队文化活动等子系统。它以全体队员为实施对象,通过训练、比赛、表演和教育、宣传、文化娱乐等方式,以最大限度地统一队员的意志,规范队员的行为,凝聚队员的力量,为整个团队的总目标服务。

(5)啦啦操运动具有全面贯彻全民健身国家战略宗旨的作用。啦啦操运动具有广泛的群众性基础,能大力推动群众体育运动的发展,将体育全方位融入人民群众日常生活,实现人民群众对美好幸福生活的追求。同时针对啦啦操人群多数为大中小学生的特点,该项目强调突出教育功能和文化特色,力图通过课上“学”、大课间“练”、比赛“促”的形式推动啦啦操运动惠及更多青少年学生。

五、啦啦操组织及重大赛事

啦啦操比赛按照赛事组织可分为国际赛事和国内赛事两大类。其中,国内赛事按照不同的赛事级别可分为国家级赛事、省级赛事、市级赛事等。啦啦操国际赛事一般包括世界啦啦操锦标赛、洲际比赛以及在各个国家举办的国际啦啦操公开赛。啦啦操主要赛事的组织有以下几个。

(一)国际啦啦操联合会

国际啦啦操联合会主要举办世界啦啦操锦标赛,每年四月下旬在美国奥兰多迪士尼乐园举办,是世界上参赛规模最大,竞技水平最高的国际级高水平啦啦操赛事,每年有近80个国家和地区的啦啦操代表队参赛,年均参赛人数超2万人。

(二)亚洲大学生体育联合会

亚洲大学生体育联合会,主要举办亚洲大学生啦啦操锦标赛,每两年举办一次,2019年、2021年(线上)举办地都在韩国。

(三)全国啦啦操委员会

全国啦啦操委员会汇集了国内啦啦操界的精英力量,每年均举办全国学生系列啦啦操赛事,主要功能是以推广普及啦啦操运动为主。

第三节　体育舞蹈

学习提示

体育舞蹈是一项很有锻炼价值的全民健身、健心运动,具有社交性、竞技性、民族性和娱乐性。掌握体育舞蹈的基本动作能更好地领会体育舞蹈的风格特点。

体育舞蹈也称"国际标准交谊舞",是体育运动项目之一。体育舞蹈是以男女为伴的一种步行式双人舞的竞赛项目,分两个项群,十个舞种。其中,摩登舞项群含有华尔兹、维也纳华尔兹、探戈、狐步和快步舞;拉丁舞项群包括伦巴、恰恰、桑巴、牛仔和斗牛舞。每个舞种均有各自的舞曲、舞步及风格。关于体育舞蹈的属性,人们有多种解释。有人说它是"动作的艺术",有人说它是"情感的艺术",还有人说它是一种运动中的"时空艺术"。我们认为体育舞蹈是一门体育运动与舞蹈艺术相结合的综合性体育学科,是一门以抒情达意为其特长,以健身、比赛为目的的竞技舞蹈艺术。体育舞蹈集音乐、服饰、形体线条等多种艺术因素为一体,以情感为动力,以人体为工具,以艺术化了的人体动作为物质材料,在无限的空间(舞蹈意识)和有限的时间(音乐节奏)中,连续不断地运动,以鲜明的表现性为特征,外化人的内在思想情感和社会生活情景,是一门古老而又年轻的"肢体语言"表现形式。体育舞蹈包括摩登舞系列、拉丁舞系列、集体舞系列。

一、体育舞蹈的起源与发展

（一）体育舞蹈的起源

体育舞蹈的起源，可以追溯到公元 10 世纪以前，它由古老的民间舞发展演变而成。蕴含着交际舞意识形态的男女对舞，最早出现在非洲，人们在农闲季节和节日成群结队地在草地上和广场上跳乡村土风舞。14 世纪末到 15 世纪初，随着社会阶级的日益分化，民间舞逐步进入贵族城堡的舞会中。最早出现交谊舞的国家是意大利，继而，意大利出现了世界上第一批专职舞蹈师。15 世纪末，宫廷舞蹈又演变成奢华庆典活动的骑士舞。当时有节奏缓慢的"低舞"，有适合男士跳的雄壮有力、富有弹跳力的"高舞"，以及有图形变化的"链舞"——步兰尔舞等类型。16 世纪初，交谊舞的"低舞"派生出帕凡、拉伏尔地等壮观华丽的队列式舞步，并由步兰尔舞派生出法国的库尔特、不雷，以及西班牙的查礼舞等更为豪华富丽的舞蹈。当时有一种"伏尔塔"的双人舞很受青年人的欢迎。17 世纪中叶，交谊舞逐渐从拘谨、文雅、华丽趋向于尊贵、活泼、轻快，已经有了国际标准交谊舞的雏形。

（二）体育舞蹈的发展

18 世纪初，在德国和奥地利民间流行一种兰德勒舞，后演化成三步舞——华尔兹。它和波兰的玛祖卡、波尔卡一样，都以轻快的节奏和快速的旋转而受到人们的欢迎。18 世纪末 19 世纪初，法国大革命、工业革命和浪漫主义运动对人们的思想观念带来很大影响，男女服饰有了很大变化，交谊舞服饰不受限制。到了 19 世纪末，当华尔兹舞方兴未艾之际，一种糅合了波尔卡、华尔兹的狐步舞雏形的新颖舞步应运而生。之后，起源于古巴的拉丁舞也逐渐盛行，人们一度热衷于这种独特节奏的舞步，从此这种舞蹈节奏很快传到欧洲各国。20 世纪初，交谊舞逐步进入一个崭新的历史时期，1924 年英国皇家交际舞专业教师协会召集了多国舞蹈专家，对当时的交际舞进行了整理，将各个舞种、舞步、舞姿、步法进行分类并加以规范，同时制定了便于交际舞比赛的某些规则，相继将 7 种交际舞确定为国际标准交际舞，俗称"老国标"或"老交际舞"，它们是布鲁斯、慢华尔兹、慢狐步舞、快华尔兹、快步舞、伦巴、探戈。第二次世界大战时期，当时的"水手舞"——吉特巴风靡全球。

随着时代的发展和变化，交际舞也在发展和变革。从 20 世纪 20 年代至 60 年代"老国标"经历了近半个世纪的演变，发展成为"新国标"。新的国际标准交际舞增加了拉丁舞，从 1960 年开始拉丁舞也被列为世界交谊舞锦标赛的比赛项目。至此国际标准交际舞已形成两个大类，10 个舞种。

1. 摩登舞

摩登舞包括华尔兹、维也纳华尔兹、探戈、狐步舞、快步舞。

2. 拉丁舞

拉丁舞包括伦巴、恰恰舞、桑巴、帕索多不列(也称斗牛舞)、加依夫(也称牛仔舞)。

1964 年以后,国际标准交际舞比赛中又增加了新的内容,这就是集体舞。摩登舞、拉丁舞、集体舞这 3 项崭新的交际舞被称为"当代国际标准交际舞"。

二、体育舞蹈的特点和价值

体育舞蹈是融体育与舞蹈为一体的新型体育运动项目,它之所以风靡世界、覆盖全球,必有其独特的功能,除了体育的教育性、锻炼性、竞技性、舞蹈的自娱性及娱人性等特点外,还可以将任何几种特点进行组合,从而显示出体育舞蹈的多功能特性。因此体育舞蹈以它固有的娱乐和锻炼价值,被载入人类文明的史册。

1. 教育性

体育舞蹈的价值和作用,就在于给人以真善美的教育,不断陶冶情操,吸收美的真谛,提高精神文明水平。体育舞蹈的真就是真实、真诚、实事求是。舞蹈表演必须在真实的基础上,才能为人所喜爱,亲切感人。体育舞蹈仍然继承交际舞社交性的特点,它是人际交往、感情交流、沟通心灵的工具,而友善是处理人际关系的基本准则。对于舞蹈家来说,美始终是毕生追求的目的。所以,体育舞蹈之功能,就在于真、善、美的教育,教育人们去追求崇高的思想境界,医治人们心灵上的创伤,丰富人们的精神世界。

2. 锻炼性

体育舞蹈是一项很有锻炼价值的全民健身、健心运动。它能健美形体、锻炼体魄、健康心灵。

(1)健美形体。经常参加体育舞蹈锻炼,进行形体训练,可以改善体型体态,使人的形体符合一定的健美标准。

(2)锻炼体魄。长期从事体育舞蹈锻炼,对心血管系统会产生很大的影响。它能使人的心脏得到锻炼,使心肌发达,心搏有力,心脏每次收缩时排出的血量增加,每分钟心跳次数逐渐减少,从而使心脏有一定的休息时间。研究者对体育舞蹈班 50 名男女学生的心率测定结果显示,在相对静止状态下,平均每人心率为 62 次/分钟。这表明心脏具备了一定的储备功能,能适应更大的负担,进而提高了人体的活动能力。

（3）健康心灵。人的心理活动的本质是脑对客观事物的反映。现代社会发展迅速，人们的心理负担较重，如果焦虑过多，心理冲突过大，就会引起心理疾病。而跳舞却能使人调整身心，逐步消除情绪障碍，心态趋于平衡，保持乐观的心情，以饱满的情绪再度投入紧张的学习和工作。

总之，经常参加体育锻炼，能增强体质，改善人体心血管系统、呼吸系统等机能状态，改善神经系统的调节机能，以达到健美、健身、健心的最佳效果。

3. 竞技性

世界冠军对体育舞蹈训练方法的信息反馈表明，体育舞蹈可以作为一种大强度训练法，在美的旋律中进行生物学改造，它能挖掘人的潜力，充分发挥人的本质力量去与极限拼搏，创造新的世界纪录。体育舞蹈与国际上流行的有氧运动、有氧操、有氧舞蹈是有区别的，有氧运动的心率指标一般在 125～150 次/分钟，而体育舞蹈中有些舞种的心率指标已超过 180 次/分钟，如快步舞、恰恰恰、加依夫等，人体活动的能量代谢已处于无氧代谢状态。所以，体育舞蹈既是一种有氧运动，又是一种无氧运动。

4. 社交性

体育舞蹈仍然继承交谊舞"舞会舞蹈形式"的特征，从而成为社会交际活动的工具。

5. 国际性

舞蹈都具有民族性，而愈是民族化的舞蹈，愈能步入国际舞坛。体育舞蹈的各个舞种起源于世界各国。国际上没有一种统一的语言，而体育舞蹈却是一种国际通用的形体语言，是全世界统一标准的舞蹈。

6. 娱乐性

舞蹈可分为自娱性舞蹈和娱人性舞蹈两类。现代娱乐活动的特点是参与性强，每个人都想亲自参加体育舞蹈活动，而人类本身也具有手舞足蹈之本能。同时，体育舞蹈由自娱性向娱人性发展，并以它相对稳定的高雅文明形态步入世界舞坛。在国际性文艺节的舞台上，就有体育舞蹈表演，在电视节目中也有体育舞蹈欣赏。因此，它具有一定的观赏性、娱人性。

7. 群众性

体育舞蹈具有广泛的群众性，它时而以娱乐运动形式出现在娱乐厅，时而以锻炼形式出现在广场、公园、运动场等。这是舞蹈运动意识的萌芽，也是群众性体育舞蹈运动辐射到每一个生活角落的真实写照。

三、体育舞蹈的基本技术

（一）摩登舞

1. 华尔兹

华尔兹来自德文（Walzen），原为"旋转"之意，又译为"圆舞"，是一种三步舞，通常称"慢三步"。华尔兹起源于维也纳，是由古老的兰德勒舞发展而成的，19世纪已风靡世界各国。华尔兹属旋转型舞步，其特点是舞姿华丽高雅、秀美潇洒，舞步起伏流畅，风格华贵典雅、飘逸舒展，比其他舞步更温文尔雅、富有诗情画意，因此华尔兹有"舞中之皇后"的美称。华尔兹舞曲优美、抒情、明朗、动人。节拍是3/4拍，速度为每分钟30~32小节，三拍音乐为"蓬嚓嚓"，第一拍是强拍，第二拍是次强拍，第三拍是弱拍。华尔兹不分快慢步，只分大小步。华尔兹起伏明显，舞步升降一般为降、次升、升。这样3拍连起来，舞步连绵不断，此起彼伏，圆滑飘逸。

2. 维也纳华尔兹

维也纳华尔兹原名为维尼斯华尔兹，由于流行在奥地利的首都维也纳，因此而得名。又因它比一般华尔兹的速度快，故又称"快三步"。维也纳华尔兹的特点是轻快、活泼、流利、奔放。舞动时以连续旋转为主，给人以轻盈、流畅、热烈、愉快之感。维也纳华尔兹的节拍是3/4拍，速度为每分钟50~60小节，基本节奏为"蓬嚓嚓"。舞步的跳法与华尔兹大同小异，第一拍为大步，第二拍与第三拍跳小步，也有第一拍跳大步，第二拍与第三拍仅跳一小步，还有3拍仅跳一大步。

3. 探戈

探戈由阿根廷的民间舞隆加演变而成，19世纪中叶传入法国，20世纪初风行欧洲、美洲。探戈舞的风格特点是庄严、豪放、刚劲、平稳、顿促、高雅、洒脱。探戈舞的节拍为2/4拍，速度为每分钟33~34小节，基本节奏为慢、慢、快、快、慢。

4. 狐步舞

狐步舞顾名思义是模仿狐狸行走姿态的一种舞步。狐步舞的风格特点是潇洒、流畅，步幅宽大平滑，步态悠闲、从容，步伐迂回、圆滑，线路曲折，多变，富于线条美、流动感，宛如行云流水，给人以一种飘逸超然之美感。狐步舞节拍为4/4拍，速度为每分钟31小节。舞步分快慢步，基本节奏为慢、慢、快、快、慢。慢步占2拍，快步占1拍。

5. 快步舞

快步舞由狐步舞演变而来。狐步舞流传后，逐渐分为慢、快两种，慢狐步舞就是当今的狐步舞,快狐步舞演变成为快步舞,风行于欧、美各国。快步舞的风格特点是轻快活泼、灵活多变、动作敏捷、活泼动人、技巧性高、节奏性强、活动量大,给人一种愉快、轻盈、优雅、甜美的感觉。快步舞的节拍是 4/4 拍,速度为每分钟 50小节,基本节奏为慢、慢、快、快、慢。慢步占 2 拍,快步占 1 拍。

(二)拉丁舞

1.伦巴

伦巴源自 16 世纪非洲的民间舞蹈,流行于美洲,后在古巴得到发展。伦巴舞的特点是音乐缠绵深情,舞步婀娜多姿,风格柔美抒情,舞蹈充满了浪漫情调,令人陶醉。伦巴的音乐节拍是 4/4 拍,第四拍是重拍。速度是每分钟 27 ~ 30 小节,舞步的节奏是第一步占 1 拍,第二步占 1 拍,第三步占 2 拍,其运步方法与众不同,要"先出胯,后出步"。

2.恰恰舞

恰恰舞最早也是由非洲传入美洲,后来在古巴发展起来。恰恰舞与伦巴可称为一对姐妹舞,它们有许多共同之处:

(1)舞步的动律有同样的髋部动作。

(2)男女舞伴握持姿态及舞姿相同。

(3)舞步的名称相同,舞步组合可以相互通用。

它们的不同之处是:恰恰舞的音乐热情奔放,舞步利落,风格诙谐俏皮,而伦巴的音乐缠绵深情,舞步婀娜多姿,风格柔美抒情。恰恰舞的音乐节拍是 4/4 拍,速度是每分钟 32 ~ 34 小节,恰恰舞是 4 拍跳 5 步,因此它的舞步节奏是第一步占 1拍,第二步占 1 拍,第三步和第四步各占半步,第五步占 1 拍。

3.桑巴

桑巴起源于非洲,最终形成于巴西,成为巴西的民族舞。桑巴舞的风格特点是音乐热烈,舞步摇曳粗犷,风格激情豪放。桑巴的音乐节奏是 2/4 拍,每分钟 48 ~56 小节。每小节音乐的第一拍是附点音符,因此舞步的节奏随之形成它独特的风格。

4.帕索多不列(斗牛舞)

帕索多不列又称为西班牙一步舞。由于帕索多不列的音乐和舞蹈动作是表现斗牛士的,因此,在我国俗称为斗牛舞。帕索多不列的特点是音乐雄壮威武,舞步奔突迸发,风格剽悍兴奋。帕索多不列的音乐是 2/4 拍,速度是每分钟 60 ~ 62小节。

5.加依夫(牛仔舞)

加依夫是由吉特巴发展起来的。吉特巴是美国西部牧羊人跳的一种有跳跃性的舞蹈,因此在我国称它为牛仔舞。加依夫的特点是音乐欢快跳跃,舞步活泼矫健,风格轻捷灵巧。加依夫的音乐节奏为4/4拍,速度为每分钟40~46小节。

四、体育舞蹈组织及主要赛事

(一)世界舞蹈总会

世界舞蹈总会是一个代表职业舞蹈(体育舞蹈)的世界性组织,它由世界体育舞蹈委员会和世界交际舞委员会组成。

世界舞蹈总会拥有广泛的成员国,通过与各成员国之间的联系,致力于鼓励和促进舞蹈的发展的崇高目标。国际标准舞世界杯是世界舞蹈总会授权中国地区举办的最高级别的赛事。自2009年起,每年举行一届,是除世界三大国际舞赛事以外最具分量的国际赛事。

(二)国际体育舞蹈联合会

国际体育舞蹈联合会,简称国际体育舞联,总部设在德国。国际体育舞蹈联合会的宗旨是提高体育舞蹈国际化程度,加强同国际奥委会的联系;提高体育舞蹈在全世界范围内的电视观众的收视率;加强体育舞蹈运动的市场开发;制定国际体育舞蹈竞赛规则;帮助国家(地区)协会体育舞蹈运动的开展。

国际体育舞联目前控制世界上95%的体育舞蹈比赛,另一个国际组织——舞蹈教师和促进者国际组织控制着其余的职业舞蹈者比赛。国际体育舞联主办的主要赛事有世界、大洲及地区锦标赛、杯赛、世界公开赛。

(三)中国体育舞蹈联合会

中国体育舞蹈联合会是世界舞蹈联合会和国际体育舞蹈联合会的正式会员,并致力于推动中国体育舞蹈事业的全面发展。

中国体育舞蹈联合会是具有独立法人资格的非营利性全国群众性体育社会团体,是中华全国体育总会的团体会员,是中国奥委会承认的代表中国参加国际职业和业余体育舞蹈组织的唯一合法组织,是由拥护中国共产党的领导,遵守国家法律、法规,遵守中国体育舞蹈联合会章程并在体育舞蹈领域有一定影响的,自愿加入中国体育舞蹈联合会的单位和个人组成。

中国体育舞蹈联合会的宗旨是组织和团结全国体育舞蹈运动工作者和爱好者,调动一切积极因素,在遵守宪法、法律、法规和国家政策,遵守社会道德风尚的基础上,为实施全民健身计划,普及中国体育舞蹈运动,提高运动技术水平,促进社会物质文明建设和精神文明建设,扩大国际体育交流,增进世界人民友谊服务。中国体育舞蹈联合会下设职业体育舞蹈分会和交谊舞专业委员会、竞赛委员会、教育委员会、产业开发委员会、青少年委员会、宣传推广委员会、社会舞蹈委员会等。

第十八章　田径、游泳与运动休闲

第一节　田径运动

学习提示

　　田径运动是世界上最为普及的运动之一,也是历史最悠久的运动项目。它对人体的速度、耐力、力量等身体素质都有很好的锻炼价值,也是高校开展最为广泛的运动项目。本节主要介绍田径运动的起源与发展、田径运动的特点与价值、田径运动项目的分类、田径运动的主要赛事等。

一、田径运动的起源与发展

　　田径运动是一种结合了速度与耐力,力量与技巧的综合性体育运动。田径是世界上最为普及的体育运动之一,也是历史最悠久的运动项目。田径与游泳、射击被视为奥运金牌三大项目,也是奥运金牌最多的项目,"得田径者得天下"也由此而来。

　　田径运动是在人类长期社会实践中发展起来的,包括男女竞走、跑、跳、跃、投掷40多个单项,以及由跑、跳跃、投掷部分项目组成的全能运动。以时间计算成绩的竞走和跑的项目叫"径赛"。以高度和远度计算成绩的跳跃、投掷项目叫"田赛",田径运动是径赛、田赛和全能比赛的全称。

　　上古时代,人们为了获得生活资料,在和大自然及禽兽的斗争中,不得不走或跑相当的距离,跳过各种障碍,投掷石块和使用各种捕猎工具,在劳动中不断地重复这些动作,便形成了走、跑、跳跃和投掷的各种技能。随着社会的发展,人们有意识地把走、跑、跳跃、投掷作为练习和比赛的动作形式。

　　公元前776年,在古希腊奥林匹克村举行了首届古代奥运会,从那时起,田径运动成为正式比赛项目之一。1896年首届现代奥运会上田径的走、跑、跳跃、投掷等项目,被列为大会的主要项目。至今已举行的各届奥运会上,田径运动都是主要比赛项目之一。

　　田径运动包括跳、投类以有效成绩距离大者名次列前的田赛和跑、走、跨(含3000米障碍)类完成全程时间短者名次列前的径赛,以及由上述田、径两类各部分项目组成的全能项目和短跑团体接力项目,是比速度、比高度、比远度、比耐力的体能项目,或要求在很短的时间内表现出最大的速度和力量,或要求在很长的时间内表现出最大的耐力,最能体现奥林匹克"更快、更高、更强、更团结"的格言。

　　20世纪初田径运动开始在我国发展。新中国成立后,田径运动得到迅速普及,技术水平提高很快。1953年起,几乎每年都举行规模较大的全国性的田径运动会,在群众性体育运动广泛开展的基础上,我国田径技术水平和成绩缩短了与国际的差距。1956年,跳高运动员郑凤荣以1.77米打破了当时1.76米的世界纪录。20世纪60年代我国有10个项目进入了世界前10名。1983年,在上海举行的第5届全运会上跳高运动员朱建华以2.38米打破了他自己保持的2.37米的世界纪录。同年,徐永久在女子10公里竞走团体项目中以43分13秒4的成绩获个人第一名,创当年世界最好成绩,她成为我国第一个田径世界冠军。

　　20世纪90年代随着马家军的崛起,创造了一批女子中长跑世界纪录,王军霞还赢得了"东方神鹿"的称号。进入21世纪男子百米成绩有了提高,苏炳添是男子100米亚洲纪录保持者,中国田径男子4×100米在东京奥运会获得铜牌。要把我国建成世界体育强国,提高田径运动水平的任务仍十分艰巨。

二、田径项目的运动特点与健身价值

(一)田径运动的特点

　　田径运动是以个人活动为主的运动项目。在统一的规则限定下,田径运动是以时间、远度、高度来衡量运动效果的。田径运动中各个单项都有相对独立的特点,既可组织综合性的田径运动会,也可以举行单项的比赛。人们从事田径运动中的任何一个运动项目,都可达到锻炼身体、增强体质、提高健康水平的目的。

　　根据目前人们参加田径运动的实际情况,田径运动可以分为竞技田径运动和大众田径运动。世界各国优秀运动员参与的竞技田径运动是以追求达到人类体能、技能极限为目的,探求人类究竟能跳多高? 投多远? 跑多快? 并以他们高超的运动技艺吸引人们欣赏和观看,成为人们精神生活的一部分。而大众田径运动是以体育锻炼身体,增强体质为目的,人们可因地制宜,自由选择走、跑、跳、投项目进行锻炼。

　　1. 广泛的群众性

　　(1)田径运动是最普及、参与人数最多的运动项目。在学校体育中,它是教学的重点内容;在群众体育中,它最受欢迎而且最容易被接受。

(2)针对性强,选择余地大。它对提高人体健康水平和发展全面身体素质效果明显,参加田径运动的人可根据自己的兴趣和爱好去选择不同的项目,还可根据个人的身体状况和需求确定适合个人的项目。有计划、有目的地安排不同项目,可使人体健康水平得到全面发展。

(3)受条件限制因素小。从事田径运动通常只要在室外有一定的活动空间,如田间、公路、公园等,受时间、气候影响小。田径项目的器材比较简单,参加运动时可根据条件,因陋就简,还可自行制作。举行基层运动会可在各种非正规场地上进行,有些器材和设备可简化或用近似的器材和设备代替。

(4)可参与性强。田径运动适合不同年龄和性别的人,不同身体状况的人也都能选择适合自己的项目,在运动中,可控制运动的量和强度,不易受伤害,不受参加人数的影响。大部分田径项目均可在短期训练后参加比赛。

2. 激烈的竞争性

田径运动竞赛是能力、技术和心理的较量,在高水平的比赛中更为明显,运动员的成绩越来越接近,你追我赶,相持不下,经常以微弱之差决定胜负。田赛项目的成败取决于运动员瞬间发挥的水平,而径赛项目运动员在一条起跑线开始,进行全程的拼搏。因此,田径运动竞赛非常紧张而激烈,运动员不仅要精力高度集中,还要不畏强手,充分表现出自己的最高水平。田径运动竞赛在实力的较量中,将激烈的竞争气氛贯穿全过程。

3. 严格的技术性

田径运动的项目有周期性和非周期性两种,就各项技术动作而言,不同于技巧性项目,也不同于其他一些直接对抗性的项目,比赛中的田径技术相对稳定,动作结构也不是非常复杂,但是它对技术要求却特别高。人的潜力在一定意义上讲是有限度的,要创造更好的成绩必须依靠先进的合理技术。

合理技术应有能充分发挥个人各运动环节的高度协调配合的能力,调动各运动器官的最大潜力,节约体能,在时间、空间和肌肉用力上达到高度统一。

要使个人技术既符合生物力学的合理性,又要与个人特点相结合,就需要不断改进技术,形成个人技术风格。田径运动技术在短短一瞬间要达到高度准确,每一个动作、每一个环节、身体的每块肌肉或每个肌群的用力和放松的时间与顺序,构成了技术严密的统一体。在比赛中,往往因为一个动作的细节出现偏差就会导致成绩下降,甚至动作失败。因此田径训练中的技术训练内容贯穿始终,只有不断地细化个人技术,使技术达到自动化程度,才能在任何场合表现出自己的最高水平。

4. 能力的多样性

田径运动的基本动作形式为走、跑、跳、投,有个人和集体项目,它们反映了人的速度、力量、耐力等方面能力。每个项目都有各自的特点,优秀运动员训练和比赛大多围绕一个专项,突出地反映某一方面的能力。较全面地参加田径项目,可使人的运动能力普遍得到提高。

(二)田径运动的价值

1. 教育价值

(1)田径运动和各项目都要求练习者在具有一定限制和条件下表现出最大的能力,要始终保持必胜的信心,要有克服一切困难,正视一切挑战,实现自己目标的勇气。因此,它能培养人勇敢顽强、拼搏进取的意志品质。

(2)练习者通过个人的努力才能取得优异成绩,这一成绩与集体荣誉连在一起。因此它能培养人遵守纪律,增强责任感,培育集体主义精神。

(3)田径运动是个人项目,更多地依靠自己独立地完成任务。在比赛中,要有利用自身应变能力、自我情绪调控去排除各种干扰的能力。因此,它有助于个性的形成,有利于心理素质的培养。

(4)田径运动的技术变化小,单一重复的动作较多,训练量大,相对枯燥。因此,从事这项运动能培养人吃苦耐劳、坚韧不拔的精神。

2. 健身价值

田径运动的不同项目对提高身体的有关能力和相应的身体素质,对提高人的健康水平有明显的作用。

(1)短距离跑是人体在无氧条件下进行的一种运动,它能使有氧系统酶的活性增加,提高人体的最大摄氧量,同时有助于提高中枢神经系统兴奋和抑制的灵活性。它是快速运动能力和提高无氧代谢水平的重要手段。

(2)从事长距离跑和竞走能增进心脏和呼吸系统的工作能力。由于人体在有氧情况下进行运动消耗的能量较大,能防止人体内脂肪储存过多,所以是提高心肺功能和发展人体耐久力的有效手段。

(3)跳跃是人体在短时间、高强度神经活动和肌肉用力克服障碍的运动,能使人的感觉机能得到提高和加强。它是提高身体控制和集中用力能力,发展协调性、灵敏性的有效手段。

(4)投掷项目是表现人体力量的运动,能使人体肌肉发达,力量增强,改善人体灵活性。旋转类动作能使神经过程具有高度的均衡性,能使前庭分析器具有很高的稳定性,是提高肌肉力量、改善神经过程和发展力量素质的手段。

3. 竞技价值

在竞技体育中,田径是公认的大项。各种大型综合运动会,最后一项比赛一般都是田径项目比赛,往往在最后田径比赛的角逐中决出个人、团体的胜负。田径训练一般要求的条件不高,选材面广,参加人数多,而且是个人项目,项目投资与奖牌比小,效益高,所以,田径项目一直被列为竞技体育中选择的重点。

田径运动在提高身体素质方面效果显著,很多竞技体育项目都把这作为发展全面身体素质的重要手段。为较客观地衡量身体训练水平,检验身体训练的效果,一般都选用田径一些项目制定测验标准,并作为常规性测验指标。

三、田径运动项目的分类与起源

(一)径赛项目

1. 竞走

竞走起源于英国。19 世纪初,英国出现步行比赛活动。1866 年英国业余体育俱乐部举行首次竞走冠军赛,距离为 7 英里(约 11.3 千米)。

2. 短距离跑

短距离跑(简称短跑)起源于欧洲,最早的正式比赛是在 1850 年的牛津大学运动会上,当时设有 100 码、330 码、440 码跑项目。19 世纪末赛跑距离由码制改为米制。

3. 中距离跑

中距离跑(简称中跑)最初的项目是 880 码跑和 1 英里跑,从 19 世纪中叶开始,被 800 米跑和 1500 米跑项目替代。

4. 长距离跑

长距离跑(简称长跑)最初项目为 3 英里跑、6 英里跑,从 19 世纪中叶开始,被 5000 米跑和 10000 米跑替代。

5. 跨栏跑

跨栏跑起源于英国,由牧羊人跨越羊圈栅栏的游戏演变而来。最早的栏架是埋在地面上的木支架或栅栏;1900 年出现可移动的倒 T 字形栏架。1935 年有人将 T 形栏架改成 L 形栏架,L 形栏架支脚面向运动员,稍受推力即可向前翻倒,减轻了运动员过栏时的恐惧心理。

6. 接力跑

接力跑是田径运动中唯一的集体项目,以队为单位,每队 4 人,每人跑相同距离。其起源有多种说法,有的认为源于古代奥运会祭祀仪式中的火炬传递,有的认为与非洲盛行的"搬运木料"或"搬运水坛"游戏有关,也有的认为是从传递信件的邮驿演变而来的。

7. 障碍跑

障碍跑于 19 世纪在英国兴起。最初在野外进行,跨越的障碍是树枝、河沟,各障碍间的距离长短不一。19 世纪中叶开始在跑道上进行,但其距离不统一,具有很大的随意性,短的 440 码,长的可达 3 英里。

8. 马拉松

马拉松,原为希腊的一个地名。公元前 490 年,希腊军队在马拉松平原击退波斯军队的入侵。传令兵菲迪皮德斯从马拉松镇跑到雅典城,在报告胜利的消息后,因体力衰竭倒地而亡。1896 年首届现代奥运会上设立了马拉松长跑项目,其长度为马拉松镇至雅典城的距离。女子马拉松开展较晚,1984 年首次被列入奥运会项目。

(二)田赛项目

1. 跳远

跳远起源于古希腊奥林匹克运动。首届现代奥运会上就设置了男子跳远项目。跳远的腾空动作从蹲踞式发展到挺身式、走步式。

2. 三级跳远

三级跳远最初起源于爱尔兰。当时的跳法是两次单足跳加 1 次跳跃的形式,现在的跳法是 19 世纪后期从英国发展起来的。

3. 跳高

跳高有 100 多年的历史,其技术动作出现过 5 次重大演变,即跨越式、剪式、滚式、俯卧式和背越式。

4. 撑竿跳高

撑竿跳高发展经历了一个多世纪,经过了木质竿、竹竿、金属竿和玻璃纤维竿几个时期。

(三)投掷项目

1. 铅球

铅球源于 14 世纪 40 年代。当时欧洲有了火炮,炮兵们为了提高作战能力,锻炼身体和娱乐,利用与炮弹重量相同的石头进行推远比赛。

2. 铁饼

铁饼是一项古老的运动项目,早在公元前 708 年第 18 届古代奥运会上,掷铁饼就被列为五项竞技之一。

3. 链球

链球起源于18世纪中叶。据传在公元前2000年左右,英国的居尔特族人就进行以双手握马车轮的车轴进行旋转的投掷比赛,后来改为投带有柄的圆石和铁匠用的铁锤,因此取名叫掷"铁锤"比赛,一直延续到现在,我国称之为掷链球。

4. 标枪

标枪是四大投掷项目中唯一允许助跑的项目。标枪是古代劳动人民的原始捕猎工具,后来作为一种武器用在战场上。最早的标枪比赛是在古希腊奥林匹克运动会上的五项运动中,不但比掷远,还要比掷准。

(四)全能运动的起源

1880年,现代全能运动出现在美国。当时十项全能由100码跑、铅球、跳高、800码竞走、16磅链球、撑竿跳高、120码跨栏跑、56磅重物投掷、跳远和1英里跑等单项组成,比赛持续一整天。

目前,奥运会田径比赛中的全能项目主要包括男子的十项全能(第一天:100米跑、跳远、铅球、跳高和400米跑;第二天:110米栏、铁饼、撑竿跳高、标枪和1500米跑)和女子的七项全能比赛(第一天:100米栏、跳高、铅球、200米跑;第二天:跳远、标枪和800米跑)。

四、田径竞赛规则简介

(一)接力赛

在所有的接力赛中运动员必须在20米的交接棒区域里完成交接棒。完成交接棒后,运动员必须留在本队的跑道中直到各队交接棒全部完成,否则会被取消比赛资格。如果运动员在接力比赛中掉棒,只有他本人能将棒重新捡起。运动员可以离开自己的跑道捡棒但不能妨碍其他运动员的比赛。

(二)跳远和三级跳

跳远和三级跳的助跑至少40米长,跳远运动员落到长方形的柔软、潮湿的沙坑里。在跳远比赛中,沙坑离起跳板有1到3米远;在三级跳比赛中,男子比赛的沙坑离起跳板13米远,女子比赛则是11米远。起跳板远端有一道黏土制作的犯规线以辨别运动员是否在起跳时犯规,犯规线是20厘米宽的起跳板的远端线。

(三)全能比赛

十项全能选手和七项全能选手的得分基于他们在每一项比赛中的表现,最后总成绩最高的人获胜。因此运动员只有每项比赛都有上佳表现而不是偏重一项才能最终获得冠军。实际上,人们设计了复杂的计分系统以保证在一项比赛中占尽优势的运动员的得分不会高于在几项比赛中成绩都较好的运动员。每一项比赛的得分都取决于该项目的评分标准,奥运会根据世界纪录制定出一个得分对应表格,将选手的成绩在表格中换算成分数,然后相加得出总分。

(四)跑步规则

运动员在所有短跑比赛、110米栏和4×100米接力赛中自始至终都必须留在自己的跑道里。800米和4×400米接力赛起跑是在自己的跑道里,直到运动员通过标志可以串道的分离线才能离开自己的跑道。在小组第一轮比赛中,运动员被排在哪一个跑道上是由计算机自由排列出来的。其后的各轮比赛,跑道的选择依据运动员在上一轮的比赛成绩而定。这个规则的目标是让更优秀的运动员可以排在靠中间的跑道上,好的跑道是第3、4、5、6号跑道,它们应由排名前4位的运动员分别占据。第1、2、7、8道则由后4名占据。

(五)竞走比赛的规则

竞走比赛有两个核心规则。竞走运动员使用与众不同的步法,看起来很特别,但这种步法是规则规定的。第一,运动员竞走时必须始终保持有一只脚落在地面上。第二,从前进脚落地的一刻起直到腿部达到垂直的姿势,腿部必须保持直线,膝盖不能弯曲,有9名裁判分布在比赛线路上监督运动员的犯规动作。他们不使用电子设备帮助判断,因为规则规定参赛者要由裸眼监督。当裁判看到竞走运动员将要犯规时就提醒他一次。提醒一般是通过在道路两边向犯规者出示白色标志来表示,此后裁判员会通知主裁判。如果有3个裁判都警告了同一运动员,他(她)就会被罚出局。

五、田径运动主要赛事

(一)奥运会田径比赛

1896年,在希腊雅典举行的首届现代奥林匹克运动会上,田径是核心项目,其中包括100米、400米、800米、1500米、马拉松、110米栏、跳高、撑竿跳高、跳远、三级跳远、铅球和铁饼,共计12个男子田径项目。田径作为现代奥运会的头号重点项目,始终沿着奥林匹克运动的方向走在最前头。

1928年,荷兰阿姆斯特丹第9届奥运会上首次出现了女子田径比赛,包括100米、800米、4×100米接力、跳高、铁饼5项。

至今,奥运会已经举办了 29 届,奥运会的田径项目也在逐渐增加。

(二)国际田联黄金联赛

黄金联赛是国际田联每年在欧洲组织的 6 次重大田径赛事,也就是 6 站在不同的国家或城市。黄金联赛组织者选择 10 个比赛项目,其中男子 5 个、女子 5 个。比赛项目包括男子 100 米、1500 米、110 米栏、三级跳远和标枪;女子 100 米、400 米、100 米栏、跳高和撑竿跳。但是 2006 年没有设置男子 110 米栏比赛。原来是一位田径运动员在一个赛季必须获得所有 6 次比赛冠军,才能够获得国际田联黄金联赛的百万美元大奖。但是现在如果没有人获得 6 次比赛冠军,其中 50 万美元奖金可以在获得 5 次冠军的运动员中分配。分站赛一般是每年的 7 月初开始,8 月初结束,9 月份还有一次总决赛,也就是国际田联黄金联赛总决赛。

(三)世界田径锦标赛

世界田径锦标赛创始于 1983 年,是国际性田径赛事,主办机构是国际田径联合会,最初是每四年一届,1991 年起改为每两年一届。1978 年 10 月,国际田联第 31 届波多黎各会议,正式决定组办世界田径锦标赛。世界田径锦标赛赛程共 8 天,中间休息 1 天,实际比赛为 7 天。它与世界杯田径赛的不同主要在于它不是以各洲代表队为主体,而是以各国或地区协会为单位参加比赛。参赛选手需达到报名标准。标准分 A、B 两级(即最高标准与最低标准)。每个国家(或地区)每个项目可报 1 名达到 B 级标准的运动员。若报名者的成绩均已达到 A 级标准,每个国家每个项目可报 2~3 名,但最多不能超过 3 人。

第二节　游泳运动

学习提示

游泳是 21 世纪最受推崇的健身项目之一,也是人类最古老的体育运动之一。本节主要介绍游泳项目的起源与发展、游泳运动的健身价值、游泳项目的分类、游泳运动的主要赛事等内容。

一、游泳运动的起源与发展

游泳是人类在与大自然斗争中产生和发展而来的。根据现有史料的考证,国内外较一致的看法是居住在江、河、湖、海一带的先民为了生存,必然要在水中捕捉鱼类作为食物,通过观察和模仿鱼类、青蛙等动物在水中游动的动作,逐渐学会了游泳。在 5000 年前远古时代陶器的雕绘图案上,就可以看到先民潜在水中猎取食物的泳姿。游泳是人们凭借自身肢体的动作在水中进行运动的技能。随着社会的发展,游泳逐渐发展成为体育运动的比赛项目。游泳运动可分为竞技游泳和实用游泳。现代游泳运动起源于英国。

1828 年,英国在利物浦乔治码头修造了世界上第一个室内游泳池,到 19 世纪 30 年代,这种泳池在英国各大城市相继出现。1837 年,第一个游泳组织在英国伦敦成立,同时举办了英国最早的游泳比赛。1869 年 1 月,大城市游泳俱乐部联合会(现英国业余游泳协会前身)在伦敦成立,并把游泳作为一个专门的运动项目正式固定下来。

随着游泳运动的发展,游泳被分为实用游泳和竞技游泳两大类。实用游泳又分为侧泳、潜泳、反蛙泳、踩水、救护、武装泅渡;竞技游泳分为蛙泳、爬泳、仰泳、蝶泳。在 1896 年首届奥运会上,男子游泳被列为比赛项目(包括 100 米、500 米和 1200 米自由泳)。在 1908 年伦敦第 4 届奥运会上,国际业余游泳联合会成立,并审定了当时的世界纪录,制定了国际游泳规则。在 1912 年的第 5 届奥运会上,正式设立了女子比赛项目。

第二次世界大战后,游泳在全世界有了飞速的发展。1952 年,蛙泳和蝶泳正式作为两个姿势进行比赛。从此,竞技游泳形成了蝶泳、仰泳、蛙泳和自由泳 4 种姿势。现游泳已成为奥运会上令人瞩目的大项之一。国际泳联每四年举行一次世界游泳锦标赛,每两年举行一次世界杯。当今世界,欧美体育强国的游泳仍居领先水平。早在 1953 年我国泳坛健儿吴传玉在首届国际青年友谊运动会上,就取得过 100 米仰泳的冠军。而中国女将在 20 世纪 90 年代初创造了一系列优异成绩,使中国游泳引起国际泳坛的注意。

二、游泳运动的健身功能

1. 改善心血管系统的功能

心血管系统包括心脏、肺和负责将吸入的氧运送到肌细胞的血管。游泳时要克服水的阻力需要动用较多的能量,使心率加快,心排血量增大。长期坚持游泳,心脏体积呈运动性增大,心肌收缩有力,安静心率减慢,每搏排血量增加,血管壁增厚,弹性加大,心血管系统的效率得到提高。

此外,游泳时人体处于平卧姿势,水对皮肤的压力又产生按摩作用,因此,肢体尤其是下肢的血液向心脏的回流比在陆地上直立状态下容易。而且水的阻力使肌肉难以像陆地上那样进行爆发式用力,所以游泳非常适合中老年人进行锻炼,既能增强体质，又不容易因运动过于激烈而发生意外。

2.提高呼吸系统的机能

水的一个主要特点是其具有难以压缩性。因为水的密度比空气大800余倍，人在水中受到的压力要远远大于在空气中。这也是游泳初学者在水中感到呼吸困难的原因。由于胸腔和腹腔在水中受到的压力增大，迫使呼吸肌用更大的力量进行呼吸，所以经常游泳可以增强呼吸肌的力量，提高呼吸系统的机能。最明显的一个例子是肺活量的值。游泳运动员的肺活量可以达到4000到6000毫升，甚至7000毫升，而一般人只有3000到4000毫升。

3.改善肌肉系统的能力

游泳是一项全身参与的运动，可以比其他运动动员更多的肌肉群参与代谢供能。虽然游泳不能塑造粗壮的、隆起的肌肉，但能提高许多肌肉的力量和协调性，特别是躯干、肩带和上肢的肌肉。因为在水中游泳需要克服较大的阻力，游泳又是周期性的运动，长期锻炼能够使肌肉的力量、速度、耐力和关节的灵活性都得到提高。

游泳还有一个很大的好处，即柔韧性的改善。这使得人们由于年龄限制而不能从事其他体育运动时，仍然能够继续游泳。由于游泳时身体活动的范围较大，定期进行游泳活动的人都会变得更加灵活和柔软。而且，正确的游泳技术要求肌肉在收缩用力前先伸长，这有利于肌肉提高柔韧性和力量。

4.预防疾病，治疗康复

由于冷水的刺激，长期进行游泳锻炼能增强机体抵御寒冷，适应环境的能力，可以预防感冒等疾病，使身体日益强壮。由于游泳时身体平卧，加上浮力的作用，可以使脊柱充分伸展，对一些脊柱病人有一定的康复作用。游泳还可以作为运动处方，治疗一些慢性疾病，如慢性肠胃病或慢性支气管哮喘等。对于一些不适合直立锻炼的人群，如过度肥胖症患者等，如果采取跑步等方式，由于重力作用，腿脚部负担过重，容易导致受伤，这时，游泳是很好的替代锻炼方式。

三、游泳项目的分类

（一）蛙泳

1.蛙泳简介

蛙泳是一种模仿青蛙游泳动作的游泳姿势，也是一种最古老的泳姿。蛙泳时，游泳者可以方便观察前方是否有障碍物，避免撞上障碍物。由于蛙泳的速度比较慢,在 20 世纪初期的自由泳比赛中(不规定姿势的自由游泳),蛙泳不如其他姿势快,使得蛙泳技术受到排挤。随后国际泳联规定了泳姿,蛙泳技术才得以发展。

蛙泳的技术特征为人体俯卧水面,两臂在胸前对称直臂侧下屈划水,两腿对称屈伸蹬夹水,似青蛙游水。蛙泳较省力,易持久,实用价值大,常用于渔猎、泅渡、救护、水上搬运等。比赛项目有男女 100 米、200 米等。

蛙泳分为平式蛙泳和波式蛙泳。主要区别在于:在每个动作周期中,平式蛙泳身体姿势非常接近水平位,臀部始终接近水面,通过抬头做吸气动作,所以不会破坏躯干的水平姿势;波式蛙泳吸气时,头和肩部则要冲出水面,收腿时,臀部下沉较深。

2. 蛙泳比赛规则

(1)蛙泳的出发和每次转身,从第一次手臂动作开始,身体应保持俯卧姿势。两肩应与水面平行。

(2)蛙泳每一个转身和达到终点时,两手应在水面、水上或水下同时触池壁。两肩应保持水平位置。这一条应引起每一个学习游泳的人注意并养成习惯。在一些基层比赛中,蛙泳转身和到达终点触池壁犯规者甚多,一些人往往急于触边而忽视了手的位置。你追我赶、拼来拼去拼到终点,因为对规则不理解又没有建立良好的规则意识而触犯规则,造成该项目比赛被取消。所以再次强调蛙泳的每一个转身和到达终点时必须是双手同时触壁。

(3)在每个以一次划臂和一次蹬腿顺序完成的完整动作周期内,运动员头的某一部分应露出水面。只有在出发和每次转身后,运动员可在全身没入水中时,做一次手臂充分地向后划至腿部的动作和一次蹬腿动作(通常叫作长划臂技术),但在第二次划臂至最宽点并在两手向内划水前,头部必须露出水面。

(4)两肩和两腿的所有动作都应同时并在同一水面上进行,不得有交替动作。随着现代蛙泳技术的发展,有些运动员在收腿和蹬腿时,充分利用腰腿力量,收腿时大、小腿成波浪往上抬,蹬腿时利用腰部力量往下压。这一规则主要是限制蹬蛙泳腿时打类似海豚腿的动作。在观察这个动作时,主要看运动员的两脚有没有向外翻和有没有做海豚样的向下打动。利用腰腹力量产生向上的鞭打动作,并没有违反现行规则的规定。

(5)在蛙泳游进过程中,两手应同时在水面、水下或水上由胸前伸出,并在水面或水下向后划水,除最后一个动作外,在手臂的完整动作中,两肘不得露出水面。除出发和转身后的第一次划水动作外,两手向后划水不得超过臂线。

(6)蛙泳运动员必须脸朝下,使用水平的划水动作,脚和手在一个水平面内一起运动。在开始和转身阶段,运动员在水下游动时,手和脚分别只能做一次划水和踢腿动作。除此之外,每一次完整的划水动作之后,运动员的头部都必须露出水面。在比赛结束以及转身时,运动员必须双手触及池壁。

（二）自由泳

1.自由泳简介

自由泳是竞技游泳比赛项目之一。自由泳严格地来说不是一种游泳姿势，它的竞赛规则几乎没有任何限制，大多数游泳运动员在自由泳比赛时选择使用这种泳姿，这种姿势结构合理，阻力小，速度均匀、快速，是最省力的一种游泳姿势。1896 年首届奥运会就将自由泳列为正式的比赛项目。

自由泳实用性强，在奥运会游泳比赛中占有重要地位。奥运会自由泳项目男子有 50 米、100 米、200 米、400 米、1500 米、4×100 米接力、4×200 米接力 7 项；女子有 50 米、100 米、200 米、400 米、800 米、4×100 米接力 6 项。

自由泳项目在全部游泳项目 31 项中占 13 项，而且混合泳和混合泳接力中也包括自由泳，因此自由泳往往被看作是衡量一个国家游泳水平的标志。

2.自由泳比赛规则

奥运会自由泳比赛中，200 米以下个人项目（含 200 米）进行预赛、半决赛和决赛；400 米以上个人和接力项目进行预赛和决赛。运动员和接力队根据报名成绩分组进行预赛，根据预赛成绩排名进入半决赛或决赛。

（1）出发和到边。在奥运会游泳比赛中，任何一个运动员在出发时抢跳犯规都会被取消比赛资格。自由泳、蛙泳、蝶泳及个人混合泳的各项比赛必须从出发台起跳出发，仰泳项目在水中出发。当总裁判员发出长哨音信号后，运动员应站到出发台上（仰泳项目运动员下水，在总裁判员发出第二声长哨时迅速游回池端，在水中做好出发准备），当发令员发出"各就位"的口令后，运动员应至少有一只脚在出发台的前缘做好出发准备，手臂位置不限。当所有运动员都处于静止状态时，发令员发出出发信号（鸣枪、电笛、鸣哨或口令）。运动员在听到出发信号后才能做出发动作。在自由泳和仰泳比赛中，到达终点时运动员可以只用一只手触壁，而在蛙泳和蝶泳比赛中，必须双手同时触壁。

（2）转身。奥运会游泳比赛使用的是 50 米长的标准池，所有距离在 50 米以上的比赛都必须在途中折返。转身时，自由泳和仰泳允许运动员使用身体的任何部位触及池壁，这就允许运动员可以在水下转身后，用脚去蹬池壁。转身的一个例外规则就是在个人混合泳当中，从仰泳转换泳姿到蛙泳时，运动员必须保持仰泳的姿势直到触及池壁。

（3）计时。所有游泳运动员的比赛成绩和名次都是由自动计时装置决定的。运动员出发时，出发台上的压力板将记录数据。每条泳道两端都装有触板，当运动员触壁时也会被记录。由于触板和出发台是互连的，因此可以判断参加接力比赛的运动员是否是在其队友触壁以后才入水的。接力比赛当中，如果任何一个运动员在其队友触壁 0.03 秒之前离开出发台,这个队将被自动取消比赛资格。运动员可以在队友触壁的时候做出发动作,但是脚必须接触出发台。

(三)仰泳

1. 仰泳简介

仰泳,又名背泳,是一种人体仰卧在水中的游泳姿势。仰泳因为脸面在水面上,呼吸很方便,但是游泳者看不到往哪里游,容易游错方向。仰泳是唯一运动员在水中开始的姿势,其他都是跳入水中。

仰泳时,身体平直地仰卧于水中,自然伸展,腹部微收成流线型,头、肩略高于臀,下颌略收,水面齐耳际。仰泳的腿部动作主要起维护身体平衡的作用,并产生一定的推进力。仰泳腿打水时,以髋部为支点,大腿发力,带动小腿向后上方踢水。仰泳的手臂动作由入水、抓水、划水、出水和空中移臂等连贯动作组成。入水时,手臂伸直,掌心朝外,小拇指领先入水,手稍内收,与小臂成 150~160 度角。

仰泳在 1900 年第 2 届奥运会上被列为正式比赛项目。仰泳包括反蛙泳和反爬泳。反蛙泳是最早出现的一种仰泳,动作近似蛙泳,而身体姿势相反,即人体仰卧水面,两臂从头后经体侧向后划水。最初几届奥运会上的仰泳比赛都是采用反蛙泳姿势。1912 年第 5 届奥运会上,美国运动员赫伯纳采用两臂轮流划水、两腿上下打水的仰泳技术,以 1 分 21 秒 2 的成绩获 100 米仰泳冠军,显示了反爬泳技术的优越性,而反蛙泳逐渐失去在竞赛中的意义。

2. 仰泳比赛规则

仰泳是在水中出发。预备姿势为两手伸直,面对池壁紧握扶手器,两腿屈膝收向胸前,两脚分开并抵住池壁,脚趾不能露出水面,否则为犯规。

出发命令发出后,两腿有个细小的预蹬动作,同时两臂迅速伸肘推压握手器,仰头、挺胸,将身体向上、向后推离池壁,两臂经上或经侧向后挥摆,两腿同时用力蹬伸,身体展开,髋、膝、踝关节充分伸展,整个身体略成反弓形蹬离池壁。

(四)蝶泳

1. 蝶泳简介

蝶泳在 4 种竞技游泳姿势中是最年轻的项目,是在蛙泳技术动作基础上演变而来的。20 世纪 30 年代初,有的运动员为了提高蛙泳的速度,在划水结束后把手臂提出水面,两臂从空中向前摆进,好像蝴蝶展翅的样子,因而这种泳姿被取名为蝶泳。当时这种新的游泳姿势经常和蛙泳作为同一项目,统称为俯泳,在一起进行比赛。直至 1956 年,奥运会才把蝶泳和蛙泳分开,作为独立项目进行比赛。此后,为了使蝶泳技术得到迅速改进和提高,蝶泳规则中增加了可以在垂直面进行上下打腿的规定,这样就为蝶泳的变种海豚泳参加正式比赛提供了依据。海豚泳是以模仿海豚的游泳动作而得名。

蝶泳的打腿速度是竞技游泳中最快的一种,它的双臂划水力量也是竞技游泳中最大的一种,但它的速度至今还未能超过自由泳,原因可能是它的推进力量与自由泳相比还是不均匀。两臂同时划水,虽然能产生很大的推进力,但是在移臂时速度迅速下降,这种不均匀的前进速度,必然消耗更多的能量,影响运动成绩进一步提高。

2. 蝶泳比赛规则

(1)从出发到每次转身后的第一次手臂动作开始,身体应保持俯卧姿势,允许水下侧打腿。任何时候都不允许呈仰卧姿势。

(2)两臂必须在水面上同时向前摆动,并同时在水下向后划水。

(3)所有腿部的上下打水动作必须同时进行。两腿或两脚可不在同一水平面上,但不允许有交替动作,不允许蹬蛙泳腿。

(4)在每次转身和到达终点时,两手应在水面、水上或水下同时触壁。

(5)在出发和每次转身后,允许运动员身体完全没入水中,可做一次或多次打腿动作和一次划水动作,划水动作结束必须使身体升出水面。在 15 米前(含 15 米)运动员的头部必须露出水面。运动员必须使身体保持在水面上,直至下次转身或到达终点。

四、游泳运动主要赛事介绍

(一)奥运会游泳比赛

现代奥运会至今,游泳与田径一样,从首届奥运会起就成为正式比赛项目,产生金牌总数也仅次于田径,于是在历届奥运会上,都有"得田径游泳者得天下"一说。1912 年第 5 届奥运会时,女子游泳开始被列为比赛项目。1956 年第 16 届奥运会又增加了蝶泳,从此游泳比赛定型为 4 种泳姿。此后的奥运会游泳比赛逐渐发展到有自由泳、蛙泳、蝶泳、仰泳、混合泳和接力(自由泳与混合泳)6 个大项 32 个小项,而跳水、水球和花样游泳 3 个小项也被归并到游泳这个大项中。时至今日,游泳已成为奥运会上令人瞩目的大项之一。

(二)世界游泳锦标赛

世界游泳锦标赛由国际泳联总会主办,项目包括游泳、跳水、花样游泳、水球、公开水域 5 个大项。创办于 1973 年,每两年举办一届。

(三)国际泳联游泳世界杯

国际泳联游泳世界杯始于 1989 年,由国际游泳联合会主办,是国际顶级游泳赛事。每年8~11月,在全球六七个城市举行分站赛,汇集世界顶尖游泳运动员。

第三节 运动休闲

学习提示

运动休闲是体育与生活结合最紧密的综合运动项目群,不仅能使人们感受大自然的魅力,还能磨炼人们的意志、提高心理素质。本节主要介绍攀岩、野外生存、拓展训练等相关内容与基本知识。

一、运动休闲介绍

运动休闲是近年出现的一种新颖的综合性运动项目,是社会进步发展的标志之一,运动休闲教育在发达国家和地区已成为现代教育的重要组成部分。该运动项目改变了竞技场地与规则,运动方式多样、灵活性强,使运动娱乐相结合、个人项目和集体项目相结合、民族体育和竞技体育相结合、室内运动和户外运动相结合,讲求实用性、贴近感,突出时尚韵味,以最新最前沿的运动内容和回归自然的新的运动方式,成为现代体育活动中的新宠。

随着经济的快速发展和科学技术及生产力水平的迅猛提高,人们的生活质量有了质的飞跃,体力劳动的比例下降,总体工作时间大大减少,我国现在每年法定节假日已超过110天,这就意味着全年有三分之一的闲暇时间可以自由支配。面对如此多的闲暇时间,人们应该如何合理度过,运动休闲适应了时代的要求。运动休闲是人们抱着自我完善、自我充实的自觉态度,积极主动地追求和享受体育活动乐趣,愉悦地度过闲暇时间的一种现代行为方式。它具有自主性、娱乐性、新奇性和冒险性的特点。个人根据爱好、兴趣和需要,选择活动的方式和内容,确定活动的强度与负荷。运动休闲能充分展示个人的能力与个性,参与者在获得身心的愉悦和满足的同时,还可以获得个人的长久发展。其目的是健身娱乐、调节放松、张扬个性、个人发展、满足个人闲暇休闲的需要。

运动休闲项目主要包括保龄球、高尔夫球、台球、自行车、轮滑、游泳、垂钓、放风筝、徒步、飞镖、攀岩、攀壁、攀崖、蹦极跳、激流探险、定向运动、野外生存等。

二、运动休闲项目特征

休闲活动涵盖文化、艺术、旅游、娱乐和体育等领域,以其特有的特点,发挥着独特功能。

1. 物质与精神统一、体力和智力的统一、身体活动和心理活动的统一

人们在从事体育活动时,形式上看是有机体的物质运动,但随着人体运动,人的精神活动产生了变化,从快速、多变的动作过程、动作的效果、目标实现中,在成功与失败、竞争与合作、顺利与挫折中,体验体育运动内在的乐趣,参与感、自我效能感和满足感,人的精神思想产生超越,促使人的身心整合与调适,在塑造健美身体的同时,健全人的心理,实现健心和健身活动的统一,达到身心和谐。有些运动项目,如,攀岩、潜水、冲浪、漂流等,更需要勇敢、顽强、拼搏精神,人的智力、心理和精神都参与整个运动过程。休闲体育中的人体活动,不仅具有外在效应,而且具有内在效应,不仅具有观赏价值,而且具有参与价值,对活动中人的身体有养护和培育作用,对人的思想有澄清和健全作用,具有健身、健智、健心作用。

2. 参与性和观赏性活动的统一

体育休闲运动是参与性和观赏性活动的统一。这种体育运动具有观赏与参与的二元性相互联系和相互促进的特征。随着体育运动的普及推广,参与体育运动的人增多,就会影响更多的人关注体育、观赏体育。观赏体育的人越多,影响性就越大,让更多的人参与到体育运动中。

3. 生产和生活活动的统一

虽然人类已经进入后工业社会、知识经济年代,人的体力在生产力诸要素中的地位逐步下降,智力的地位不断提升,但体育活动对提高劳动生产率仍发挥着重要作用。因为运动休闲促进了劳动者的身心健康,增强了体质,提高了人的体力和智力水平,从而提高劳动力的素质,提高劳动生产率。许多大企业都将大众体育作为人力资本投资的重要形式。另外,运动休闲可调整和恢复由于高强度的生产劳动(包括体力劳动和脑力劳动)、快节奏的生活给人带来的身心疲劳和压力,使人的身心得到积极的休整,有充沛的体力和精力投身到生产劳动中去,提高劳动生产率。所以体育运动是生产和生活活动的统一。

4. 灵活性和约束性活动的统一

运动休闲淡化了功利性,强化了娱乐性;淡化了规则性,强化了游戏性;淡化了技术性,强化了活动性。即使是群体性活动项目也不受运动项目规则的约束和限制,只要有其共同的约定,遵守共同的游戏规则,在运动形式、动作技术、参与人数、活动方法等都有较大的灵活性。而学校的体育教学和专业队的训练、比赛则必须按照教学和训练大纲,以及竞赛规则严格执行,表现为体育休闲是灵活性和约束性活动的统一。

三、运动休闲主要项目介绍

（一）攀岩

1. 攀岩简介

攀岩技术的出现，迄今已有100多年的历史。早在1865年，英国登山家埃德瓦特，就首次使用钢锥、铁链和登山绳索等简易装备，成功地攀上险峰。20世纪60年代初，苏联倡导攀岩运动。当时的评判标准是在同样的条件下，攀登峭壁的速度最快者为优胜。1974年9月，首届国际攀岩锦标赛举办，后经国际登山联合会决定，每两年举行一次国际攀岩锦标赛。中国于1987年在北京怀柔登山基地举办了首届全国攀岩邀请赛，此后每年一届。

攀岩运动也属于登山运动，攀登对象主要是岩石峭壁或人造岩墙。攀登时不用工具，仅靠手脚和身体的平衡向上运动。手和手臂要根据支点的不同，采用各种用力方法，如抓、握、挂、抠、撑、推、压等。攀岩时要系上安全带和保护绳，配备绳索等以免发生危险。

攀岩运动在我国经过30多年，现已初具规模，吸引了越来越多的年轻人参加，发展前景十分可喜。我国幅员辽阔，山地资源丰富，可供攀岩的悬崖峭壁比比皆是。只要下功夫，我们就能够在不久的将来进入攀岩运动的世界先进行列。

2. 攀岩的种类

1）按地点分类

按地点分类，攀岩可分为自然岩壁攀登和人工岩壁攀登。

（1）自然岩壁攀登。自然岩壁攀登是指在野外攀爬天然生成的岩壁，一般是开发和清理过的难度或抱石路线。其优点是可以接近自然，充分体会攀岩的乐趣；岩壁角度、石质的多样性带来攀登路线的千变万化；由于岩壁固定，路线公开且可长期保留，所以自然岩壁的定级可经多人检测对比，成为攀岩定级的主要依据。其缺点是野外岩场地处偏僻，交通不便，时间和金钱花费都较大；路线开发也比较费力。

（2）人工岩壁攀登。人工岩壁攀登是指在人工制造的攀岩墙上攀登，包括室内攀岩馆和室外人工岩壁。其优点是安全性较高；交通方便，省时省力；不可预见因素少，可以定期训练或进行专项训练；人员密集，便于交流切磋。另外，人工岩壁可以对路线进行保密性设置，从而成为攀岩比赛的主要形式。其缺点是缺少特殊地形，创意性少，自由发挥余地小；支点的可调性使得人工岩壁路线常变，定级主观性更强，准确度偏低。

2）按攀登形式分类

按攀登形式分类，攀岩可分为自由攀登和器械攀登。

（1）自由攀登。自由攀登是指不借助保护器械（主绳、快挂、铁锁等）的力量，只靠自身力量攀爬。此种攀登形式在我国占主导地位，较符合体育的含义范畴，考验人体潜能。

（2）器械攀登。器械攀登是指借助器械的力量攀登。在大岩壁攀登中较为常用，对于难度超过攀登者能力范围的路线可借助器械通过。其意义在于攀登者的项目目标达成，而不在于攻克难度动作，对器械操作的要求较高。

3）按保护方式分类

按保护方式分类，攀岩可分为顶绳攀登、先锋攀登、传统攀登、抱石和自我攀登。

（1）顶绳攀登。顶绳攀登是指在岩壁上端预先设置好保护点，主绳通过保护点进行保护，攀登者在攀登过程中不需进行器械操作。其特点是安全，脱落时无冲坠力，适合初学者使用。但对岩壁的要求苛刻，岩壁必须高度合适（8到20米）且路线横向跨度不大，由于需要绕到顶部进行预先操作，架设和回撤保护点的工作都比较烦琐。有时为方便初学者，可在先锋攀登的路线上架设顶绳。

（2）先锋攀登。先锋攀登是指在路线预先打上数个膨胀钉和挂片，攀登过程中将快挂扣进挂片成为保护点并扣入主绳保护自己，攀登者需要边攀登边操作。其特点为：它比传统攀登安全性高，可以降低心理恐惧对攀爬的影响，攀登者全力以赴突破生理极限，挑战最高难度。另外，在角度较大或横向跨度较大的路线中，先锋攀登方式比顶绳保护有更大的便利，可以让攀登者脱落后很容易地重新回到脱落处，对难点进行反复练习。

（3）传统攀登。传统攀登是指将不同规格的岩石塞放置岩壁上天然生成的裂缝、岩洞、石桥等地形中，形成保护点，再使用快挂和主绳进行保护，攀登者边攀登边操作。其特点为：可以最大程度上保持岩壁的完整性，是最天然的攀登方式。老一代的攀登者十分推崇此种形式的攀登，只是操作复杂，需要相当丰富的器械操作经验，相对而言难以掌握，并且比较危险，对传统攀登感兴趣的攀登者一定要稳扎稳打，循序渐进。

（4）抱石。抱石是指在攀登路线短、高度低、难度大的线路时，不使用主绳、安全带等保护装备，代之以抱石垫作为坠落时的缓冲。其特点为：操作简单便利，费用低，对攀登者的心理调控和耐力要求较低。抱石是攀岩运动的新兴分支。

（5）自我攀登。自我攀登是指不依赖第二人，攀登者使用器械自我保护进行攀登。其特点为：不需要搭档，但操作较为复杂，费时费力，从事这种攀登方式的人较少。

4）按岩壁的大小分类

按岩壁的大小，攀岩可分为单段路线、多段路线和大岩壁。

（1）单段路线。单段路线一般低于 25 米,50 米的主绳可以保证攀登者到顶并返回地面。人工岩壁路线多为此类。

（2）多段路线。当岩壁高于 25 米时,一般主绳长度就不够了。这时路线会被划分成数小段,每段长度在 50 米以下,攀登者完成一段后,架设保护点,保护第二人到达同样高度,这样主绳也被带到了此处,可以进行下一段的攀登。攀登到顶后,下降过程也需分段进行。

（3）大岩壁。大岩壁也是多段路线,但路线更长或难度更大,需要 1 天以上才能完成,除了保护装备外,攀登者要携带饮食、露宿的物资。

3. 攀岩的基本方法

三点固定法是攀岩的基本方法,其要领对身体各部位的姿势和动作有一定的要求。

（1）身体姿势。攀登岩石峭壁时身体要自然放松,以 3 个支点稳定身体重心,重心要随攀登动作的转换移动,这是攀岩能否稳定、平衡、省力的关键。要想身体放松就要根据岩壁陡缓程度,使身体和岩壁保持一定距离,靠得太近,会影响观察攀岩路线和选择支点。但在攀登人工岩壁时要贴得很近。在自然岩壁攀登时,上、下肢要协调舒展,盘眼要有节奏,上拉、下蹬要同时用力,身体重心一定要落在脚上,保持面向岩壁、三点固定支撑、直立于岩壁的攀登姿势。手在攀登中是抓住支点、维持身体平衡的关键,手臂力量的大小直接影响攀登的质量和效果。因此,一个优秀的攀岩运动员必须有足够的指力、腕力和臂力。对初学者来说,在不善于充分利用下肢力量的情况下,手臂的动作就显得更为重要。手臂用力在人工岩壁攀登和自然岩壁攀登时情况不同。人工岩壁攀登要求第一指关节用力抠紧支点的同时,手掌要贴在岩壁上,小臂也要随手掌紧贴岩壁而下垂,在引体时,手指（握点）有下压抬臂动作,其动作规律是重心活动轨迹变化不大,节奏更为明显。但攀登自然岩壁时手臂动作变化很大,要根据支点不同采用各种用力方法,如抓、握、挂、抠、扒、捏、拉、推压、撑等。

（2）脚的动作。一个优秀攀岩运动员的攀登技术发挥得好坏,关键是两腿的力量是否能充分利用。只靠手臂力量攀登不可能持久。脚的动作要领是两腿外旋,大脚趾内侧贴近岩面,两腿微屈,以脚踩支点维持身体重心,在自然岩壁支点大小不一和方向不同的情况下,要灵活运用。但要切记,膝部不要接触岩石面,否则会影响脚的支撑和身体平衡,甚至会造成滑脱而使膝部受伤。另外,在用脚踩支点时,切忌用力过猛,要掌握用力的方向。

（3）手脚配合。凡优秀攀岩运动员,上、下肢力量是协调运用的。对初学者或技术还不熟练的运动员来说,上肢力量显得更为重要,攀登时往往是上肢引体,下肢蹬压抬腿而移动身体。如果上肢力量差,攀登时就容易疲劳,表现为手臂无力,酸疼麻木,逐渐失去抓握能力。失去抓握能力后,即使有好的下肢力量,也难以继续维持身体平衡。所以学习攀岩，首先要练好上肢力量，上肢又要以手指和手腕、手臂力量为主，再配合以脚腕、脚趾以及腿部的力量，使身体重心随着用力方向的不同而协调地移动，手脚动作的配合也就自如了。

（二）野外生存

1. 野外生存简介

野外生存，即人在住宿无着的山野丛林中求生。深入敌后的特种部队、侦察兵和空降兵、海军陆战队，以及在战斗中与部队失去联系的战士和失事的空勤人员，在孤立无援的敌后或生疏的荒野丛林和孤岛上，更需要野外生存的本领。

野外生存活动自从"军转民"以来，作为一种有益身心并有利于培养团队精神的群众性文体活动，更强调如何去接近大自然，探索我们未知的精彩世界。野外生存主要包括生存装备的使用，如帐篷、绳索、睡袋等；寻找水源的技巧、获取食物的方法、急救知识以及找路。

2. 野外生存技巧简介

1）找水、收集水

生命离不开水，没有食物正常人可以活三周，但没有水，三天都活不了，所以野外生存要优先寻找水源，以下几点为野外寻找或收集水源的小提示。

（1）寻找水源首选之地是山谷底部地区；高山地区寻水，应沿着岩石裂缝去找；干涸河床沙石地带往往会挖到泉眼。

（2）在海岸边，应在最高水线以上挖坑，很可能有一层厚约 5 厘米的沉滤水浮在密度较大的海水层上。

（3）饮用凹地积水处的水时，必须做到先消毒、后沉淀，煮沸饮用。

（4）收集雨水：在地上挖个洞，铺上一层塑料，四周用土围住，可以有效收集雨水。

（5）凝结水：在一段树叶浓密的嫩枝上套一只塑料袋，叶面蒸腾作用会产生凝结水。

（6）跟踪动物、鸟类、昆虫或人类踪迹可以找到水源。

（7）植物中取水：竹类等中空植物的节间常存有水，藤本植物往往有可饮用的汁液，棕榈类、仙人掌类植物的果实和茎干都含有丰富的水分。

（8）在干旱沙漠地区利用下述方法能较好地收集到水：在相对潮湿的地面挖一宽约 90 厘米、深约 45 厘米的坑，坑底部中央放一集水器，坑面悬一条拉成弧形的塑料膜，这相当于日光蒸馏器。光能升高坑内潮湿土壤和空气的温度，蒸发产生水汽，水汽与塑料膜接触遇冷凝结成水珠，下滑至器皿中。

2）野外生火

（1）要寻找到易燃的引火物,如枯草、干树叶、桦树皮、松针、松脂、细树枝、纸、棉花等。

（2）捡拾干柴。干柴要选择干燥、未腐朽的树干或枝条。要尽可能选择松树、栎树、柞树、桦树、槐树、山樱桃、山杏之类的硬木,燃烧时间长,火势大,木炭多。不要捡拾贴近地面的木柴,贴近地面的木柴湿度大,不易燃烧,且烟多熏人。

（3）清理出一块避风、平坦、远离枯草和干柴的空地。将引火物放置中间,上面轻轻放上细松枝、细干柴等,再架起较大较长的木柴,然后点燃引火物。火堆的设置要因地制宜,可设计成锥形、星形、"井"字形、并排形、屋顶形、牧场形等,也可利用石块支起干柴或在岩石壁下面,把干柴斜靠在岩壁上,在下面放置引火物后点燃即可。一般情况下,在避风处挖一个直径1米左右,深约30厘米的坑。如果地面坚硬无法挖坑也可找些石块垒成一个圆圈,圆圈的大小根据火堆的大小而定。然后将引火物放在圆圈中间,上面架些干柴后,点燃引火物引燃干柴即成篝火。如果引火物将要燃尽时干柴还未燃起,则应从干柴的缝隙中继续添入引火物,直到干柴燃烧起来为止,而不要重新架柴点火。

（4）点篝火最好选在近水处,或在篝火旁预备些泥土、沙石、青苔等用于及时灭火。

3）睡袋使用

使用睡袋是有技巧的。不会使用的人即使用高寒睡袋（零下35度）在一般低温下（零下5度）也会感到冷,那么怎样才能更暖和些呢? 睡袋本身并不发热,它只是有效地降低体温流失的速度。按以下方法使用睡袋有助于防寒保暖。

（1）避风防潮。在野外,一个挡风的帐篷能提供一个温暖的睡眠环境。在选择营地时,不要选择谷底,那里是冷空气的聚集地,也要尽量避开承受强风的山脊。一张好的防潮垫能有效地将睡袋与冰冷潮湿地面分开,充气式效果更佳,在雪地上需用两张普通防潮垫。

（2）保持睡袋干爽。睡袋吸收的水分并非主要来自外界,而是人体,即使在极寒冷的情况下,人体在睡眠时仍会排出起码一小杯的水分。保温棉受潮后会失去弹性,保温能力下降。如睡袋连续使用多天,最好能在太阳下晾晒。经常清洗睡袋可使保温棉保持弹性。

（3）多穿衣服。一些较松软的衣物可兼作加厚睡衣用,将人与睡袋之间的空隙填充满,也可使睡袋的保暖性加强。

（4）睡前热身。人体就是睡袋的热量来源,如临睡前先做一小段热身运动或喝一杯热饮,会将体温略为提高并有助于缩短睡袋变暖的时间。

4）寻找正确路程

寻找正确路程的技巧必须通过平时的野外活动去积累。例如,平时就养成随时参考地图和指南针的习惯,同时积极地观察周围的地形以及身边的植物来判断正确的位置。

(1)太阳从东方出,西方落,这是最基本的辨识方向的方法。还可用木棒成影法来测量,在太阳足以成影的时候,在平地上竖一根直棍(1米以上),在木棍影子的顶端放一块石头(或其他标记),木棍的影子会随着太阳的移动而移动。30~60分钟后,再次在木棍的影子顶端放另一块石头。然后在两个石头之间画一条直线,在这条线的中间画一条与之垂直相交的直线。然后左脚踩在第一标记点上,右脚踩在第二标记点上。这时站立者的正面即是正北方,背面为正南方,右手是东方,左手为西方。

(2)若在阴天迷了路,可以靠树木或石头上的苔藓的生长状态来获知方位。以树木而言,在北半球树叶生长茂盛的一方即是南方;若切开树木,年轮幅度较宽、长着苔藓的一方即是北方。

(3)利用星宿。在北半球通常以北极星为目标。夜晚利用北极星辨认方向的关键在于在茫茫星海中,准确地找到北极星。认识北极星的方法有许多种,这里介绍简单且有效的一种。先找寻勺状的北斗七星,将斗柄上的两颗星的间隔延长五倍,就能在此直线上找到北极星。如看不到北斗七星时,就找寻相反方向的仙后星座。仙后星座由五颗星组成,看起来像M或W倾向一方的形状。从仙后星座中的一颗星画直线,就在几乎和北斗七星到北极星的同样距离处就可找到北极星。北极星所在的方向就是正北方。

(4)以手表看方位。想获知方位手上却没有指南针,遇此情况,只要有太阳就可使用手表探知方位。将火柴棒竖立在地面,接着把手表水平地放在地面,将火柴棒的影子和短针重叠起来,表面十二点的方向和短针所指刻度的中间是南方,相反的一边是北方。若身上没有火柴,也可改用小树枝,尽量使影子更准确。若参加挑战性的生存活动,记住戴上手表,这时机械表比数字表就更有价值,因机械表上的时针分针,在必要时会成为求生的重要工具。

第十九章　户外教育

学习提示

　　户外教育指在户外进行的有组织的学习,是一种体验式学习。不同形式户外教育的开展推动着世界户外教育的发展。本章主要介绍户外教育概述、户外运动和拓展训练。

　　户外教育在我国高校发展迅速,逐渐成为人才培养的重要手段,特别在体育领域,户外运动、拓展训练等户外教育形式得到广泛认可,逐步进入高校体育课程与专业人才培养方案,促进学生素质的全面发展。

第一节　户外教育概述

一、户外教育的概念

1. 国外有关户外教育概念

国外对户外教育概念的界定主要有"教学场所说""学习方式说""课程说"和"目的说"。

(1)"教学场所说"侧重于从户外教育实施场所来界定户外教育,是主要学说之一,获得了大多数学者的支持。例如,有学者认为,户外教育是在户外进行教学活动,适合于任何学科、任何年级学生的学习,能够提高学生的学习效果。也有人认为,户外教育就是发生在户外的教育活动,开展有关户外的教育,以及为户外而教育。

(2)"学习方式说"也获得部分学者的支持。美国学者刘易斯在归纳前人研究成果的基础上从发现式学习原则出发对户外教育做出全新界定:户外教育是参与者为了实现户外教育目的而直接使用感官(视、听、嗅、触、味)进行观察和知觉的一个直接的、简单的学习方式。户外教育只是一种学习方式,是一种在户外进行学习的方式,是一种体验式的教育方式。其学习过程是一个"从做中学"的过程,是人体所有感官系统参与探索人与自然的关系过程。户外教育涉及多学科知识内容,是涉及人与人、人与自然关系的教育。探险教育和环境教育是户外教育实现的两种主要途径。

(3)"课程说"。美国国家教育协会于1970年对户外教育作出明确界定,"户外教育不是一个单独科目,而是所有学校科目、知识与技能的综合"。开展户外教育并不是要将户外教育作为一个单独科目搬到户外来实施该课程,而是学校所有的科目教学都可以在户外得以实施,通过教师认为设计的户外教学环境能够帮助学生更好地理解本学科知识与自然、社会和人们生活之间的关联,进而促进不同学科之间的交叉融合,形成青少年学生良好的生活体验。拉宾认为户外教育是丰富课程的一种手段,其学习课程发生在户外。阿金斯等认为,户外教育、体验式教育与环境教育相互联系又彼此不同,都有其特定的含义和内容,三种教育内容难以简单地进行剥离,它们所涉及的目的和焦点极其相似,但每一种教育的关注点则有所侧重、有所不同。

(4)"目的说"侧重从户外教育目的来阐释。福特等认为户外教育是一种专注于户外,促进人们户外生存、生活知识获得、技能形成的教育,培养人们积极向上的人生观。尼尔认为,户外教育是一个国际性的、体验教育现象,人们通过从事户外冒险活动,从而增加个人、社区与环境的互动。概括起来讲,户外教育对人的影响是全方位的,不仅包括促进人的身心和谐,而且能够增加个人、社区与环境的互动。

2. 我国有关户外教育概念

我国学者侧重从"学习方式说""活动说"和"目的说"的角度对户外教育加以界定。

(1)"学习方法说"是指户外教育是一种教育方式和教育过程。丁锦宏认为户外教育是一种教育方式和过程,利用户外的环境进行,目的在于加强或补充学校课堂教学的不足,它具有学科整合的特点。吕建政指出户外教育中的教学,大体上是以学生为中心,注重学习的活动化与游戏化,强调行己求知。

(2)"活动说"是指户外教育是一种健康教育与治疗活动。李义男认为户外教育的内涵是由户外宿营的生活技能和经验、自然环境的研究,到综合个人身心健康的教育与治疗活动。王正宇认为户外教育的意涵与范围不限于任何一个学科,任何一个年级,是一种整合各学科的认知、情意、技能的学习活动。学生通过户外教育的课程活动,以多种感官直接体验的方式来达成各项教学目标,户外教育更能与学校课程达到相辅相成的效果,而且也能带动学生社会人际关系的发展。

(3)"目的说"是指户外教育是实现人与人、人与社会、人与自然和谐发展的教育。李昆山认为户外教育是教育者利用教室外的自然或人为资源,提供给学生实际观察和体验机会,从而提高学习动机和兴趣,促进学生成长与社会发展,有助于对特定主题内容(如环境、地球资源等)的了解。郭正煜的研究认为户外教育涵括整个大自然的环境,个体与环境中各因子的交互作用为户外教育的内容,教育宗旨是培养个体积极面对挑战与处理事件的能力。黄瑞成的研究则认为户外教育系指借由自然生态环境作为教学场所,进行有目标、有系统的教学活动,以培养学生对环境的尊重与关怀,并进而将其落实到日常生活中,以达成环境教育目标的实现。

结合前人研究成果,根据本土化实践和研究需要,本书将户外教育界定为:户外教育是一种专注于户外,利用山地、草原、丛林、江河、湖海等自然环境资源,或一些人造环境与户外设施,促进人们户外生存、生活知识获得、技能形成以及社会人际关系发展的教育;同时,培养学生对环境的尊重与关怀,促进人与自然和谐共生。

二、户外教育的范畴

户外教育能够激发学习,丰富和拓展学校课程,它把户外作为学生学习知识、技能、满足兴趣和追求的"实验室",它实现了许多学校课程教育中室内教育无法实现的教育教学目标。在通识教育背景下,户外教育很难客观准确地定义,因为这一术语包含了多个领域的内容和活动、各种各样的学习经验,并且这些经验贯穿于学校课程的各个环节,因此不同视角下的户外教育有着不同的含义。通俗地讲,户外教育即"户外"+"教育",组织教育的内容在户外实施。1958 年,美国户外教育学者唐纳森所提出的户外教育概念"户外教育就是在户外教育,有关户外的教育,以及为户外而教育",对户外教育的发展具有划时代的意义,但从现代户外教育发展来看,这一概念中的户外教育范围略显宽泛,需要人们做进一步的探讨。英国教育学者史密斯认为,户外教育的内容主要包括户外探索、户外研究和户外生活体验等领域。

1. 户外探索

户外探索是指在户外开展的徒步旅行、定向越野、爬山、山地自行车、露营、穿越、自行车环湖等户外活动,这些户外活动通常带有某种挑战甚至有一定危险性,对技能要求较高,而且可能需要离家在外生活一段时间。这种活动带给学生对环境的体验,达到认识真正的生活环境、五育均衡的自然学习、锻炼体魄、形成自我等身心健康成长的目的。户外探索是目前学校教学最欠缺的教育活动,需要政策性引导,或制度性安排。家长们也可以参与,并积极推广户外体育教育活动。

2. 户外研究

户外研究是指对户外教育的现象、本质、规律等进行无穷尽的观察、发现和感知,是一个认真提出问题后,以系统的方法寻找答案的过程。户外研究已成为教育学、地理学、人类学等学科重要研究范畴之一。在教育学领域内，户外研究如能与学校课程有机融合，坚持以学生发展为中心，可有效提升学生学习效果。户外研究主要借助国家相关单位，如国家森林公园、自然教育中心、风景区、科研单位，以及民间团体，如户外运动协会、健身步道、社区场地及民间游乐区等共同完成。在这一过程中，教师经由研讨、学习的方式来提升其教学能力，学生通过户外研究能有效掌握一些自然学科的理论与实践知识。

3. 户外生活体验

户外生活体验是让学生在精心设计的户外生活情境中去体验学科与生活、社会、自然的联系，促进学生全面发展并为将来更好地工作、生活做准备。学生可在假期参加"工作假期"和"工厂实习"等，获得生活的体验，同时，可广泛参与由学校，或社会户外教育机构组织的夏令营、冬令营，以及其他类型的社会实践活动，以提升自身社会适应能力。

三、户外教育的学习原理

户外教育的学习原理有体验式教育理论和学习迁移理论两种。

1. 体验式教育理论

户外教育中运用最多、最受欢迎的方式是体验式学习。杜威的"从做中学"的活动课程论为体验式学习理论的提出奠定了基础。20世纪80年代，美国人大卫·库伯在前人的研究基础上，完整地提出了体验式学习理论。他认为学习不是内容的获得与传递，而是通过经验的转换从而创造知识的过程。他建立了体验式学习模型。该模型包括亲历和体验、观察与反思、归纳和总结、应用四个步骤。即有效的学习应从体验开始，然后进行思考，再归纳和总结形成理论，最终将理论应用到实践中去，整个过程强调分享与应用。该理论的提出给西方教育管理带来了积极的影响，他们认为体验式学习强调的"从做中学"，能够有效提高学习效率，更好地将学习者的潜能发挥出来。

体验式教育，不是单一的教师教授学生知识的过程，而是教师与学生在相同的主观条件和客观环境下进行体验进而相互学习的过程。由于在进行体验式教育过程中教师、学生主观条件以及客观环境因素相互作用、相互影响，进而影响教育过程，产生意想不到的效果，因此，体验式教育所能达到的不仅是预期设置的目标，而且远远超出预期。

体验式教育是户外教育开展的一种主要方式，通过体验式教育促进人的全面发展是进行户外运动教育、教学的重要理论原理。图19-1反映了不同的个人和团体经过体验式互动教学模式，最终实现人和团体更加全面、合理、和谐的发展。

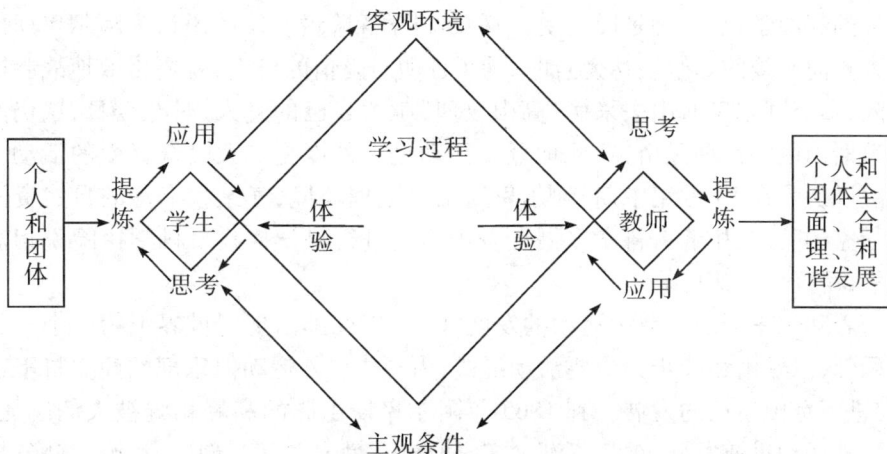

图 19 -1　体验式教育模式

2.学习迁移理论

户外教育真正的价值在于活动参与者在户外教育过程中所学习的内容和经验,能否在未来的实际生活中得到有效应用。从学习心理角度来看,这涉及学习迁移,即任何一种学习都会受到学习者原有知识、经验、技能、态度的影响,迁移是学习的巩固和继续,学习与迁移不可分割。具体而言,户外教育经常涉及的有特殊迁移、一般迁移和隐喻性迁移等。

(1)特殊迁移。学习者将户外教育中所学的知识经验运用到与原先学习情境相类似的特定任务中,可以说是经验的延伸和关联。

(2)一般迁移。学习者不是以技巧为基础,而是将原先的学习经验转化为一般原理、态度或方法,将之应用到与原先学习情境完全不同的新的学习环境中。例如,学习者面对生活中的环境时,将户外活动中所学的知识经验应用到与人的实际交往中,从而发展出相互信任关系。

(3)隐喻性迁移。它是指学习者将某一情境中的学习体验,转化至另一情境中,但在这个过程中,被迁移的原则并非结构上相同或共通,而是相似的、类似的或隐喻的。决定是否为隐喻性迁移的主要因素是介于隐喻性情境和真实情景结构相同的程度,如果两者相似的程度高,那么彼此互为隐喻性经验。

第二节　户外运动

一、户外运动的追溯

关于户外运动的起源,可追溯到 18 世纪阿尔卑斯山区的登山活动,有两种广为流传的起源学说,一种是民俗说,一种是科学探险说。民俗说认为阿尔卑斯山区的男青年向心爱的姑娘表达爱意时,为了证明对爱情的忠贞,就要勇敢地战胜困难和危险,攀登阿尔卑斯山去采摘"高山玫瑰"献给自己的爱人,时至今日,这仍然是阿尔卑斯山区的一种民俗,在此地登山活动是一种深受广大民众喜爱的活动。科学探险说认为在18世纪中期,阿尔卑斯山的地理环境、气象和丰富的自然资源引起科学家的关注,相继有科学家展开登山活动进行科学探险。科学探险说相对比较可靠,得到更多认可。

随着阿尔卑斯山区登山运动的发展,1857年德国出现了世界上第一个户外运动俱乐部,以登山和徒步为主要活动形式,为现代户外运动俱乐部的建立打下了基础,促进了登山运动的发展。到1865年阿尔卑斯山脉的高峰相继被人们所征服,此后户外运动迅速发展,项目逐渐增多,如登山、攀岩、探洞、溯溪、漂流、溪降、越野自行车等一系列带有冒险性的山地活动。二战期间,英国为了提高部队军事作战能力,利用自然环境设置障碍进行训练,这是人类第一次有目的地将户外活动应用于实际,也使户外运动真正成为体育的分类项目。二战后,户外运动走出军事和求生的范畴,在西方国家迅速发展,成为人们休闲娱乐、教育培训的重要手段。

二、户外运动的概念

国外对"户外运动"的界定是从不同的角度或者户外运动应用的领域进行的,如国外在以休闲为目的进行相应户外运动时用户外娱乐休闲(outdoor recreation),以探险为目的则为户外探险(outdoor adventure),但无论是哪种活动都强调自然环境下的活动。

我国学者对"户外运动"概念的研究,突出了户外运动与自然、体育的紧密关系。2003年李志新提出户外运动是指在自然场地(非专用场地)开展的体育活动。同年,李舒平认为户外是一组以自然环境为场地(非专用场地)的带有探险性质或体验探险的体育项目群。李红艳给户外运动的定义是人们在闲暇时间,为了满足自身身体健康、放松和休息、人际交往以及刺激和冒险等多方面的需要,采用体育运动的方式(步行、滑雪、登山、骑自行车等)在山地、水域、荒漠、高原等各种特定自然环境下进行的各种户外体验活动。2013年,孙永生将户外运动定义为以自然环境或模拟自然环境为主要活动场地,并与其有互动关系的非生产性人体活动。

概念是反映对象的本质属性的思维形式,随着社会历史和人类认识的发展而变化。人类社会和文明在不断进步,人们从不同属性或不同角度去看待同一事物时会产生不同的认识,因此现在很难对某一事物进行确切的定义,"户外运动"同样如此。从另一方面来讲,随着户外运动在我国的深入开展,大众对户外运动的认识逐步加深,对"户外运动"这个专有名词的认同度逐步提升,如在大学生中,当提到户外运动时很多人都能列举出登山、定向等具体的户外运动项目。

本书认为户外运动是以自然环境（模拟自然环境）为场地，有目的性的身体活动过程，主要有以下几方面的含义：

（1）自然环境突出体现的是江、河、湖、海、沙滩、田野、森林、山地、草原、雪原、荒原等各种自然环境，模拟自然环境主要是指随着户外运动的发展，为了普及原有的户外运动项目，在户外运动项目本质不变的情况下活动场地发生变化，出现模拟的场地，如人工攀岩墙、拓展训练中的高空设施等。

（2）目的性在于使人们有目的地体验活动，如人们为了健身、娱乐、教育等不同目的进行体验活动。

（3）之所以是身体活动，而没有用体育活动来进行阐释，主要是因为"体育"一词本身的概念也难以进行界定，理论界一直对"体育"的确切定义存在争议，难有广泛认可，统一明确的定义，但体育的本质是身体活动这一点是得到广泛认可的。

三、户外运动的特点

户外运动在我国迅速展开，得到大众的广泛认可和接受，这是由户外运动的基本特点所决定的。户外运动虽是体育的一部分，但有其自身的特点。

1. 户外运动活动场地的自然性

户外运动崇尚自然，以自然环境为场地，返璞归真、回归自然，其最根本的特点在于活动场地的自然性。自然环境是有生命力的，人在与山、水等各种自然环境的碰撞中融合，实现自我的提升。户外运动与传统体育项目最本质的区别在于与自然环境的紧密结合，与传统体育项目相比，户外运动受场地、器材的制约相对较少，大多数项目没有严格的规则限制，是一种自然的活动，它代表着阳光、积极进取的精神。

2. 户外运动具有挑战性和探索性

户外运动的大部分项目都具有不同程度的挑战性和探索性，能够满足人的不同兴趣与爱好，是吸引人们参与的主要因素。户外运动能够使人在兴奋与刺激中释放潜能，完成对自我和团队的挑战，磨炼意志，能够激发人的上进心和求知欲，对培养人的挑战精神与探索精神具有特殊功能。

3. 户外运动强调团队精神与团队协作

户外运动强调团队精神与团队协作。人们在参与户外运动过程中会遇到不同程度的难度和挑战，在应对自然挑战时团队的力量大于个人的力量，这就要求参与者必须发挥团队精神，团结协作来迎接和战胜各种挑战，完成目标与任务。虽然户外运动中部分项目是以个人挑战的形式来体现的，但是团队成员对参与个人的鼓励与支持是非常重要的精神动力。

4.户外运动是多学科知识与技能的融合

虽然户外运动是在自然环境中进行的,但活动过程中不仅涉及地理环境知识,还会涉及天文、气候、动物、植物、地域文化等多学科知识,因此,户外运动是多学科综合知识与技能的融合。

四、户外运动的功能

户外运动本身属于体育的范畴,因此它作为体育活动出现时承担体育的功能。户外运动的功能表现在以下方面。

1.健身功能

户外运动本身属于体育的内容,因此也具备体育最本质的功能:增强体质、强身健体,这是体育区别于其他社会活动和事物对人和社会作用的根本点,具有不可替代性。在不同自然条件下的各种户外运动能够促进人的身体形态发展,增强生理机能,提高身体素质和人的基本活动能力,形成体育技能。

2.智育教育功能

户外运动与其他体育项目一样具备智育教育功能。人们在户外运动过程中学习和掌握一定的体育知识、技术与技能,同时自然环境使人的思维力、观察力、记忆力、想象力等得到发展,进而提高人的智力水平。户外运动的实践性强,可以培养人的多种能力,在一定组织形式下的户外运动教育活动对于发展人的创新能力、人际交往能力、组织管理能力等方面具有特殊功效,是其他学科无法比拟的。

3.促进心理健康的功能

体育能够促进人的心理健康,户外运动的特点使体育的这一功能能够更好地实现。户外运动在自然环境中进行,能够愉悦身心,使人心情放松,缓解精神压力,促进心理健康。另外除了来自大自然的挑战,户外运动还会面临各种人为的挑战,这不仅能陶冶情操,还对人的心理产生严峻的考验,有利于学生良好心理素质的培养。

4.德育功能

德育功能也是体育教育功能的重要体现。户外运动在与山、水等自然环境的互动中培养人勇敢、果断、自信、超越自我和坚韧不拔的意志品质,培养团队精神。

5.丰富个人和社会的文化生活,提高人们的生活质量

户外运动不仅能增强体质还能够愉悦身心,丰富大众文化生活。现代社会户外活动已经成为人们业余生活的重要休闲、旅游、娱乐、交友手段之一。它为人类

社会生产出丰富多彩的精神文化食粮,提高人类的生存和生活质量。户外运动的趣味性和娱乐性给大众带来特殊享受,改变和改善着当今人们的生存和生活方式。户外运动作为新兴的现代体育项目,已经成为一种时尚。

6. 为社会提供和构建公平、公开、公正的价值体系和价值标准

公平是人类社会所共同追求的一种理想状态。体育竞赛就是在公平的规则下,在公开场合中,参与者最大限度地发挥个人和集体的体力和智力。体育运动向人们和社会所展示的,以公平、公开、公正为核心的价值体系和价值标准得到了不同民族和国家的普遍尊重和推崇。"阳光下的公平竞争"正是现代人类社会所需要构建的价值体系和价值标准的道德核心。户外运动竞赛属于体育竞赛的一种,遵循体育竞赛的特征,倡导同样的价值体系和价值标准。

第三节　拓展训练

一、拓展训练的概念

拓展训练是指借助于精心设计的特殊情境,以户外活动的形式让参与者进行体验,从中感悟出活动所蕴含的理念,通过反思获得知识改变行为,实现可趋向性目标的一种教育模式。从 20 世纪 90 年代开始,拓展训练在我国逐渐发展壮大,以探险旅游、生存训练、户外游戏、户外培训等多种形式出现。"拓展训练"一词是我国对这种体验式教育的本土化认知,由于拓展训练在培训领域所带来的潜在价值和效果得到了社会的广泛认可,现今已由培训课程产品发展成为一种教育理念和学习模式,同时得到了学校教育系统的认可和应用。

拓展训练的诞生与欧美盛行的户外拓展教育模式有着直接联系。在课程模式上,拓展训练参照了以户外拓展为基础发展起来的体验教育模式,在模拟自然环境的情况下,降低活动风险,体验经过设计的户外活动项目,最终形成具有中国特色的体验学习体系。

二、拓展训练的起源与发展

拓展训练起源于第二次世界大战。当时,盟军在大西洋的船队屡遭袭击,在船只被击沉后,大部分海员葬身海底,只有极少数人得以生还。英国的救生专家对生还者进行了统计和分析研究,他们惊奇地发现,这些生还者并不是他们想象中的那些年轻力壮的海员,而是意志坚定且懂得互相支持的中年人。经过一段时间的调

查研究,专家们终于找到了这个问题的答案:这些人之所以能活下来,关键在于这些人有良好的心理素质。拓展训练这种具有独特创意的特殊训练方式也逐渐得到了推广,训练对象由海员扩大到军人、学生、工商业人员等。训练目标也由单纯的体能、生存训练扩展到心理训练、人格训练、管理训练等。

三、拓展训练的特点

1. 综合活动性

拓展训练的所有项目都以体能活动为引导,引发出认知活动、情感活动、意志活动和交往活动,有明确的操作过程,要求学员全身心投入。

2. 挑战极限

拓展训练的项目都具有一定的难度,表现在心理考验上,需要参训者向自己的能力极限挑战,跨越"极限"。

3. 集体中的个性

拓展训练实行分组活动,强调集体合作,力图使每一位参训者竭尽全力为集体争取荣誉,同时从集体中吸取力量和信心,在集体中显示个性。

4. 高峰体验

在克服困难,顺利完成课程要求以后,参训者能够体会到发自内心的胜利感和自豪感,获得人生难得的高峰体验。

5. 自我教育

教员只是在课前把课程的内容、目的、要求以及必要的安全注意事项向参训者讲清楚,活动中一般不进行讲述,也不参与讨论,充分尊重参训者的主体地位和主观能动性。即使在课后的总结中,教员也只是点到为止,主要让参训者自己来讲,达到自我教育的目的。

6. 提高能力

通过拓展训练,参训者可更好地认识自身潜能,自信心增强,克服心理惰性,磨炼战胜困难的毅力,启发想象力与创造力,解决问题的能力提高;认识群体的作用,对集体的参与意识与责任心增强;人际关系改善,学会关心别人,与群体合作更为融洽;学习欣赏、关注和爱护大自然。参训者的综合能力得到提高。

四、拓展训练的价值

良好的团队精神和积极进取的人生态度,是现代人应有的基本素质,也是现代人人格特质的两大核心内涵。在现代社会,人类的智慧和技能只有在这种人格力量的驾驭下,才会迸发出耀眼的光芒,拓展训练应运而生。拓展训练的价值体现在以下几个方面:

(1)培养积极的工作态度和人生态度,乐观自信,从我做起,环境因我而变;坐言起行,言必行,行必果。

(2)培养开拓创新的精神,以开放的心态应对变化,积极进取。

(3)培养认真负责的态度。人和事因认真而完美,注重细节是专业化的表现,坚守承诺,积累信用。

(4)培养协作、独立自主、独当一面的能力。个人和公司的竞争力来自自身不可替代的价值。高水平的独立,才有可能带来高水平的协作。局部利益服从整体利益,以双赢的心态创造最大动力。

(5)培养共享成功的心态。成功来自每个人的努力和贡献,成功是协作的结晶;共享成功的经验,共享成功的好处。但共享不是平均分配,"吃大锅饭"。

五、拓展训练课程的活动层次

拓展训练的课程活动在实施中,通过项目的活动方式、学生在项目中的角色认定以及项目对学生的培养目的,对每一个项目进行评估并划分应用层次,这对于合理选择项目、安排项目是非常重要的。应用层次可分为5个:

(1)传统的理论学习部分,有时也在室内进行。主要包括拓展训练的基本知识;拓展训练完成任务所应具备的基本技能;拓展训练活动中应注意的行为规范与安全要求;拓展训练活动模式及分享回顾形式;拓展训练课程中"领导"以及团队文化的存在意义;拓展训练活动中可能遇到的困难以及如何用积极心态面对。

项目范例:沟通学习、破冰课程等。

(2)较低风险的户外活动项目,在团队的支撑下,以个人挑战为主的项目。该层次强调个人用积极的心态与行动参与项目;感受队友支持下接受挑战;加强自信与互信的培养。

项目范例:高台演讲、信任跳水等。

(3)较低风险的户外活动项目,以团队挑战为主。该项目的目的是树立团队共同面对困难与战胜困难的信心;加强组织内的有效沟通;加强所有队员之间的合作意识与合作技巧;明确分工与领导在团队中的作用;了解个体决策、专家意见与群策结果的差异;关于层级管理、领导授权、监督机制、时间统筹的学习等。

项目范例:盲人方阵、电网求生、数字传递等。

(4)较高风险的户外活动项目,在团队的共同参与下,以激发个人潜能,挑战与战胜困难的项目,尤其是对个体心理冲击力较大的项目。此类项目的目的是帮助个体了解自己在团队中的作用;理解自己与他人之间的关系,个体逃避困难将使团队受挫;从一个新的角度认识自己的能力与潜力;培养自立自强、勇敢面对困难与战胜困难的决心;培养在挫折面前自我说服能力;增强自我激励与对他人的激励能力;合理地树立榜样以及效仿榜样;体验成功并能快乐地与他人分享。

项目范例:信任背摔、高空断桥、空中单杠等。

(5)较高风险的户外活动项目,团队接受挑战。此类项目的目的是培养团队意识与团队合作精神;提高团队工作效率,营造和谐环境;培养良好的人际关系;培养团队内部学习与互助的能力;强调信任在团队中的作用;对团队良性发展的及时肯定与认知等。

项目范例:求生墙等。

这5个层次的划分,并不是表明哪个层次更优,也不是哪个层次更适合进入课程体系,只是对项目在活动性质上做一定的区分,以便于在开展活动时,根据不同目的、不同团队进行合理的项目设置与调配。

六、拓展训练的课程分类

(1)按照课程的时间,拓展训练的课程主要分为长课程和短课程。

(2)按照项目本身特点,拓展训练的课程可分为高山课程、水上课程、原野课程、极地课程、场地课程等。

(3)按照项目的学习目的,拓展训练的课程可以分为沟通课程、激励课程、团队课程、创新课程、解压课程等。

(4)按照参训者的特点,拓展训练的课程可分为学生拓展课程、新员工融入拓展课程、儒商拓展课程、销售人员课程、家庭亲子课程等。

(5)按照季节的特点,拓展训练的课程可分为冬季课程和夏季课程等。

(6)按照组织方的性质,拓展训练的课程可分为培训课程和学校课程等。

七、拓展训练的课程模式

拓展训练课程是由多个针对不同训练目的的项目组成的。这些项目的使用按照不同的训练目的进行排列组合,将不同类别、不同应用层次的项目穿插使用,在安排项目顺序的时候,最好能够做到循序渐进,因势利导。

一般来说,课程模式主要包括前期分析——课程设计——场景布置——挑战体验——分享回顾——引导总结——提升心智——改变行为。

第二十章　体育教学评价

学习提示

　　体育教学评价是衡量体育教学活动效果的重要工具。科学有效的体育教学评价是深化体育教学改革和提升教学质量的有效手段,是实现体育教学目标的重要保障。体育教学评价的内涵是什么? 具备哪些功能? 遵循哪些原则? 评价体系及其构成如何? 评价的内容有哪些? 本章将全面回答这些问题。

第一节　体育教学评价的基本概念

　　体育教学评价是教育评价体系中一个重要而独特的分支,它既遵循教学评价的一般性规律,又有别于其他科目的教学评价。

一、教育评价

　　评价是指对事物的价值高低的判断,包括对事物的质与量所作的描述和在此基础上做出的价值判断。将评价运用到教育上,就产生了教育评价和教学评价。

　　学界基于不同的视角从不同侧面对教育评价的内涵作了界定。心理学家大桥正夫从价值的角度阐述了教育评价的内涵,认为教育评价就是对照教育目标,对教育行为产生的变化进行价值上的判断。教育家泰勒将教育评价界定为确定在评价活动中教育目标被实际理解到何种程度的过程。20 世纪 80 年代,我国学者也对教育评价的概念做了相关研究,有代表性的观点是教育评价是评价主体按照一定的价值标准,对评价对象的发展变化进行价值分析和价值判断的过程。综合多种观点后,本书将教育评价定义为依据一定的教育目标,通过系统地收集信息资料,运用科学的评价方法,对整个教育现象(包括教学评价、课程评价、学习管理评价等)进行价值判断的过程。

二、教学评价

李秉德教授指出,教学评价就是通过科学的方法对师生的双边行为进行价值分析和价值判断的过程。田慧生教授认为,教学评价是指依据一定的客观标准,对评价对象在教学活动中的行为变化进行客观衡量和价值判定的过程。王道俊、王汉澜教授在《教育学》一书中将教学评价界定为对教学工作质量所作的测量、分析和评定。它以参与教学活动的教师、学生、教学目标、内容、方法、教学设备、场地和时间等因素的有机组合的过程和结果为评价对象,是对教学活动的整体功能所作的评价。尽管各位专家对教学评价的界定不一,但对其概念本质的认识是一致的,即教学评价是对教学过程进行的价值判断。

三、体育教学评价

体育教学评价是教学评价在体育领域的具体化,是在体育领域中进行的教学评价活动。体育教学评价的特殊性在于体育学科的特殊性,体育学科是一门以身体练习为主,具有很强实践性的课程,评价的方法必然区别于普通学科的教学评价。所以,结合教学评价的概念,体育教学评价的概念可界定为评价主体依据体育教学质量标准,以参与教学活动的教师、学生、教学目标、内容、方法、教学设备、场地和时间等因素的有机组合的过程和结果为评价对象,运用科学的方法对体育教学工作质量所作的测量、分析和评定。

四、教育评价、教学评价、体育教学评价之间的关系

教育评价是人类社会活动中众多评价的一种,是评价活动在教育领域的具体实践形式。教学评价是教育评价的下位概念,与学校管理评价、课程评价等共同构成了教育评价。体育教学评价是教学评价在体育领域中的具体运用,是对体育教学工作质量所作的测量、分析和评定。所以,教育评价、教学评价、体育教学评价依次为前一概念的下位概念,是包含和被包含的关系。

第二节　体育教学评价的功能与原则

一、体育教学评价的功能

1.导向激励功能

体育教学评价具有引导学生向预定教学目标前进的功效和能力,导向激励是

体育教学评价的本体功能。它对体育教学起着潜在的导向作用,对体育教学目标的实现,有很强的制约和保证作用。体育教学评价的导向激励功能体现在三个方面:一是对高校体育管理的导向激励;二是对教学内容、方法的导向;三是对学生体育学习的导向激励。体育教学评价的导向激励功能还反映在教学评价标准的建立上,此外,在解决体育教学面向全体学生与培养少数运动员之间的矛盾、解决减轻学生过重学习负担与顺利通过体质健康标准之间的矛盾起着重要作用。

2. 鉴定评定功能

鉴定评定功能常常被用来诊断和甄别教师的教学水平和学生的学习水平。诊断就是通过对学生体育学习的各种形式的检查、测量,把所有可提供的信息和数据都集中起来进行综合分析,诊断其结果价值。甄别就是通过对学生体育学习诊断得出的数据,鉴定、区分出学习水平的不同等级,以衡量不同学生的体育学习差异的过程。通过鉴定、诊断和甄别,能够公正、客观地评价学生对体育知识、技能的掌握情况。然而,学生的体育学习成绩只是健康素质在某一方面的体现,他们在学习过程中的情感态度,在知识探究过程中的经历、体验与感悟以及思考的水平、问题解决和实验操作的能力都是健康素质的重要组成部分,仅对学习结果的诊断不符合体育教学评价的基本理念和要求。所以,除了对学习结果进行诊断外,还要对教学过程中学生的运动参与、实际操作能力、情感态度、价值观等方面进行诊断,从而全面了解体育教学现状和学生的学习过程及效果。

3. 反馈调控功能

体育教学评价的反馈调控功能是指通过评价反馈体育教学过程中的有关信息,并根据反馈的信息对教与学进行调节与控制的功效和能力,是体育教学评价价值的重要体现。反馈调控功能体现在对学生和教师两个方面的调节与控制所产生的功效上。通过反馈教学过程中存在的问题与差异的信息,教师可以对自己的教学进行反思,调整教学过程,控制教学进度,改进教学策略,以尽快达到预定的教学目标。学生可以调节自己的体育学习策略与方法,完成学习目标。充分发挥体育教学评价的反馈调控功能,一方面可提高教师对教学过程的了解、熟悉程度以及主控能力,使教师能够真正处于教学的组织、指导和引导地位,把握教学的进程。另一方面,学生可以利用反馈调控功能,经常进行自我评价,改进自己的学习,最大限度地发挥主体作用,变被动学习为主动学习。

二、体育教学评价的原则

体育教学评价原则是依据体育目的、规律以及体育教学评价特性而对体育教学评价提出的具有指导性的基本要求和根本遵循。人们可以从不同角度提出不同的体育教学评价原则。为了合理、准确地进行体育教学评价,本书认为应遵循以下几项原则。

1.方向性原则

体育教学评价具有指导方向的作用。方向性原则要求评价必须坚持正确的导向,在体育教学评价中,对教师和学生提出一套评价指标,实际上是给他们提出了具体的奋斗目标和要求,这些指标在教学活动中给教师和学生指明了方向。

2.科学性原则

科学性原则是指从教与学相统一的视角出发,以目标、内容、方法、手段以及组织教学体系为依据,制定科学的评价标准,采用科学的评价程序和方法,对获得的相关数据进行科学的统计分析。科学性原则主要体现在以下几个方面:评价目标必须反映体育教学规律和体育教学原则;评价指标体系要全面科学、权重系数分配要准确合理;评价程序要有科学性,即评价程序安排要恰当、合理;评价方法要定性与定量相结合;评价中使用工具与手段应具有合理性。

3.全面性原则

全面性原则是指体育教学评价要对评价对象的各个方面做全面的考察和描述,不应忽视、淡化或突出强调某个方面。体育教学评价所包括的内容很多,既包括教师的教,也包括学生的学;不仅包括体育理论知识、基本技术技能、身体素质和形态,也延伸至品德、态度和心理等非智力因素的发展,以及教师的教学态度、教学行为和教学质量等诸多方面。因此,体育教学评价不能以某一方面来评价整体情况,应以全面的观点来进行综合评价。

4.可行性原则

可行性原则是指体育教学评价的设计与组织是切实可行的,各项指标是在现实条件下能基本达到的。根据可行性原则,体育教学评价方案设计要通俗易懂、简便易行。同时,评价项目的多少及等级要合理,不能过于复杂。评价指标体系要从体育教学特点出发,是师生经过努力能够达到的,这样才能保证体育教学评价具有现实的可操作性,才能促进体育教学质量的提升。

5.激励性原则

激励性原则是指体育教学评价要促进评价对象继续努力或在以后的学习生活中改善不足之处,从而提高活动效果。贯彻激励性原则,首先,要做到教学评价过程及结果要客观、公正、准确,否则就会对评价对象起到相反作用。其次,要坚持从评价对象的实际出发,充分考虑客观条件,为评价对象提供活动的可能性空间,使评价对象乐于接受评价的结果,激发学生的学习动机。评价对象受评价的程度越高,激励作用就越大。

第三节 体育教学评价体系及其构成

体育教学评价是一个系统,由领导、教师、学生、方法、手段、时间和环境等要素构成。体育教学评价系统可划分为评价目标、评价主客体、评价指标、评价保障、评价信息反馈等 6 大子系统。

一、评价目标体系

评价目标是体育教学评价的主要依据,是体育教学评价活动的出发点,对体育教学评价工作具有指导和规范作用。评价目标的制定受多种因素的影响,如教育政策法规、评价主体对体育教学的认识、体育教学环境、体育教学场地设施等,其中评价主体的价值取向是影响评价目标设置的关键因素之一。评价目标如何制定以及评价目标的倾向性往往体现出学校相关管理部门对体育教学的认识和对教育评价的认识。所以,评价目标的设置在一定程度上体现出人们对学校体育的认识以及对评价的价值取向。

二、评价主客体体系

评价主客体包括评价主体和评价客体。在评价过程中,评价的主体是各级教育行政管理部门、教师、家长、学生等。评价的客体是指体育教学的实践对象,主要包括体育教学过程中的各要素,如教学质量、教学过程和教学效果,学生在知识、技能、智力和能力等认知方面的发展,以及情感、意志、个性、人格等非认知因素的发展等诸多方面。

三、评价指标体系

评价指标体系是整个体育教学评价系统中的核心部分。评价指标体系通常包括指标、权重和评价标准等三部分内容,具体的构建步骤和方法如下。首先是筛选评价指标。筛选指标是构建评价指标体系的第一步,主要有专家咨询法、比较分析法等。评价指标的选择要充分考虑体育教学目标、评价目标和体育学科的特点,注重指标体系中定量指标、定性指标的有机结合,具体体现评价目标,细化评价内容。其次是评价指标的权重赋值。权重赋值是指某一指标在整个评价指标体系中所占比例。权重赋值常用的方法有德尔斐法、两两比较法、环比评分法、层次分析法、嫡权法、因子分析法、主成分分析法、组合权重法等,权重的赋值反映了评价主体的价值取向。最后是评价标准的制定。评价标准的制定受评价主体的价值取向以及学校的评价环境的影响,主要是由评价主体依据学校的教学总体情况而制定的,具有一定的导向性。

四、评价保障体系

建立合理的评价保障体系是保障评估系统健康、合理运行的必要条件。评价保障体系主要包括相关规章制度以及与之相关的法律条文等。体育教学评价是一项复杂的系统工程,易受到评价系统内部和外部环境的影响,如内部环境中评价主体的心理变化、喜好等,外部环境中评价的时间、地点、相关的教育政策以及价值观念等。多因素的影响容易导致体育教学评价系统偏离评价的真实目标。所以,建立健全规章制度是保障评价正常运转的必要条件。

五、评价信息反馈体系

任何系统只有通过及时有效的信息反馈,才有可能实现系统的有效控制。评价信息反馈是整个体育教学评价系统的重要组成部分,是实现体育教学评价系统有效控制的关键环节,如果没有评价信息反馈,整个评价过程就是一个不完整的过程,且反馈的时机选择越及时越准确,其效果越好;反之,系统不能得到有效控制。评价信息反馈受多方面因素的影响,例如,反馈机构、反馈方式、反馈渠道、反馈人员以及反馈监督机构等任何一个环节出现问题,整个反馈过程就会处于停滞状态,从而影响到整个评价活动。

六、评价环境系统

体育教学评价系统与环境相互关联,时时进行着信息、能量、物质等方面的交换。系统的环境包括内部环境和外部环境,体育教学评价系统的内部环境是由该系统内部各子系统构成,主要由体育教学评价目标、评价主客体、评价指标体系等方面构成,外部环境则主要包括评价的时间、地点,以及评价的政策等方面。内部各子系统构成的内部环境相互作用影响评价系统,外部各种因素通过评价系统作用于内部环境,例如,外界评价政策的改变会导致评价主体价值取向的变化,从而影响到评价目标的制定以及评价指标体系的建立等。体育教学评价系统正是通过内、外部环境的相互作用而不断向前发展的。

体育教学评价体系是一个有机的整体,各子系统之间相互联系,相互影响,共同推进体育教学评价系统向前发展。评价目标子系统为整个体育教学评价系统的发展制定了方向;评价主客体子系统是评价活动中的参与者,评价主体的价值取向在一定程度上影响到评价目标的制定和评价方法的选择,以及评价指标体系的建立,在整个评价系统中处于主导地位;评价指标体系子系统是整个体育教学评价系统中的核心部分,反映评价主体的价值取向,具有一定的导向性;评价保障体系子系统在整个评价活动中起约束和保障作用,约束评价主客体以正常的方式参与体育教学评价;评价信息反馈子系统是整个评价活动的关键环节,只有通过评价反馈才能知道教学目标和评价目标是否能实现;评价环境子系统是整个体育教学评价发生的场域,本身与其他系统相互作用,进行信息、能量、物质的交换。

第四节 体育教学评价的内容与标准

体育教学评价包括对教师的教学评价和学生的学习评价两大部分。《全国普通高等学校体育课程教学指导纲要》规定,教师的教学评价主要包括教师业务素养和课堂教学两个方面。学生的学习评价应是对学习效果和过程的评价,主要包括体能与运动技能、学习态度与合作精神等。

一、教师的教学评价内容

1. 备课情况

备课是教师根据学科课程标准的要求和本门课程的特点,结合学生的具体情况,选择最合适的表达方法和顺序,以保证学生有效地学习。备好课是上好课的前提。对教师而言,备好课可以加强教学的计划性和针对性,有利于教师充分发挥主导作用。教师备课情况包括教材、学生基本情况的分析、教学目的、教学总时数、教学内容、教学方法、教学进度计划、考试内容和标准等。

2. 教学内容

教学内容是教学过程中与师生发生交互作用、服务于教学目的的素材及信息,一般包括课程标准、教材和课程等。教学内容是根据教学目标来确定的,是教师对课程内容、教材内容与教学实际的综合加工。评价教学内容既要看教师对教材内容进行选择、取舍和利用情况,又要看组织教学过程,包括教材内容、引导作用、动机作用、方法手段、价值判断、规范概念等,以及师生在教学过程中的实际活动的全部。

3. 教学态度

教学态度源自教师的内心特质和心理构成,是影响和制约学生学习的一个极其重要的因素。教师的教学态度,在很大程度上决定其能否与学生建立良好的师生关系、能否促进学生的个性健康发展,从而提高学生学习的自觉性和良好的思想品德。良好教学态度的基本内核是对别人的行为有所帮助,包括理解他人的态度、与他人的相处的态度和了解自己。通常,可从教师的能动性、教师的意愿、教师的思维、教师的职业道德和精神状态、理解他人、与别人相处的态度品质、积极相待、安全感与自信等方面来观察教师的教学态度。

4.组织教学

体育组织教学主要包括:严格执行体育课堂常规、基本队列、体操队形、编班分组和分组教学、组织学生练习和锻炼、安排保护帮助和休息(合理的间歇时间)、科学安排队形和调动队伍;科学合理地布置场地、器械以及体育骨干和干部的培养和使用等。以上各项活动的组织工作是交错进行、互相联系的。因此,评价教师的组织教学,不仅要看上述活动的安排情况,更要根据实情全面考察各项教学组织工作的具体操作情况。

5.教学效果

评价教学效果主要是看教学目标达成的程度如何,教师是否高度关注学生的个性发展,是否因材施教,学生在教师的指导下是否积极主动参与,学生是否掌握了有效的学习方法,学生是否获得了知识、是否掌握了基本的运动技术和技能、是否有积极的情感体验,这些都是衡量教学效果的标准。

二、学生的学习评价内容

1.体能和身体形态

发展体能既是体育课程重要的学习内容,也是体育课程的重要教学目标。对体能的评定,一是身体素质评价,如速度、力量、耐力、灵敏、柔韧、协调性等;二是与健康有关的体能评价,如心肺耐力、柔韧性、肌肉力量、肌肉耐力、身体成分等,其中应该侧重对与健康有关的体能进行评价。对身体形态的评定主要从身体姿势、体型等身体外部形态,并结合体格检查与学生体质健康标准的相关内容对学生做出全面、科学的评价。

2.体育基础理论知识

体育基础理论知识是指导学生科学地进行体育锻炼、学习体育文化、提高体育文化素养不可缺少的教学内容。对学生体育健康文化评定主要包括:对体育与健康的认识;体育与健康对人、社会的价值和重要性;掌握有效提高身体素质、全面发展体能的知识与方法;能合理选择人体需要的健康营养食品;养成良好的行为习惯,形成健康的生活方式。

3.运动基本方法和技能

掌握运动的基本方法和技能是体育教学的基本任务和重要目标。《全国普通高等学校体育课程教学指导纲要》规定,体育课程的运动技能目标是:熟练掌握两项以上健身运动的基本方法和技能;能科学地进行体育锻炼,提高自己的运动能力。因此,运动基本方法和技能的掌握情况成为学生学习评价的重要内容。通常,运动的基本方法和技能是一个教学单元或一个学期的教学重点,考核内容为本单元或本学期的重点教学内容。成绩评定依据事先制定的运动技能考核内容和评分标准进行。

4.学习态度的评定

体育学习态度主要指对待体育的学习态度,在学习和锻炼活动中的行为表现。其评价指标包括学生课堂表现和出勤率。学生的体育学习态度和表现主要看其学习的努力程度、遵守课堂纪律的情况、课堂中的文明修养和意志品质的表现等;看能否主动、自觉地参与体育活动,在体育活动过程中能否全身心地投入,能否积极主动思考,为达到目标而反复练习,能否认真接受老师的指导,等等。

5.情意表现与合作精神的评定

情意表现与合作精神是指学生参加体育课程学习与锻炼过程中产生的态度和合作状况。情意表现与合作精神的评价主要看学生的心理健康和社会适应能力。对学生的心理健康的评价主要表现在:情绪要素,即能否善于运用体育活动等手段较好地调控自己的情绪;自我行为要素,即能否战胜胆怯、自卑,充满自信地进行学习与练习;意志要素,即能否敢于和善于克服各种主观、客观的困难与障碍,挑战自我,战胜自我,坚持不懈地进行学习与练习。对学生的社会适应能力的评价主要表现在:能否对他人理解与尊重,能否在学习过程中表现出良好的人际交往与合作精神,能否努力承担在小组学习与练习中的责任等。

参考文献

[1]潘绍伟,于可红.学校体育学[M].2版.北京:高等教育出版社,2008.

[2]季浏.体育锻炼与心理健康[M].上海:华东师范大学出版社,2006.

[3]兰自力,郝英,王义平.大学体育教程[M].北京:北京体育大学出版社,2010.

[4]程志理,薛雨平.奥林匹克文化教程[M].南京:江苏教育出版社,2007.

[5]兰自力.学校体育与心理健康教育[M].北京:北京体育大学出版社,2005.

[6]兰自力,郝英,王义平.大学体育与健康教程[M].3版.武汉:武汉大学出版社,2019.

[7]林志超.大学体育标准教程[M].北京:北京体育大学出版社,2008.

[8]杨国庆.大学体育文化与运动教程[M].北京:北京体育大学出版社,2011.

[9]罗时铭,谭华.奥林匹克学[M].北京:高等教育出版社,2007.

[10]卢元镇.中国文化纵横谈[M].北京:北京体育大学出版社,2005.

[11]杨文轩.当代大学体育[M].北京:北京人民出版社,2005.

[12]田麦久,刘大庆.运动训练学[M].北京:人民体育出版社,2012.

[13]冯连世.运动处方[M].北京:高等教育出版社,2020.

[14]俞国良.大学生心理健康[M].北京:北京师范大学出版社,2018.

[15]余毅震,蒋玉梅.新编大学生健康教育[M].北京:中国商业出版社,2021.

[16]丁锦宏.教育学基础[M].北京:高等教育出版社,2009.

[17]李红艳.户外运动的理论与实践研究[D].北京:北京体育大学,2006.

[18]孙永生.户外运动相关概念辨析[J].体育学刊,2013,20(1):56-59.

[19]钱永健.拓展训练[M].北京:企业管理出版社,2006.

[20]邱丕相.中国体育养生学[M].北京:人民体育出版社,2007.

[21]杨忠伟.体育运动与健康促进[M].北京:高等教育出版社,2004.